KB071444

한국아동·청소년상담학회 연구총서6

지적장애 및 발달장애 심리치료

PSYCHOTHERAPY FOR INDIVIDUALS WITH INTELLECTUAL DISABILITY

Robert J. Fletcher 편저 | 김동일 역

학지사

Psychotherapy for Individuals with Intellectual Disability
Edited by Robert J. Fletcher, DSW, ACSW (Foreword by Steven Reiss, Ph.D.)

This work was supported by the Ministry of Education of the Republic of Korea and the National Research Foundation of Korea (NRF-2017S1A3A2066303)

역자 서문

우리나라 교육·치료 사각지대의 핵심 쟁점으로 지속적으로 제기되었던 '발달장애인'의 교육과 상담에 대한 학술적 관심과 실제적 지원 방법을 고민하고, 이들에 대한 보다 의미 있는 교육과 치료의 목표와 방법을 탐색하던 중에 이 책을 접하게 되었습니다. 사람중심적 가치와 존엄성에 초점을 두고 내담자의 잠재력을 높이며 삶의 질을 향상하는 환경을 만드는 전문적 지원이 요구되는 현시대에 이 책에서 제시하는 바가 매우 시의적절할 것으로 판단하였습니다. 기존의 전통적인 심리치료가 문제중심적이며 문제해결에 중점을 두고 있다면, 앞으로는 개인이 성장할 수 있는 가능성을 가늠하기 위하여 지적장애인과 발달장애인에 대한 심리치료 지원서비스의 양과 질을 획기적으로 바꾸는 것이 필요할 것입니다. 이 책의 저자들은 이러한 문제의식하에 서문에서 몇 가지 의견을 제시하였습니다. 즉, 지적장애인은 여전히 다양한 정신장애에 대하여 취약하고, 이중진단(정신장애와 지적장애)에 대한 인식도 낮으며, 이들을 위한 전문서비스도 잘 규명되지 못하였다는 것과 이중진단 장애인을 위한 정신건강전문가와 상담자들을 양성하기 위해 전문적 훈련과 학제 간 교육이 필요하고, 이중진단의 특성, 예방, 치료에 대해 더 자세히 알기 위해 과학적 연구가 필요하다는 것입니다.

이 책은 전문상담자가 상담지원서비스를 필요로 하는 지적장애 및 발달장애 청소년과 성인을 도울 수 있는 내용을 담고 있습니다. 아직 우리나라의 기관과 현장에서는 이들의 요구에 대응할 수 있는 치료 매뉴얼이 완벽하게 준비되어 있지 않은 경우가 있는데, 이 책을 통하여 지적장애인과 발달장애인을 지원하는 데 필요한 정보를 얻을 수 있을 것입니다. 또한 이 책에서 제시하고 있는 지적장애 및 발달장애의 다양한 상담 모델 및 기법과 개인상담, 커플상담, 집단상담의 세 가지 접근을 중심으로 서술된 내용 그리고 상담자 윤리 및 훈련에 대한 정보와 가이드라인에 대하여 다시 한번 살펴보는 기회가 되기를 바랍니다.

이 책을 내놓기까지 많은 분의 도움이 있었습니다. 한국아동·청소년상담학회 연차대회 발표 및 워크숍, 집단 프로그램에 직접 참여하고 운영해 준 서울대학교 WITH Lab. 연구원들 그리고 정성 어린 손길로 책을 만들어 준 학지사 임직원 여러분께 진심으로 고마운 마음을 전합니다. 특히 워크숍에 참여하여 우리에게 귀한 배움의 기회를 제공해 준 여러 현장 선생님과 상담자를 기억하고자 합니다. 마지막으로, 지속적으로 동참해 준 독자분들께 깊은 감사를 드립니다.

2020년 관악산 연구실에서

오름 김동일

powered by WITH Lab.(Widen InTellectual Horizon):

Education and Counseling for Children-Adolescents with Diverse Needs

서문

Steven Reiss, Ph. D.

1950년대에 지적장애(Intellectual Disabilities: ID)는 '정신박약'으로 불렸으며, 이는 생물학적 문제에서 기인하는 것으로 알려져 왔습니다. 심리학은 진단을 위해 인간의 지능을 측정하는 것 이외에는 최소한의 관련성만 있는 것처럼 보였습니다. 정신질환 증상들은 정신박약에서 비롯된 것이며 심리치료는 이를 치료하는 데 적절하지 않은 방법으로 간주되었는데, 그 이유는 정신질환 증상을 보이는 이들은 자기성찰적 능력이 부족한 것으로 여겼기 때문입니다. 1953년에 출판된 Seymour Sarason의 『정신박약에서의 심리학적 문제(Psychological Problems in Mental Deficiency)』는 정신지체의 심리적 측면에 관한 관심을 불러일으켰습니다.

1960년대에는 많은 심리학자가 지적장애에 관심을 가지게 되었습니다. 이들은 지적장애인의 교육에 있어 응용행동기술의 가능성을 탐구하는 Skinner의 행동주의 이론 지지자였습니다. 현재 '응용행동분석가'라고 불리는 이들은 그 당시 보호서비스만 제공되던 주(州) 정신장애 기관에 소속되어 있었으며, 이곳에서 환자들은 할 일도 없고 맥없이 그저 돌아다니기만 하였습니다. 그러다 행동분석가인 UCLA의 O. I. Lovass와 매사추세츠 종합병원의 Murray Sidman이 '강화치료'와 관련 기법을 소개하면서 모든 것을 바꾸어 놓았습니다. 이들은 지적장애인이 그 당시 사람들이 일반적으로 생각했던 지적장애인의 능력보다 훨씬 뛰어나다는 것을 증명함으로써 많은 이를 놀라게 하였습니다. 이들은 단지 장애인보호소에 불과했던 기관을 희망, 낙관, 목표, 활동으로 채웠던 의미 있는 첫 전문가 팀이 되었습니다.

행동분석가들은 공격, 자해행동, 짜증 같은 문제를 다루는 것에 관심을 가졌습니다. 그리고 분노, 우울과 같은 정서 문제들에 대해서는 거의 관심을 기울이지 않았습니다. 1970년대에 세 명의 정신과 의사(Frank Menolascino, Irving Philips, George Tarjan)가 지적장애 분야에서의 임상적 관심을 확장시키고자 하였으며, 이들은 다음 네 가지의 중요한 사항을 포함하는 '이중진단(dual diagnosis) 운동'을 시작하였습니다.

① 지적장애인은 광범위한 정신장애에 대하여 취약성을 가진다.
② 이중진단(지적장애와 정신장애)에 대한 서비스는 충분하지 못하다.
③ 이중진단 장애인을 위한 정신건강전문가들을 양성하기 위해 대학원 및 사전 교육과 학제 간 교육이 필요하다.
④ 이중진단의 특성, 예방, 치료에 대해 더 자세히 알기 위해 과학적 연구가 필요하다.

첫 번째 제안인 '지적장애인은 광범위한 정신장애에 대하여 취약성을 가진다.'는 이에 상당히 반대하는 의견과 마주하게 됩니다. 몇몇 사람은 그들이 무언가에 대해 걱정할 수 있는 인지능력을 가졌는지, 그래서 불안해하거나 우울해질 수 있는지에 대한 의문을 제기하였습니다. 반면, 극단적 행동주의자들은 그들의 불안과 기분장애는 자신의 내적 경험과 명시적인 행동이 아니므로 연구 대상이 될 수 없다는 의견을 제시하였습니다. 이중진단 전문가들은 이러한 비판에 응답하였는데, 지적장애인들은 정신장애로 이어지게 하거나 이를 강화하는 스트레스와 부정적인 사회적 상황에 노출된다고 하였습니다(Reiss, 1994). 또한 지적장애인은 일반 집단보다 부정적인 사건들에 더 많이 노출된다는 것을 보여 주었고, 이중진단 전문가들은 지적장애인에 대한 낙인, 동료의 거절, 주거 이전 그리고 이들이 겪는 스트레스 사건(거의 모든 사람이 적응하기 어려울 정도의)들에 관한 연구를 발표하였습니다. 지적장애인은 자신이 직면한 문제들을 해결하고 스트레스에 대처하는 능력이 부족하기 때문에, 특히 스트레스 상황에 취약한 것으로 추정되었습니다.

지적장애인이 사실상 광범위한 정신장애에 취약성을 가진다는 것을 보여주기 위해 이중진단 전문가들은 특정 장애에 대한 임상 실험을 하고, 연구 보고서들을 출간하였습니다. Robert Sovner와 Anne Hurley(1983)는 정서장애에 대한 논문을, Johnny Matson(1981, 1982a, 1982b, 1983a, 1983b)은 우울과 다른 특정 장애의 응용행동분석에 관한 사례연구들을 출간하였습니다. Anton Dosen(1993a, 1993b; Dosen & Gielen, 1993; Dosen & Menolascino, 1990; Dosen & Petry, 1993)과 Andrew Levitas(Levitas & Gilson, 1987, 1989, 1990, 1994)는 정서장애의 심리역동모델을 탐색하였고, Bryan King(1993)은 자해행동은 강박충동장애의 증상일 수 있음을 제안하였으며, Johannes Rojahn과 나(Reiss & Rojahn, 1993)는 우울감과 공격행동 간의 상당한 관련성을 보고하였습니다. Ludwik Szymanski(1980)와 Andrew Reid(1972a, 1972b, 1976, 1993a, 1993b)는 각각 독립적으로 조현병과 다른 정신질환들에 대해 보고하였고, Stephen Ruerdrich(Huang & Ruedrich, 2007)는 주의력결핍 과잉행동장애(ADHD)를 발표하였으며, Ann Poindexter(1996/2000)는 불안장애에 관한 책을 편집하였습니다.

지적장애인들이 정신장애로 이어질 수 있는 상황에 노출되어 있으며, 이들 집단에서 주요한 정신장애가 발생한다는 사실을 통해, 연구자들은 이중진단의 중요성을 증명하였습니다. 이들은 이중진단이 기능을 손상시키고, 정서적 고통, 우울, 극도의 불안감이 고통을 심각하게 한다는 사실을 보여 주었습니다. 만약 이중진단을 받은 개인이 제대로 치료되지 못할 경우 몇 년 혹은 심지어 몇십 년 동안 이러한 문제가 지속될 수 있으며, 이들은 오랫동안 두렵고, 불행하고, 외롭고, 불안할 것입니다.

이중진단이 특별한 것이 아니라는 것을 확인하기 위해 많은 증거가 수집되었습니다. 대규모 조사를 통해 경계선 지능에 속한 사람들이 평균 지능에 속하는 사람들에 비해 두 배로 군 생활에 대한 스트레스가 장애로 표출되는 것으로 나타났습니다. 하버드 대학교 Richard McNally(1995)의 연구에서는 외상후 스트레스 장애(Post-Traumatic Stress Disorder: PTSD)의 증상들은 경계선 지능에 속한 사람들에게서 더 오랫동안 지속된다는 사실을 보고하였습니다. 공립학교에서 실시한 심리학적 평정척도에서는 지적장애 학생이 일반 학생들에 비해 불안과 슬픔 영역에서 훨씬 더 높은 점수를 나타내고 있다는 사실을 보여 주었습니다. John Jacobson (1982a, 1982b, 1988, 1990)과 동료들은 뉴욕주와 캘리포니아주에서 조사를 실시하였으며, 상당한 비율의 문제행동과 특정 정신장애 증상을 보고하였습니다. 일리노이를 비롯한 다른 주에서 실시한 전체 학교 인구조사 자료에서는 지적장애인의 이중장애가 높은 비율을 차지하는 것으로 나타났고, 지역사회 프로그램의 조사에서는 이중진단 혹은 정신장애 증상들이 높은 비율로 보고되었으며, 주 기관의 조사에는 매우 높은 비율로 보고되었습니다. 지적장애인 집단에서 성격장애의 비율이 일반 집단에 비해 두 배 더 높은 반면, 정신장애의 비율은 전체 유병률의 30%로, 일반 집단과 거의 유사한 것으로 나타났습니다(Reiss, 1994).

다음 단계는 적절하고도 혁신적인 서비스를 입증하는 것이었습니다. Frank Menolascino는 네브래스카 대학교에서 입원환자를 대상으로 프로그램을 시삭하였으며, George Tarjan은 UCLA에서 이와 같은 신경정신과적 프로그램을 진행하였습니다. Robert Fletcher는 뉴욕 북부에서 비콘하우스(Beacon House)를 시작하였고, 대서양 너머에 있던 Nicholas Bouras는 런던에서 프로그램을 시작하였습니다.

교육을 촉진하는 가장 영향력 있는 노력은 단연코 Frank Menolascino의 지원을 받은 Robert Fletcher의 국립이중진단협회(National Association on Dual Diagnosis: NADD) 설립이었습니다. 1980년대 초 이후 Fletcher는 국립이중진단협회를 설립하기 위해 끊임없이 노력하였고, 그는 어느 누구보다도 많은 사람을 위한 다양한 교육 행사에 책임을 져 왔습니다. 그의 국립이중진단협회는 협회 그 자체로서 이중진단으로의 움직임을 가져왔습니다.

특별한 서비스를 필요로 하는 개인들의 대규모의 선별을 가능하도록 하기 위해 다양한 선별도구가 개발되었습니다. 저자는 최초의 표준화된 이중진단 도구인 'Reiss 부적응행동 선별검사(Reiss Screen for Maladaptive Behavior)'를 출판하였습니다. 이 도구는 대규모의 인구를 저렴한 비용으로 선별할 수 있게 하였습니다. Johnny Matson의 도구는 '지적장애인을 위한 정신병리학적 검사(Psychopathology Inventory of Mentally Retarded Adults: PIMRA)'로 불렸으며, H. C. Prout와 D. C. Strohmer는 두 개의 성격검사를 개발하였습니다. 이러한 초창기 검사도구들의 성공은 추가적인 도구들을 개발하도록 하였으며, 이에 따라 오늘날의 전문가들은 자신의 요구를 가장 잘 충족하는 검사도구를 선택하여 사용할 수 있게 되었습니다.

이 책은 지적장애인을 위한 심리치료의 선택권 범위를 넓히는 것을 목적으로 구성되었습니다. 이 책은 지금까지 출판된 전문서적 중에서 지적장애인의 심리치료에 관한 가장 포괄적인 논의를 다루고 있으며, 전문가가 제공할 수 있는 치료의 선택권을 확장시킴으로써 이중진단의 치료를 충분히 진행할 수 있도록 하고 있습니다. 이 책은 지적장애인을 위한 개인심리치료, 집단심리치료 그리고 인지행동치료에 대한 독창적인 내용으로 이루어져 있습니다.

참고문헌

Dosen, A. (1993a). *A developmental-psychiatric approach in the diagnosis of psychiatric disorders of persons with mental retardation.* Frank J. Menolascino, M. D. Memorial Lecture at the International Congress on the Dually Diagnosed, Boston.

Dosen, A. (1993b). Diagnosis and treatment of psychiatric and behavioral disorders in mentally retarded individuals. The state of the art. *Journal of Intellectual*

Disability Research, 37, 1-7.

Dosen, A., & Gielen, J. (1993). Treatment of depression in the mentally retarded. In R. Fletcher & A. Dosen (Eds.), *Mental health aspects of mental retardation– Progress in assessment and treatment.* New York: Lexington Books.

Dosen, A., & Menolascino, F. J. (Eds.). (1960). *Depression in mentally retarded children and adults.* Leiden, the Netherlands: Logon Publications.

Dosen, A., & Petry, D. (1993). Treatment of depression in the mentally retarded. In R. Fletcher & A. Dosen (Eds.), *Mental health aspects of mental retardation– Progress in assessment and treatment.* New York: Lexington Books.

Huang, H., & Ruedrich, S. (2007). Recent advances in the diagnosis and treatment of attention-deficit-hyperactivity disorder in individuals with intellectual disability. *Mental Health Aspects of Developmental Disability, 10*(4), 121-128.

Jacobson, J. W. (1982a). Problem behavior and psychiatric impairment within a developmentally disabled population. I. Behavior frequency. *Applied Research in Mental Retardation, 3,* 121-139.

Jacobson, J. W. (1982b). Problem behavior and psychiatric impairment within a developmentally disabled population. II. Behavior severity. *Applied Research in Mental Retardation, 3,* 369-3381.

Jacobson, J. W. (1988). Problem behavior and psychiatric impairment within a developmentally disabiled population. III. Psychotropic medication. *Research in Developmental Disabilities, 9,* 23-38.

Jacobson, J. W. (1990). Do some mental disorders occur less frequently among persons with mental retardation? *American Journal on Mental Retardation, 94,* 596-602.

King, Bh. H. (1993). Self-injury by people with mental retardation: A compulsive behavior hypothesis. *American Journal on Mental Retardation, 98,* 93-112.

Levitas, A., & Gilson, S. (1987). Transference, countertransference, and resistance. *National Association for the Dually Diagnosed Newsletter, 1,* 2-7.

Levitas, A., & Gilson, S. (1989). Psychodynamic psychotherapy with mildly and moderately retarded patients. In R. Fletcher & F. J. Menolascino (Eds.), *Mental retardation and mental illness: Assessment, treatment and service for the dually diagnosed* (pp. 71-106). Lexongton, MA: Lexington Books.

Levitas, A., & Gilson, S. (1990). Toward the developmental understanding of the impact of mental retardation in the assessment of psychopathology. In *Assessment of behavior problems in persons with mental retardation living in the community* (pp. 71-106). Rockville, MD: National Institute of Mental Health (DHHS Publication No. ADM 90-1652).

Levitas, A., & Gilson, S. (1994). Psychosocial development of children and adolescents with mild mental retardation. In N. Bouras (Ed.), *Mental health in mental retardation.* New York: Cambridge University Press.

Matson, J. L. (1981). Assessment and treatment of clinical fears in mentally retarded children. *Journal of Applied Behavior Analysis, 14,* 287-294.

Matson, J. L. (1982a). The treatment of behavioral characteristics of depression in the mentally retarded. *Behavior Therapy, 13,* 209-218.

Matson, J. L. (1982b). Treating obsessive-compulsive behavior in mentally retarded adults. *Behavior Modification, 6,* 551-567.

Matson, J. L. (1983a). Depression in the mentally retarded: Toward a conceptual analysis of diagnosis. In M. Hersen, R. Eisler & P. N. Miller (Eds.), *Progress in behavior modification,* Vol. 15 (pp. 57-79). New York: Academic Press.

Matson, J. L. (1983b). The treatment of behavioral characteristics of depression in the mentally retarded. *Behavior Therapy, 13,* 209-218.

McNally, R. J., & Shin, L. M. (1994). Association of intelligence with severity of posttraumatic stress disorder symptoms in Vietnam Combat veterans. *American Journal of psychiatry, 152,* 936-938.

Poindexter, A. (1996/2000). *Assessment and treatment of anxiety disorders in persons with mental retardation.* Kingston, NY: NADD Press.

Reid, A. H. (1972a). Psychoses in adult mental defectives. I. Manic depressive psychosis. *British Journal of Psychiatry, 120,* 205-212.

Reid, A. H. (1972b). Psychoses in adult mental defectives. II. Schizophrenic and paranoid psychoses. *British Journal of Psychiatry, 120*, 213-218.

Reid, A. H. (1976). Psychiatric disturbances in the mentally handicapped. *Proceedings of the Royal Society of Medicine, 69*, 509-512.

Reid, A. H. (1993a). Schizophrenic and paranoid syndromes in persons with mental retardation: Assessment and diagnosis. In R. Fletecher & A. Dosen (Eds.), *Mental health aspects of mental retardation—Progress in assessment and treatment* (pp. 98-110). New York: Lexington Books.

Reid, A. H. (1993b). Schizophrenic and paranoid syndromes in persons with mental retardation: Treatment and assessment. In R. Fletcher & A. Dosen (Eds.), *Mental health aspects of mental retardation*. New York: Lexington Books.

Reiss, S. (1994). *Handbook of challenging behavior*. Columbus, OH: IDS Publishing.

Reiss, S., & Rojahn, J. (1993). Joint occurrence of depression and aggression in children and adults with mental retardation. *Journal of Intellectual Disability, 37*, 287-294.

Sarason, S. B. (1953). *Psychological reasons for mental deficiency*. New York: Harper.

Sovner, R., & Hurley, A. D. (1983). Do the mentally retarded suffer from affective illness? *Archives of General Psychiatriay, 40*, 61-67.

Szymanski, L. S. (1980). Psychiatric diagnosis in retarded persons. In L. S. Szymanski & P. E. Tanguay (Eds.), *Emotional disorders of mentally retarded persons: Assessment, treatment, and consultation*. Baltimore, MD: University Park Press.

편저자 서문

Robert J. Fletcher DSW, ACSW

지적장애인을 위한 심리치료를 제공함에 있어서 여전히 제한점이 있음에도 불구하고, 심리치료를 통한 접근이 점점 더 인정되는 시대로 접어들고 있습니다. 역사적으로, 지적장애인들에게 심리치료가 광범위하게 적용되지 않은 몇 가지 이유가 있습니다. 첫째, 부적응 문제행동은 종종 지적장애 조건의 일부로 인식되었습니다. 둘째, 장애전문가 공동체에서 심리치료를 효과적인 접근으로 여기지 않았습니다. 셋째, 정신건강전문가 입장에서는 지적장애인에게 심리치료를 제공한다는 것이 어렵거나 그렇게 의미 있는 것이 아닐 것이라는 편견이 있습니다. 넷째, 지적장애인에게 심리치료를 제공해 줄 전문가를 양성하기 위한 학문적 훈련 체제가 거의 없었습니다. 게다가 이러한 주제들을 다루고 있는 전문적인 서적이 매우 부족한 실정이었습니다. 전통적으로 지적장애인의 정서를 다루는 것에 접근을 하지 않았을 뿐만 아니라 이에 대한 인정이 충분하지 않았습니다. 그러나 문제는 지적장애인들이 심리치료를 받을 자격이 있는지, 심리치료의 혜택을 받을 수 있는지에 관한 것이 아니라 수용 · 표현 언어 기술에 제한이 있는 개인의 요구를 충족시키기 위해 어떻게 심리치료를 적용할 수 있는지에 관한 것입니다.

지난 수십 년 동안 우리는 지적장애인에 대한 정책을 수용시설 중심에서 지역 공동체기반 지원으로 전환하는 방향으로 실행해 왔습니다. 이 시기 동안 우리는 몇몇 지적장애인도 정신건강의 문제를 가지고 있음을 인식하게 되었습니다. 지적장애인들은 일반인보다 스트레스에 대한 위험이 더 큽니다. 그러나 우리는 지적장애인들의 심리 · 정서적 요구를 뒤늦게 바라보게 되었습니다. 현재 우리는 함께 공동체를 살아가는 지적장애인들의 감정적인 요구를 이해하기 시작하였으며, 지역사회기반 정신건강서비스 제공자들은 지적장애인에게 적합한 치료 기술을 수정하는 초기단계에 있습니다.

이 책은 지적장애인이 심리치료를 제공받을 수 있도록 하는 데 크게 기여할 것입니다. 또한 지적장애인에게 제공하는 통찰력 있고도 유용한 심리치료 방법들을 독자들에게 제공합니다. 그리고 개인, 커플, 집단을 대상으로 하는 세 가지 양식을 하나로 모으고 다양한 이론적인 모델과 기법을 논의합니다. 저자는 지적장애인을 위한 심리치료 분야에서 존경받는 권위자이며 이와 관련된 전문서적을 출판해 왔습니다. 이 책이 심각한 정신건강상의 문제를 수반하는 지적장애인들을 대상으로 한 심리치료에 대한 관심을 더욱 자극할 수 있기를 희망합니다.

이 책은 4가지의 주요 영역으로 구성되어 있습니다. '영역 1'은 변증법적 행동 요법, 긍정심리학, 마음챙김 기반 접근 및 이완훈련을 포함한 다양한 심리치료 접근과 기술을 제공합니다. 또한 학대 희생자, 자폐스펙트럼장애인 그리고 슬픔을 가진 사람들에 대해서도 다루고 있습니다. '영역 2'는 정신적 외상(trauma)을 다루는 집단심리치료에 대해 소개하고 있으며, '영역 3'은 가족 및 커플 심리치료를, '영역 4'는 상담윤리, 연구, 훈련 등에 대해 다루고 있습니다.

영역 1: 개인치료

변증법적 행동치료(Dialectical Behavior Therapy: DBT)는 경험적으로 입증된 포괄적인 치료 프로그램으로, 경계선급 성격장애인들을 위한 치료 기법으로 개발된 감정조절, 고통내성(destress tolerance) 그리고 대인관계 기술들을 포함합니다. 이러한 치료 기법들은 다양한 범위의 내담자들을 다루기 위해 확장되었으며, Margaret Charlton 박사와 Eric Dykstra 심리학 박사는 개인의 충동 관리, 좌절감에 대처하기 및 상호작용 기술을 필요로 하는 심리치료 내담자들의 요구를 해결하기 위해 특수집단에 대한 변증법적 행동치료(Dialectical Behavior Therapy for Special Populations: DBT-SP)에 대한 설명을 합니다. Charlton 박사와 Dykstra 박사는 DBT-SP와 관련된 수정사항을 논의하기 전에 표준화된 변증법적 행동치료에 대한 견고한 기반을 제공합니다. 표면적으로는 상충되는 두 면을 함께 모아 놓은 것에 중점을 둔 변증법적 접근은 견고성, 과도한 판단과 비난, 비효율적인 근본주의를 줄이는 동시에 시각을 넓히고 아이디어를 공유할 수 있게 합니다.

변증법적 행동치료에서 상담자의 주된 임무는 내담자의 역량을 확대하고, 내담자가 새로운 행동에 참여하도록 동기를 부여하고, 새로운 행동 사용을 일반화하고, 진전을 강화하는 치료환경을 조성하는 것입니다. 또한 유능하고 동기가 부여된 상담자로서의 태도와 자세를 유지하겠다는 약속도 있습니다. 변증법적 행동치료는 개별심리치료, 기술 훈련 집단, 전화상담 및 수퍼비전/사례 상담 집단의 조합을 통해 이루어집니다. 특수집단에 대한 변증법적 행동치료와 관련된 적응은 지적장애인이 보다 쉽게 이해할 수 있는 수준으로 표현과 언어를 조정하고 특히 청소년 집단에서 더욱 매력적으로 느껴질 수 있도록 조정하는 것을 포함합니다. 개념을 보다 쉽게 적용할 수 있도록 언어가 조정되었습니다. 또한 개념 중 일부는 더욱 잘 이해될 수 있도록 쌍을 이루거나 단순화되었습니다. 주의를 높이고 이해를 돕기 위해 유인물을 다시 쓰고 구성하였습니다. 내담자의 피드백, 반복 그리고 리허설은 학습구조, 유지 및 일반화를 돕기 위해 치료구조에 통합되었습니다. '지적장애인을 위한 변증법적 행동치료'에서 미국 전문가 심리학 위원회의 Marvin Lew 박사는 변증법적 행동치료의 기초를 설명하고 지적장애인들에게 변증법적 행동치료를 제공하기 위해 필요한 적응뿐만 아니라 축적될 이익과 염두에 두어야 할 몇 가지 사항에 대해 논의합니다.

변증법적 행동치료는 원래 경계선 성격장애를 치료하기 위해 1980년대 초 Marsha Linehan에 의해 개발되었지만 지난 20년 동안 축 1과 축 2의 장애를 동시에 가진 심각하고 만성적인 다중진단의 치료가 어려운 환자들에게 효과적인 것으로 입증되었습니다. Linehan은 네 가지의 '치료의 기본 양식(기술집단, 개인치료, 위기코칭, 자문팀)'을 확인하였으며, 지적장애인에게 변증법적 행동치료를 제공할 때 고려해야 할 사항 및 적용을 논의하기 전에 각 양식의 전반적인 개요를 제공합니다. 지적장애인 기술 집단이 일반적인 변증법적 행동치료 모델과 다른 한 가지는 기술 집단에 지원자 및 가족 구성원을 포함시키는 것입니다.

지적장애인에게 변증법적 행동치료 개념을 전달할 때에는 구체적이고도 경험적인 과제에 대한 강한 의존이 있습니다. 지적장애인을 위한 변증법적 행동치료에서 개인치료는 회기의 길이 또는 빈도를 수정할 수 있으며, 상담자로 하여금 내담자, 기술 그룹 상담자, 가족, 지원자 그리고 학교나 직업 프로그램으로부터 정보를 얻는 데 더 큰 책임을 가질 것을 요구합니다. 자문팀은 상담자를 지원하고, 치료 계획 및 문제해결, 모델 준수에 대한 모니터링, 임상가의 진전 및 유능함에 대한 보장, 시스템 문제에 대한 상담자와의 상담, 상담자가 한계에 도달했을 때 이들에 대한 지원 등의 목적을 가진 변증법적 행동치료의 핵심 모드입니다.

긍정심리학은 장애인 지원에 적합하며, 삶의 긍정적인 경험에 초점을 맞추고 강점을 구축합니다. Daniel Baker 박사와 Richard Blumber 박사는 긍정심리학과 긍정심리학이 이중진단을 받은 집단을 지원하기 위해 제공하는 공헌을 설명합니다. 긍정심리학은 긍정적인 감정의 경험과 일상생활에서 건강한 감정의 역할에 중점을 둡니다. 자료들은 증상에 초점을 두기보다 긍정적인 감정에 기반한 치료적 중재가 정신건강에 더 빠른 향상을 가져올 수 있음을 보여 줍니다. 긍정심리학의 많은 중재는 심리학자의 도움 없이 개인이 수행할 수 있을 정도로 간단합니다. 긍정심리학은 사람들이 자신의 삶을 통제하고, 자신의 선호도에 따라 선택을 하고, 지원을 통해 긍정적인 미래를 가져오는 결정을 내릴 수 있다고 가정합니다. 긍정심리학의 목표는 임상심리학의 초점을 고통의 완화를 넘어 개인의 강점 발달과 긍정적인 삶의 경험을 넓히는 것입니다. 긍정심리학의 개념을 전통적인 형태의 개인 또는 집단 심리치료로 통합하기 위한 네 가지 기법은, 첫째, 개인의 초점을 부정적인 것에서 긍정적인 것으로 옮기고, 둘째, 개인의 힘을 확인하고 이를 매일 사용하며, 셋째, 부정적인 것과 긍정적인 것의 균형을 찾고, 넷째, 희망의 느낌을 촉진하는 것입니다. 논의되는 중재 방법들에는 감사의 방문(Gratitude Visit), 잘 되었던 세 가지 일(Three Good Things in Life), 서명의 힘을 확인하고 사용하는 것(Identifying and Using Signature Strengths) 등이 포함됩니다.

마음챙김 기반 심리치료(Mindfulness-based psychotherapies)는 인지행동치료와 구성요소는 다르지만 일반적으로 행동양식, 인지전략 및 집중력을 향상시키는 실제들을 포함하는 인지행동치료(Cognitive-Behavioral Therapy: CBT)에 대한 대안적 접근으로 간주될 수 있습니다. Bronwyn Robertson, LPC는 마음챙김이 심리치료에서 활용된 방법과 지적장애인이 이러한 기술을 사용하는지에 대해 검토합니다. 마음챙김 기반 심리치료의 주요 접근법으로는 수용전념치료(Acceptance and Commitment Therapy: ACT), 마음챙김 기반 스트레스 완화(Mindfulness-Based Stress Reduction: MBSR), 변증법적 행동치료(Dialectical Behavior Therapy: DBT), 마음챙김 기반 인지치료(Mindfulness-Based Cognitive Therapy: MBCT)가 포함됩니다. 마음챙김 기반 심리치료에는 주의집중, 주의력, 수용, 감정조절을 향상시키기 위한 자기규제전략의 사용이 포함됩니다. 마음챙김은 수용중심의 심리적 과정이며, 전통적인 인지행동치료와는 대조적으로 개인의 '비합리적인 사고'에 직접적으로 도전하는 것을 포함합니다. 마음챙김 연습은 자기규제, 몸과 마음의 이완, 감정과 사고 및 감각의 확인 및 수용을 포함합니다.

Theodosia Paclaskyj 박사는 행동이완훈련(Behavioral Relaxation Training:

BRT)에 관한 부분을 저술하였는데 이 방법은 지적장애인의 행동을 둘러싼 긴장과 불안을 줄임으로써 부적응 행동을 감소시킬 수 있도록 하는 것입니다. 행동이완훈련은 학습된 휴식을 통해 이루어집니다. 행동이완훈련은 스트레스 반응에 대한 예방, 신호 억제 완화 및 스트레스 상황에 대한 대안적 반응으로의 치료 가능성을 가지고 있습니다. 일반적으로 내담자, 양육자 및 상담자는 문제의 원인을 파악하고 이완이 대상 행동 또는 정신병적 증상에 미칠 잠재적인 유익한 효과를 이해하기 위해 함께 노력합니다. 행동이완훈련은 점진적 근육이완법에서 파생된 것으로 느린 호흡, 사지의 움직임, 느슨한 턱, 삼킴이 없는 것 그리고 눈을 감은 것과 같은 완화에 대한 생리학적 측정 및 자기보고와 함께 발생하는 명백한 행동의 관찰에 근거합니다. 행동이완척도는 10가지 행동에 대한 정확/부정확 반응의 체크리스트입니다. 행동이완훈련 소요시간은 참가자의 필요에 따라 개별화되며, 1분 정도로 짧게 소요될 수 있지만 장기간 앉아 있을 수 있는 경우 10분이 훈련목표로 설정됩니다. 훈련은 신체, 머리, 어깨, 발, 손, 목구멍, 고요, 눈, 입 및 호흡률의 구조화된 훈련순서를 사용하여 실시됩니다. 행동이완훈련은 기능 수준의 범위로서 개개인에게 체계적으로 가르칠 수 있는 이완훈련의 한 방법입니다. 행동이완훈련은 미래의 부정적인 사건에 대처할 수 있는 개인 관리 수단으로 활용될 수 있기 때문에 사회적 수용도가 높고 삶의 질을 향상시킬 수 있는 잠재력이 높은 중재로 간주됩니다.

지적장애인 집단은 일반인들보다 대인관계에 있어서 더 많은 외상을 경험합니다. 지적장애 아동들은 일반 아동보다 학대받을 확률이 3~6배 더 높으며, 지적장애 성인 여성은 일반 여성보다 5배나 더 높은 성적 학대를 받을 가능성이 있는 것으로 나타났습니다. '성폭력 및 대인관계 외상과 학대 생존자 치료'에서 Nancy Razza 박사와 Dick Sobsey 박사는 지적장애 아동과 성인의 성적 학대의 정도와 특성에 대한 정보를 먼저 제공하고 성적 학대 생존자를 위한 치료방법에 대해 논의합니다. Razza 박사와 Sobsey 박사는 개인에 대한 존중을 강조하고 안전에 대한 감각을 기르는 데 도움이 되는 초기평가 과정을 수행하는 단계별 방법을 제공함으로써 지적장애 트라우마 생존자들을 위한 훌륭한 치료경험의 기초를 구축합니다.

기술 구축에 대한 약간의 수정과 특별한 주의를 기울여 인지행동치료 기법을 사용한다면, 고기능 자폐성 장애와 공존하는 기분–불안장애를 치료할 수 있을 뿐만 아니라 사회성 및 대처기술을 배우는 데 도움을 줄 수 있습니다. 자폐스펙트럼장애인을 위한 인지행동치료에서 Valerie Gaus 박사는 자폐스펙트럼장애인을 탐구하고 인지행동치료의 이점을 제공합니다. 심리상담자는 자폐스펙트럼장애인에게 자동적으로 떠오르는 부정적인 생각들을 인식하고 수정하는 방법과, 다른 사람의 행동을 보다 정확하게 읽고 즉각적으로 자신의 행동을 수정하는 방법을 가르침으로써 이들을 도울 수 있습니다. 인지행동치료에서는 어떤 사람이라도 불안이나 우울 증상을 유발하거나 유지하는 부적응적인 인지 능력을 개발할 수 있다고 주장합니다. 인지행동치료의 주요 목적은 비기능적인 자동적 사고 및 인지 왜곡을 식별하고 대응하는 것, 부적응적인 중재적 신념을 인식하고 수정하는 것, 부적절한 스키마를 수정하는 것입니다. 인지행동치료는 사람들에게 자신의 생각과 인식을 모니터링하는 방법을 가르침으로써 해석상의 오류, 특히 기분과 불안 문제와 관련된 오류를 인식하고 수정할 수 있도록 합니다.

Jeffrey Kauffman에 의하면, 가족 구성원, 친구, 동료의 상실(죽음)을 애도하는 지적장애인에게 심리치료를 제공함에 있어서의 핵심 질문은 '슬픔에 잠긴 사람의 경험에서 상실은 무엇을 의미합니까?'입니다. 상실은 일상생활 및 예측 가능성에 대한 상실로서의 중요성을 가질 수 있습니다. 슬픔에 대한 경험은 어떤 관계 안에서 갈등과 상처받은 감정의 지속과 악화일 수 있습니다. 내담자의 슬픔 언어의 의미에 대한 임상적인 관심을 집중시키는 것은 내담자의 인성, 존엄성, 자율성 및 자기정체성을 존중하는 것입니다. Kauffman은 내담자의 경험과 자신감의 주관적 의미를 존중하는 애도 치료 방법을 제공합니다. 슬픔이 표현된 행동적 언어는 상담자에게 내담자가 제시하는 어려움을 알 수 있도록 하는 기회를 제공합니다. 애도 치료의 시작을 위한 노력에는 어려움의 의미를 배우는 것이 포함됩니다.

슬픔은 죽음뿐 아니라 다양한 상실에 대한 반응으로 나타날 수 있습니다. 동일한 행동장애 신호가 사망 및 상실과 함께 발생합니다. 상담자는 다양한 상실에 대한 경험을 통해 슬픔의 언어와 애도를 이해해야 합니다. 심리상담자는 행동장애의 기능적 의미를 슬픔의 표현 언어로 인식하는 법을 배웁니다.

평가는 애도 치료의 핵심입니다. 상실 경험의 의미를 평가하는 것은 내담자의 경험에 영향을 미칠 수 있는 상황에 대한 사실을 모으는 것이 아니라 행동의 징후를 읽는 것을 중심으로 합니다.

Kauffman은 절망적인 상실로 인한 급성 애도를 지원하기 위한 네 가지 원칙을 제시하고 있는데, 첫째, 상실에 대한 사실을 다른 사람들에게 제공하거나 제공하도록 돕는 것, 둘째, 사회적 환경에서 받을 수 있는 최대한의 지원을 하는 것, 셋째, 애착 대상의 죽음은 개인의 안전감을 손상시키고 대인관계의 필요성을 증가시킬 수 있다는 것, 넷째, 자기표현의 기회를 최대화하는 것입니다.

영역 2: 집단치료

Sobsey와 Razza가 성적 학대 및 대인관계 외상 생존자들을 위한 치료를 다룬 장(chapter)에 이어, Nancy Razza 박사와 Daniel Tomasulo 박사는 상호적 행동모델(Interactive-Behavioral Model)을 사용한 지적장애 트라우마 생존자의 집단치료를 논의합니다. 안전성과 기밀유지는 해당 집단 치료에 필수적입니다. 집단치료를 시작하기 전, 집단의 각 멤버는 치료 기법에 대한 소개 및 치료 기법에 관해 무엇을 기대해야 하는지에 대한 적어도 하나의 개별 세션을 가져야 합니다.

치료가 진행 중인 집단에서 기존 멤버는 신입 멤버들에게 규칙을 가르칠 수 있지만, 치료를 새롭게 시작하는 집단에서는 진행자가 어떤 행동이 적절하고 수용가능한지에 대해 멤버들에게 명확히 해 주어야 하며 진행자는 멤버들이 이러한 정보들을 이해하였는지 확인해야 합니다.

독자들에게 해당 집단에 대해 적용되는 프로세스 및 기법에 대한 이해를 제공하기 위해 실제 사례 회기를 자세히 설명합니다.

영역 3: 가족 및 커플 치료

Hill-Weld 박사에 따르면, 지적장애인에게 심리치료를 제공하기 위한 다양한 기술과 이론적 관점 중에서 가족체계 이론은 다른 많은 모델의 개입을 거르고 정리하는 필터 역할을 합니다. 가족체계 이론은 가족(또는 가족과 같은) 집단과 개인의 상호적인 영향을 우선시합니다. 이러한 관점은 문제에 대한 이해를 풍부하게 하고 변화의 기회를 넓힙니다. 지적장애인은 개인이 자신의 인식이나 행동을 독립적으로 변경할 수 있는 능력을 제한할 수 있는 관계망(가족, 상담사, 사례관리자, 수퍼바이저, 고용주)에 살고, 그 관계망의 다른 사람들은 각 개인의 삶, 선택 및 인식에 영향을 미칩니다. Hill-Weld는 "가족체계 이론에서 개인문제에 관한 행동의 변화는 때로는 바람직하지만 때로는 주요 목표가 아니다."라고 말합니다. 대신 문제의 의미와 문제를 둘러싼 패턴을 재조직하고자 합니다. 가족이 경험하고 있는 문제를 관계 시스템이 장애를 수용하고 조정하는 것으로 리프레이밍함으로써 지적장애인을 병리적으로 바라보지 않고, 관계 시스템의 한 구성원으로서의 가치를 확인할 수 있습니다.

역사적으로 지적장애인이 동반자 또는 커플이 되거나, 함께 살거나 혹은 결혼하는 것을 허용하는 것에 대한 저항이 있었지만 지난 40년 동안 이러한 태도는 변화되어 왔습니다. 이제는 지적장애인이 사랑하는 부부관계를 형성하는 데 많은 지지와 수용은 있지만 이들에 대한 임상적 개입에 관한 문헌은 거의 없습니다. J. Dale Munro, MSW, RSW, FAAIDD는 강점중심 사회복지적 관점과 긍정심리학 및 무조건적인 중재의 요소를 통합하는 긍정적 커플치료 모델(Positive Support-Couple Therapy Model: PSCT Model)을 제시합니다. 긍정적 커플치료 모델은 커플, 이들의 원가족 및 서비스 시스템 담당자와 효과적인 업무 관계를 구축하는 데 도움을 제공합니다. 긍정적 커플치료 모델을 사용하는 상담자는 그들이 해야 할 네 가지 가능한 역할을 결정해야 합니다. (1) 컨설턴트, (2) 외부 중재자, (3) 보다 전통적인 커플 상담자 혹은 (4) 파트너 중 한 사람에게 개별 상담 제공 또는 임상전문가에게 의뢰. 대부분의 커플 상담자들이 사용하는 평가방법과는 달리, 긍정적 커플치료 모델을 사용하는 상담자는 커플에게 도움을 줄 수 있는 수준을 결정하기 위해 가족 및 지원기관과의 만남을 요청할 수 있습니다. Munro는 평가과정에서 상담자가 주의해야 하는 여러 가지 영역으로 가족 역동, 문제해결 패턴, 주거 및 재정적 안정 등을 지적합니다.

때로 커플을 지원하는 일은 이들의 확장된 가족이나 지원 체계에 개입하는 것을 포함합니다. Munro는 자기결정을 촉진하고 극도로 건강에 해롭거나 위험한 선택이 이루어지고 있는 경우 한쪽 또는 양쪽의 행동에 의문을 제기하는 동시에 상담자의 윤리적인 책임을 고려합니다. 폭력적이거나 학대 관계에 있는 커플의 상담에 대해서도 논의됩니다.

영역 4: 여러 쟁점

H. Thompson Prout 박사와 Brooke K. Reed는 '지적장애인 심리치료의

효과성'에 관한 장에서 지적장애인을 대상으로 한 심리치료 연구 결과의 현황에 대한 개관을 제공하고 있습니다. 심리치료의 정의, 효과와 효능의 의미와 구별, 상담자의 특성, 내담자의 특성, 결과의 유형, 디자인의 유형, 증거기반 치료법 및 치료 동맹을 포함한 심리치료의 일반적 문제를 고려한 후, 연구문헌에 대한 네 가지 리뷰로 시작하여 약 10년 동안 지적장애인과의 심리치료에 초점을 맞춘 논문들을 살펴보았습니다. 출판된 연구에 대한 과도한 의존성은 연구결과에 대한 편향을 일으켜 효과 크기가 더 커지고 실제 치료 효과를 과대평가할 우려가 있으므로, 검토된 연구들 중 논문을 포함하는 것이 중요합니다. 그 이유는 '출판된' 연구는 해당 연구에서 유의한 결과를 입증하였기 때문에 전형적으로 출판을 위해 받아들여진 것으로 볼 수 있기 때문입니다. 심리치료의 광범위한 정의를 사용하여, 논평, 발표된 보고서 및 논문들은 심리치료 기법이 지적장애인에게 어느 정도의 이익을 제공한다는 것을 지지합니다. 지적장애 아동 또는 청소년의 심리치료에 대한 연구는 거의 보고되지 않았습니다. Prout 박사와 Reed는 향후 연구를 위한 많은 결론과 함의점들을 제공합니다.

일반적으로 심리치료나 상담 윤리에 관한 책은 많이 출판되었지만 지적장애 혹은 발달장애인 내담자에 관한 상담 윤리에 관한 책은 많지 않습니다. '지적장애인 상담의 윤리적 쟁점'에서 Dick Sobsey 박사는 지적장애가 있거나 없는 개인과의 심리치료에서 상담 윤리는 원칙상의 차이는 없고 작고 미묘한 차이만 존재할 뿐이라고 가정합니다. 그는 상담 윤리에 대한 다양한 접근 방법, 즉 덕 윤리, 공리주의 윤리, 원칙기반 윤리 및 관계 윤리에 대해 간략하게 검토합니다. 그런 다음, 그는 미국심리학회와 미국사회사업가협회의 윤리적 행동 규범의 몇 가지 요소를 살펴보고 이들이 어떻게 적용되는지 그리고 지적장애인 및 발달장애인을 상담할 때 어떤 특별한 사항들을 고려해야 하는지 살펴봅니다. 해당 섹션에서는 내담자의 사회적 정의에 대한 존중과 이해의 충돌과 같은 개념을 살펴봅니다. 마지막으로, 그는 미국심리학회와 미국사회사업가협회의 윤리강령에 포함되지는 않지만 지적장애인 상담을 위한 윤리적 고려사항과 밀접한 관련이 있는 발달장애 분야에서 나타난 몇 가지 개념을 고려합니다. 이러한 개념에는 정상화, 연령에 적합한 활동 및 위험을 감수할 수 있는 권리가 포함됩니다.

추가적으로, Gerald Drucker 박사는 지적장애인에게 심리치료를 제공하도록 훈련받은 임상가들에 대한 풀(pool)을 늘리는 것의 이점 외에도, 지적장애인과 함께 일할 수 있는 심리치료 인턴을 훈련시키는 것이 인턴에게도 다양한 혜택을 제공한다고 말합니다. 치료의 과정은 좀 더 천천히 진행되는 경향이 있어 인턴은 내담자의 말을 생각하고, 응답할 시간을 늘리고, 내담자의 반응을 측정하는 데 더 많은 시간을 가지고, 상담 시간을 늘릴 수 있습니다. 이에 따라 Drucker 박사는 수퍼바이저와 오랜 시간 동안 상담을 함으로써 지도를 받아야 함을 제안하고, 내담자의 지적장애 여부에 관계없이 모든 심리치료의 근간을 이루는 작업동맹의 발달을 탐색하였습니다. 인턴은 지적장애인 내담자와 함께 일하면서 치료 초반에 내담자가 신뢰와 안전감을 가질 수 있도록 해야 합니다. 이에 Drucker은 내담자의 요구와 능력을 관찰하는 다양한 이론적 '렌즈'를 제공하는 것에 대한 가치를 논의하면서, 다중 이론적 접근 방식의 적용을 제안합니다. 또한 상담회기 종료에 관한 문제와 수퍼바이저와 수퍼바이시와의 관계 및 인턴 선정도 논의하고 있습니다.

차례

Section Ⅰ 개인심리치료

Section Ⅳ 다양한 쟁점

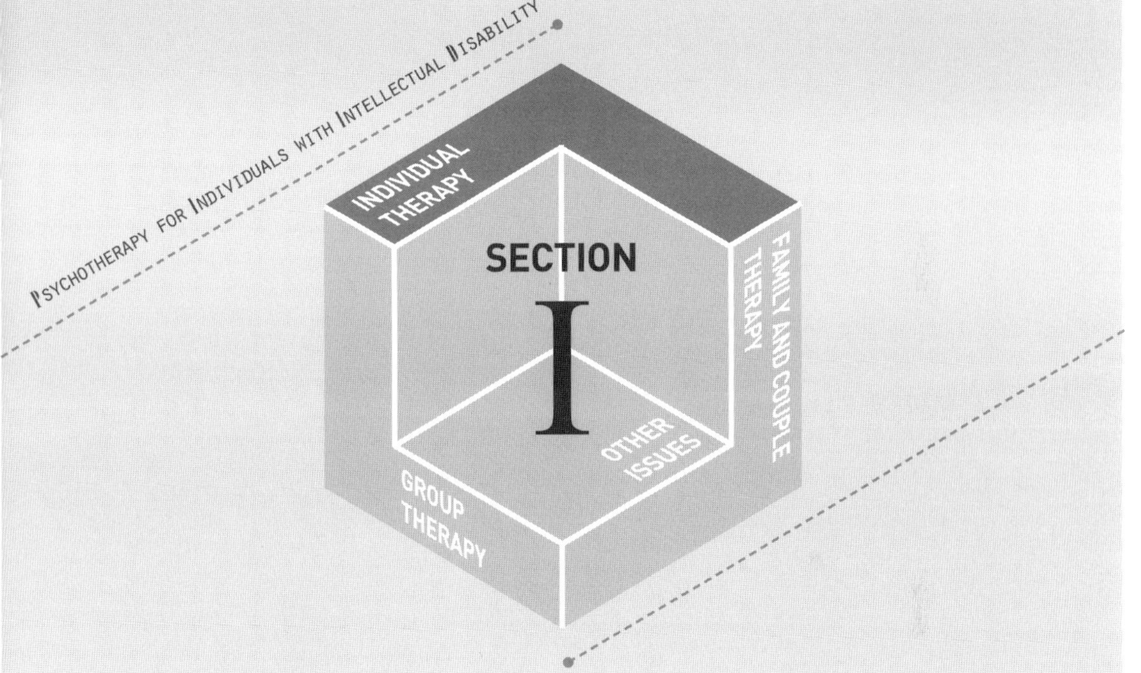
PSYCHOTHERAPY FOR INDIVIDUALS WITH INTELLECTUAL DISABILITY
INDIVIDUAL THERAPY
SECTION
I
FAMILY AND COUPLE THERAPY
OTHER ISSUES
GROUP THERAPY

개인심리치료

지적장애인을 위한 변증법적 행동치료: 지적장애 청소년과 가족을 위한 심리치료

Margaret Charlton, Ph.D., ABPP
Eric J. Dykstra, Psy.D.

서문

데이비드는 삶이 너무나 절망적인 나머지 자신에게 휘발유를 붓고 불을 붙였다. 레이철은 끊임없는 두려움 속에서 하루하루 살아 나가는 것에 지쳐 있었지만 그것을 이야기할 만큼 누군가를 믿을 수 없었다. 타라는 극심한 공포를 일으키는 악몽과 플래시백이 매일 지속되는 것을 참을 수 없어 손목을 긋는 행동을 계속하였다. 마이클은 자신을 통제하려고 했지만 결국 공격적인 행동으로 끝이 나고 주기적으로 저지당하곤 하였다.

이들은 모두 고통을 받고 있다. 이들 모두의 삶 속엔 그들을 도와주고자 하는 사람들이 있었지만, 아무도 그들을 도와주기 위해서 어떻게 해야 하는지 알지 못했다.

지적장애와 정신건강 관련 문제를 가진 이들을 위한 혁신적이고 효과적인 치료적 접근의 필요성에 대한 관심이 증가하고 있지만 실제로 그러한 접근을 발전시키기 위해서는 해야 할 일이 훨씬 더 많다. 지적장애와 정신질환을 동시에 가지고 있는 개인에게 심리치료를 제공할 때 다루어져야 하는 쟁점이 많이 있는데, 내담자의 지적 기능 수준, 심리치료로 이어진 표출된 문제, 증상 이전 내담자의 기능 수준과 비교하여 어떠한지, 정신질환이 내담자의 지적장애 및 발달장애의 전형적 행동과 어떻게 상호작용을 하는지, 내담자가 어떠한 종류의 스트레스 요인을 경험하고 있는지, 과거에 유사한 스트레스 요인들에 대처하기 위해 어떠한 방법을 사용하였는지와 같은 것들이 포함되지만 이것에만 국한되지는 않는다. 나아가 지적장애인 내담자와 치료적 관계를 맺기 전에 상담자는 자신이 가지고 있는 심리치료, 지적장애인에게 제공하였던 심리치료의 방식에 대하여 가지고 있는 편견과 생각을 점검해야 한다(Bütz, Bowling, & Bliss, 2000; Sue & Sue, 1999). Hurley와 동료들(1996)은 어떠한 효과적인 심리치료라도 그 내담자의 필요와 능력에 맞아야 한다고 강조하였다.

장애인을 위한 변증법적 행동치료(Dialectical Behavior Therapy for Special Populations: DBT-SP)는 변증법적 행동치료(Dialectical Behavior Therapy: DBT)가 특별히 충동성을 조절하고 좌절감을 다루거나 소통을 위하여 더 나은 기술을 습득해야 하는 내담자들의 요구에 맞게 변형된 심리치료의 예이다. 장애인을 위한 변증법적 행동치료는 데이비드가 자신의 고통을 더 잘 참음으로써 자신을 위한 더욱 효과적인 선택을 하고 문제를 더 크게 만들지 않도록 도와주었고, 레이철이 자신의 감정을 더욱 잘 이해하고 조절하여 덜 압도되고 다른 이들을 다시 신뢰할 수 있도록 하였다. 타라는 장애인을 위한 변증법적 행동치료를 시작한 직후 매료되었다. 그녀의 악몽과 플래시백은 강도가 약해졌고 그녀는 자해행동을 하지 않고 다른 사람들과 소통할 수 있는 새로운 방법들을 배웠다. 마이클은 여전히 걸핏하면 화를 내는 그의 성미를 조절하기 위해 고군분투해야 했지만 몸보다는 말로 분노를 표현할 수 있게 되었다. 그는 여전히 고쳐야 할 것들이 많이 있다는 것을 시인하면서도 제지 당하지 않더라도 스스로 타임아웃을 줄 수 있게 된 것을 인정하였다.

변증법적 행동치료는 감정을 통제하거나 정신적 고통을 견딜 수 있고 인간관계를 맺는 기술이 부족한 경우를 다루는 경험적으로 입증된 종합적 치료 프로그램이다. 이 치료적 개입은 Marsha Linehan이 처음 개발하였고『경계선 성격장애의 인지행동치료(Cognitive-Behavior Treatment of Borderline Personality Disorder)』(1993a)와 함께 출시된『경계선 성격장애 치료를 위한 기술훈련 매뉴얼(Skills Training Manual for Treating Borderline Personality Disorder)』(1993b)에서 포괄적으로 다루어졌다. 본래는 경계선 성격장애로 진단받은 이들을 위해 개발되었지만, 다양한 세팅에서 사용될 수 있도록 치료가 확장되어 왔다. 변증법적 행동치료는 이제 DSM-IV의 1과 2축에 극심하거나 만성적 정신질환으로 치료되기 어려운 다중진단을 받은 이들을 위한 가장 효과적인 치료로 알려져 있다(Dimeff & Koerner, 2007). 특별히 변증법적 행동치료는 청소년을 위한 DBT-A 버전으로도 사용되고 있다(Miller, Rathus, Linehan, Wetzler, & Leigh, 1997; Miller, Rathus, & Linehan, 2006).

경계선 성격장애를 위한 치료로 변증법적 행동치료가 시작되면서 그 효과는 다양한 범주의 다른 정신질환들과 다양한 연령대의 사람들을 통하여 입증되었다. 자살 충동을 느끼는 청소년(Miller, Rathus, Linehan, Wetzler, & Leigh, 1997; Katz Cox, Gunasekara, & Miller, 2004), 섭식장애를 가진 이들(Telch, Agras, & Linehan, 2001), 치료에 저항적인 우울 증상을 가진 이들(Harley, Sprich, Safren, Jacobo, & Fava, 2008), 지역정신건강센터에서 만성적으로 자해 행동을 하거나 다양한 치료 실패를 경험한 이들(Comtois, Elwood, Holdcraft, Smith, & Simpson, 2007), 양극성장애 청소년(Goldstein, Axelson, Birmaher, & Brent, 2007), 발달장애인(Dykstra & Charlton, 2003, 2008; Lew, Matta Tripp-Tebo, & Watts, 2006) 그리고 병동에서 집단 프로그램(Wolpow, 2000)이 간단한 예이다.

표준화된 변증법적 행동치료를 사용할 때, 상담자에게는 다섯 가지 주요 과업이 있다. 그들은 내담자의 역량을 확장시키고, 새로운 행동을 동기화하며, 새로운 행동을 일반화하고, 향상을 강화시키는 치료적 환경을 확립하며 유능하고 동기화된 상담자의 모습을 유지하기 위해 노력해야 한다(Linehan, 2000). 이 과업들은 개인심리치료, 기술훈련 집단, 전화상담 그리고 수퍼비전/사례회의 집단이라는 네 가지 주요 요소를 통해 성취된다(Linehan, 1993a). 변증법적 행동치료는 이러한 요소들을 사용하여 구체적인 기술로 이루어진 특정 훈련과 다차원적 · 다학문적 접근을 활용한 강점에 기반을 둔 훈련을 제공한다. 변증법적 행동치료를 위하여 목표의 체계적 단계도 확립되었는데, 이 목표는 자살 충동, 자살극, 다른 고위험 행동에 우선적으로 집중되어 있다. 실제적인 측면에서 효과적 변화는 한 개인이 현재에 있고(present), 안전하고, 살아 있을 때만 가능하다. 두 번째 단계는 치료를 방해하는 행동에 대한 개입에 초점을 맞춘다. 이 단계는 내담자를 온전히 치료에 몰입하도록 하고 변화에 대한 동기를 유지시키기 위함이다. 거의 항상 의도적이거나 비의도적인 모든 행동으로 인해 (세션 안팎 모두) 치료의 효과가 약화될 수 있기 때문에 변증법적 행동치료는 의도적으로 이 문제를 다룬다. 세 번째 단계는 치료는 내담자의 삶의 질을 높이는 일과 내담자와 그들이 살아갈 만한 가치가 있다고 느껴지는 삶을 살도록 돕는 일에 초점을 둔다. 이것은 대인관계 기술에서 더 나아가 불안, 우울, 트라우마와 같이 전형적으로 자주 나타나는 정신질환 문제를 다루는 경우에 해당된다.

가장 최근에는 DBT-A라는 명칭으로 청소년 내담자를 위한 변증법적 행동치료가 출간되었다. DBT-A는 처음에는 특별히 경계선 성격장애를 보이는 청소년들의 효과적 치료를 위해 제작되었는데, 그중에서도 자살 충동/자살극을 보이게 하는 욕구나 행동을 다뤘다. DBT-A는 수용과 변화의 균형을 맞추는 일에 대한 중점을 유지하며, 부모를 집중적으로 다루는 서비스(통합된 다양한 가족 집단, 가족치료)와 학교상담과 같이 자주 요구되는 다른 요소들뿐 아니라 개인과 집단 심리치료를 모두 활용한다(Miller, 1999). 이러한 활용의 일부로 '균형 유지하며 걷기(Walking the Middle Path)'라는 청소년 발달과 양육의 특정 역동을 다루는 새로운 모듈(module)이 개발되었다. 광범위한(full-length) 교재인 『자살 충동을 느끼는 청소년을 위한 변증법적 행동치료(Dialectical Behavior Therapy with Suicidal Adolescents』는 탁월한 자료이며 굉장히 많은 전략과 임상적 교육방법을 제공한다(Miller, Rathus, & Linehan, 2006). 과거에는 심리치료가 지적장애인에게 효과적이지 않다고 여겨졌다. 게다가 많은 사람들은 지적장애인이 일반인들과 같은 심리치료의 필요성을 느끼지 않을 것이라고 여겼다. 그러나 오늘날에는 지적장애인들이 불안, 우울증, 슬픔, 직업 스트레스 등과 같이 일반인들과 같은 삶의 어려움을 겪고 있다는 인식을 하게 되었다. 더 많은 반복이 필요하겠지만, 일단 발달장애인에게 치료 효과가 나타나면 그 효과를 지속(retention)시키는 방법은 보통 사람들에게 적용하는 방법과 유사하다(Charlton et al., 2004).

발달장애인의 심리치료를 진행하기 위해서는 다양한 정보가 서로 다른 방식으로 제공될 필요가 있는데, 그 한 가지 예로 청각과 시각 정보를 함께 사용하는 것을 들 수 있다(Spackman, Grigel, & MacFarlane, 1990). 쉬운 언어를 사용하고 심리치료 회기를 구조화하며 보다 직접적이고 활동적인 접근법을 사용하는 것이 도움이 된다. 모델링과 역할극 같은 구체적인 활동이 언어지체를 지닌 내담자에게 유용하며, 분명한 한계점을 설정하고 회기의 구조를 유지하고 회기에 집중하게 하며, 생각이나 감정을 유연하게 표현할 수 있도록 하는 것도 또한 유용할 수 있다(Szymanski et al., 1994). 변화를 위한 제안은 구체적일 필요가 있고, 회기 중간에 상황을 다르게 대처하는 방법을 연습할 수 있는 시간이 확보되어야 하며, 만약 변화를 위한 명확한 연습이 완료되지 않았다면 한 회기에서 다루어진 정보가 다른 회기에서도 일반화될 것이라고 가정해서는 안 된다(Charlton & Tallant, 2003).

변증법적 행동치료의 철학적 · 이론적 근거

앞에서 언급했다시피, 변증법적 행동치료는 Linehan 박사가 처음으로 개발하고『경계선 성격장애의 인지행동치료』(1993a)와『경계선 성격장애 치료를 위한 기술훈련 매뉴얼』(1993b)에서 그 개요에 대한 소개가 되었다. 변증법적 행동치료는 탄탄하게 철학적이고 이론적인 근거를 지니고 있기 때문에 핵심적인 철학적 가정을 이해하는 것이 중요하다. 이어서 변증법적 행동치료 모델의 철학과 이론적 배경이 되는 변증법(dialectics)과 기능적 맥락주의(functional contextualism)에 대해서 간략하게 설명할 것이다.

변증법

변증법(dialectical philosophy)이 변증법적 행동치료에 포함되고 통합된 역사는 이 장에서 다루지 않지만, 변증법적 행동치료의 중요한 주제와 타당성(relevance)을 확보하는 데 영향을 준 부분에 대해서는 다루고자 한다. 변증법적 관점은 가장 간단하게, 두 개의 모순되어 보이는 두 측면[정(thesis)과 반(antithesis)]을 통합하는 관점으로 묘사될 수 있다. 이 철학은 절대적이지 않은 '진리'라는 개념 위에 세워져, 서로 부딪치는 관점들을 허용하고, '진리'를 발전하며, 진화하고, 시간에 걸쳐 구성되는 것으로 바라본다. 이것은 보편주의(Universalism, 절대적 진리—이것이 길이요, 진리이다)와 완전한 상대주의(Relativism, 진리는 없다—모두 상대적인 것이다) 사이의 중간에 해당하는 입장이다. 이러한 세계관은 BUT 혹은 NOT이 아닌 AND와 같은 말을 사용하는 것을 옹호하고, 사실상 의도적으로 포괄성을 강조한다. 실용적인 관점에서 변증법적 접근은 여러 가지 관점을 받아들이는 것을 조장하고 다양한 경험을 더 많이 받아들이도록 촉진시키면서 가정, 편견, 언어적 규칙 통제에 의존하는 것을 줄어들게 만든다. 달리 말하면, 변증법은 경직성, 과도한 판단과 비난과 효과적이지 않은 근본주의적 관점을 줄이고 보다 관점을 확대시키고 아이디어들을 공유하는 것을 가능하게 한다.

전체성, 상호관계성, 양극성과 지속적인 변화를 포함하는 변증법적 철학의 세 가지 핵심 원리가 있다. 이러한 원리들을 명료하게 실용적으로 설명할 수 있는 예로 시간을 들 수 있다. 시간의 개념을 고려해 보면, 이전 시간은 지금 이 순간과 계속해서 연결된다. 게다가 과거 대 미래의 양극성은 현재로 통합되지만, 현재는 단지 계속 변화하는 것으로서의 아주 짧은 시간을 의미한다. 달리 말하면, '미래'는 '현재'가 계속 '과거'가 되는 것을 의미하고 과거와 미래가 반대처럼 보이지만 끊임없이 계속 바뀌는 현재의 일부분에 해당된다.

이러한 철학적 사조는 맥락 안에서의 전인적 인간을 바라보게 하고, 내담자가 갖고 있는 밀고 당기는 경험을 이해하고 특히 변화를 기꺼이 받아들이지 않을 때 변화가 얼마나 어려운지를 알게 해준다. 실용적으로, 이 철학적 사조는 수용(타당화)과 변화 사이의 균형을 유지시키는 데 뒷받침된다. 이 균형은 보잘것없고 계속 바뀔지라도 개인에게 유의미하게 많은 도전을 제공하면서 효과적으로 작업할 수 있는 토대가 된다.

기능적 맥락주의

기능적 맥락주의(functional contextualism)는 심리학 이론에서 현대 행동분석과 행동주의와 Skinner의 과학적 접근의 기본적인 과학적 사조가 된다(Cheisa, 1994). 맥락주의와 기능적 맥락주의의 세계관은 상황에 따라 진행되는 행동으로 특징지을 수 있다(Hayes, 1993; Hayes, Blackledge, & Barnes-Homes, 2001; Pepper, 1942). 맥락적 세계관은 개인을 환경과 그 안에서 기능하는 심리적인 전인적 존재로 생각한다. 행동은 역사적으로 상황에 따른 활동으로 바라본다. 분석 단위는 행동, 행동의 기능, 그 행동이 발생할 때의 상황을 포함한다. 단위를 구성하는 상호관련성은 대칭의(symmetrical), 상호연관성의, 상호작용의, 역동적인, 상호 침투적인(interpenetrative) 그리고 전체적으로 불가분의(indivisible) 성격을 띤다. 행동분석과 관련된 기능적 맥락주의 관점에서 분석의 목표로서 정확하고, 의도적이고, 깊이 있게 행동을 예상하고 그 영향에 대해서 파악한다. 변증법적 행동치료 접근은 기본적으로 기능적 맥락주의에 기초를 두고 있으며, 행동을 변화시키기 위해 실용적, 기능적, 전인간적, 행동분석적 접근을 적용한다. 철학적 기초는 각 개인과 개인에게 다양하게 영향을 주는 요인들을 이해하는 이론을 제공한다.

생물심리사회이론

변증법적 행동치료가 장애 집단에 성공적으로 적용되는 이유를 설명하는 이론은 어떤 사람들은 전형적인 각성의 기저 수준(baseline arousal level)보다 더 높은 기저 수준을 가지고 있고, 그들을 둘러싼 환경에 매우 감정적으로 반응하며, 각성의 기저 수준으로 돌아오는 일에 어려움을 겪는다는 것을 가정한다. 이 사람들은 빈번하게 트라우마를 경험했던 전력이 있으며 심각하게 정서 조절을 어려워하는데, 이는 병의 원인이 되거나 혹은 병세를 더 악화시킬 수 있는 가능성이 된다. 때때로 이러한 사람들은 그런 경험을 효과적으로 대처하는 기술이 부족하여, 혼란스러운 대인관계와 일상 기능의 저하로 특징지어지는 위기로 가득 찬 삶을 살게 된다.

달리 말하면, 생물학, 심리학과 대인관계/사회적 경험 사이의 상호작용은 수많은 만성화된 문제를 지닌 사람들을 이해하고 그들과 작업하는 기초가 된다. 뇌 기반 차이의 빈번한 발생, 일상생활에서의 증가된 스트레스의 양, 발달적 차이 그리고 지적인 차이를 가진 개인들이 겪는 평범하지 않은 대인관계 경험을 고려한다면, 어떻게 이 모델을 적용하는지는 분명하다. 게다가 이 모델은 공유된 목표를 향해 잘 소통하고 꾸준한 태도로 작업하는 다학문적 접근이 지적장애 및 발달장애와 정신건강 문제를 지닌 사람들에게 필요하다는 것을 강조한다.

표준화된 변증법적 행동치료 모델에 대한 개관

변증법적 행동치료는 인간의 고통이 만연함을 인식하면서, 일반적인 증상이나 불편감을 줄이거나 없애려고 하지 않고, 특정한 생각이나 감정에서 벗어나도록 하지 않으며 그보다는 불필요한 고통을 줄이는 데 초점을 둔다[행동분석의 수용전념치료(ACT)의 '상대적인' 개념과 유사함; Hayes, Strosahl, & Wilson, 1999]. 때때로 자신의 과거에서 벗어나려고 노력하는 것처럼, 사람들은 바꿀 수 없는 것에 너무 고군분투하면서 고통을 크게 만든다. 대조적으로, 변증법적 행동치료의 초점은 고통을 느끼고 부적 정서를 경험하고, 부정적인 생각이 듦에도 불구하고 가치 있는 삶을 추구하기 위해서 충동과 정서를 잘 조절시키는 유용한 방법을 통하여 불필요한 고통을 줄이는 것이다. 간단히 말해서, 개인이 바꿀 수 있는 변화와 변화할 수 없는 것을 수용하는 것 사이의 균형을 맞추는 데 주안점을 두어서, 개인이 모든 상황에서 효과적으로 행동하고 가치 있는 삶을 사는 목표를 향해서 전진할 수 있도록 만들어 준다. 그 과정 동안에 초점은 고통을 줄이는 데 있으며 특정한 사고와 감정은 대체되는데, 그 결과 사람들은 더 기쁨을 누리게 되지만 그것이 항상 보장되는 것은 아니다. 상대적으로 구체적인 이 아이디어는 지적장애 및 발달장애를 지닌 사람뿐만 아니라 많은 사람이 그들 자신을 충분히 이해하고 기능하도록 만들어준다. 요약해 보면, 변증법적 행동치료는 내담자가 그들의 행동에 책임을 지도록 장려하며 '그러할지라도 내가 어떻게 행동할지를 선택했어.'라는 생각(dictum)을 갖도록 해 준다.

치료 작업을 위한 가정(변증법적 행동치료의 관점에서)

앞의 가정들은 Linehan의 『경계선 성격장애를 위한 인지행동치료(Cognitive Behavioral Therapy for Borderline Personality Disorder)』(1993a)라는 책에서 나온 것들이다. 그는 지적장애와 정신질환을 동시에 진단받은 청소년들에게 적용 가능한 것들을 다음과 같이 요약하였다.

내담자는 그들이 할 수 있는 최선의 것을 한다: 이것은 '인간중심'이라는 관점을 명확하게 보여 준다. 이 주장은 모두가 그 순간에는 최선을 다한다는 사실에 대한 인정으로 요약된다. 그리고 삶의 다양한 영역에서 성공에 대한 서로 다른 수준을 인정하고, 다양한 성과를 수용한다. 효과적으로 자신을 통제하고 대인관계를 조정하는 개인의 능력은 유동적이고 삶의 많은 요인(예: 스트레스, 잠, 영향, 신체 건강, 동료 집단 등)으로부터 영향을 받는다. 특히 스트레스 요인에 더 취약한 사람들은 스트레스의 영향을 인식하며, 경직되고 비현실적인 기대들을 가지지 않도록 하는 것이 매우 중요하다. 내담자가 어제 한 번의 성과를 냈다는 것이 오늘 다시 그것을 할 수 있음을 의미하지는 않는다는 것을 기억하라. 그러면서도 동시에 상담자는 내담자의 긍정적인 변화가 계속 일어날 것이라고 기대해야 한다.

내담자는 나아지기를 원한다: 변증법적 행동치료에 기반을 둔 치료를 받게 될 대부분의 사람은 문제를 알고 있으며 변화를 원한다. 비록 변화에 대해 가진 첫 번째 욕구가 무언가로부터 탈출하고 싶은 욕구 혹은 부정적인 결과로부터 피하고 싶은 욕구에서 비롯되었을지라도, 대부분의 개인은 무언가 변해야 한다는 것을 인정한다. 비록 그들 자신의 변화는 아닐지라도 말이다. 이것은 치료로 문을 열고, 의도적인 변화 과정에 참여하는 기회를 제공한다.

내담자는 더 잘하려고 하고 더 열심히 노력해야 한다: 변화를 원하는 것만으로는 충분하지 않다. 내담자들은 실제로 그들의 수행이 향상되는 것을 필요로 한다. 게다가 우리와 함께 일했던 많은 내담자는 스스로 자신을 도우려고 했던 부단한 시도들에서 실패를 겪었다. 여기에는 많은 이유가 있겠지만, 중요한 것은 그들은 그들의 삶에 책임이 있다는 사실이다. 상담자가 해야 할 일은 내담자에게 용기를 북돋아 주고, 기술을 습득하게 하고, 동기를 유지하거나 강화하며, 그들이 성공할 수 있도록 하는 것이다. 기술기반 및 성과기반 관점의 균형은 필수적이다.

내담자 자체가 모든 문제의 원인은 아니더라도, 어찌 됐든 그 문제들을 해결해야만 한다: 이 문장은 대부분의 사람에게 진실일 것이다. 세상에서 일어나는 많은 일은 개인의 직접적인 통제에서 벗어나기 때문에 피할 수 없는 많은 어려움이 발생한다. 그러나 인간으로서 우리는 책임이 있고, 따라서 우리가 직면한 다수의 상황에서 어떻게 반응할지를 선택한다. 비록 처음에 겉보기에는 가혹한 주장일지라도, 그것은 내담자에게 권한을 위임하도록 함으로써 문제를 해결하는 데에 실제로 기능하며 삶의 많은 상황에서 효과적일 수 있다. 게다가 그것은 우리가 전문가로서는 사람을 구할 수 없고, 내담자들이 그들 자신을 구하기 위해 일해야 한다는 태도를 견지하게끔 한다.

내담자의 삶은 늘 지금처럼 힘들 수 있다: 우리가 내담자들의 삶의 이야기를 진심으로 들어준다면, 우리는 그들이 실제로 겪어 온 생지옥을 알게 될 것이다. 아마 그들이 속해 있는 프로그램에 대해서 불평할는지도 모른다. '시스템'이라는 것은 그들이 속해 있고, 그들의 보호자이고, 그들이 먹는 음식, 그들의 룸메이트 또는 심지어 특이하지 않은 툴툴거림인데, 이 모든 것은 개인이 현재의 삶에 대해 불만족스러움을 알려 주는 지표이다. 이러한 지표들은 내담자 스스로를 개선하는 것뿐만 아니라 내담자가 변화하고 싶다는 신념을 갖게 한다. 우리는 그들을 위해 일하거나 그들을 구해 줄 수는 없지만 그들이 삶을 바꿀 수 있도록 옆에서 함께 일할 수 있다.

내담자는 관련된 모든 상황을 견딜 수 있는 새로운 삶의 방식들을 배워야 한다: 통합적인 치료방법을 설계할 때, 그 기술들을 일반화할 수 있는 몇 가지 질문이 있다. 프로그램에서는 성공했는데, 실제로는 어떠한가? 몇몇 사람에게는 성공했는데, 나머지 사람에게는 성공적이었는가? 성공적인 치료의 가장 중요한 척도 중 하나는 기술을 치료실 밖 환경에서 효과적으로 일반화하여 사용할 수 있는가이다.

내담자가 치료에서 실패하는 경우는 없다: 만약 통합적이고, 일관되고, 또 철학–이론–실습 연계적인 접근이 기능하지 못했다면, 그것은 치료가 실패했거나 상담자가 실패한 것이다. 이러한 주장은 '내담자를 비난'하는 경향을 벗어나게 해 준다. 내담자를 비난하는 경향은 너무나 흔하고, 전문가들이 오류를 범할 수 있다는 것을 떠올리게 한다. 장애인을 위한 변증법적 행동치료 또는 표준화된 변증법적 행동치료 방법이 모든 내담자에게 효과적일 것이라는 주장을 확언할 수는 없지만, 철학에서부터 실제적인 접근에 이르기까지 관통하는 의도적인 일관성은 치료방법에 확실한 방법을 제공한다. 또한 치료법은 내담자의 취향에 맞게 개별화해야 하며, 의도적으로 변증법적 행동치료처럼 구조화된 접근을 해야 한다.

변증법적 행동치료 팀 안에 있는 모든 상담자는 심각한 문제를 가진 개인을 다룰 때 서로 돕고 지원하여야 한다: 이것은 발생한 위기, 소진, 판단적이며 타당하지 못하게 됨, 관점을 잃음, 그렇지 않으면 실패할 수 있다는 사실을 쉽게 파악할 수 있게 한다. 팀은 그들이 기능을 잘하기 위해 필요한 핵심적인 요소이다. 소진, 이차 외상 스트레스, 상담자의 피로, 일반적으로 효과적이지 않은 작업 등으로부터 내담자를 보호하여 상담자들이 기능을 잘할 수 있도록 한다. 치료는 쉬운 작업이 아니며 혼자 할 수 없다.

변증법적 행동치료 팀의 합의

팀의 기능은 내담자의 성공에 매우 중요하기 때문에 만약 다음 합의가 그 가치가 높게 인정되고 이성적으로 실천이 된다면, 그것은 공동 작업을 위한 좋은 바탕을 제공하는 것이다.

변증법적 합의: 불일치, 의견 차이, 갈등의 야기 때문에 우리는 '절대적 진실'의 반대로서 상황 안에서의 종합된 무언가를 찾기로 동의한다. 마치 내담자의 행동 안에서의 지혜처럼, 각각의 우리는 타당한 관점을 유지해야 한다. 우리의 업무는 우리 이전에 존재한 관점을 종합하기 위한 작업이다. 우리는 다른 관점을 고려해야 하고, 내담자에게 최선의 것을 주기 위해 협력적으로 일해야 한다는 데에 동의한다.

내담자에게 자문 구하기(consultation to the client): 이것은 우리에게 핵심적인 합의 사항이다. 마치 우리가 내담자를 '구원할' 수는 없는 것처럼, 그들을 위해 모든 문제를 해결하고자 노력하는 것은 도움이 되지 않는다. 첫째, 우리는 내담자가 타인들과 상호작용하는 기술을 사용하도록 돕는다는 것에 동의한다. 우리는 다양한 치료 팀원에게 어떻게 접근하는지에 대해 내담자들을 코치하고, 관련된 능숙한 방법들을 찾는 것을 돕는다. 둘째, 우리는 내담자의 이익에 끼어들거나 내담자에게 어떻게 반응하였는지에 대해 다른 전문가들에게 발설하지 않는다는 것에 합의한다. 그러나 이것은 팀으로서 코칭, 교육, 학습이 이 합의와 상충되지 않도록 주의해야 할 것이다. 마지막으로, 만약 팀원이 실수를 했다면 우리는 그것을 알아차려야 하며, 내담자가 이를 받아들이고 극복할 수 있도록 도와야 한다. 치료 팀원도 실수를 할 수 있기 때문에 내담자가 매일 만나 상호작용하는 사람들도 실수를 할 수 있다. 우리는 우리의 내담자를 신뢰하는 특권을 가졌으며, 우리는 그들이 사는 세상이 반영된 경험 세계를 그들에게 제공해야 한다.

일관성에 대한 합의(consistency agreement): 우리는 일관성이 중요하다는 것에 동의한다. 그렇지만 실생활에서는 그러기 힘들다. 우리는 내담자가 실패와 불일치를 극복하는 것을 돕는다는 데 동의한다. 이것은 변증법적 행동치료 전략을 실천하려는 내담자와 치료 전문가들 모두를 위한 기회이다. 달리 말하면, 우리는 일관되게 노력하고 이것이 100%까지 되지는 않을 것이라는 것을 알게 된다.

공감적 합의(empathic agreement): 우리의 역할을 성공적으로 수행하기 위해서 우리는 우리와 함께 일하는 사람들과 마음속 깊이 공감해야만 한다. 우리는 경멸적이지 않고 판단적으로 해석하지 않으며, 내담자의 행동들을 이해할 수 있는 방법을 찾아야 한다는 데 동의한다. 우리는 또한 서로에 대해서도 판단적이지 않고 각 사람의 경험을 타당하게 여기면서 접근해야 한다는 것에도 동의한다. 이것은 팀원들 사이의 관계에서뿐 아니라 내담자와 전문가 사이의 치료적인 관계에서도 절대적으로 필요한 것이다.

불완전성에 대한 합의(fallibility agreement): 우선, 우리는 우리가 완벽하지 않고 실패할 수밖에 없는 존재라는 데에 동의한다. 이러한 명백한 선언이 없다면, 판단, 틀림, 갈등은 팀에게 독이 될 것이다. 또한 팀으로서 타인을 돕는 데 변증법적 행동치료 구조를 사용한다고 동의한 것은 변증법적 행동치료 정신과 접근법을 고수하는 것이다. 우리는 서로에 대해 책임이 있고 서로를 부드럽고 공감적으로 대해야 한다는 것에 동의한다.

지적장애인을 위한 변증법적 행동치료의 개발

지적장애인 및 발달장애인은 자신의 정신건강에 필요한 요구를 다루기 위한 심리치료에 참여하여 상당한 성과를 얻는다. 그것은 그들이 심리치료에 접근 가능하다는 전제하에 가능한 것이다(Szymanski et al., 1994). 이 당시에는 단지 몇 가지 형태의 심리치료만이 공식적으로 적용되어 지적장애인 및 발달장애인 집단에게 의미 있게 사용되었다. 일반 사람들에게 주어진 범위만큼의 치료 옵션들이 지적장애인 및 발달장애인에게도 적용될 수 있도록 추가적인 작업이 필요하다. 현재 지적 및 발달장애인의 필요를 충족하기 위해 개발 중인 장애인을 위한 변증법적 행동치료는 단지 시작일 뿐이다. 더 많은 연구가 이 중요한 분야에서 이루어졌을 때, 체계적인 기준을 세우는 것이 우리의 희망이 된다. 그래서 지적장애인 및 발달장애인이 접근 가능하고 가장 큰 도움을 받을 수 있는 심리치료가 잘 알려지기를 바란다. 우리의 현재의 작업에 근간했을 때, 우리는 심리치료 방법이 표면적 증상의 감소보다는 핵심적 결핍에 필요할 것이라고 생각한다. 예를 들어, 오래되고 부적응적인 행동을 새롭고 더 적응적인 것으로 바꾸는 것을 강조하는 접근은 변증법적 행동치료 기술 습득 모듈과 비슷하다. 그것은 이 집단에 특히 더 유용할 것이다(Dykstra & Charlton, 2003).

지적장애인 및 발달장애인을 위한 변증법적 행동치료의 발전은 타깃층에게 적용 가능한지를 재는 철학과 이론의 종합적인 평가에서부터 시작한다. 앞서 언급했듯이, 변증법적 행동치료는 지적장애인 및 발달장애인과 정신건강 문제를 가진 사람들을 위해 아주 잘 맞는 옷처럼 보인다. 스트레스에 대한 취약성, 심각하고 장기적인 중재의 필요성 등 해결하기 어려운 복합적인 문제에서 흔히 보이는 특성들을 고려해 볼 때, 변증법적 행동치료 모델은 수많은 핵심 결핍 영역을 설명하는 틀을 제공한다. 발달상 알려진, 변증법적 행동치료 내에서 발견되는 전인적이고 대상과 기술에 대한 종합적인 체계는 지적장애인 및 발달장애인과 정신건강 문제를 동시에 가지고 있는 많은 내담자에게 잘 맞다. 또한 변증법적 행동치료에서 가르치고 있는 기술이 독립적인 삶을 영위하고, 다른 정신건강 문제를 해결하거나, 트라우마를 처리하고, 각 개인의 삶의 질을 높이는 영역에서 심화 작업을 위한 토대로서 매우 유용하다는 것에 주목할 필요가 있다.

여기서부터는 언어와 제시 방식을 각색하는 것이 필요하다. 변증법적 행동치료의 주요 원칙은 변함이 없지만, 지적장애인 및 발달장애인이 좀 더 쉽게 이해할 수 있도록, 또 우리의 목표인 청소년이 좀 더 흥미를 가지도록, 제시 방식과 언어는 단계에 맞게 수정된다. 장애인과 같이 작업할 때처럼, 내담자의 요구가 충족되도록 교재를 각색해야 한다(Hurley et al., 1996; Pfadt, 1991). 이런 목적을 가지고, 커리큘럼은 많은 방식으로 수정되었다. 첫째, 개념을 좀 더 쉽게 이해할 수 있도록 언어를 바꾸었다. 둘째, 이해력을 높이고 교재에 적용하기 위해 몇몇 개념은 짝지어지거나, 단순화되었다. 셋째, 주의력을 높이기 위해 유인물을 재구조화하여 다시 썼다. 마지막으로, 학습과 유지, 일반화 과정을 돕기 위해 수많은 내담자의 피드백, 반복과 리허설이 치료 구조 속으로 포함되었다.

집단 기술훈련 교재는 변증법적 행동치료 기준 내에서 철저하게 정형화되고 구조화되었기 때문에 각색의 초기 단계는 여기에 초점을 맞추는 것이다. 변증법적 행동치료 집단 기술 모듈(Linehan, 1993b)에서 사용하기 위해 제안된 유인물을 수정하면서, 우리는 내담자들에게 편하고 쉽게 이해할 수 있는 언어를 사용하고자 했다. 예를 들어, 정서적인 취약성을 줄이는 것에 대해 말하기보다는 정서가 어떤 영향을 주는지 이해하고, 정서를 경험할 때 좋은 결정을 할 수 있도록 초점을 맞추었다([그림 1-1], 정서 조절 유인물 1). 우리는 또 지적장애인 및 발달장애인이 정보를 쉽게 이해할 수 있도록 시각적인 프레젠테이션을 사용하였다. 이런 유형의 각색은 정서 조절 유인물 3a와 3b([그림 1-2], [그림 1-3])에서 그려지는데, 가르치려는 대화 수를 줄이고, 눈에 띄는 화살표를 사용하고 좀 더 기억하기 쉽도록 다른 도형을 사용하였으며, 언어를 단순화시켰다. 이 모듈에서 가르치고자 했던 주요 개념이 '선택'이었기 때문에 우리는 추가로 반복하여 이 유인물에 첨가하였다.

정서 조절의 목적

정서를 이해하기

1. 정서를 바라보기
2. 정서에 이름 붙이기
3. 정서의 역할 이해하기

행동을 조절하기

1. 정서가 어떤 영향을 주는지 이해하기
2. 좋은 결정하기
3. 정서가 통제하도록 내버려 두지 않기

나쁜 기분 상태를 중단하기

1. 고통스러운 정서를 받아들이고 놓아주기
2. 좋은 선택 = 좋은 보상

[그림 1-1] 정서 조절 유인물 1

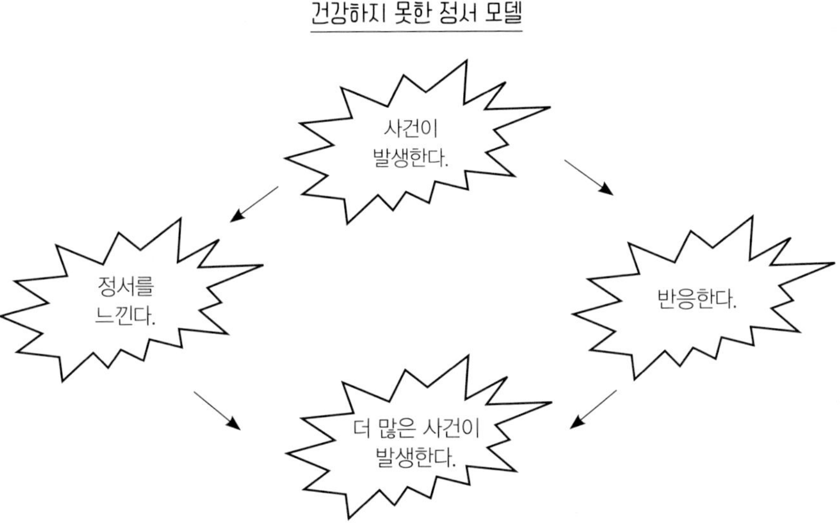

[그림 1-2] 정서 조절 유인물 3a

[그림 1-3] 정서 조절 유인물 3b

또 다른 각색(adaptation) 유형의 예는 정서적인 취약성의 주제와 관련되어 만들어진다. Linehan(1993b)은 유인물에서 부정적인 정서에 대한 취약성을 줄이는 방법을 설명하면서 머리글자로 'PLEASE MASTER'라고 표현했다. 우리는 이것을 'SEEDS GROW'라고 수정했고, 취약성을 줄이는 대신에 정서를 조절하는 것으로 논의했다([그림 1-4] 참조). 이와 같은 수정은 내담자의 단어에 이미 존재했던 더 간단한 언어를 사용할 수 있도록 해 주었으며, 정서가 우리를 조절하는 것이 아니라 우리가 정서를 조절하도록 강조할 수 있는 기회를 제공해 주었고, 교재의 시각적인 프레젠테이션을 단순화시킬 수 있도록 하였다.

유인물과 다른 자료들뿐만 아니라 집단 기술훈련 회기의 구조와 다양한 환경에 대한 고려는 변형이 가능하다. 많은 표준화된 변증법적 행동치료 집단 기술훈련 회기는 90분 또는 그 이상으로 예정되어 있지만, 더 잦은 빈도(예: 일주일에 2번)로 30~60분 회기로 진행한다면, 내담자들이 전원 참석하고 전체 회기에 참여할 수 있으며, 새로운 자료로 무리하게 되는 것을 방지하는 경

정서 조절 유지하기

이 기술을 기억하는 좋은 두문자 기억법 'SEEDS GROW'

Sickness needs to be treated. (병은 치료할 필요가 있다.)	자신과 자기 몸을 보살펴야 한다. 의사에게 가서 처방을 받으라.
Eat right. (균형잡힌 식사를 하라.)	좋은 것을 먹어야 한다. 지나치게 많게 혹은 적게 먹지 말라.
Exercise every day. (매일 운동하라.)	매일 운동을 하라. 체형을 유지하라.
Drugs are bad. (약물은 나쁘다.)	약물과 술을 멀리하라. 이것은 스스로를 통제할 수 없게 만든다.
Sleep well. (잠을 푹 자라.)	낮 동안 피곤하지 않으려면 밤에 충분한 수면을 취하라.
GROW every day. (매일 성장하라.)	매일 스스로 잘하는 것을 하고 새로운 일을 시도하라.

[그림 1-4] 정서 조절 유인물 10

향을 나타내며, 복습과 실천 그리고 기술을 일상생활에 통합하는 것에 더 나은 기회를 허락한다는 것을 발견했다. 게다가 회기가 잦아질수록 집단 리더, 다른 내담자와 더 자주 접촉하며 치료 환경에 더 잘 관련되는데, 이 모든 것은 설명력(과제 완성, 출석 등을 위한), 기술의 일반화, 삶에서의 보다 큰 안정을 촉진시키는 것을 돕는다.

또 다른 기술훈련 적용은 집단에서의 다른 양육자의 포함을 고려하는 것이다. 기능훈련을 받는 장소에서, 발달적 그리고 정신적 건강의 어려움을 가진 청소년을 위한 교육적 · 치료적인 일상치료 프로그램에서 우리는 학급 교육과정의 일환으로 기술 환경 집단을 성공적으로 포함시켜 왔는데, 이는 교실의 교사와 보조교사가 학생과 함께 기술을 배우게 하기 위한 것이다. 학교 환경에서 사고가 일어날 때, 그들은 학생들에게 기술 사용을 코치하고, 적시에 실천과 기술 사용을 촉진시킬 수 있다. 외래환자에게 모델을 적용할 때 우리는 일반적으로 집단이 끝날 무렵에 부모/양육자를 위해서 내담자에게 배운 내용을 쓰도록 한다. 그들이 집단에서 배운 것을 쓰게 하는 것은 제시된 정보에 대해 좋은 복습을 하도록 해 준다. 또한 이것은 상담자들에게는 내담자가 얼마나 많은 양의 자료를 얼마나 정확하게 기억하고 있는지에 대한 통찰을 제공한다. 그러면 이 필기는 집에 있는 양육자에게 전달되고, 그들은 그 주 동안 아이들을 도와줄 수 있다.

기술훈련 매뉴얼 변형이 진행되고 있을 때, 개인치료 접근을 위한 변형이 고려되어야 한다는 것은 명백했다. 주요 변화 중 한 가지는 집단 대신 개인치료에서 매일 다이어리 카드를 복습하는 것이었다. 변증법적 행동치료의 전통적인 방식에서, 집단은 카드에 대해 토론하지만 내담자들은 다른 내담자의 어려움에 초점이 맞춰질 때에는 집중을 계속하기 어려워한다. 우리는 지금 개인 회기의 일부로서, 충분하지 못한 수면 또는 약물을 제때 복용하지 않는 것과 같은 자기관리의 어려움을 이야기한다. 그러면 상담자는 그날 동안의 생각과 행동에 미치는 영향에 대해 이야기할 수 있다. 예를 들면, "만약 당신이 잠을 충분히 자지 않으면 짜증을 내기 쉽고 부정적인 생각과 감정을 다루기 어려움을 겪기 쉽습니다." "당신의 저항능력이 줄어들면 당신은 부정적인 생각과 감정으로 움직이기 쉽습니다." 다시 말해서, 변증법적 개인치료의 내용은 똑같이 남게 된다. 개인치료는 여전히 전통적인 변증법적 행동치료로 똑같은 위계적 문제를 목표로 한다. 그것은 또한 기술훈련과 중요한 사건처리 그리고 가족 관련 문제에 대한 작업에서 개인화된 기술 코칭을 위한 방법을 제공한다.

특히 가족생활과 관련된 그리고 (또는) 영향을 받은 문제가 높은 빈도로 발생할 때 위탁가정 배치를 강화하는 것과 같이, 가족 개입(가족치료를 포함하는) 역시 고려할 만한 중요한 구성요소였다. 또한 환경적인 일관성은 언어,

기술 그리고 전반적인 변화 과정의 일반화에 필수적이다. 게다가 강화 프로그램을 한 청소년과 함께 작업할 때 가족을 포함하는 것은 어떤 면에서 앞선 결론에 이르게 할 것이다. 가족치료가 장애인을 위한 변증법적 행동치료로 장려되었지만, 지금까지는 참여가 전제조건이 되지 않았다. 실용적인 관점에서 가족 구성요소는 꽤 유연하며, 여러 가지 면에서 성취될 수 있다. 현재의 기술훈련 집단뿐만 아니라 이상적으로 부모/양육자가 가족치료에 참여하는 것이 논리상 항상 가능하지는 않다. 대신, 각 집단의 마지막에 시간을 아껴 부모와 함께 그 주의 학습 내용과 관련된 숙제를 간단히 다시 보거나, 집단 기술훈련 자료나 과제를 복습하는 개인 또는 가족 회기 시간을 사용하거나, 그들 각각의 단점이 명확하다 하더라도 전화가 가능하다면 이를 통해 조정할 수 있다. 우리는 또한 전통적으로 고려된 '가족치료'에서보다 넓은 범위의 양육자를 사용하는 데 융통성이 있다. 왜냐하면 이러한 융통성이 서로 다른 종류의 치료 환경에 관련되어 있는 환자들의 필요조건을 더 잘 충족시켜주는 것을 알아냈기 때문이다. 예를 들어, 몇몇의 내담자는 위탁환경에 있었고, 돌봄에 관여하는 생물학적 부모와 양육적 부모를 모두 가지고 있었다. 그런 상황에서 우리는 종종 생물학적 그리고 양육적 부모를 함께 가족치료 회기에 참여시켰다. 이 기관 저 기관으로 의뢰되어 많이 옮겨 다닌 내담자들의 경우, 복지담당 사례관리자는 장기간의 내담자들의 행동과 그들이 직면해 온 고군분투했던 상황들에 대해서 잘 알고 있다. 이러한 상황에서 우리는 종종 치료에서의 진전과 기술에 대해서 협의하는 정기적인 팀 회의에 사례관리자를 포함할 수 있다. 때때로 빠르게 전환되는 교대근무 스태프와 함께 있는 그룹홈의 지적장애인 내담자의 경우에는 자신과 더 많은 시간을 보내는 교사 또는 보조교사와 함께 가까이 작업하는 것을 선호할 수 있다. 우리는 그러한 양육자를 포함하는 것이 바람직하다는 것을 알게 되었다.

위기 접근: 전통적인 변증법적 행동치료에서 내담자들이 새로운 기술을 시도하거나 압도된 감정을 느낄 때 코칭을 이용하게 하는 것은 장애인을 위한

변증법적 행동치료에서 중요하다. 우리는 여러 가지 방법으로 이러한 지지를 제공하려고 노력한다. 학생들은 교직원에게 즉시 접근할 수 있는데, 이들은 이 모델에 의하여 철저하게 훈련받아 왔으며, 최전선의 코치와 교사로서 도움을 제공한다. 더욱이 내담자들은 가능할 때마다 그들의 상담자에게 직접 전화하도록 하는데, 상담자들은 전화를 받자마자 연결될 수 있다. 만일 상담자들이 다른 내담자와 함께 있을 경우, 전화는 사무실 행정직원에게 다시 연결된다. 이 사람 또한 장애인을 위한 변증법적 행동치료 기술에 대한 기본적인 훈련을 받았으며, 상담자가 시간이 될 때까지 내담자가 어떻게든 할 수 있도록 자주 도움을 줄 수 있다. 그리고 행정직원은 내담자에게 즉시 도움을 제공할 수 있는 프로그램의 다른 상담자 중 한 명에게 연결해 줄 수도 있다.

수퍼비전/컨설테이션: 모델의 이 측면이 각색을 위해 필요한 것은 아니기 때문에 여기에서는 단지 간단한 요약만 제공될 것이다. 대신 독자들은 Linehan의 책인『경계선 성격장애를 위한 인지행동치료』(1993a)를 보도록 한다. 요약하자면, 수퍼비전/컨설테이션은 이 모델의 충실도를 유지하고, 힘든 작업의 동기를 높이고 유지하며, 지속적인 훈련과 멘토링을 제공하기 위해 고안되었다. 변증법적 행동치료 팀은 중요한 철학에서부터 일상적인 실천과 적용에 이르기까지 내담자가 했던 것과 같은 방식으로 작업에 전념하고, 작업의 모든 영역에 대해 의도적으로 계속 설명할 수 있도록 요구되었다.

기술훈련의 시작과 집단 형식

변증법적 행동치료 모델에서, 집단 기술훈련은 세 가지 치료 중심적 구성요소 중의 하나로 고안되었다. 기술훈련 집단에 더하여, 모델에서는 모든 내담자들이 개인심리치료에 참여하도록 하며, 상담자들은 모델(앞서 제시된)

에 대한 충실도를 유지하는 데 지지받을 수 있도록 컨설테이션 집단에 참여할 것을 요구했다. 원래 모델에서는, 네 가지 다른 기술 집단이 제시되었다. 마음챙김(Mindfulness), 대인 간 효과성(Interpersonal Effectiveness), 정서 조절(Emotion Regulation) 그리고 고통 감내력(Distress Tolerance)이었다. 하지만 우리는 마음챙김이 단지 분리된 모듈(역자 주: 분리된 교과목 단위)로 학습될 때, 개념 중 많은 부분이 너무 축약되거나 어려워서 내담자들이 이해하기 어렵다는 것을 발견했다. 보다 접근 가능한 방식으로 마음챙김의 핵심 개념을 계속해서 제시하기 위해서, 우리는 마음챙김을 혼자 분리된 독립적인 모듈로 만드는 것이 아니라 마음챙김의 요소를 각각의 다른 세 가지 기술 만들기 회기로 통합하기로 선택했다. 또한 장애인을 위한 변증법적 행동치료 기술훈련에서 대인 간 효과성은 관계 효과성이라고 언급되는데, 이 용어는 우리의 목표가 되는 대상에 쉽게 접근 가능하도록 해 준다. 이 회기 내내 장애인을 위한 변증법적 행동치료 기술 매뉴얼에 나온 예시가 사용되는데, 보다 구체적인 정보와 모든 각색된 자료가 필요하다면 전체 매뉴얼을 참고하라(Dykstra & Charlton, 2003, 2008). 지적장애 및 발달장애 청소년에 의한 각색된 심리치료 집단을 제공함에 있어서, 각 회기를 위한 일관된 구조를 유지하는 것은 도움이 될 것이다. 이 각색된 모델에서 우리는 다음에 제시될 회기 구조를 사용해 왔다. 접근 가능한 방식으로 기술 훈련에 필수적인 구성요소 모두를 통합하는 방법에 대한 제안이 여기에 제시된다.

각각의 모듈을 소개할 때, 이름을 붙이고 집단의 전반적인 초점을 설명하는 것으로 시작하라. 집단의 목표를 정의하고, 어떻게 그리고 왜 집단에서 기술이 집단원들에게 중요한지에 대해 논의할 때 구체적이고 명확한 용어를 사용하라. 집단원들에게 그들이 특정한 기술 영역에서 마주친 문제의 유형에 대해 이야기하도록 격려하라. 집단원들이 논의를 시작하는 데 약간의 도움을 필요로 할 경우에 대비해서 집단 리더는 해결될 문제 유형에 대한 제안과 예시를 제공할 준비가 되어 있어야 하는데, 이는 그들의 삶과 다른 임상적 상황에 대한 것을 포함한다.

지적장애 및 발달장애 청소년은 사회적 규범을 학습하는 데 어려움을 보이기 때문에 심리치료 경험이 제한적이므로, 우리는 도입부 이후에 집단 규칙과 계약을 발전시키는 작업을 함께 하도록 제안한다. 특히 구성원 중 상당수가 이전에 집단을 해 본 적이 없다면, 집단 안에서 무엇을 기대하는지 이야기하는 것은 중요하다. 집단이 함께 만든 규칙을 모두 써 내려가는 것도 도움이 되며, 초기 몇 회기 동안 회기를 시작할 때 집단의 규칙을 되새기는 것도 도움이 된다. 이렇게 되새기는 것은 집단원들이 집단을 하는 동안 그들이 행동함으로써 그들이 규칙을 기억하고 이해하고 있다는 것을 보여 줄 때까지 계속된다. 이 절차는 행동을 안내하는 데에도 도움이 될 뿐만 아니라 집단원들이 집단에 참여하는 정도와 집단 응집력을 높이는 것을 촉진할 수 있다.

집단원들은 집단이 따라야 한다고 느끼는 규칙들에 대해서 얘기하도록 격려받아야 한다. 그러나 만약 집단원들이 떠올리지 못할 때에는 집단 리더가 기본적인 몇몇 규칙을 소개할 수 있도록 준비해야 한다. 모든 집단에서는 집단원들의 기능 수준에 맞는 언어를 활용하여 사전 동의와 비밀보장에 관한 논의가 이루어져야 한다. 예를 들면, 집단원들이 집단에서 일어난 일에 대해서 친구들과 '뒷담화의 주제로 삼는 것'은 안 된다는 것을 이해하도록 확실하게 하는 것은 중요하다. 집단원들이 다른 집단원이 말한 문제에 대해서 다른 사람과 나누는 것은 적절하지 않을 것이다. 하지만 집단원들이 그들이 배우고 있는 기술이나 그들이 겪고 있는 문제에 대해서 부모, 양부모, 그룹홈 등에게 이야기하는 것은 적절할 것이다. 집단원들이 규칙을 정할 때 이러한 경계는 명백하여야 하며 집단원들이 그 핵심 개념을 명확히 유지할 때까지 이를 되새겨야 한다.

집단 리더와 다른 집단원들을 존중하는 것은 집단 규칙에 자주 포함되는 또 다른 개념이다. 집단원들이 규칙에 대해 이야기하는 과정에서 존중 개념은 첫 번째로 자주 등장하는데, 끼어들기, 욕하기, 때리기, 낙인찍기와 같은 타인을 존중하지 않는 행동에 반대되는 규칙들을 통해 표현된다. 이 구체적인 '하지 말기' 규칙들이 집단 과정 동안 다른 사람들에 대한 존중을 보여 주는 일반적인 개념의 일부라는 것을 집단 리더가 명백히 하는 것은 도움이 된다. 많은 집단원은 그들이 대우받고 싶은 방식대로 다른 사람들을 대우하는 것이라는 면에서 '존중'을 개념화한다.

성공적인 집단의 또 다른 요소는 자기 존중에 명백한 한계를 설정하는 것이다. 우리가 만나는 많은 내담자는 대인관계 경계에서 어려움을 겪는다. 집단원들은 성적 학대 경험, 수양 아이의 양육 및 친권의 상실과 같은 특정한 생활 상황, 그 외의 다른 많은 주제와 같은 개인적인 정보를 공유하는 것이 적절한 것인가에 대해 아는 데 도움을 필요로 한다. 과정지향 심리치료 집단에서는 개인적인 정보를 많이 공유하는 것이 바람직한 것이다. 기술훈련과 같은 심리교육 집단에서는 사적인 세부 사항은 덜 공유하는 것이 적절할 것이다. 집단 리더가 현재 집단을 위해 어떤 수준으로 공유하는 것이 적절할 것인가를 생각하는 것은 도움이 될 것이다. 그리고 집단 규칙에 이러한 공유에 대한 가이드라인이 포함되도록 확인하는 것도 도움이 될 것이다. 이 가이드라인은 또한 집단원들이 집단을 하는 동안 서로 접촉하는 양을 다뤄야 할 것이다. 당신(집단 리더)에게 있어서 집단원들이 집단을 하는 동안 전화번호를 교환하고, 친구가 되고, 데이트를 하는 것이 괜찮은지 생각해 보라. 또한 집단 리더는 이러한 기준이 시간이 지남에 따라 변할 수 있다는 것을 알아야 한다. 기술훈련을 시작할 때 집단원들이 개인적인 정보를 거의 공유하지 않는 것은 일반적이지만, 시간이 지남에 따라 친근함과 편안함을 느끼는 정도가 증가할 것이고, 이에 따라 더 개인적인 것을 나누는 것과 대인관계적인 과정이 적절한 방식으로 이루어질 것이다.

집단을 시작할 때 상담자와 집단원들 사이에 계약서를 작성하는 것도 또한 도움이 된다. 이 계약은 치료 집단에 참여함으로써 얻을 수 있다고 생각하는 혜택에 대해서 리더가 집단원들과 토론하는 것에서 시작할 것이다. 어떤 경우에는 내용을 기억하고 있는지 보거나 특정 영역에서 차후에 작업할 필요성이 있는지 확인하기 위해 리더가 회기의 말미에 검사를 실시할 수도 있다. 만약 어떠한 유형의 검사라도 실시할 예정이라면 집단을 시작할 때 집단원들에게 미리 설명을 해야 한다. 또한 집단원들은 집단을 종결할 때 어떠한 유형의 축하 행사나 수료식과 같은 것이 있는지 알 필요가 있다. 더 나아가서, 계약의 일부는 출석 규정, 집단에서의 배제 그리고 다른 관련 있는 정보들을 정하는 것에 할애되어야 한다. 이러한 모든 세부 사항은 집단 리더와 집단원들 사이에 분명한 계약을 체결하는 데 일조하며, 모두가 집단 과정을 통해 무엇을 기대해야 할지 알게 한다.

집단의 기본 구조가 결정되고 난 후, 우리는 각각의 집단 회기마다 일관적인 형식을 따를 것을 제안한다. 앞서 기술한 바와 같이, 처음 몇 회기에서 집단의 형식은 집단의 규칙을 되새기는 것을 포함할 수 있다. 이에 더하여, 우리는 다음과 같은 요소들을 포함할 것을 제안한다.

체크인하기: 각각의 집단을 시작할 때 집단원들이 어떤 감정을 느끼고 있는지와 관련된 기본적인 정보를 얻는 것이 도움이 된다. 체크인을 할 때 활용할 수 있는 다양한 방법이 있는데, 그 방법들은 언어적인 보고, 체크인 기록지(Check-In Sheet, [그림 1-5]) 또는 이 정보를 획득할 수 있는 그 외 다른 것들을 포함한다. 일반적으로 체크의 중요한 측면은 집단원들이 그들이 느끼고 있는 감정에 대해서 나누는 것과 그 경험에 영향을 준 것(즉, 촉진 사건)에 대해서 이야기를 나누는 것이다. 이렇게 반복되는 체크인은 집단 응집력을 촉진시킬 뿐만 아니라 집단원들이 집단 활동에 초점을 맞추도록 돕고 집단 안에서 토론과 공유를 시작할 수 있도록 한다. 이것은 또한 다양한 기술을 연습할 수 있는 방법이 되기도 하는데, 그 기술들은 현재의 감정에 대한 마음챙김, 어떻게 감정이 작동하는지 이해하기, 감정을 기반으로 한 어휘 사용 증가시키기 등을 포함한다.

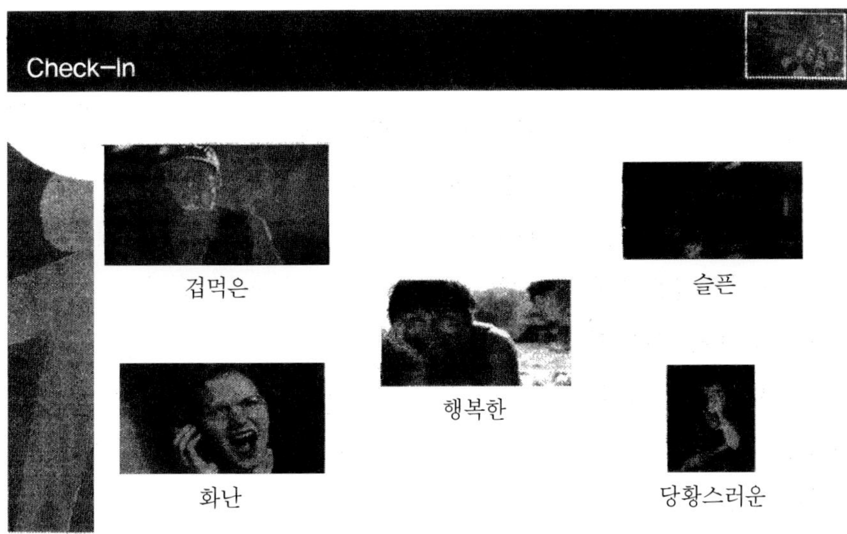

[그림 1-5] 체크인 기록지(Check-In Sheet)

마음챙김 활동: 리더는 그 회기에서 실행될 작업을 보완하는 마음챙김 활동을 선택해야 한다. 만약 집단원들이 이전 회기에 참여하는 데 어려움을 겪었다면, 상호작용적인 활동이 사용될 수 있다. 만약 집단원들이 이전 회기에 과제를 유지하는 데 어려움을 더 보였다면, 리더는 조용히 명상하는 활동과 같은 집중력을 향상시키는 마음챙김 활동을 선택하기를 원할 것이다.

마음챙김 기술에 관한 논의: 마음챙김 활동을 한 뒤, 리더는 활동에서 제시된 기술에 대한 논의를 촉진시켜야 한다. 이것은 마음챙김의 기본 개념을 복습하는 좋은 시간을 선사한다. 회기의 후반부에 제시되는 기술훈련 교재에 따라 리더는 '현명한 마음(wise mind)'의 개념에 초점을 맞출 수 있다. 즉, 마음챙김이 무엇인가(관찰하기, 기술하기, 행동하기) 또는 마음챙김을 어떻게 하는가(수용하기, 한 번에 한 가지 일만 효과적으로 하기)를 의미한다.

과제 검토하기: 이것은 매우 기본적인 것 같지만, 놀랍게도 많은 상담자는 과제를 주고서는 다음 회기에서 그것에 대해 이야기하고 후속 조치를 취하는 것을 등한시한다. 과제를 부여하는 것은 매우 중요한데, 많은 지적장애 및

발달장애 청소년은 어떤 장면에서 획득한 기술을 다른 장면에서 일반화하는 데 어려움을 겪기 때문이다. 과제의 활용은 이러한 일반화를 촉진하는 한 가지 방법이다. 또 다른 방법은 내담자들이 집단 중에 배운 정보의 예시를 집에 가져가서 그들을 돌보는 사람과 함께 복습하는 것을 확인하는 것이다. 과제를 집단 중에 검토하는 것은 많은 방면에서 도움이 된다. 우선, 그것은 집단 리더가 과제를 중요하게 여긴다는 것을 보여 주는 명백한 표현이 된다. 둘째, 과제를 검토하는 것은 과제를 해야 한다는 사실을 기억하는 내담자들에게 강화를 제공해 주고, 과제가 얼마나 중요한지를 잊은 사람들을 도와준다. 그것은 또한 집단 리더가 회기가 끝난 후 과제를 기억하는 전략에 대해 이야기할 기회를 제공하는데, 이것은 다른 상황에서 기술을 사용하는 것을 촉진하는 또 다른 기술이다.

기술훈련 매뉴얼을 통한 교육: 집단 리더는 특정한 모듈에서 개발되고 있는 기술에 대한 새로운 정보를 제공하는 데 매 집단의 일부를 할애해야만 한다. 장애인을 위한 변증법적 행동치료 기술훈련 매뉴얼은 각각의 모듈에 대한 일련의 유인물을 제공한다(Dykstra & Charlton, 2008). 또한 마음챙김, 고통 감내력, 정서 조절, 관계 효과성에 관한 장(chapter)에서 이러한 유인물의 사용법에 대하여 구체적으로 제안하였다. 우리는 유인물을 매주 제공하여 집단원들이 노트에 붙일 수 있도록 하는 것이 효과적임을 발견했다. 노트는 그들을 주로 돌보는 사람과 함께 그들이 정보를 재검토하는 것을 도와주고, 집단 종결 후에 그들이 참고할 수 있는 매뉴얼을 제공한다.

복습: 교재를 반복해서 보는 것이 우리의 내담자들로 하여금 효과적으로 정보를 흡수하고 유지하는 데 필수적이기 때문에, 각각의 회기는 해당 회기에서 무엇을 배웠는지에 대한 논의와 함께 끝나야 한다. 그것은 집단원들에게 그들이 무엇을 배웠는지를 보여 주는 기회가 된다. 또한 그것은 집단 리더가 내담자들의 진보 정도와 더불어 어떤 자료가 더 검토가 필요한지에 대해서 접근할 수 있는 기회가 된다. 집단 리더는 또한 이번 주의 주제를 소개하

기 전에 지난 회기에서의 필수적인 자료를 검토하고 강조하는 것이 효과적이라는 것을 발견할 수 있다.

사례

예비연구: 우리는 장애인을 위한 변증법적 행동치료의 효과성을 검증하기 위한 노력의 일환으로 예비연구를 진행하였다. 이 연구는 인터셉트 센터(Intercept Center)의 데이케어 치료 프로그램 청소년 내담자들을 대상으로 진행되었다. 이 프로그램은 오로라 정신건강센터(Aurora Mental Health Center)의 전문적 프로그램으로서, 심각한 발달 및 행동적 건강장애 아동 및 청소년들에게 교육과 치료를 제공한다. 이 연구에서 우리는 우리가 통상적으로 해오던 환경관리 기술뿐 아니라 변증법적 행동치료의 세 가지 요소를 모두 활용하였다. 이를 통해 내담자들이 개인상담과 장애인을 위한 변증법적 행동치료 기술훈련 매뉴얼을 활용한 기술훈련 집단에 초점을 둔 장애인을 위한 변증법적 행동치료를 받을 수 있도록 하였다. 그리고 모든 치료팀 구성원은 장애인을 위한 변증법적 행동치료 수퍼비전과 컨설팅에 참여하였다. 우리는 치료팀에서 관찰한 내담자 행동과 프로그램을 종료하거나 그만둘 때의 내담자 결과 그리고 일지 카드(daily diary card)의 정보를 수집하였다. 우리는 수정된 일지 카드 양식을 사용하였는데, 이는 [그림 1-6]에 제시되어 있다.

대부분의 예비연구가 그러하듯이, 우리가 수집한 데이터에도 많은 한계점이 있다. 각 내담자들이 제각기 행동하였던 반면에 우리는 어떠한 종류의 무선통제 집단도 두지 않았다(예: 일반 치료 집단, 대기자 통제 집단 등). 즉, 데이케어 치료 프로그램에 참여한 모든 청소년이 장애인을 위한 변증법적 행동치료를 받았다. 게다가 내담자들은 프로그램에 참여하거나 그만두게 되는 시기가 각자 달랐기 때문에 우리가 모은 데이터를 해석하는 것은 어려운 일이었다.

이름:	날짜:			
운동을 했다 그렇다 아니다	약을 먹었다 그렇다 아니다	건강한 음식을 먹었다 그렇다 아니다	잠을 충분히 잤다 그렇다 아니다	치료를 받았다 그렇다 아니다
슬펐다 아님 보통 맞음	화가 났다 아님 보통 맞음	심술이 났다 아님 보통 맞음	행복했다 아님 보통 맞음	당황스러웠다 아님 보통 맞음
남과 다투는 생각 아님 보통 맞음	스스로를 해치는 생각 아님 보통 맞음	자살 생각 아님 보통 맞음	다른 사람을 해치는 생각 아님 보통 맞음	일을 하고 싶지 않은 생각 아님 보통 맞음
다투었다 그렇다 아니다	스스로를 해치려고 했다 그렇다 아니다	자살을 시도했다 그렇다 아니다	다른 사람을 해치려고 했다 그렇다 아니다	일을 하지 않으려고 했다 그렇다 아니다

[그림 1-6] 장애인을 위한 변증법적 행동치료 일지 카드

우리가 여태까지 수집한 데이터가 시사하는 바는 있으나, 장애인을 위한 변증법적 행동치료의 효과성에 대하여 단언할 수 있는 바는 어떤 것도 없다.

관찰된 결과는 내담자들이 자발적으로 '장애인을 위한 변증법적 행동치료 언어'를 사용하고 있음을 암시한다. 내담자들은 자발적으로 또는 치료팀에서 신호를 보낼 때 그들이 배워 온 기술들을 내보인다. 뿐만 아니라 치료를 하며 시간이 경과하게 되면서 내담자들은 부적응적인 상황, 감정, 사고 그리고 행동을 이전보다 더 손쉽게 처리할 수 있게 됨에 따라 더욱 통찰력 있는 모습을 나타내고 있다.

〈표 1-1〉은 여태까지 장애인을 위한 변증법적 행동치료 프로그램에 참여한 학생들이 프로그램을 마칠 때 보이는 결과를 나타낸다. 두 가지 이상의 장

애인을 위한 변증법적 행동치료 기술훈련 모듈을 완수한 19명의 학생 가운데 3명은 추후 분석에서 탈락하였고, 3명은 더욱 제한적인 환경으로 옮겨졌으며, 3명은 기존의 상태를 유지하였다. 남은 10명은 덜 제한적인 환경으로 옮겨졌다.

일지 카드에서 얻은 정보는 〈표 1-2〉(행동 문항)와 〈표 1-3〉(사고 문항), 〈표 1-4〉(감정 문항)에 제시되어 있다. 행동 문항(다툼, 자신을 해치려 함, 자살 시도, 남을 해치려고 함, 일을 하지 않으려 함)에서 각 행동의 평균치는 개월 수와 −0.27의 상관을 나타냈으며 이는 0.001 수준(양방검증)에서 통계적으로 유의하였다. 이는 프로그램에 참여한 개월 수가 증가함에 따라 부정적인 행동의 종합 평균이 감소한다는 것을 뜻한다. 부정적인 사고에서도 이와 유사한 경향이 나타났으며(−0.22, 0.001 수준에서 유의, 양방검증), 감정에서도 마찬가지였다(−0.25, 0.001 수준에서 유의, 양방검증).

표 1-1 결과: 프로그램을 종료할 때의 성과

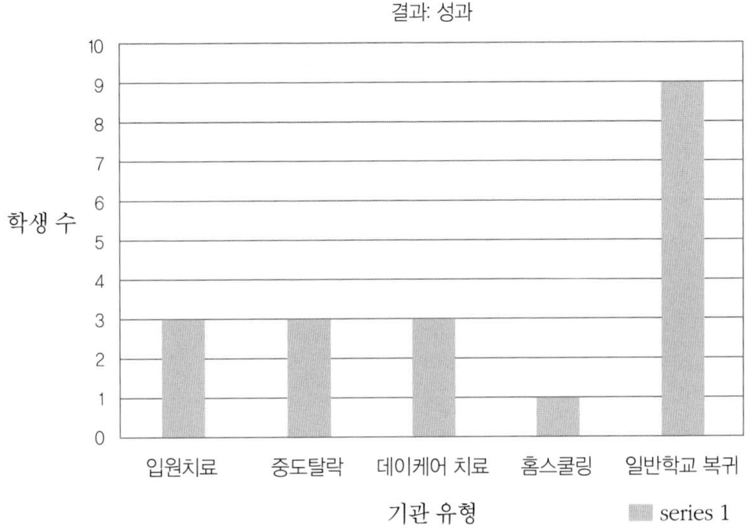

표 1-2 결과: 일지 카드 행동 문항

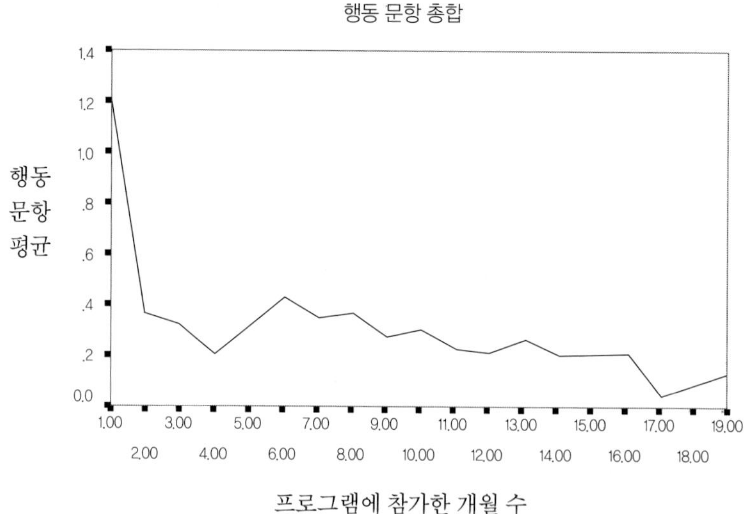

표 1-3 결과: 일지 카드 사고 문항

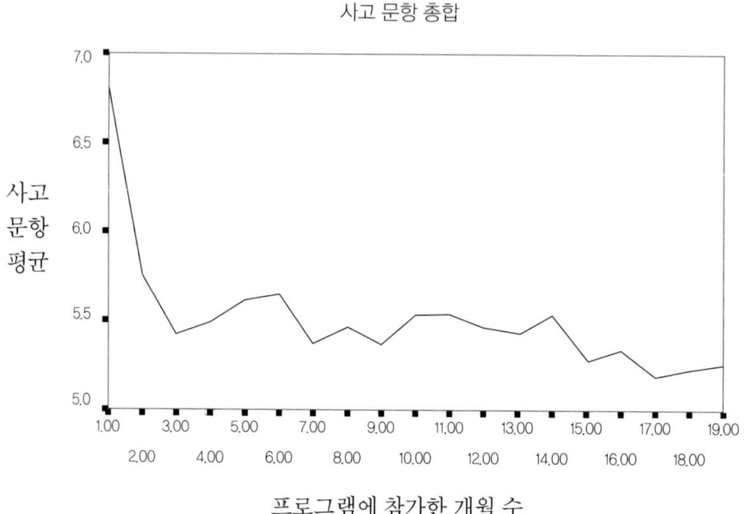

표 1-4 결과: 일지 카드 감정 문항

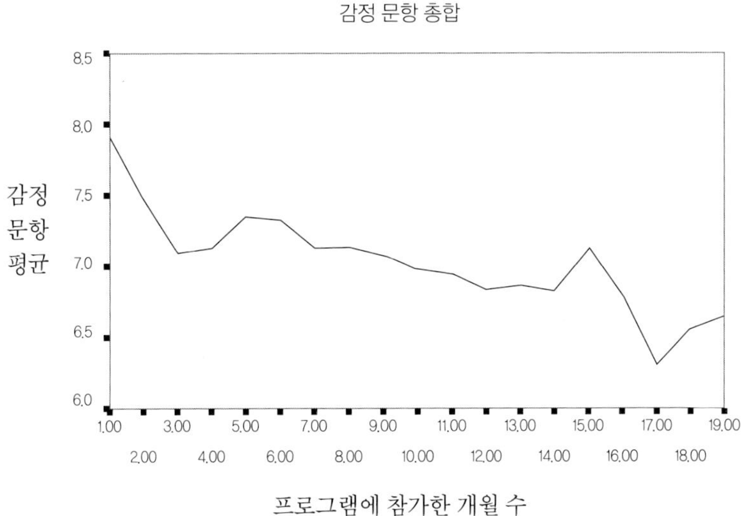

결론

장애인을 위한 변증법적 행동치료가 전통적인 변증법적 행동치료만큼 효과가 있다고 확신하기 전에 이보다 훨씬 더 많은 연구가 필요하다. 그러나 우리의 예비연구에서 관찰된 결과는 긍정적이다. 발달장애인의 요구를 충족시키기 위하여 더욱 효과적인 치료 기법이 개발되어야 할 필요가 있다. 심리상담이 발달장애와 정신건강에 문제를 지닌 사람들에게 적용 가능한 방식으로 제공된다면, 그들이 심리상담에 참여함으로써 도움을 받을 수 있다는 것을 우리는 알고 있다(Szymanski et al., 1994). 발달장애인의 치료를 위하여 일반인이 접근 가능한 정도와 범위의 선택지를 제공하기 위해서는 더 많은 개선 노력이 필요하다. 장애인을 위한 변증법적 행동치료 모델은 그 시작이다.

참고문헌

Bütz, M. R., Bowling, J. B., & Bliss, C. A. (2000). Psychotherapy with the mentally retarded: A review of the literature and the implications. *Professional Psychology: Research and Practice, 31,* 42-47.

Charlton, M., Kliethermes, M., Tallant, B., Taverne, A., & Tishelman, A. (2004). Facts on traumatic stress and children with developmental disabilities. In National Child Traumatic Stress Network: Adapted Trauma Treatment Subgroup on Developmental Disabilities (Ed.). (Available from National Child Traumatic Stress Network, www.NCTSNet.org).

Charlton, M., & Tallant, B. (2003). Trauma treatment with clients who have dual diagnoses: Developmental disabilities and mental illness. *National Association for the Dually Diagnosed Annual Conference* (Vol. 20, pp. 29-32). Kingston, NY: NADD Press.

Chiesa, M. (1994). *Radical behaviorism: The philosophy and the science.* Boston: Authors Cooperative, Inc.

Comtois, K., Elwood, L., Holdcraft, L. C., Smith, W. R., & Simpson, T. L. (2007). Effectiveness of dialectical behavior therapy in a community mental health center. *Cognitive and Behavioral Practice, 14*(4), 406-414.

Dimeff, L., & Koerner, K. (Eds.). (2007). *Dialectical behavior therapy in clinical practice: Applications across disorders and settings.* New York: The Guilford Press.

Dykstra, E., & Charlton, M. (2003). Dialectical behavior therapy: A new direction in psychotherapy. *Proceedings of the National Association for the Dually Diagnosed Annual Conference* (Vol. 20, pp. 33-37). Kingston, NY: NADD Press.

Dykstra, E., & Charlton, M. (2008). *Dialectical behavior therapy skills training: Adapted for special population.* Unpublished manuscript, Aurora Mental Health Center, Intercept Center 16908 E 2nd Avenue Aurora, CO 80011, contact Dr_Charlton@yahoo.com for copies.

Goldstein, T. R., Axelson, D. A., Birmaher, B., & Brent, D. A., (2007). Dialectical behavior therapy for adolescents with bipolar disorder: A 1-years open trial. *Journal of the American Academy of Child & Adolescent Psychiatry, 46*(7), 820-830.

Hayes, S. C. (1993). Analytic goals and the varieties of scientific contextualism. In S. C. Hayes, L. J. Hayes, H. W. Reese & T. R. Sarbin (Eds.), *Varieties of scientific contextualism* (pp. 11-27). Reno, NV: Context Press.

Hayes, S. C., Blackledge, J. T., & Barnes-Holmes, D. (2001). Language and cognition: Constructing an alternative approach within the behavioral tradition. In S. C. Hayes, D. Barnes-Holmes, & B. Roche (Eds.), *Relational frame theory: A post-Skinnerian account of human language and cognition* (pp. 3-20). New York: Kluwer Academic/Plenum Publishers.

Harley, R., Sprich, S., Safren, S., Jacobo, M., Fava, M. (2008). Adaptation of dialectical behavior therapy skills training group for treatment-resistant depression. *Journal of Nervous and Mental Disease, 196*(2), 136-143.

Hayes, S. C., Strosahl, K. D., & Wilson, K. G. (1999). *Acceptance and commitment therapy.* New York: The Guilford Press.

Hurley, A. D., Pfadt, A., Tomasulo, D., & Gardner, W. I. (1996). Counseling and psychotherapy. In J. W. Jacobson & J. A. Mulick (Eds.), *Manual of diagnosis and professional practice in mental retardation* (pp. 371-380). Washington, DC: American Psychological Association.

Katz, L., Cox, B., Gunasekara, S., & Miller, A. (2004). Feasibility of dialectical behavior therapy for suicidal adolescent inpatients. *Journal of the American Academy of Child and Adolescent Psychiatry, 43*, 276-283.

Lew, M., Matta, C., Tripp-Tebo, C., & Watts, D. (2006). Dialectical behavior therapy (DBT) for individuals with intellectual disabilities: A program description. *Mental Health Aspects of Developmental Disabilities, 9*(1), 1-12.

Linehan, M. M. (1993a). *Cognitive-behavioral treatment of borderline personality disorder.* New York: The Guilford Press.

Linehan, M. M. (1993b). *Skills training manual for treating borderline personality disorder.* New York: The Guilford Press.

Linehan, M. M. (2000). Commentary on innovations in dialectical behavior therapy. *Cognitive and Behavioral Practice, 7,* 478-481.

Miller, A. (1999). Dialectical behavior therapy: A new treatment approach for suicidal adolescents. *American Journal of Psychotherapy, 53,* 413-417.

Miller, A., Rathus, J., Linehan, M., Wetzler, S., & Leigh, E. (1997). Dialectical behavior therapy adapted for suicidal adolescents. *Journal of Practice Psychiatry and Behavioral Health, 3,* 78-86.

Miller, A. L., Rathus, J. H., & Linehan, M. M. (2006). *Dialectical behavior therapy with suicidal adolescents.* New York: The Guilford Press.

Nezu, C., & Nezu, A. (1994). Outpatient psychotherapy for adults with mental retardation and concomitant psychopathology: Research and clinical imperatives. *Journal of Consulting and Clinical Psychology, 62,* 34-43.

Pepper, S. C. (1942). *World hypotheses: A study in evidence.* Berkeley, CA: University of California Press.

Pfadt, A. (1991). Group psychotherapy with mentally retarded adults: Issues related to design, implementation, and evaluation. *Research in Developmental Disabilities, 12,* 261-285.

Spackman, R., Grigel, M., & MacFarlane, C. (1990). Individual counseling and therapy for the mentally handicapped. *Alberta Psychology, 19*(5), 14-18.

Sue, D. W., & Suc, D. (1999). *Counseling the culturally different: Theory and practice* (3rd ed.). New York: John Wiley & Sons.

Szymanski, L., King, B., Feinstein, C., Weisblatt, S., Stark, J., & Ryan, R. (1994). *American Psychiatric Association committee draft practice guidelines for mental health care for persons with developmental disabilities.* Washington, DC: American Psychiatric Association.

Telch, C., Agras, W., & Linehan, M. (2001). Dialectical behavior therapy for binge eating disorder. *Journal of Consulting and Clinical Psychology, 69,* 1061-1065.

Wolpow, S. (2000). Adapting a dialectical behavior therapy (DBT) group for use in a residential program. *Psychiatric Rehabilitation Journal, 24,* 135-141.

지적장애 성인을 위한 변증법적 행동치료

Marvin Lew, Ph.D., ABPP

서문

지적장애(ID) 성인들과 작업하는 가장 숙련된 심리상담자에게도 정서 조절에 심각한 어려움을 겪게 하는 환자들이 있다. 그들은 과도한 양의 시간, 에너지, 감독 그리고 인내를 필요로 하는 내담자이다. 또한 그들은 자신들의 심리상담자, 보조원 그리고 가족들에게 감정노동을 요구하는 내담자이다. 때로 우리는 상담자로서 이러한 사람들로부터 너무 스트레스를 받게 된 나머지 약속이 깨지거나 조기 종결이 되기를 바라기도 한다.

이러한 상황에서 상담자로서 우리는 Marsha Linehan의 변증법적 행동치료(Dialective Behavior Therapy: DBT) 작업을 응용해 봄으로써 도움을 얻을 수 있다. Linehan의 작업은 외래환자인 경계선 성격장애(Borderline Personality Disorder: BPD)를 지니고 있으며 평균적인 IQ를 지닌 여성을 대상으로 하는 통합적인 심리치료의 적용으로서 1980년대 초기에 개발되었다. 그녀의 환자들은 치료에서 중도탈락자가 더 적을 뿐만 아니라 더 적은 자살행동과 더 적은 자해행동, 더 적은 입원 기간을 보여 주었다. 이제까지 이 치료가 매뉴얼화된 형태로 활용될 수 있고 또한 일반적인 대상과 상황과는 다른 다양한 변수에 맞춰 변형될 수도 있음을 나타내는 시도들이 다양한 집단과 상황에 걸쳐 12번 이상 이루어졌고, 그 결과는 고무적이었다(Dimeff & Koerner, 2007). 임상적인 시도가 아니라고 할지라도, 지적장애 성인들을 대상으로 했다는 이전의 프로그램(Lew, Matta, Tripp-Tebo, & Watts, 2006)은 위험한 행동을 줄여 준다는 사실을 입증했다. 이 책에서 Charlton과 Dykstra가 논의했던 것처럼 또 다른 시도는 청소년 집단에게도 고무적인 결과를 보여 주었다. 세 번째 적용은 지적장애인 범죄자들을 대상으로 이루어졌으며 Verhoeven(출판 중)에 의해 보고되었다.

이 장에선 지적장애인들에게 변증법적 행동치료를 사용해야 하는 이유, 필요한 조정, 그로부터 얻을 수 있는 혜택 그리고 주의사항에 대해 살펴볼 것이다.

문헌 고찰

변증법적 행동치료는 동양의 마음챙김적 접근과 인지행동치료를 통합한 여러 '인지행동의 제3의 물결' 중 하나이다(Ost, 2008). 제3의 물결에는 수용전념치료(Hayes, Strosahl, & Wilson, 1999), 인지치료 기반 마음챙김 (Williams, Teasdale, Segal, & Kabat-Zinn, 2007) 그리고 스트레스 감소 기반 마음챙김(Kabat-Zinn, 1982)이 있다.

Marsha Linehan의 변증법적 행동치료를 전 세계적으로 가르치고, 수천 명의 임상가들을 훈련한 'Behavioral Tech(국제적 변증법적 행동치료 전문치료기관)'에 따르면, "변증법적 행동치료는 축 I과 축 II의 장애를 둘 다 가지고 다중 진단을 받은 다루기 어려운 심각하고 만성적인 환자들을 위해 설계되었다." 20여 년간의 연구 결과는 경계선 성격장애(BPD)를 가진 개인뿐만 아니라 중복이환 우울증(Lynch & Cheavens, 2007), 섭식장애(Wisniewski, Safer, & Chen, 2007), 법적인 문제(forensic involvement; McCann, Ivanoff, Schmidt, & Beach, 2007), 물질 남용과 의존(Linehan, Schmidt, & Dimeff, 1999)을 보이는 개인 역시 치료를 통해 효과를 보임을 나타낸다.

변증법적 행동치료가 효과가 있는 상황의 범위는 Linehan이 원래 실시했던 연구의 상황으로부터 더욱 다양화되어 왔다. 외래환자들의 경우에 더하여(예: Comtois, Koons, Kim, Manning, Bellows et al., 2007), 변증법적 행동치료는 입원환자 집단(Swenson, Witterholt, & Bohus, 2007), 거주 프로그램(McCann et al, 2007), 자기주장 집단치료 팀(Reybolds, Wolbert, Abney-Cunningham, & Patterson, 2007)에서도 성공적으로 증명되었다. 더욱이 가족들(Miller, Rathus, DuBose, Dexter-Mazza, & Goldklang, 2007)과 연인들(Fruzetti, Santisteban, & Hoffman, 2007)을 대상으로 다양한 유형의 문제를 가진 내담자들에게 치료적인 형태로 변증법적 행동치료를 활용하는 것이 효과적이었음을 보여 주는 풍부한 연구들이 있다. 이러한 변증법적 행동치료에 대한 각각의 적용에서, 조정(adjustments)은 환경에 따라서 맞춤형으로 이루어지지만(예: 상대적으로 단기 입원 기간에는 더 자주 집단이 모이는 것), 동시에 변증법적 행동치료의 기본 원리와 과정들은 고수한다. 일반적으로, 12번의 임상적 시도와 다수의 다른 실험적인 연구들(Koerner & Dimeff, 2007)은 변증법적 행동치료가 정서 조절이 핵심 문제가 되는 넓은 범위의 집단들에게 혜택을 줄 수 있을 것이라고 제안한다.

이론적 기반

변증법적 행동치료는 생물사회학적 이론에 기초하고 있다. 이러한 관점에서 경계선 성격장애(BPD)는 전반적인 감정의 이상조절이다. 이 감정의 이상조절은 개인의 생물학적인 취약성과 수용적이지 않은 환경 사이의 거래 과정의 결과라고 할 수 있다.

이 모델은 다른 취약성-스트레스 모델들과 비슷하지만(예: Barlow & Durand, 2009), 경계선 성격장애를 가진 사람의 정서적인 취약성에 대한 특유의 뉘앙스가, ① 정서적인 민감성과 즉각적인 반응을 일으키는 낮은 역치로 인한 자극에 대한 높은 민감성, ② 극단적인 기복으로 이끄는 (사람과 사건에 대한) 높은 반응성, ③ 일단 반응을 하고 나면 그 반응이 오래 지속되어 기저선으로 느리게 복원되는 특성에 기인한다.

이러한 관점에서, 정서 조절의 문제를 가지고 자살, 자해 혹은 다른 자기파괴적인 행동을 보이는 사람들은 극단적인 감정들을 관리하려는 부적응적인 시도의 결과로 이런 행동들을 나타내게 된다. 사람들은 생물학적인 취약성을 가진 상태에서 수용적이지 않은 환경에 놓이면 정서 조절의 문제를 발달시키는 경향이 있다. 이 동일한 거래 모델은 우리로 하여금 지적장애 집단에서 보이는 정서 조절의 어려움을 이해하도록 도울 수 있을 것이다.

지적장애인에게서 발견되는 신경생물학적 취약성

지적장애와 연관된 광범위한 심리사회적 조건들은 개인의 취약성에 일조한다. 사람들은 지적장애 때문이 아니라 인지적 · 행동적 · 신체적 · 의학적 그리고 그 밖의 장애들 때문에 더 이상 집에서 돌봄을 받지 못하거나, 많은 요양 시설에 있지 못하게 되는 상황을 견뎌야 할지도 모른다. 이러한 지적장애와 관련된 생물학적인 취약성 요소들과 조기의 또는 반복적인 입원 때문에 질병이 생기거나 추가적인 주의를 필요로 할 수 있다. 움직일 수 없거나 얼굴 혹은 신체의 기형을 초래하는 신체적 장애와 관련된 조건들은 다른 사람들과 어느 정도 사회적 거리를 유지하고 있는 환자들에게 추가적인 정서적 통행료 또한 요구할 수 있다. 공동체에서 살아가는 사람들, 그래서 가까운 사회적 거리를 유지하는 이들은 조롱이나 놀림을 참아내야 하고, 이는 추가적인 정서적인 부담을 초래할지도 모른다.

지적장애인에 대해 적절한 지원이 주어지지 않는 환경

변증법적 행동치료에 따르면 적절한 지원이 주어지지 않은 환경의 특징은 세 가지이다. 첫째, 개인적으로 경험하는 의사소통에서 무차별적인 거절이 이루어진다. 둘째, 정서적 악화에 대해 간헐적으로 보상이 이루어지고 정서를 보여 주는 것에 대해서는 처벌이 이루어진다. 셋째, 문제해결과 이어지는 목표 달성의 용이성에 대해 지나친 단순화가 이루어진다. 이러한 기제로, 개개인은 그들의 정서에 대해 소통할 수 없을 뿐만 아니라 그들이 하는 어떤 시도들도 거절당하며 악화되는 것에 대해 강화받는다. 이러한 개인들은 효율적인 방식으로 그들의 정서를 표현하는 데 어려움을 겪고 결과적으로 그들 자신의 정서에 대해 신뢰하는 것을 배우지 않으며, 그 결과 일상생활의 문제들을 해결하는 그들의 능력에 영향을 미치게 된다.

Lew, Matta, Tripp-Tebo와 Watts(2006)가 지적했다시피, 지적장애인은 이러한 부분에서 큰 위험성에 처해 있지만 어떤 면에서는 경계선 성격장애를 가진 사람들과는 다른 모습을 보인다. 많은 경우에 우리는 이들의 불만과 저항에도 불구하고 양육자가 의사결정을 내리는 모습을 관찰해 왔다. 또한 우리는 양육자들이 피할 수 없을 정도로 내담자들이 격분하게 될 때까지, 심지어 공공장소에서 그런 모습을 보일 때까지 내담자의 낮은 수준의 저항은 무시되고 수용되지 않는 모습을 지켜봐 왔다. 우리는 또한 그들의 양육자들이 겉보기에는 충분히 할 수 있어 보이는 내담자가 그들이 '반드시 풀 수 있어야만 하는' 문제를 풀지 못하는 것에 대해 의아해하는 모습을 지켜봐 왔다. 내담자의 목표는 충족되지 않은 채, 내담자들이 '주의를 끌기 위해' 혹은 간단한 이유로 무언가를 할 때, 내담자들을 돌보는 사람들과의 관계는 악화된다.

추측할 수 있듯이 적절한 지원이 주어지지 않는 환경은 여러 곳에서 생길 수 있다. 가정, 학교 혹은 이러한 장소와 관련하여 특정한 스트레스가 생기는 모든 곳에서 일어날 수 있다. 내담자가 자신을 실제로 할 수 있는 것보다 더 유능하다고 묘사할 때 가설을 잘못 세우게 되는데, 변증법적 행동치료에서는 이를 '허울뿐인 유능성(apparent competence)'이라고 부른다. 이는 다시 의도치 않게 적절한 지원이 주어지지 않는 환경을 만드는 양육자들에게 비합리적인 기대를 하게 한다. 적절한 지원이 주어지지 않는 환경은 사랑은 넘치지만 정보가 부족한 상황에서도 관찰될 수 있다. 적절한 지원이 주어지지 않는 환경은 여러 다른 방식으로 드러난다. 첫째, 사람들은 경멸적이거나 판단적인 말(예: "그녀는 조종하려고 해." 혹은 "그녀는 자기 뜻대로 하기 위해 단지 그렇게 할 뿐이야.")을 사용하는 것이다. 둘째, 중요한 선택지를 주지 않는 등의 방법으로, 상대방의 독립적인 결정의 위신을 떨어트리고 무시하거나 건방진 태도를 보이는 것이다. 셋째, 아주 직접적으로 비판하거나 상대방이 감정을 나눌 때 이를 벌하는 것이다. 예를 들어, "너는 네 언니를 정말로 싫어하지는 않는구나. 그녀가 아이가 있으니까."와 같이 말할 수 있다. 넷째, 사회적 삶을 원하거나 사랑하던 누군가로부터 더 독립적으로 살기를 원한다는 등의 규범적인 반응을 병리화시킬 수 있다. 이러한 환경에서 상담자들은 그들의 감정을 경험하거나 나누는 것에 자신감을 가지고 있지 않은 내담자들을 발견할 수밖에 없다.

통합 모델

변증법적 행동치료 접근의 핵심은 각기 다른 3개의 모델을 통합시키는 것이다. 첫째는 행동치료이다. 변증법적 행동치료는 기본적인 교의(tenet)와 행동주의의 보편적인 원리를 통합한다. 이 모델로부터 추론할 수 있는 것은 우리가 내담자와 함께 명백하게 문제에 초점을 맞추고 내담자에게 기술을 가르친다는 것이다. 내담자에게 영향을 끼칠 수 있는 만일의 사태가 벌어질 수 있는 환경을 다루는 것에 주목한다. 이런 방법으로 Kohlenberg와 Tsai(1991)의 '기능적 분석' 관점에서 변증법적 행동치료를 크게 통합할 수 있다. 변증법적 행동치료는 표준적인 인지행동치료(CBT)적 접근을 포함하고 있다. Linehan의 원 텍스트(Linehan, 1993a)에는 내담자가 행동하도록 이끌어 내는 인지의 역할, 기분, 행동의 역할이 설명되어 있다. 개인의 자연스러운 지지를 끌어내는 일반화된 기술이라는 점에서 변증법적 행동치료는 많은 관심을 받았다. 궁극적으로 상담자의 목표는 '부모와의 합의'를 제공하고(Linehan, 1993a) 내담자가 결국에 자신의 문제를 풀어 나가고 자신이 자신을 자연스럽게 지지하도록 하는 것이다. 이는 여러 현대 치료적 접근과 지적장애가 함께 갈 수 있도록 해 준다.

변증법적 행동치료의 두 번째 '핵심'은 선(Zen) 수련이다. 선은 행동주의의 실증적 유의성의 균형을 맞추기 위한 것이다. 변증법적 행동치료에서 가르친 마음챙김(예: Thich Nhat Hanh, 1975, Kabat-Zinn, 1990) 모듈은 이에 대한 중요한 관점이지만, 태도이기도 하고, 상담자로부터 배운 인식이기도 하다. '내담자는 최선을 다하고 있다는 것'은 상담자가 '희생자를 탓하지' 않고 그들이 더 나은 내일을 위해 동기를 유지할 수 있도록 돕는 기도 문구(mantra)이다. 변증법적 행동치료에서 마음챙김을 기술로서 가르치고 치료적 역할을 하게 하는 것은 둘 다 '유예된 판단'을 의도하는 데 많은 부분을 차지한다. 궁극적으로 상담자로서 자신의 판단에 대해 마음챙김을 하고 알아차리는 것은 우리가 더 좋은 상담자가 되도록 돕는다. 내담자들이 다른 사람과 때때로 자신에 대해서 자신의 판단을 마음챙김을 하고 알아차리도록 돕는 것은 그들이 어떤 행동치료를 받든 간에 그 질을 높여 준다. 마음챙김 벨(bell)이나 '노래하는 볼(bowl)'은 순간에 집중하게 하고 내담자와 스태프 참석자에게 완전한 '마음챙김'이 언제나 존재한다는 것을 완전히 이해시키기 위한 차별화된 자극이다.

변증법적 행동치료의 통합된 세 번째 핵심 모델은 바로 변증법이다. 이것은 모순을 알아차리고 반대 요소나 힘으로부터 통합하는 시도를 말한다. '수용과 변화'는 중요한 변증법적 예이다. 행동주의는 내담자들이 그들의 문제를 말하는 것을 돕는 '변화' 전략으로 가득 차 있다. 하지만 변화를 만드는 사람(change agent, 상담자, 부모, 스태프)이 내담자를 잘 이해하지 못하면 내담자는 향상되기 힘들다. 사실 많은 내담자는 '치료를 거부'하고 그들이 변화에 의해 수용되지 않는다고 느끼거나 유효하지 않다고 느끼면 중도에 그만둘 수 있다. 따라서 변화를 기대하려면 반드시 수용적인 입장에서 일해야 한다. 변증법적 행동치료에서 변증법은 생물학적 유약성과 비수용적 환경과의 접점에서 문제의 기원이나 병의 원인을 찾게 한다. 또 우리의 목표와 치료 전략에 대한 정보도 제공한다. 때때로 변증법은 우리가 상황 속에서 평가할 때 '놓친 것'이 무엇인가 하는 질문에 이르게 한다. 또한 변증법은 내담자가 흑백논리보다 '중간의 것'을 보도록 가르칠 수 있게 한다. 변증법은 지적장애인 내담자가 새로운 룸메이트에 대해 불평할 때 그 속에서 '진실의 핵심'을 찾게 하고, 지적장애인과 부모 간에 갈등이 오갈 때 진실이 한 가지가 아닌 여러 가지 있을 수 있음을 알려 준다.

지적장애인들에게 쓰는 주요 변증법은 '부모와의 상담'과 '환경 구조화'의 대결이다. 부모와 상담하는 것은 Linehan이 제시한 개념, 즉 우리는 항상 내담자가 자신과의 싸움에서 혼자 힘으로 싸우고 자신의 문제를 스스로 해결하며 혹은 그들 각자의 환경에서 능숙하게 길을 찾아가도록 가르친다는 것에 의거한다. 그러나 Linehan은 몇몇 사람은 그들의 문제를 독립적으로 해결하는 것이 어렵고, 문제의 결과가 너무 중요해서 인내를 연습할 기회를 가질 수 없을지도 모른다고 말했다. 따라서 지적장애인 내담자에게 변증법적 행동치료를 할 때 상담자가 환경을 구조화시키는 것이 내담자를 위해 가장 필요할 때가 있다. 이러한 예로 나의 내담자가 비도덕적인 행동을 하고, '비도덕적이고 불법적인 일'을 하는 커뮤니티 멤버들을 집으로 초대해서 결국 그녀가 아파트를 잃기 직전에 놓였을 때를 들 수 있다. 이때 가장 이상적인 방법은 그녀가 대인관계에 효과적인 전략을 사용하면서 그녀의 집주인과 직접적으로 협상하게 하는 것이다. 하지만 내담자에 대한 나의 치료적 지식이 이러한 방법은 실패할 것이고 그녀가 집을 잃게 할 빈약한 아이디어라고 말했다. 따라서 나는 그녀가 집주인과 협상하는 것을 돕기 위해 협상하는 곳에 참석하기로 선택했고(그녀를 준비시키고 그녀와 함께 협상에 참석함으로써), 집주인과 그녀의 사회복지사에 이르는, 보다 깨끗한 커뮤니케이션 시스템을 만들었다. 또 내담자가 집주인과의 협의에서 만들어진 행동 계약을 따르도록 긍정적인 강화를 만들었고, 변증법적 행동치료에서 배운 선별적인 대인관계의 효과적 기술(주로 '주는 것')을 연습하도록 했다. 결국 바라는 장기적 목표는 대인관계가 향상되는 것뿐 아니라 궁극적으로 내담자의 지지 집단의 수고를 줄이면서 내담자가 더 독립적으로 자신의 문제를 해결할 수 있는 것이다.

지적장애인에게 변증법적 행동치료가 제공하는 효과

지적장애인에게 변증법적 행동치료 모델을 사용하는 것은 매우 효과적이다. 이는 Lew 등(2006)이 요약하고 있다. 첫째, 변증법적 행동치료는 기술에 기반을 둔 모델로 심리교육과 훈련 연습으로 구성되어 있다. 이는 지적장애인과 함께 일했던 우리에게는 문제적인 행동을 단순히 제거하거나 벌하기보다는 대체행동을 가르치려고 했던 것과 비슷하다. 둘째, 대인관계에 효과적인 기술 모델에 집중하는 것은 자기주장을 하는 방법과 권한을 부여하는 기술을 가르치는 것이다. 이러한 기술은 부모와의 상담에 힘을 쏟는 것과 함께 진행된다면 독립성을 키우는 데 도움이 된다. 셋째, 변증법적 행동치료는 근본적으로 긍정적인 심리치료이다. 내담자에게 그들 자신과 다른 사람에 대한 판단을 유보시키는 것을 가르치는 여러 방법이 있다. 마찬가지로 변증법적 행동치료를 사용하는 상담자는 그들의 내담자와 가족에 대한 그들의 판단을 유보한다. 변증법적 행동치료는 비난하거나 경멸적으로 이야기하지 않는 데에 그 가치가 있다. 변증법적 행동치료는 지적장애인이 그동안 받아 왔던 피해를 다시 받고 낙인찍히게 되는 것을 방지하려는 노력들로 이루어져 있다. 마지막으로, 정서 조절이 되지 않는 지적장애인들은 공동체에 들어갔을 때 위험할 수 있고 치료하는 데 여러 합병증이 생길 수 있다. 우리는 여기서 이 질문을 다시 떠올리게 된다. '지적장애인들은 왜 효과적인 치료를 거부해야 할까?' 경계선 성격장애 진단을 받았거나 치료하기 어려운 여러 합병증과 정서 조절 이슈가 있는 지적장애인은 상담자와 그 팀에게 심각한 위협이 된다. 적절한 치료방법(도구) 없이는 치료를 거부하고 상담자를 소진시키며 때로는 치료팀을 분열되게 만드는 내담자에게 비효율적인 서비스를 제공하는 꼴이 된다. 요약하면, 상담자로서 현장에서 적용 가능하고 치료적으로도 효과적인 처치방법을 찾는 것이 매우 중요하다.

치료 모델

변증법적 행동치료에 대한 구체적인 원리(tenet) 및 원칙과 절차가 Linehan의 책(1993a)과 워크북(1993b)에 자세히 기술되어 있으므로, 이 장에서는 일반적인 접근과 상담자가 지적장애인에게 적용할 수 있는 더 구체적인 적용방법을 다루고자 한다. Linehan(1993a)에 따르면, 변증법적 행동치료는 치료의 기본적 방식이다. 여기에는 ① 기술 집단(Skill Groups), ② 개인치료, ③ 위기

교육(Coaching in Crisis), ④ 자문팀(Consultation Team)이 있다. 비록 몇 개의 최근 연구는 변증법적 행동치료에서 무엇이 효과를 만드는지를 구별하려고 하지만, 이 글에서 제시된 정보들은 변증법적 행동치료와 관련된 치료적 향상을 얻기 위해서는 모든 유형이 필요함을 보여 준다. 따라서 기술 집단만 하는 것은 변증법적 행동치료를 충분히 하는 것으로 여겨지지 않는다. 마찬가지로 상담팀에 참여하지 않으면서 다른 유형의 치료를 수행하는 것도 변증법적 행동치료라고 여겨지지 않는다.

변증법적 행동치료에서 기술 집단 개관

변증법적 행동치료에서의 변화, 즉 행동 변화는 선(Zen) 개념인 기술적 방법들(skillful means)을 학습하는 것에서 유래된다. 집단치료 맥락에서, 개인들이 이전에는 획득해 본 적이 없거나 성공적으로 실행해 본 적이 없는 기술들을 배울 수 있도록 가르치는 것은 이 개념에서 나온다. Linehan(1993a)은 기술 집단의 구조와 제시될 기술 세트를 명확히 하는 매뉴얼을 개발했다. 집단이 구성되는 방법의 자세한 묘사는 매뉴얼에 제시되지만, 일반적인 특징들의 간략한 요약을 여기서 설명하고자 한다. 첫째, 이는 기술 프레젠테이션(skill presentation)과 과제로 구성된다. 새로운 기술들이 기술 프레젠테이션에서 제시되고, 과제는 집단 밖의 기술 수행에 대한 환자들의 복습과 확인으로 이루어진다. 둘째, 전체 회기에서는 매뉴얼에 제시된 모든 하위 기술을 다루거나 다루기 위해 노력한다. 이것은 약 6개월 동안 또는 일주일에 한 번씩 약 25회기가 진행될 수 있다. 표준 변증법적 행동치료에서는 사람들을 두 번의 전체 회기에 참여하게 한다. 셋째, 상담자들이 다루기에 어려운 구성원들을 관리하고, 궤도에 머무를 수 있게 도와주는 많은 집단 규칙이 있다. 이 규칙들은 네 번의 불참 이후의 탈락, 집단에 있는 동안 개인치료 병행, 과음 상태에서 참석하지 않기, 전쟁 이야기 하지 않기, 제안된 도움을 받아들이도록 요구하지 않기, 정보와 이름을 비밀로 하기, 늦거나 참석하지 않았을 때 전화하기, 사적인 관계를 형성하지 않기, 집단 내에서 성적 관계를 맺지 않기 등을 포함한다.

변증법적 행동치료 틀은 경계성 성격장애인에게 문제행동을 대신할 기능적 행동을 명확하게 가르친다. 사실상 압도되거나 공허함을 느끼는 것 같은 인지조절장애 문제는 마음챙김 기술을 가르침으로써 다루어진다. 버려짐의 느낌, 외로움 그리고 대인관계 혼란과 관련된 대인관계 조절장애 결함은 대인관계에 효과적인 기술훈련을 통해 다루어진다. 불안정한 정서와 과도한 화와 관련된 정서조절장애 문제는 정서 조절 기술을 가르침으로써 다루어진다. 마지막으로, 충동적 행동, 자살 위협, 자해와 같은 행동조절장애 문제는 고통에 대한 내성 기술을 통해 다루어진다.

집단은 해당 회기에서 다루어질 기술에 근거한 주제에 의해 구조화된다. 집단 리더는 기술훈련과 관련된 어느 정도의 재량권을 부여받지만, 일반적인 틀은 기술에 대한 근거, 설명과 예시, 연습, 역할극, 집단과의 토론, 과제 등을 포함한다. 기술훈련의 주요 목적은 기술 습득, 기술 강화 그리고 기술 일반화이다.

변증법적 행동치료/지적장애 집단

지적장애 집단에게 치료적 서비스를 제공하는 것은 행정적 문제에 대한 많은 관심을 필요로 한다. 많은 사람이 경계선 성격장애를 진단받은 개인만이 위탁받아야 한다고 가정하기 때문에 누구를 위탁할 것인지와 관련해서 위탁업체를 교육하는 것은 중요하다. 정서 조절 교육에서 혜택을 볼 것으로 여겨지는 환자와 시작하는 것은 좋은 출발점이다. 게다가 만약 환자가 기꺼이 일년 동안의 치료를 약속한다면 더 유익하다. 지적장애 집단에서는 더 많은 헌신이 필요하다. 서비스를 제공받는 많은 개인이 차량을 필요로 한다. 또 대부분 보조자나 가족에게 의존하기 때문에 보조자의 일정에 의존한다. 이러한 변수들은 개인이나 집단으로 진행되는 오리엔테이션에서 이야기된다. 오리엔테이션 회기는 사전 동의 조항을 가능하게 한다. 그래야 환자들은 프로그램 변수들을 이해하고 치료의 효과에 영향을 주는 보조자들 또한 그 프로그램의 변수들에 동의를 할 수 있다. 오리엔테이션은 환자와 보조자들과 변증법적 행동치료에 참여했을 때의 기대와 규칙들에 관해 토론하게 한다. 또한 최소 일 년 동안 개인치료를 받고, 집단에 참석하고, 위험행동을 줄이기 위해 노력하는 헌신 계약에 서명할 기회를 제공한다. 서명을 하면 집단원은 교육자료와 주 단위로 배분된 과제가 들어 있는 개인의 파일을 받는다.

우리 집단이 전형적인 변증법적 행동치료 모델과 구분되는 한 가지 중요한 방식은 보조자와 가족 구성원이 기술 집단에 포함된다는 것이다. 지금까지 이 방식이 이상적이지 않다고 여겨진 이유는 분명히 있다. 특히 우리는 환자를 아이 취급하면서 Linehan이 정의한 '환자에 대한 상담' 접근을 제공하지 않을 위험이 있다. 하지만 〈표 2-1〉에서도 볼 수 있듯이 균형을 맞춘다면 이 접근은 우리가 적용하기로 선택한 집단에게 충분한 이점을 가져다줄 것이다. 만약 우리 집단의 환자들이 정보를 빈약하게 제공하고 개념적이고 실제적인 정보를 배우기에 많은 시도가 필요함을 고려한다면, 전통적 변증법적 행동치료 집단에서 벗어나는 것이 필요하고 또 유익하다. 아마 이러한 적용에서 일어날 수 있는 가장 중요한 장점은, ① 그들의 임무가 배우는 것임을 더 잘 이해하게 하는 보조자 교육, ② 보조자들이 자연적인 환경에서 기술을 키우고 과제와 자료 수집 과정에 성실하게 임할 수 있도록 일반화를 촉진하는 것이다. 어떤 사람은 보조자들은 필요에 따라 집단에 참석한다고 말할 수 있다. 대개 집단원들이 집단 안에 앉아 있는 동안에 보조자들은 밖에 앉아서 집단 지도자가 요구할 때 집단 활동을 개별화하는 것을 돕는다.

집단은 26회기 동안 일주일에 한 번 만났다. 각각의 회기는 약 2시간에서 2시간 30분 동안 지속되었으며 과제 복습(30~45분), 간단한 식사(30~45분),

표 2-1 서포터가 있는 기술 집단과 서포터가 없는 기술 집단의 비교

기술 집단 비교	서포터 있는 기술 집단	서포터 없는 기술 집단
비밀 유지	참석한 가족과 직원의 추가적 동의가 필요하다.	환자들 사이에서만 고려한다.
행정	집단에 참석한 가족과 직원과 직접적으로 의사소통한다.	환자들에게 권한을 주고 직접적 의사소통의 원천이 된다.
교육	참석자들은 변증법적 행동치료의 철학과 기술들에 대해 더 잘 이해한다.	'서포터'에게 변증법적 행동치료에 관하여 교육할 추가적인 교육이 필요하다.
전문용어	변증법적 행동치료 표현과 전문용어 학습이 반복과 '보조자'의 참여로 활성화되고 일반화된다.	변증법적 행동치료 표현의 사용이 덜 강화된다.
환자의 불안	환자들은 보조자 직원이나 사랑받는 사람들 앞에서 말하는 것을 두려워할 수 있다.	환자들이 치료적 작업에 걸림돌이 될 수 있는 부정확한 정보를 줄 수 있다.
기술의 학습	계속적으로 타인에게 의지하게 되고 '환자에 대한 상담'을 약화시킬 수 있다.	(초기의) 독립성을 더 장려한다.
실제 세계로의 일반화	실제 삶의 이슈를 포함하는 것을 용의하게 한다.	종종 부정확한 정보원이 될 수 있는 환자에게 지나치게 의존한다.
집단 관찰	'서포터'와 환자들 사이의 상호작용이 치료적 정보에 추가된다.	집단원들과 집단 리더의 상호작용만이 관찰된다.
과제	시간이 지나면서 더 신뢰할 만하게 완료한다.	집단 작업 이후에 확인해 주거나 상기시켜 주지 않으면 종종 완료하지 못한다.
조정하기	집단 내용이나 과정상의 오해는 곧 포착된다.	오해로부터 환자들의 불만이 야기될 수 있다.

마지막으로 기술 프레젠테이션(60~75분)으로 이루어졌다. 참가자들이 직업을 갖고 있거나 직업교육 프로그램에 있었기 때문에 집단은 업무 시간 이후

에 배정되었다. 환자들과 보조자들에게 물어본 후에, 일주일에 한 번이 일주일에 두 번 오는 것보다 더 실현 가능하다는 것이 정해졌다.

집단은 이상적으로 리더와 코리더가 함께 운영한다. 리더는 안건 관리자로 여겨지며 해당 주에 그 내용을 집단원들에게 전달해야 할 책임이 있다. 리더는 집단을 학급처럼 대하고, 안건에 초점을 맞추고, 모두가 차례를 갖도록 격려하며, 교육을 위해 구체적인 예시와 실행을 사용하고, 다음 주 과제를 제시해야 한다. 코리더는 집단의 과정과 행동을 관리하는 사람으로 더 여겨질 수 있다. 코리더는 보이는 감정에 유념하려 하지만 가능한 한 치료를 방해하는 것은 무시하려고 노력한다. 집단 과정 중에 집단원의 발달을 알아차리고 기술을 적절히 사용하는 롤모델이 되어 준다. 또 방해가 되는 내담자 근처에 앉고 필요할 때는 방향을 다시 잡아 준다. 집단 전이나 집단 중간 휴식 중에 집단원과 말하여 미리 계획을 세우고, 개인적으로 어려운 문제는 상담자와 공유하여 다음 치료와 연결될 수 있게 한다. 지적장애인에 대한 전문화된 펀딩과 임상적인 조언, 행정적인 시스템이 주어졌을 때 집단상담자는 내담자를 위해 그 집단에서 개인 변증법적 행동치료를 시행할 가능성이 더 높다. 전통적인 변증법적 행동치료 모델은 이 역할을 다른 사람이 할 것이라고 했음에도 불구하고 같은 사람이 할 때 분명한 장점이 있을 수 있다.

모듈별로 집단의 숫자를 괄호 안에 쓴 집단의 순서는 다음과 같다. 도입/오리엔테이션(1), 마음챙김(2), 고통 감내력(6), 마음챙김(2), 정서 조절(6), 마음챙김(2), 대인 간 효율성(6), 기념하기(1)의 총 26집단이다. 집단원이 처음에 일 년간 열심히 참여하기로 동의했음에도 불구하고 대부분은 사실 세 집단의 반복으로 일 년 반 동안 참여하게 된다. 모든 집단은 그 기술이 주제든 아니든, 마음챙김 연습으로 시작한다. 이 목적을 위해 간단하고 지속적이며 반복적으로 가르치는 연습, 1~3분간의 호흡법과 같은 것(〈표 2-2〉 참조)이 이상적이다. 이 연습의 형식은 Linehan과 행동주의 기술로서 그들이 심화 과정에서 가르친 것이며 동료들을 다른 마음챙김 연습에서 가르친 방식이다.

표 2-2 호흡법

참고사항은 이탤릭체로 표기함
1. **목표**–오늘 우리는 관찰하는 기술을 연습할 거예요. 우리는 호흡을 알아차리는 데 집중할 거예요. 호흡은 항상 당신과 함께 있고 병원에서 쓰이는 많은 치료의 중심이에요. (*Kabat-Zinn, 1990의 예를 보라.*)
호흡에 집중하는 것을 배우는 것은 당신을 현재에 닻을 내리게 도와줄 것입니다. 호흡에 집중하는 것은 보통 진정효과가 있어요.
2. **개인적인 경험과 연결하기**–심리학자로서 훈련받으면서 저는 불안장애와 그 비슷한 것에 '이완/완화(relaxation)' 치료를 사용하는 것에 정통했어요. 또 항상 호흡 기술을 완화와 동의어로 생각해 왔습니다. 변증법적 행동치료를 공부하면서, 저는 이것이 더 지대한 영향력을 가질 수 있다는 것을 배웠고 제 내담자뿐만 아니라 제 자신에게도 이것을 사용합니다.
3. **이것이 마음챙김이다**–이 마음챙김 연습은 집단에서 실행되었을 때, 또 스트레스 받지 않는 상황과 스트레스 받는 상황 둘 다에 과제로 주어졌을 때 특히 더 잘 이루어집니다.
4. **연습할 것 하나 주기**–당신은 단지 몸 안으로 들어가고 밖으로 나오는 호흡의 느낌에 집중하는 것으로 연습을 시작할 것입니다. 그냥 숨 쉬는 것과 당신이 숨 쉬는 것을 알아차리는 데에 집중하세요. 오늘의 연습은 우리가 '들이마시기–내쉬기'라고 부르는 활동입니다.
• 편안한 자세로 자리 잡아 보세요.
• 당신의 숨에 집중하세요.
• 그게 편하다면, 눈을 감으세요(아니면 바닥에 집중하세요).
• 숨을 들이마시면서 스스로에게 '안으로'라고 말하세요.
• 숨을 내쉬면서 스스로에게 '바깥으로'라고 말하세요.
• 주의가 산만해졌다면 부드럽게 스스로를 다시 당신의 숨에 집중하게 하고 들이쉬면서 '안으로', 내쉬면서 '밖으로'라고 스스로에게 말하세요.
5. **조정하기**–처음 당신이 호흡 연습을 할 때 멍청하거나 이상한 짓이라고 느낄 수 있습니다. 숨 쉬면서 집단 안에 앉아 있는 것이 웃기거나 우습게 느껴질 수 있어요. 이것은 모두 매우 일반적인 반응입니다. 당신이 정말 멍청하고 어색하게 느낀다면 당신이 그냥 그 느낌을 알아차리고 구름이 하늘을 지나가듯 그 느낌이 지나가게 했으면 좋겠어요. 당신이 가만히 못 있겠고 불편하고 말하거나 돌아다니고 싶은 욕구를 느낀다면 이 또한 일반적입니다. 이 욕구들 또한 그냥 지나갈 수 있게 해 보세요. 부드럽게 당신의 주의를 다시 당신의 호흡으로 돌리고 들이쉬면서 '안으로', 내쉬면서 '밖으로'라고 말해 보세요.

6. **종에 대해 안내하기**(Orient to the Bell)-저는 연습을 시작하면서 마음챙김 종을 울릴 것입니다. 당신은 약 3분 동안 당신의 호흡에 집중할 거예요. 제가 연습이 끝났다는 신호로 다시 종을 울릴 것입니다. 그러니 당신의 의자에 자리 잡고, 눈을 감고 집중할 바닥의 다른 장소를 찾고, 당신의 호흡에 초점을 맞출 수 있도록 시간을 가져 보세요.
7. **종을 울리기**
8. **집단 과정**

이는 또한 내담자를 가르치는 템플릿으로도 사용될 수 있다.

마음챙김은 다른 기술들을 배우는 데에 중심이 되므로 Linehan이 '핵심 마음챙김(Core Mindfulness)'이라고 부른다. 다른 상담자들이 지적장애인에게 다른 마음챙김 훈련을 성공적으로 해 왔다는 것을 알아야 한다(Singh, Wahler, Adkins, & Myers, 2003). 마음챙김을 먼저 가르치고, 훈련 속에 배치하고, 특히 지적장애인에게는 다른 기술 활동과 통합해야 한다. 예를 들어, 효과적인 대인관계 역할극을 하기 전에 마음챙김 호흡을 연습할 수 있다. 지적장애인 내담자 집단과 두 번째 라운드에서 사용할 수 있는 더 나아간 마음챙김 훈련은 〈표 2-3〉 '현명한 마음 멘토(The Wise Mind Mentor)'에 포함되어 있다. 이 마음챙김 훈련은 특히 각 집단원이 과거 집단 회기에서 한 그림 연습에서 멘토로부터 촉진된 구체적인 묘사, 설명을 가지고 있을 때에 특히 잘 이루어진다.

지적장애인을 위한 변증법적 행동치료는 구체적 · 실제적 그리고 감각 지

표 2-3 현명한 마음 멘토

참고사항은 이탤릭체로 표기함
1. **목표**-이 마음챙김 훈련의 목표는 우리를 현명한 마음에 집중하도록 돕는 데 있습니다. 이 훈련에서 우리는 우리에게 현명한 마음을 상징하는 사람을 떠올림으로써 현명한 마음으로 돌아갈 것입니다. 현명한 마음은 항상 우리를 지지해 주셨던 할아버지로 대표될 수도 있습니다. 부모님일 수도 있고요. 목사님이나 랍비 혹은 선생님일 수도 있습니다. 의심할 여지없이, 우리 모두는 누군가를 떠올릴 수 있습니다.

2. **개인적인 경험과 연결하기**—이것은 Ronald Alexander 박사가 수행한 마음챙김 훈련을 각색한 것입니다. 그는 수년간 매우 영적인 방향을 연구하다가 마음챙김을 사용하는 데에 도달한 불교신자인 심리학자입니다. 그리고 우리는 처음 들었을 때와 다른 의미를 전달하는 익숙한 노래를 들을 것입니다.

3. **이것이 마음챙김이다**—첫 번째 단계는 당신의 삶에서 현명한 마음을 대표하는 사람을 찾고 그나 그녀의 이름을 적는 것입니다. *[지적장애인 내담자에게는 그림을 그리게 하거나 최소한 보조자와 누가 그의 '현명한 마음 멘토(Wise Mind Mentor)'일지 토론하는 것이 도움이 됩니다.]* 다음으로 우리는 당신이 결정을 내려야 할 때 겪는 딜레마를 떠올려 볼 것입니다. 이것은 배우자나 룸메이트 혹은 아이와의 관계에서 겪는 문제일 수도 있습니다. 또는 직장을 그만둘지, 다른 지역으로 이사 갈지와 같은 결정을 내리는 데에서의 문제일 수도 있습니다. 당신의 문제를 정하고 그것을 적어 보세요.

4. **연습할 것 하나 주기**—당신의 마음챙김 횡경막 호흡('들이마시기—내쉬기')으로 시작하세요. 이것을 몇 분간 해봅시다. 당신의 마음챙김 장소에 들어가세요……. 이제, 당신의 '현명한 마음 멘토'와 함께 있는 당신을 시각화해 봅시다. 지지받는 당신을 떠올려 보세요. 당신 스스로를 당신이 앉아 있는 곳으로 데려오고 그나 그녀의 얼굴을 머릿속으로 분명히 그려 보세요. 당신과 있는 당신의 멘토를 상상해 보세요. 당신과 당신의 멘토는 함께 있습니다. 마음 속에서 당신은 소통합니다. 멘토가 당신의 문제를 해결하는 것을 도와주게 해 보세요. 그들이 어떻게 문제를 풀지, 그나 그녀가 당신의 문제에 대해 뭐라고 말할지, 당신을 도와주기 위해 어떻게 이야기할지 머릿속에 그려 보세요. 이제 우리는 마음챙김 훈련의 다음 단계로 나갈 준비가 되었습니다. 이 조언을 들으면서 당신의 생각과 느낌을 불어넣어 보세요. 곧 제가 모두에게 익숙할 노래 비틀즈의 '렛 잇 비(Let it Be)'를 틀겠습니다.

   당신의 '현명한 멘토'의 심상을 확장하는 것을 돕도록 배경음악을 사용해 보세요.

   이제 우리의 '현명한 멘토'에게 감사하고 "안녕히 가세요."라고 말해 보세요. 이제 우리는 5부터 숫자를 거꾸로 셀 것입니다. 5… 4… 3… 2… 1 그리고 당신의 눈을 떠 보세요(마음챙김 종을 울립니다).

5. **조정하기**—만약 당신의 집중이 흐트러졌다면 다시 되돌아와 보세요. 당신의 마음챙김 훈련의 목표로 되돌아올 수 있도록 호흡과 음악을 사용하세요. 그것은 당신의 '현명한 마음 멘토'를 찾는 데 도움이 되며, 당신의 문제를 해결할 수 있도록 할 것입니다.

6. **종에 대해 안내하기**—우리는 훈련을 시작할 때와 마칠 때 마음챙김 종을 울릴 것입니다.

7. **종을 울리기**

8. **집단 과정**

향적인 활동에 증가된 관심을 요구한다. 집단들은 Linehan의 규준서와 함께 시작했지만 일반적으로 내담자가 적극적으로 참여하고 내담자와 관련되어 있는 논의, 역할극 그리고 일대일 활동의 조합으로 발전한다. 집단원들에게 그들의 일상생활에 관한 일지의 예시를 제공하는 것은 필수적이다. '깨고 나오기'라는 내담자의 지지와 함께 일대일로 상응하는 회기 안에서 이것이 가능하게 된다. 그래서 몇몇의 사람은 큰 집단에서 시작하는 것을 덜 지향하기도 한다. 보통 구체적으로 구조화되어 있는 재밌고 즐거운 활동들은 잘 수행하게 한다. 영화 〈스타트렉: 칸의 분노(Star Trek: The Wrath of Khan)〉의 한 장면에서 3명의 주요 인물은 넓은 범위의 감정 반응을 보여 준다. 집단원들은 그 다양한 승무원들의 감정을 '관찰'하고 '묘사'해야 한다(〈표 2-4〉 참조).

표 2-4 비디오를 이용한 마음챙김 교육

참고사항은 이탤릭체로 표기함
1. **목표**–이제부터 할 마음챙김 훈련의 목표는 현명한 마음, 정서 마음 그리고 이성적인 마음 사이의 차이에 초점을 맞추도록 돕는 것입니다. 이 훈련에서 우리는 〈스타트렉: 칸의 분노〉에서 가져온 5분짜리 영상을 볼 것입니다. 우리의 목적은 다른 등장인물을 보고 그들이 표현하는 '마음 상태'를 알아보는 것입니다.
2. **개인적인 경험과 연결하기**–*우리의 내담자 중 많은 이들이 영상을 좋아합니다. 그리고 그들은 종종 우리 집단에서 봤던 것에 익숙함을 느낄 것입니다. 일반적으로 쉽게 토론으로 갈 수 있을 것입니다. 그리고 영상은 행동을 멈추고 사람들의 표정과 같은 감정의 뉘앙스를 평가해 볼 수 있게 합니다.*
3. **이것이 마음챙김이다**–여러분은 종이 한 장을 받고, 세 가지 주제를 따라 적을 것입니다. 그 주제는 *현명한 마음, 정서 마음 그리고 이성적인 마음*입니다. 당신은 이성적인 마음이 논리적이고, 이성으로 가득하며, 감정이 없다는 것을 떠올립니다. 정서 마음은 분노, 불안, 슬픔 혹은 다른 두드러진 감정들이 당신의 감정을 이끄는 순간입니다. 이것은 매우 강렬합니다. 현명한 마음은 그들의 감정을 조절하도록 도우면서 목표에 주의를 기울에게 하여 생각과 감정을 모두 고려하여 두 차원의 최선을 가져옵니다. 우리가 비디오를 보는 동안 세 명의 주요 인물(닥터, 커크, 스폭)을 나타낸 것을 기록해 봅시다. 때로 하나 이상의 다른 특징이 있다 하더라도 한 가지만 기록합니다.

4. **연습할 것 하나 주기**—현명한 마음, 정서 마음 그리고 이성적인 마음의 어떤 예시라도 생각나는 대로 적어 보세요. 반드시 언어적 · 비언어적 행동을 포함하세요. 이 클립은 5분 정도 재생됩니다. 클립이 끝난 후에 우리는 당신이 관찰한 것과 당신이 이 활동을 하면서 어떻게 느꼈는지 논의해 볼 것입니다.
5. **조정하기**—만약 당신의 집중이 흐트러졌다면, 다시 되돌아와 보세요. 당신의 호흡과 당신의 활동지를 사용해 당신이 다시 가까이에 있는 마음챙김 훈련으로 돌아옵니다.
6. **종에 대해 안내하기**—우리는 훈련을 시작할 때와 마칠 때 마음챙김 종을 울릴 것입니다.
7. **종을 울리기**
8. **집단 과정**

당신이 본 것처럼 소통에서의 구체적이고 경험적인 활동은 지적장애인에게 변증법적 행동치료 개념의 강한 의지를 준다. 변증법적 행동치료 모델을 고수하는 것은 각 그림을 이용한 워크북 훈련, 역할극, 일 대 일 토론 그리고 다른 구체적인 교육 경험을 의미한다. 이는 다음 주에 기술을 연장할지, 다른 것에 시간을 덜 할애할지, 아니면 몇 사례에서 내담자를 믿고 더 나아가 두 번째, 세 번째 집단에 할 기술을 연습할 기회를 줄지 때때로 임상적 판단을 통해 결정하게 된다.

우리는 학교에서의 부정적인 경험이나 다른 유사한 경험을 한 많은 사람이 집단에 오기 때문에 재미를 강조한다. 그러나 치료집단을 '학급'이라고 부르는 것을 좋아하는 사람도 있다. 사람들이 사용하는 말과 표현을 경청하는 데 주의를 기울여야 한다. 내담자 중 한 명이 '현명한 마음' 대신 '고요한 마음'으로 참여하는 것을 더 선호해도 괜찮다. 우리의 의도가 모든 내담자에게 필요한 모든 기술을 가르쳐 주려고 하지만 그보다는 내담자가 그들이 일상생활에서 사용할 작은 기술을 찾고 그들 스스로의 기능적인 가치를 정말로 아는 것이 더 중요하다.

집단의 과제는 매 회기가 시작할 때 마무리한다. 마음챙김 활동의 간략한 설명으로 시작하는데 너무 길지 않게 하며, 보통 '호흡법'에 1분 정도 소요

된다.

숙제 요소는 지난주에 배운 기술을 연습하는 것을 강화하도록 설계되어 있다. 숙제는 기술 훈련자들이 다이어리 카드(Diary Cards)라고 불리는 내담자에 대한 기록지를 확인할 수 있는 기회를 제공한다. 이것은 개별적이고, 간결하며, 그림이 포함되어 있기 때문에 Linehan의 자기관찰 체계의 향상된 버전이다. 다이어리 카드(Lew et al., 2006; Charlton & Dykstra, 이 책 참조)는 개인 변증법적 행동치료 상담자가 개념화한 각 내담자의 목표행동의 초기와 후기 샘플 정보를 포함하여, 내담자 기술의 실제적인 정보를 반영한다. 변증법 집단에서 배운 기술은 행동주의적으로 학습한다. 배운 기술은 사회적인 강화를 통해 지속된다. 어려움이나 장애가 있어도 강화를 통해 지속된다. 또한 독립적으로 기술을 지속하도록 강화한다. 만약 누군가가 그들의 숙제에 노력을 기울이지 않으면 이런 질문을 할 수 있다. "만약 당신이 기술을 실천하지 않았다면, 그 이유는 무엇인가요? 무엇이 방해했나요? 그리고 당신은 이번 주에 어떤 실천을 할 수 있을까요?"

변증법적 행동치료에서의 개인상담 개관

변증법적 행동치료에서의 개인상담자란 변증법적 행동치료 기술과 내담자를 기반으로 만든 치료 계획을 개인적으로 조정하는 것을 담당하는 사람이다. 보통 한 회기는 일주일에 한 번, 한 시간이지만 아마 치료의 시작에 혹은 내담자의 생활에서의 위기를 다룰 필요가 있을 때는 더 자주 이루어질 것이다. Linehan(1993a)은 이 장에서 논의했던 행동적 통제를 수반한 초기 목표인 1단계 목표에 대해 말한다. 개인상담자는 치료의 전반적인 우선순위와 회기마다의 목표에 초점을 유지한다. 주의해야 할 행동은 다음을 포함한다. ① 자살 등 생명을 위협하는 행동(자살 등 생명을 위협하는 위기행동, 자해행동, 자살 사고와 소통의 변화, 자살 관련 기대 그리고 자살과 관련된 영향), ② 상담을 방해하는 행동(집중을 안 하는 것, 비협조적인 것 혹은 규칙을 어기는 것), ③ 일상 개입의 수준(위험 수준이 높거나 안전하지 않은 성관계, 극심한 재정 위기, 적지 않은 범법 행위, 직장이나 학교에서의 역기능적 행동, 질병 관련 역기능적 행동 그리고 가정에서의 역기능적 행동). 조성된 긍정적인 행동은 마음챙김, 고통 감내력, 정서 조절 그리고 대인 간 효율성을 포함한다.

복합적인 문제를 가진 내담자가 상담을 위해 방문할 때 그들은 이미 다수의 상담자들을 만나 보았으나, 그중 대부분은 변증법적 행동치료를 시도해 보지 않았을 것이다. 그들은 아마 그들의 상담자에게 짐을 덜고 분통을 터뜨리기 위해 왔을 것이며 그렇기 때문에 그들 자신의 회기 주제를 알려 줄 것이다. 이것은 명백히 변증법적 행동치료가 아니다. 상담자의 역할 중 개인에게 변증법적 행동치료에 흥미가 생기도록 돕고 그들의 앞선 상담과 어떻게 다른지 알려 주는 것도 있다. 이는 생물사회적 이론과 개인의 '삶의 의미를 찾는 것'을 함께 짝지어 주는 것의 교육을 포함한다.

Linehan은 변증법적 행동치료에서 개인상담의 흐름이 '재즈'처럼 수용과 변화의 변증법 사이에서 상호작용이 계속 진행되고 있다고 말한다. 상담자는 지속적으로 개인들을 타당화하는 필요성을 평가한다. 이는 상담과정에서 행동치료나 인지행동치료에서 쓰이는 변화전략을 수용하거나 수정하여 개인에게 제공하는 것이다. 여기에서의 핵심은, 타당화 작업이 내담자에게 도움이 되려면 내담자가 자신의 관점에서도 자신이 타당화받았다고 느껴야 한다는 점이다. 따라서 상담자는 적절하고 의미 있는 타이밍에 타당화를 제공해야 할 책임이 있다. Linehan은 내담자의 말과 행동 속의 진실(kernel of truth)에 귀를 기울여 항상 비판단적인 입장을 취할 것을 강조한다. 우리는 이렇게 할 때 보다 타당화에 적합한 관점을 유지할 수 있게 된다. 타당화하는 상담자에게 이것은, ① 편견 없는 경청과 관찰을 제공하면서 깨어 있기, ② 정확하게 반영하기, ③ 언어로 표현되지 않은 정서, 생각, 행동 패턴을 말로 표현하기, ④ 과거 학습(past learning) 혹은 생물학적 측면에서 타당화하기, ⑤ 현재의 맥락이나 규범과 관련지어 타당화하기, ⑥ 근본적인 진솔성(radical genuineness)을 보여 주기 등을 수반한다.

변증법적 행동치료 상담자는 일반적인 행동치료와 인지행동치료에 대한 교육을 잘 받은 사람이어야 한다. 왜냐하면 절대적으로 표적의 위계에 초점이 있기 때문이다. 상담자는 내담자를 위한 심리교육을 제공하기 위해 학습원리(예: Pryor, 2002 참조)에 대한 지식을 활용하며, 상담자 자신, 가족, 지원스태프, 병원의 부서 등 체계적인 행동적 영향원들을 인지하고 있다. 상담자 개인은 지속적으로 평가 모드에 있으며, 촉발사건(선행사건), 사고, 정서, 행동 욕구 및 행동 그리고 그러한 행동들의 단기적/장기적 결과들에 대해 충분히 생각한다. 이것은 모두 내담자가 문제가 되는 행동을 할 때 실시되는 행동연쇄분석(behavioral chain analyses)에서 그림으로 표현된다.

또한 변증법적 행동치료 상담자는 초반에 내담자가 치료를 받기로 약속했다고 해서 그 약속이 흔들리지 않을 거라고 절대 생각하지 않는다. 근본적으로 '가치 있는 삶', 치료에 요구되는 모든 치료 방식(집단, 개인 및 코칭) 그리고 임상적으로 필요하다고 판단된 개별 치료 계획의 특정 측면에 대한 약속을 함으로써 치료에 계속 임할 것이라는 동기부여의 원천을 항상 확인하는 재전념 과정(recommitment process)이 존재한다.

또한 매우 중요한 점은 변증법적 행동치료 상담자가 소진(burn-out)의 위험이 높다는 인식이 있다는 사실이다. 다중진단/다중문제 내담자들과 작업하는 상담자 자신들도 상담을 방해하는 행동들을 하고 있을 수 있는데, 이것은 과도한 치료적 수용이나 변화 성향, 과도한 유연성 혹은 경직성, 과한 돌봄(nurturing) 혹은 보류(withholding) 행동 혹은 판단적이고 타당화해 주지 않는 행동을 초래할 수 있다. 이를 위해 변증법적 행동치료 상담자는 변증법적 행동치료 틀과 전반적으로 비판단적인 자세를 유지하도록 지원하는 자문팀에 참여해야 한다. 이에 대해서는 별도의 절에서 더 자세히 설명될 것이다.

변증법적 행동치료/지적장애인의 개인상담

일반적으로 변증법적 행동치료/지적장애인 내담자는 일주일에 한 시간 정도 상담을 받지만, 좀 더 짧게 자주 진행되는 상담이 도움이 될 수 있는 내담자들에게는 상담 횟수와 시간 기준에 유연성이 필요할 수도 있다. 변증법적 행동치료/지적장애인을 위한 상담자는, ① 팀 리더, ② 개별화치료자(Clinical Individualizer), ③ 기술 코치, ④ 치어리더와 같은 여러 핵심 역할을 담당한다.

개인상담자는 내담자를 임상적으로 알고 있어야 한다. 상담자는 내담자, 기술 집단 상담자, 가족, 지원 스태프, 학교 또는 취업 프로그램 그리고 병원이나 정신의학과 등에서 정보를 얻는 데 앞장서야 한다. 변증법적 행동치료의 틀 안에 머무르면서 '환자와의 상담'을 유지하고 내담자를 의사소통의 중심으로 만들기 위한 모든 시도가 이루어져야 한다. 그러나 상담자는 제공자들 간에 합리적으로 정확한 의사소통이 이루어질 필요에도 신경을 써야 한다. 팀원들에게 책임을 지게 하면서도 '그들이 각각 할 수 있는 최선을 다하고 있다.'라는 비판단적인 태도를 유지하는 것이 종종 유익하다. 또한 상담자는 훈련이 필요한 부분들을 발견할 수도 있다. 예를 들어, '생물사회 이론'이나 '타당화'에 대한 훈련은 가족과 지원 스태프에게 특히 유용할 수 있다. 특정 내담자의 변증법적 행동치료 계획에 대한 개별화된 훈련 또한 응급치료 스태프이나 병원 스태프들이 좋아할 만한 훈련이다.

상담자는 내담자를 위한 치료를 임상적으로 개별화하는 작업을 우선시해야 한다. 상담자는 내담자의 가치, 바람 및 목표에 대해 잘 알고 있어야 하고, 이러한 목표를 달성하는 데 있어 자신의 불안정한 정서가 방해가 되고 있다는 점을 내담자가 알 수 있도록 도와야 한다. 상담자는 내담자의 치료 계획 목표를 숙지하고 있어야 하며, 많은 경우 그 목표들을 작성하는 데에 직접 참여한다. 〈표 2-5〉는 템플릿으로 활용될 수 있는 개별 변증법적 행동치료 계획 예시이다. 이 개별 변증법적 행동치료 계획 예시에서 그려진 내담자는 변증법적 행동치료/지적장애 치료를 거쳐 간 여러 '실제' 내담자들의 편집본이다. 그녀는 정서적으로 불안정한 30세 여성으로, 엄마와 두 여자 형제 그리고 조울증이 있는 남자 형제의 다섯 명의 성인 가족과 함께 살고 있다. 이 여성은 오랜 입원 경력이 있으며 대인관계 갈등이 촉발사건이 되어 집에서 사라진 기간들이 있었다. 그녀는 종종 약 30분 정도 성질을 부리며 그녀의 가족과 이웃들을 화나게 한다. 그녀는 가끔 처방받은 향정신성 약물을 모아 두었다가 과다 복용하는 행동을 보이지만, 마지막으로 그런 행동을 보인 것은 작년이었다. 상담자는 내담자의 자기모니터링 다이어리 카드(self-monitoring Diary Card)를 활용하여 기술 실행과 행동 표적의 빈도와 정도를 평가한다. 이 내담자의 경우, 자주 카드를 분실하여 복사본을 만들어 하나는 언니가 갖고 있는다. 내담자는 가족 구성원에게 자주 돈을 뜯긴다. 그녀는 마음챙김 기술['현명한 마음(Wise-Mind)'과 '효과적으로(Effectively)']과 대인 간 효과성(Interpersonal Effectiveness) 기술을 학습할 필요가 있는 것으로 나타났다. 이러한 기술을 연습하는 것과 '돈을 뜯기는' 부정적 표적은 그녀의 다이어리 카드에 구체적으로 작성되었다. 이 사례의 경우, 내담자는 먼저 집단에서 이러한 기술에 노출되었고, 그 후 개인상담자가 역할놀이(role-play)를 통해 각 가족 구성원이 되어 내담자와 기술 연습을 반복하였다. 집단 기술 훈련자들은 일반적인 정보를 제시하며, 가끔 일대일 훈련 기회를 제공하기도 하지만, 개인상담자는 내담자가 일상생활에서 변증법적 행동치료 기술을 실용적으로 활용할 수 있도록 협상하고, 가르치며, 역할놀이를 진행한다.

개인상담자는 내담자가 작성한 다이어리 카드를 통해 많은 정보를 얻을 수 있다. 개인상담자는 내담자로 하여금 다이어리 카드를 작성하도록 해야 하며, 내담자가 반복적으로 작성을 누락하는지 여부를 실제 확인할 필요가 있다. 다이어리 카드에는 집단에서 배운 기법들, 예컨대 마음챙김 호흡이나 대인 간 효과성 기술 전달에서 '부드럽게 말하기 전략'에 관한 내용이 포함될 수 있다. 변증법적 행동치료의 목표로 선정되는 내용은 생명에 대한 위협, 치료

표 2-5 개인 변증법적 행동치료 계획

평가	
표적 행동:	
삶을 위협하는 행동	패닉 상태에서 가출함(한 번 가출 시 몇 시간 동안 사라짐). 처방된 약물을 과다 복용함.
치료를 방해하는 행동	약물을 몰래 저장해 둠. 내담자가 혼자 있을 때 언니에게 과하게 자주 전화하여 주 보호자를 화나게 함.
삶의 질을 저하시키는 행동	가족 구성원들에게 돈을 주어 버림(뜯김). (일주일에 한 번) 30분 정도 과하게 짜증을 냄.

전념(Commitment):

내담자는 표적행동을 감소시키기 위해 현재 어느 정도의 노력을 하고 있는가? 변증법적 행동치료 전략에 대한 헌신 정도는 어느 정도인가? 현재 치료계획에 대한 헌신 정도는 어떤가?

가치 있는 삶에 대한 동기가 있음. 가족과의 관계를 개선하고 싶어 함. 개인치료에 안정되게 참여하고 있으며, 집단 또한 75%의 참여율을 보임.

강화과정(Contingencies):

문제행동에 영향을 주고, 그것을 유지하거나 강화시키는 요인들은 무엇인가? 문제행동을 약화시키거나 감소시키는 요인들은 무엇인가?

가출하기, 약물 과다 복용, 과한 짜증 등은 대인관계에서의 갈등을 피하기 위한 행동임. 돈을 주어 버리면 그들이 괴롭히지 않고 잠시 떠나주기 때문에 어느 정도 회피 행동으로 보임.

선행사건(Antecedents):

문제행동을 촉발하는 요인은 무엇인가?

매일 있는 언니와의 갈등 상황은 약물을 몰래 저장하는 행동으로 '복수'하겠다는 생각을 유발함. 돈을 요구하는 가족 구성원에게 안 된다고 이야기하지 못하는 것이 과한 짜증이나 가출행동으로 이어짐.

치료 계획	
기법	
마음챙김	공포에 질렸을 때 활용하기 위해 '현명한 마음 멘토'에 대해 설명하라.
정서 조절	정서의 수준을 0~100 사이로 측정하도록 하라.

고통 감내력	약물을 몰래 저장하는 행동의 장단점을 확인하라. 자기진정 박스(self-soothing box)를 활용하여 고통 감내력 전략을 활용하라.
대인 간 효율성	'디어 맨(Dear Man)'을 활용하여 돈을 요구하는 가족 구성원에게 효과적으로 거절할 수 있도록 하라.
변증법적 행동치료 전략	
목표행동의 수준을 줄이고 촉발사건의 영향을 줄이려면 어떠한 변증법적 행동치료 전략이 활용될 수 있을까?	
헌신	각각의 새로운 전략을 얼마나 열심히 익히고 활용하는가를 반복적으로 확인하라. 상담에 주기적으로 기록한 내용을 가지고 오도록 하라.
강화계획: 강화하기, 행동 조성하기(shaping), 노출하기	내담자로 하여금, 다른 가족들에 앞서 여동생과 함께 '디어 맨' 연습을 하도록 하라.
연쇄반응에 대한 분석	50/70/90의 수준에서 행동할 수 있는 선택지를 다시 알려 주라.
타당화 전략: 특정 상황에서 상대방의 반응을 이해할 만하다는 것을 전달하는 대화는 어떻게 하는 것인가?	여동생에게 타당화 훈련을 제공하라(일 대 일이나 집단으로).
치료 계획을 구조화하기	
개인치료	변증법적 행동치료-훈련
정신의학	한 달에 한 번 약물 사용에 대해 확인하라. 의사를 통해 내담자가 변증법적 행동치료에 얼마나 적극적으로 참여하는지 확인하라.
입원	2년에 1번씩 확인하기 반복적으로 병원 치료를 받는다면 추후 확인하기.
위기 관리	위기 팀이 사례 회의에 참석하여 치료 계획과 앞으로 가능한 치료 내용에 대한 정보를 공유하면 도움을 얻을 수 있다.

사례 관리	사례 회의에 참여하여 치료 계획에 정보를 공유하는 것이 도움이 된다.
일일치료/프로그램	내담자가 파트타임 일에 안정적(지속적)으로 근무하도록 한다.
기타(여동생)	내담자와 함께 가족상담을 한 달에 한 번 진행하기. 집단, 사례 회의, 타당화 훈련 등에 참여하도록 한다.
위기 대응 계획에서의 변증법적 행동치료 코칭	
여동생은 먼저 내담자로 하여금 스트레스 대처기제(Distress Tolerance self-soothing box)를 이용하도록 촉구할 수 있다. 만약 내담자가 충분히 준비되지 않았다면, 내담자는 개인상담자를 요청할 수 있다. 개인상담자는 내담자에게 15분간의 마음챙김 기법('현명한 마음 멘토') 훈련을 시킨다. 만약 개인상담자의 훈련이 어렵거나 15분간의 훈련 후에도 내담자가 충분히 준비되지 못했다면, 내담자는 위기 팀의 도움을 받을 수 있다. 위기 팀은 내담자로 하여금 '마음챙김 기법'을 활용하여 정서를 조절하는 방법을 익힐 수 있도록 돕는다. 위기 팀은 내담자가 스스로의 정서를 조절할 수 있는지 모니터링하게 된다.	

효과 저해 혹은 삶의 질을 저하하는 것 등과 관련되어 있다. 이러한 것들에는 그룹홈에 거주하는 사람들이나 혹은 그 외 타인들을 해칠 위협, 약물을 사용하는 것, 공동체 내 다른 구성원과의 관계에서 지나친 반응을 하는 것 등이 포함될 수 있다. 다이어리 카드는 정기적으로 업데이트 되어야 하지만(예를 들어, 3~6개월마다), 다이어리 카드를 사용하고 정보를 수집하는 과정이 지나치게 복잡해 오히려 치료 활용을 방해하지는 않도록 해야 한다. 3~5개의 긍정적인 행동과 부정적인 행동을 확인하는 것은 상담자로 하여금 상당히 많은 정보를 얻도록 하며, 내담자의 레퍼토리를 대체할 변증법적 행동치료 기법을 활용할 수 있는 기회를 제공한다. 때때로 상담자들은 집단 안에서 자연스럽게 '자기진정(Self Soothing)' 기법을 익힐 때까지 기다리기도 한다. 또는 상담자들이 좀 더 속도를 내어 기법을 직접 가르치고 연습해 보도록 하기도 한다. 이는 상담자가 내담자에게 그 순간 적합한 것은 무엇인지를 어떻게 판단하느

취약성 요인
촉발사건
촉진사건

문제행동

결과
후유증

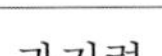

- 과거력
  - "사람들은 어차피 내 말을 듣지 않아."
  - ("어떤 사람들은 내 돈을 가져가고 나를 이용하고 도망가 버려.")
- 각자의 문제를 가지고 있는 다수의 가족 구성원과 지냄.
- 이야기의 논지를 말로 이해시키지 못함.
- 변증법적 행동치료 감정 온도계가 70으로 확인됨.

정서 조절 장애

- 혼자일 때 언니에게 지나치게 전화함.
- 질 나쁜 친척에게 돈을 주어 버림.
- 심하게 짜증을 부림(일주일에 30분).
- 도망치는 행동을 함(한 달에 한 번).
- 약을 먹지 않고 숨김(일 년에 한 번).
- 처방약을 과도하게 복용함(1년에 1번).

- 여동생이 화가 나고 더욱 부적절하게 인식됨.
- 무기력하게 느낀다. 질 나쁜 친척들이 괴롭힘을 지속하게 된다.
- 가출했을 때 내담자를 위기에 처하게 할 행동(가족이 내담자의 독립성을 제한하도록 함)

변증법적 행동치료 기법
- 여동생과 함께 역할극 '디어 맨'을 수행함.
- 여동생을 위해 인증된 훈련을 받음.
- '마음챙김 기법'을 가르침.

변증법적 행동치료 기법
- 감정 온도계가 70일 때 '고통 감내력 자기진정 상자'를 이용함.
- 외로움을 견디는 것에 집중함.

변증법적 행동치료 기법
- 가족 및 위기팀과 함께 위기 대응 계획을 명확히 세움.
- (필요할 때) 병원에 연락하여 도움을 요청함.

[그림 2-1] 행동체인분석

냐에 따라 달라진다.

매우 중요한 도구 중 하나가 행동체인분석(behavioral chain analysis)이다([그림 2-1]을 참조). 이는 선행사건, 행동, 결과로 이루어진 표로, 이를 통해 촉발 사고, 정서, 행동을 심화시키는 것 혹은 행동 그리고 행동의 결과를 확인해볼 수 있도록 한다. [그림 2-1]은 개인 대상 변증법적 행동치료 계획에서 활용될 수 있는 도구인데, 내용을 작성하고, 업데이트하며, 의사소통하고, 임상적 결과를 평가할 수 있도록 한다. 상담을 하는 동안, 가장 문제가 되는 행동에 대해 짧게 연쇄분석이 이루어질 수 있다. 예를 들어, 임상가는 내담자가 처방받은 약물을 과다 복용하는 것에 대해 언급하며, 촉발사건으로 가족들로부터 타당화받지 못함, 불안감, 좌절감에 대해 살펴보도록 하며, 이러한 감정을 수치로 표현하게끔 할 수 있다. '70점'이 '현명한 마음(wise mind)'에서 '정서의 마음(emotion mind)'로 옮겨 가는 기점임을 확인을 할 수 있다. 또한 임상가는 특정 행동의 결과를 사슬로 연결 지을 수 있는데, 예를 들어, 병원에 가는 행동에 대한 긍정적인 결과(탈출)와 부정적인 결과(수치심, 독립심을 잃는 것, 가족들이 인정하지 않음)를 연결 지어 살펴볼 수 있다. 내담자는 간단한 그림에 반응할 수 있으며, 종종 이러한 그림은 수용적 대화를 촉진하기 위해 활용된다. 만약 내담자가 충분한 통찰력을 가지고 있어서 같은 행동을 계속하지 않으려고 한다면 그들은 사슬을 끊기 위한 방법으로 변증법적 행동치료 기법을 배우기 시작할 수 있다.

변증법적 행동치료의 위기 코칭 개관

위기 코칭은 변증법적 행동치료의 또 다른 치료방법이다. 변증법적 행동치료에 의뢰된 내담자는 종종 심각한 악화를 보이며 그 결과로 위기 상태, 위험 또는 매우 높은 수준의 보호가 필요한 상태에 놓일 수 있다. 위기 상태에서의 코칭은 내담자가 필요할 때 전화를 걸어오거나 도움을 요청한 후에 코칭을 받을 수 있도록 한다. Linehan(1993a)의 모형에서 일반적으로 코치는 개인 변증법적 행동상담자로, 유용한 방법을 사용하여 부정적인 정서나 불안한 상태를 다룸으로써 내담자가 정서에 대한 인내력을 키우는 데 집중하도록 돕는다. 이러한 방법은 치료 집단이나 개인 회기 밖에서도 이러한 기술을 일반화할 수 있도록 하기 때문에 내담자에게 매우 실용적인 학습 기회를 제공한다. Linehan은 내담자가 부정적인 감정이나 행동의 충동을 느낄 때 어떠한 위험행동을 보이기 전에 위기 요청 또는 전화를 걸도록 하는 것이 필요하다고 강조한다. 위기 코칭은 내담자가 기법을 사용하도록 일련의 가이드라인 혹은 규칙을 지키게 하는 것을 필요로 하지만 상담자가 소진되게 하지는 않는다. 이러한 규칙들은 감정의 분출이 코칭의 목적이 아님을 가르치고 있으며 도움을 요청하는 사람들이 상담자의 제안을 따라야 하고 위기 세션은 10분 또는 15분 정도 미리 정해진 시간 동안만 진행됨을 가르친다. 내담자가 위험한 행동을 할 때에만 경찰이나 구급대와 같은 일반적인 통로가 사용된다. 또한 상담자는 내담자가 이러한 가이드라인에 따르지 않았을 경우 24시간 동안 접촉이 불가능하다는 규칙을 적용한다. 상담자는 오후 3시부터 5시 사이에만 전화나 방문이 가능하다는 등의 개인적인 한계를 정하여 과도한 코칭 요청에 압도되지 않도록 하는 것이 중요하다.

변증법적 행동치료/지적장애인의 위기 코칭

실용적인 목적으로 지적장애인 지원 체계 내에서 내담자의 필요에 따라 코칭을 제공하는 사람들이 있다. 다양한 코칭 제공자와 전략 및 그들의 역할과 밀접한 관련이 있는 경고가 〈표 2-6〉에 나열되어 있다.

상담자 개인은 기술 집단을 운영하거나 서비스를 제공하는 팀의 일원일 수 있다. 이러한 경우, 코칭 업무가 공유될 수 있다. 우리 시스템(Lew et al., 2006)에서는 3~4명의 임상가가 8~16명의 내담자로부터 주중 언제든지 올

표 2-6 지적장애인을 위한 변증법적 행동치료 위기 코칭

제공자	전략	주의사항
개인상담자 (상담자)	• 사전에 스케줄을 잡거나 예방을 위한 전화 통화를 사용해 내담자의 한계를 지켜보는 동안 다른 상담자(집단)들과 무선호출기 또는 위기 시간(근무 시간)을 공유하면서 협동함. • 위기 상황 시 변증법적 행동치료 코칭에 대해 다른 팀원이 알고 있도록 함.	• 상담자가 소진되지 않도록 지켜보는 시간을 한정함.
지지자 (지지 스태프 또는 가족)	• 내담자의 변증법적 행동치료 코칭 계획과 유효성에 대해 특별 훈련을 받음. • 집에 있는 '자기진정 상자'와 같이 사용하기 편한 옵션을 권장하고 실행함. • 변증법적 행동치료 코칭 계획의 복사본을 만들어서 소장함.	• 많은 지지자들이 이미 소진되어 있고 이러한 방법의 유효성을 확인하는 것을 어려워할 수 있음. • '그냥 너의 기술을 써라(just use your skills).'와 같은 문구가 가진 비수용적인 속성에 대해 알아차림.
응급처치자 (구급대원, 위기 전화, 위기대응 팀)	• 내담자의 변증법적 행동치료 계획과 그 계획에 대한 요약의 복사본으로 특별한 훈련을 받음. • 내담자와 상의하는 것의 필요성에 대해 알림.	• '응급처치자의 역할이 그들에게 언제나 변증법적 행동치료를 행할 수 있게 하지 못함을 알림(예: 위기 상황에서 감정에 머무름).

수 있는 연락을 공유한다. 평균적으로, 위기 전화는 1~2일에 한 번씩 온다. 자주 전화하는 사람을 위해서는 내담자에게 예방적으로 전화를 하도록 계획하고 통화할 수 있는 시간을 미리 정하여 스케줄을 잡는다. 극단적인 경우, 내담자가 하루에 12번씩 전화할 때는 이러한 상황을 위기로 인식한 상담자자가 전화를 '부재중'으로 돌려놓는다. 이러한 경우는 전화를 받는 아무나가 아니라 특정 상담자와만 통화하기 원하는 사람에게 발생한다. 짧은 '부재중' 이후에 내담자는 누구든 전화를 받는 사람으로부터 도움을 받아야 한다는 규칙을 배우게 된다. 또한 그녀는 필요한 기법[그녀의 경우에는 '마음챙김 호흡법

(mindfully breathing)']을 활용하는 법을 배우고 결과적으로 위기 전화를 줄이게 된다.

지적장애인은 많은 경우 가족과 함께 살거나 보조원이 함께 사는 환경에서 생활한다. 이러한 '지지자'들은 위기 코칭의 제1 방어선이 될 수 있다. 이러한 사람들을 변증법적 행동치료 위기 계획을 기획하는 데 있어 행동 계획 과정의 일부로 포함시키는 것이 매우 유용함이 확인됐다. 그런 '지지자'들에게 입증된 기술을 훈련시키는 데에 있어 추가적인 관심이 필요한데, 이는 "그냥 너의 기술을 써라."라고 했을 때, 내담자 입장에서 무시하거나 비하하는 것으로 받아들일 수 있는 잠재적 요소를 제한하기 위해서이다. 우리는 내담자가 스트레스와 위기를 겪을 때 사용을 선택할 수 있는 자극제 및 감각 물건을 개인적으로 선택하여 담은 '고통 감내력 자기진정 상자'를 준비하는 특별한 행운이 있었다. 이것들은 가끔 내담자가 특히 더 스트레스를 받거나 위기를 방지하기 위한 선택지를 필요로 할 때 마음챙김의 옵션으로 활용될 수 있다. 지지자들과 다양한 위기팀의 구성원들 또한 이러한 옵션에 대해 알고 있는 것이 유용할 수 있다. 이것은 종종 성공적인 대안행동으로서의 역할을 할 수 있으며 더 악화되는 것을 막을 수 있다. 이러한 상자에 들어갈 수 있는 예시 항목

표 2-7 지적장애인의 '고통 감내력 자기진정'을 돕는 도구

감각	사용 도구
미각	껌, 사탕, 캐러멜, 입냄새 제거용 사탕, 박하, 매운 향의 차(생강차/계피차)
촉각	털이 부드러운 동물, 토끼발, 고무밴드, 로션, 쿠시볼(koosh ball), 스트레스볼(stress ball), 뽁뽁이(비닐), 클레이(고무찰흙), 점토, 돌
후각	포푸리, 향초, 에센스
시각	색종이, 평화로운 그림/사진, 동물사진, 램프, 책/잡지, 비디오게임, 영화
청각	조용한 음악, 댄스/마음챙김 연습 CD
기타	단어 찾기, 십자말풀이, 스도쿠, 저널, 전화번호

은 〈표 2-7〉에 제시되어 있다.

지지자(supporters)는 위기 관리에서 자신의 한계를 관찰하고 대기 중인 상담자에게 알리거나 그들에게 직접 연락하도록 내담자를 격려할 필요가 있다.

마지막으로, 많은 시스템에서 응급실, 핫라인, 위기팀을 포함하여 위기대응 인력이 참여하고 있다. 이러한 사람은 전문화된 훈련과 그들이 속한 곳에서 대상자를 도울 수 있는 방법에 대하여 토의하는 것에 호의적이다. 그들은 특정 내담자를 위한 일에 변함없는 관심을 보이며 사전에 코칭 전략에 대한 간략한 요약(〈표 2-5〉)을 안내받는 것을 가치 있게 여긴다. 위기담당자와 이야기하여 계획에 대하여 알려 주고 내담자가 위기 직원과 직접적으로 교류하여 도움을 받을 수 있다. 점차적으로 많은 수의 사람들이 '효과적으로' 위기 직원과 대화하고 사용할 수 있는 기술에 대한 정보를 제공받는다.

변증법적 행동치료 자문팀-개관

변증법적 행동치료에서 자문팀은 매우 중요한 핵심인데, 이는 임상가들이 변증법적 행동치료 사용을 계속 유지할 수 있도록 하기 때문이다. 어려운 내담자를 만날 때 임상가는 치료적 자세를 유지하는 데 도전을 받는다. 자문팀은 상담자에게 지지를 제공하고, 계획을 세우고, 치료의 문제를 해결하며, 모델을 기반으로 한 모니터를 제공하고, 임상가의 진행 과정과 역량에 대하여 안심시키며, 시스템상의 문제를 가진 상담자에게 자문하며, 한계에 다다른 상담자를 지원한다.

일반적으로 자문팀은 매주 만나며 변증법적 행동치료를 사용할 수 있는 임상가 또는 전문가를 포함한다. 회의는 보통 돌아가며 마음챙김 실습으로 시작하며 세부적인 변증법적 행동치료 문제뿐 아니라 삶을 위협하는 행동이나 심각한 치료의 장애물 또는 소진 이슈와 같은 안건을 다룬다. 기타 안건은 치료 계획에 따른 염려를 살펴보고, 기술 집단 과정에서의 성과와 도전, 구체적인 사례에 대한 자문, 훈련 또는 시스템을 문제에 적용하는 부분과 관련되어 진행될 수 있다.

자문팀의 참여는 개인의 변증법적 행동치료 기술을 향상시키는 데 도움을 주는 것뿐 아니라 임상가로서 특별히 스트레스를 주는 내담자를 대할 때 취약성을 경험한다는 것을 의미한다. 자문팀은 다음에 대하여 동의한다. ① 변증법적 철학, 완벽한 진리는 없다는 것을 받아들인다. ② 다른 상담자와 상호작용하는 법에 대하여 내담자에게 자문하고 내담자와 어떻게 상호작용하는 지에 대하여 다른 상담자에게 말하지 않는다. ③ 서로 다른 상담자들의 일관성(심지어 같은 내담자더라도)을 인정하는 것이 반드시 필요하지는 않다. ④ 모든 상담자는 자신의 한계를 관찰한다. ⑤ 내담자의 행동에서 비경멸적이고 현상학적으로 공감적인 상호작용을 탐색한다. ⑥ 모든 상담자는 오류에 빠지기 쉽다는 점을 인정한다.

변증법적 행동치료/지적장애인 자문팀

행정적인 구조에 의하면, 지적장애인을 위한 자문팀은 임상가, 주거지 제공자(residential supports), 행정가, 사례 담당자, 응급 구조원, 병원 대표, 기타 서비스 제공자가 포함될 수 있다. 기관 간 임상 네트워킹은 서비스를 제공하기 복잡한 문제를 지닌(complicated-to-serve) 내담자에게 매우 유용할 수 있다. 다양한 시스템의 역할은 특히 내담자의 요구에 대한 변증법적 행동치료 기술을 향상시키기 위해 포함될 수 있다. 이는 임상사회에서 변증법적 행동치료/지적장애인의 요구를 해결할 수 있는 전문가의 구성에 따라 달라질 수 있다. 저자는 다양한 지적장애인 자문팀의 일원으로 일해 왔는데, 한 곳은 한 명의 임상가만 포함되어 있는 팀이었고, 다른 한 곳은 지적장애인을 다룰 줄 아는 구성원들로 이루어진 임상 요양 팀이었고, 또 다른 곳은 간헐적이지만 변증법적 행동치료/지적장애인 내담자를 만나는 관계 부처 임상팀 그리고 마지막으로 인터넷을 통하여 4~5개의 팀이 화상 회의를 진행하는 변증법적 행동치료/지적장애인 전문가팀이었다. 이러한 각 모델들은 임상가 지원 및 지역 내 변증법적 행동치료/지적장애인 실습을 위한 목적에 따라 구성된다.

자문팀은 따뜻하고, 반겨 주며, 비판단적인 회의를 하는 것이 특히 중요하다. 참여자는 내담자에 대한 고민과 임상가로서의 그들의 고민을 공유하기 위하여 보살피는 환경이 필요하다.

논의

변증법적 행동치료는 본래 '지적장애가 아닌 경계선 성격장애'를 대상으로 개발된 것이지만 또한 공존 진단을 받고 정서적으로 조절문제가 있으며, 복잡한 문제를 지닌 지적장애인에게도 효과적이다.

변증법적 행동치료는 지적장애인을 만나는 임상가가 정서 및 행동 조절방법을 교육할 때 활용할 수 있는 임상적 모델을 제공한다. 집단 기술훈련, 개별화된 변증법적 행동치료 계획, 지적장애인을 위하여 적절한 시스템 계획과 같은 방식으로 적용 가능하며 이는 변증법적 행동치료의 원리에 충실할수록 효과적으로 발생할 수 있다.

변증법적 행동치료 프레임에 따라 치료하는 것은 임상가에게 항상 쉽지 않은 일이다. 노력과 임상적 자원을 특히 더 필요로 하는 내담자들이 있기 때문에 임상가들은 지속적으로 쉽지 않다고 느끼거나 지칠 수 있다. 따라서 임상가는 자문팀 내에서 충분한 지지를 제공받아야 한다. 임상가들이 그들의 반응과 전이 문제를 다룰 때 '선(Zen)'을 활용함으로써 '이 순간에 머무르도록' 도울 수 있다.

지적장애인을 위해 변증법적 행동치료를 적용하는 방법은 현재 계속 연구되고 있으며, 모든 연구에서 긍정적인 연구 결과를 나타내고 있다. 변증법적 행동치료를 적용한 커리큘럼과 기법에 대한 더 많은 연구 결과는 변증법적 행동치료의 사용법을 더 명확하게 할 것이다.

참고문헌

Barlow, D. & Durand, M. (2009). *Abnormal psychology: An integrative approach.* Belmont, CA: Wadsworth-Cengage.

Comtois, K., Koons, C., Kim, S., Manning, S., Bellows, E., & Dimeff, L. (2007). Implementing standard outpatient dialectical behavior therapy in an outpatient setting. In L. Dimeff & K. Koerner (Eds.), *Dialectical behavior therapy in clinical practice* (pp. 37-68). New York: The Guilford Press.

Dimeff, L., & Koerner, K. (Eds.). (2007). *Dialectical behavior therapy in clinical practice.* New York: The Guilford Press.

Eaton, L. & Menolascino, F. (1982). Psychiatric disorders in the mentally retarded: Types, problems, and challenges. *American Journal of Psychiatry, 139,* 1297-1303.

Fruzetti, A., Santisteban, D., & Hoffman, P. (2007). Dialectical behavior therapy with families. In L. Dimeff & K. Koerner (Eds.), *Dialectical Behavior Therapy in clinical practice* (pp. 222-244). New York: The Guilford Press.

Hanh, Thich Nhat (1975). *The miracle of mindfulness: A manual on meditation.* Boston: Beacon Press.

Hayes, S., Strosahl, K., & Wilson, K. (1999). *Acceptacne and commitment therapy.* New York: The Guilford Press.

Jacobson, J. (1993). The prevalence of mental illness in the mentally retarded. In *Proceedings of the International Congress on the Dually Diagnosed.* Boston.

Kabat-Zinn, J. (1990). *Full catastrophe living: Using the wisdom of your body and mind to face stress, pain and illness.* New York: Delta.

Kohlenberg, R., & Tsai, M. (1991). *Functional analytic psychotherapy.* New York:

Plenum Press.

Levitas, A. (1993). Toward the connections between the unique genetic mechanism of the Fragile-X syndrome and its psychiatric phenotype. In *Proceedings of the International Congress on the Dually Diagnosed.* Boston.

Lew, M., Matta, C., Tripp-Tebo, C., & Watts, D. (2006). Dialectical behavior therapy (DBT) for individuals with intellectual disabilities: A program description. *Mental Health Aspects of Developmental Disabilities, 9*(1), 1-12.

Linehan, M. (1993a). *Cognitive behavioral treatment of borderline personality disorder.* New York: The Guilford Press.

Linehan, M. (1993b). *Skills Training manual for treating borderline personality disorder.* New York: The Guilford Press.

Linehan, M., Heard, H., & Armstrong, H. (1993). Naturalistic follow-up of behavioral treatment for chronically para-suicidal borderline patients. *Archives of General Psychiatry, 50,* 971-974.

Linehan, M., Schmidt, H., & Dimeff, L. (1999). Dialectical behavior therapy for patients with borderline personality and drug dependence. *American Journal of Addiction, 8,* 279-292.

Lynch, T. & Cheavens, J. (2007). Dialectical Behavior therapy for depression and comorbid personality disorder (pp. 264-297). In L. Dimeff & K. Koerner (Eds.), *Dialectical Behavior Therapy in Clinical Practice.* New York: The Guilford Press.

McCann, R., Ivanoff, A., Schmidt, H., & Beach, B. (2007). Implementing dialectical behavior therapyin residential forensic settings with adults and juveniles. In L. Dimeff & K. Koerner (Eds.), *Dialectical behavior in clinical practice* (pp. 112-144). New York: The Guilford Press.

Miller, A., Rathus, J., DuBose, A., Dexter-Mazza, E. & Golgklang, A. (2007). Dialectical behavior therapy for adolescents. In L. Dimeff & K. Koerner (Eds.), *Dialectical behavior therapy in clinical practice* (pp. 245-263). New York: The Guilford Press.

Ost, L. (2008). Efficacy of the third wave of behavioral therapies: A systematic review and meta-analysis. *Behavior Research and Therapy, 46*(3), 296-321.

Pary, R., Loschen, E., & Tomkowiak, S. (1996). Mood disorders and Down syndrome. *Seminars in Clinical Neuropsychiatry, 1*(2), 148-153.

Pryor, K. (2002). *Don't shoot the dog: The new art of teaching and training.* Glouchestershire: Ringpress.

Reynolds, S., Wolbert, R., Abney-Cunningham, G., & Patterson, K. (2007). Dialectical behavior therapy for assertive community treatment teams (pp. 298-325). In L. Dimeff & K. Koerner (Eds.), *Dialectical Behavior Therapy in Clinical Practice.* New York: The Guilford Press.

Singh, N., Wahler, R., Adkins, A., & Myers, R. E. (2003). Soles of the feet: A mindfulness based intervention for aggression by an individual with mild mental retardation and mental illness. *Research in Developmental Disabilities, 24,* 158-169.

Swenson, C., Witterholt, S., & Bohus, M. (2007). Dialectical behavior therapy on inpatient units (pp. 69-111). In L. Dimeff & K. Koerner (Eds.), *Dialectical behavior therapy in clinical practice.* New York: The Guilford Press.

Verhoeven, M. (in press). Journeying to wise mind: Dialectical behavior therapy and offenders with an intellectual disability. In L. A. Craig, K. D. Browne, & W. R. Lindsay (Eds.), *Assessment and treatment of sexual offenders with intellectual disabilities: A handbook.* New York: Wiley & Son.

Williams, M., Teasdale, J., Segal, Z., & Kabat-Zinn, J. (2007). *The mindful way through depression.* New York: The Guilford Press.

지적장애인 및 발달장애인을 위한 긍정심리학

Daniel J. Baker, Ph.D.
E. Richard Blumberg, Ph.D.

서문

이 장에서 우리는 긍정심리학에 대하여 설명하며 긍정심리학이 지적 및 발달장애와 정신질환을 모두 진단받은 사람을 지원하는 데 있어 도움이 된 바를 언급할 것이다. 우리는 이중진단 지원과 긍정심리학 간의 많은 유사점에 대해 고려하고 사례를 제시할 것이다. 이를 통해 긍정심리학이 지적장애 및 발달장애와 정신질환을 가진 사람에게 특별히 적합한 장애 지원이 되게 하는 몇 가지 역사적 요인을 설명할 것이다.

문헌 고찰

긍정심리학은 긍정적인 정서 경험 및 일상생활에서 건강한 정서의 역할에 초점을 두는 심리학의 한 분과이다(Seligmann, Steen, Park, & Peterson, 2005). 지금까지 심리학은 건강하고 행복한 상태(wellness)보다는 병리적인(illness) 분야에 대하여 연구한다는 점에서 비판을 받아 왔다. 부정적인 정서가 긍정적인 정서보다 더 중요한 분석의 대상이 되어 왔다. 그러나 긍정심리학 연구자들은 긍정적 정서 기반의 치료적 중재가 정신건강을 더 빠르게 개선할 수 있다는 점과 관련하여 축적된 연구 결과를 제시하고 있다(Seligmann et al., 2005).

심리학에서는 꽤 오래전부터 긍정적 정서를 고려해 왔지만(Rogers, 1951), 특히 최근에 긍정심리학이 높은 관심을 받고 있다. 경험적 데이터의 축적, 철학의 매력, 개입의 단순성 때문에 상당한 대중적 관심이 긍정심리학에 주어졌고, 2005년 '행복의 과학'이라는 제목으로 『타임』지의 표지를 장식하며 절정을 맞았다(Wallis, 2005). 긍정심리학은 긍정적 감정연구를 위한 많은 증명된 개입방법과 중요한 자료를 제공한다(Linley & Joseph, 2004). 『성격 강점 및 덕목 분류편람(Character Strengths and Virtues: A Handbook and Classification)』(Peterson & Seligman, 2004)은 행복에 기여하는 것으로 알려진 특성을 범주화하였다. 흥미롭게도, 특성들은 문화를 넘어서서 재현되는 것으로 나타났다. 이것은 웰니스/전인건강 척도(Wellness Scale)로 이어진「당신의 삶 안에 좋은 점은 무엇인가?(What is right with your life?)」(Canon, 1997)라는 제목의 비교문화 연구의 내용을 그대로 반영하고 있다. 이 연구는 긍정적 감정을 증진시킬 수 있는 경험적으로 유효한 개입을 제공하고 종합적인 부정적 증상을 감소시키는 방법에 대하여 안내한다(Selimann et al., 2005). 예를 들어, 한 가지 증명된 방법은 참여자들이 좋은 일 세 가지와 그 원인을 일주일 동안 매일 밤 적도록 하는 것이었다. 긍정심리학에서의 강점은 장애를 가진 이들을 지원하기 위한 연구에 나온 움직임과 매우 유사한데, 이에 대해서는 다음 절에서 간단히 소개할 것이다.

장애 지원의 이론적 기반

지적장애인 및 발달장애인을 위한 지원은 최근 몇 년간 철학적 또는 이론적으로 급격한 변화를 맞이하였다. 20세기 이전에는 발달장애인을 위한 지원뿐 아니라 어떤 이들을 위한 특정 서비스도 없었다. 도시화와 문명화가 진행됨에 따라 전문 기술을 지닌 전문가가 투입되면서 장애를 지닌 이들을 위한 연구와 자료가 등장하기 시작하였다. 몇 가지 예로, Samuel Heinicke가 1755년에 설립한 청각장애인들을 위한 구화학교, 지적장애 아동들을 위한 교육과 훈련을 위한 거주시설을 최초로 설립한 바 있는 Samuel Gridley Howe이 1832년에 설립한 매사추세츠 시각장애인들을 위한 보호기관(Massachusetts Asylum for the Blind, 후에 Perkins School for the Blind로 이름 바뀜), 그리고 1911년 뉴저지주의 특수교육 학급 설립이 있다. 지적장애인들이 교육을 받았거나 거주했던 '기관'들은 결핍을 지니고 있는 사람의 경우, 그 결핍된 부분을 명확히 다루면 어떻게든 개선이 될 수 있다는 생각으로 만들어졌다. 유사하게 심리적 문제를 개선시키기 위한 기관과 치료가 개발되었다.

장애를 가진 이들을 위한 서비스의 성장과 지원은 이 직종에 종사하는 전문가 집단을 양성하는 데 있어 자극제가 되었고, 훈련과 재활을 다루는 학문이 나타나게 되었다. 미국 정신위생(건강)위원회가 1909년 설립되었고, 장애 재향군인들을 위한 재활 시스템이 발전하게 되었다. 1918년, 「스미스-시어 재향군인 직업재활법(Smith-Sear Veterans Vocational Rehabilitation Act)」에 의해 1차 세계대전 및 다른 전투에서 장애를 가지게 된 재향군인 재활을 위하여 막대한 연방 예산을 투입하는 직업 교육 연방위원회를 법적으로 구성하게 되었으며, 따라서 재활 전문가와 정부 담당부서가 만들어지게 되었다. 다시 말하면, 유전적으로 발현되거나 생애 동안 발생하는 개인의 장애(결함)를 다루기 위하여 재활 학문과 실천이 나타나게 되었다.

이와 같은 체계적 발전의 테마는 '장애'로 명칭을 붙일 수 있는 어떠한 결함을 확인하고, 그 장애를 다루거나 개선할 수 있는 전문적 서비스를 창출하는 것이다. 이러한 '장애 지원' 철학은 전문가, 실천, 기능 측면에서 다양한 집단을 만들어 냈다(Benjamin, 1989). 각기 다른 유형의 장애를 다루기 위하여 다른 기관이 설립되었고, 전문가들이 각각 다른 기술을 배울 수 있는 다양한 훈련 프로그램이 만들어졌다. 「아동 지능을 측정하기 위한 시몬–비네(Simon-Binet) 지능검사의 개정」(Kuhlmann, 1912)이라는 대표논문을 게재한 전문학술지 『심리적 장애 저널(Journal of Psycho-asthenics)』이 창간되었고, 『정신장애: 역사적 배경, 치료, 훈련(Mental Defectives: Their history, and treatment, training)』이라는 전문서적이 출간되었다(Barr, 1904).

그러나 최근에 장애 지원 철학은 결함을 확인하는 것과 그 약점을 해결하기 위한 개입 설계를 하는 패러다임에서 벗어나고 있다. 장애 지원 패러다임의 전환에서 중요한 개념은 정상화의 원칙이다. 스웨덴의 Bengt Nirje에 의해 처음으로 언급된 이 아이디어는 1960년대에 Wolf Wolfensberger에 의해 미국으로 전해졌다. Nirje(1985)는 정상화란 장애의 심각성, 생활 패턴 및 조건에 관계없이 모든 장애인에게 비장애인이 경험하는 모든 것을 제공하는 것으로 제안하였다. 1980년 중반에는 적절한 지원을 받으면, 심각한 장애를 가진 사람들도 사회 활동에 완전히 포함될 수 있다는 것으로 널리 인식되기 시작하였다(Lakin & Bruininks, 1985; O'Brien, 1989). 이 개념은 자립생활 운동(DeJong, 1979; NCIL, 2009)에 의해 소개되고, 1990년 학교, 기업, 공공교통과 같은 지역사회가 장애인 편의시설을 제공할 것을 규정한 기념비적인 미국 장애인 법의 제정에 의하여 강화되었다. 이 법은 장애인들이 시민으로서의 모든 권리를 누릴 수 있도록 보장하였다.

지적장애인을 위한 지원은 지적장애의 고착된 결손에 초점을 맞추기보다는, 역량과 강점이 지원의 초점이 되는 접근 방식으로 전환하였다. 지적장애인을 위한 고용 지원의 예를 들면, 전에는 지적장애를 가진 것으로 확인된 사람은 종종 지적장애들이 일하는 장소에서 직장 생활의 상당 부분을 보냈다. 지역사회에서 고용될 수 없으면 보호 고용이 가능한 작업장으로 보내졌다(Close, Sowere, Halpern, & Bourbeau, 1985). 그러나 지원 고용 입장에서는 장애인 개인이 어떤 것을 잘하고 무엇을 하고 싶은지에 초점을 맞추고 지역사회에 고용기회를 제공하며, 고용된 직장에서 개인의 작업 능력이 고용주의 사업에 기여할 수 있도록 한다(Nisbet & Hagner, 1988). 지원 고용의 개념이 모든 지적장애인 및 발달장애인의 직장 생활을 바꾸는 것은 아니지만, 그들 중 꽤 많은 수가 지역사회에서 일자리를 얻었다(Larson, Lakin, & Huang, 2003). 지적장애인 및 발달장애인의 여가 활동(recreation)의 경우, 우선적으로 지적 및 발달장애는 아무 문제가 되지 않으며, 특화된 여가 프로그램에 참여시키기 위하여 필요한 것은 어떠한 종류의 여가 활동을 즐기는지와 어떻게 지역사회에서 접할 수 있는지 알아보는 것이다.

장애를 다루는 데 있어 이러한 지원이 장애가 있다는 것을 무시하는 것이 아니라 질문의 시작점이 달라지는 것이다. 더 이상 '당신은 무슨 문제가 있느냐, 교정하기 위해 당신을 어디로 보내야 하겠는가?'라고 질문하는 것이 아니라 '당신이 하고 싶은 것이 무엇이냐, 무엇을 잘하느냐 그리고 접근하기 위해서는 어떻게 해야 하겠는가?'라고 질문하는 것이다. 지역사회 기관에 참여하는 것은 지적장애 및 발달장애를 가진 이들에게 기본적으로 필요한 기술과 적절하고 필수적인 편의시설 활용(accommodations)에 대하여 가르치는 것이다. 같은 질문을 던지는 긍정심리학과 많은 부분이 겹치는 것에 대해 주목할 필요가 있다.

한 개인이 어떤 것을 잘하고 무엇을 하기를 원하는지 첫 질문을 던지는 데에는 많은 방법이 있다. 이것이 성취되기 위한 전략은 '사람중심 사례관리(Person-centered Planning)'로 자주 불린다. O'Brien과 O'Brien(1998)은 많은 사람중심 사례관리 기법에 대한 훌륭한 개요를 제공한다. 모든 다른 전략의 몇 가지 중심 주제로, ① 개인이 지닌 기술과 흥미를 확인하는 것에 중점을 두고, ② 개인이 사용할 수 있는 자료를 확인하며, ③ 특정 지원에 대한 요구를 확인하기 위하여 개인과 작업을 하고, ④ 그러한 요구들에 대한 지원을 마련한다.

한 개인을 위한 지원은 개인의 웰니스(wellness)를 증진시키고 개인의 삶의 질을 향상시키기 위함이다(Brown, 1988; Sheppard-Jones, Prout, & Kleinert, 2005). 건강한 생활양식과 대표적 문화 활동 단계를 지원하는 것이 지적장애인 및 발달장애인들이 종종 기대하는 지원의 결과이다. 이것은 지적장애인 및 발달장애인들의 행동 문제를 다루는 데 사용된 전략을 포함한다. 최근에 문제행동을 다루는 접근 또한 단순히 문제행동에 집중하기보다는 강점과 흥미를 알아보는 것으로 시작된다(Horner et al., 1990). 개입 목표는 단순히 문제행동의 빈도를 감소시키는 것보다 강점을 기반으로 하여 계획, 식별, 교육 및 웰니스에 대한 접근을 지원한다.

긍정적 행동지원

장애 지원과 긍정심리학의 교차점이 흥미진진한 가장 큰 이유는 긍정적 행동지원(Positive Behavioral Support: PBS)이라 불리는 가치와 실천의 세트로 구성되어 있다는 것이다. 항상 변화하는 인간 행동과 영향의 복잡성으로 인하여 PBS는 1970년대에 응용행동분석 분야에서 출현하였고, 많은 연방기금을 재활에 활용하며 재활 전문가들과 정부 시스템을 창조하고, 풍부하고 다양한 연구와 연구방법을 산출해 냈다. PBS는 인간중심적 가치와 사람의 존엄성에 대한 관심(concern)에 초점을 맞추는데, 이는 사람의 잠재력을 신장시키고, 기회를 확대시키며, 삶의 양식을 향상시키는 환경을 만들고 지원하기 위한 노력을 다하는 것이다(Koegel, Koegel, & Dunlap, 2001). PBS는 다양한 평가방법을 활용하도록 하는데, 이는 인간의 건강을 이해하는 데 유용하게 사용된다. 현재 환경과 일상의 질, 사람의 학습 스타일과 기능적인 기술, 사회적 지지 체계(existing relationships and supports). 기능적인 평가 정보로 사람의 전체적인 프로파일을 얻을 수 있는데, 이를 통해 사람에게 의미 있는 목표를 달성하는 데 필요한 기술을 향상시키는 지지 체계와 환경을 만들 수 있다(Janney & Snell, 2000). PBS는 정신건강이 중요한 역할을 함을 인식하고 행동에 대한 이론적 개념에 정신병을 고려하는 것을 포함한다(Baker & Blumberg, 2002).

전통적인 심리치료가 문제 중심적 특징을 가진 것과 대조적으로, 긍정심리학 관점에서는 심리치료의 전반적인 목표가 사람들이 자신을 충분히 실현하는 삶을 살도록 도와주는 것이다(Park & Peterson, 2008). 긍정심리학에서 치료의 초점은 사람이나 문제를 고치는 것, 또 장애를 지닌 사람들이 참도록 하는 것이 아니라 성장하도록 하는 것이다. 이를 위해 상담자는 내담자와 가족을 돕는데, 그들의 장점을 전체적으로 파악하고 그 장점을 일상에서 좋은 기회를 얻는 데 사용하고, 치료 과정을 통해 보다 만족스러운 미래를 설계하도록 해 준다. 치료의 목표는 장애를 지닌 사람들이 추가적인 장점, 자원과 능력을 만들어 가도록 돕는 것이다(Naidoo, 2005).

긍정심리학은 자기결정을 포함하고 있는데, 이는 장애가 있는 사람이든 없는 사람이든 그들의 삶을 통제할 수 있고, 그들이 선호하는 것에 따라 선택하고 지지를 통해 긍정적인 미래로 이끌 수 있는 결정을 한다는 것을 가정하고 있다(Wehmeyer & Mithaug, 2006). 긍정심리학의 임상 실제에서는 장애를 지닌 사람이 충분히 기능하는 삶을 살려고 시도하면서 경험하는 실질적인 도전들을 무시하지 않고, 긍정적인 정서와 인간적인 강점을 만들어 내는 데 초점을 두면서도 병리학과 장애에 대한 심리치료의 전통적인 관점과의 균형을 찾고자 한다(Park & Peterson, 2008).

Kaufman(2006)은 긍정심리학의 개념을 개인상담이나 집단상담의 전형적인 형태에 통합시키기 위한 네 가지 기법을 제안한다.

- **내담자의 초점을 부정적인 것에서 긍정적인 것으로 바꾸라**: 대부분의 사람은 그들이 경험하는 문제를 경감시키기 위해 심리치료를 찾고, 그들의 관심을 부정적인 사건에 초점을 두는 경향이 있고, 전통적인 심리치료의 과정에서 이렇게 하는 것을 권장한다. 이 패턴을 바꾸기 위해서 내담자에게 매일 긍정적인 사건이나 상호작용을 기록하도록 한다. 그들은 문제행동을 몇 번 보였는지에 대한 횟수 대신에 성취 목록을 기록할 수 있다.
- **내담자의 강점을 구체화하고 매일 그 강점을 사용하라**: 우리가 운동을 하면 더 강건해지는 것처럼 내담자의 강점을 정기적으로 사용하는 것은 그들의 삶의 기능을 향상시킨다. 이 기법에서 상담자, 가족 구성원이나 돌보는 사람들에게 다시 확인시키고, 격려하고, 내담자의 강점 사용을 강화할 수 있도록 조력할 수 있다.
- **부정과 긍정의 균형을 찾으라**: 이 경우, 내담자의 강점을 적극적으로 파악하는 데 해당 사람과 상호작용하는 사람들이 매우 중요하며, 그 과정에서 내담자가 경험한 문제와 관련된 건설적인 피드백을 제공해 줄 수 있다. 종종 문제에 계속 초점을 두는 다른 사람들의 반응은 내담자가 나아지기 위해 시도할 수 있는 많은 방법을 무시하게 할 때가 있다.
- **희망의 감정을 촉진하라**: 희망의 감정은 내담자와 가족 구성원이 겪게 되는 문제를 다루는 능력을 증대시킬 수 있다. 심리치료를 찾는 사람은 문제의 지속기간, 범위(scope) 또는 그 정도에 따라 압도될 수 있다. 이 경우, 상담자는 점진적이고 성취 가능한 목표를 설정함으로써 그 문제를 보다 감당할 수 있도록 작업한다. 이를 가능하게 하는 한 가지 방법은 문제를 작은 부분으로 쪼개어 각 부분을 순차적으로 다루도록 하는 것이다.

긍정심리학은 고통스러운 증상에 대한 임상심리학의 초점을 확장시키는 것을 목표로 하는데, 이는 강점인 성격을 개발하고 긍정적인 삶의 경험에 초점을 두도록 하는 것이다. 긍정심리치료(Positive Psychology Therapy: PPT)는 내담자의 긍정적인 정서에 대한 경험을 증진시키고, 삶에 관여하고 삶의 의미를 발견하는 경험을 증대시키도록 설계되었다. 연구 결과는 긍정적 정서, 관여와 의미 경험을 통하여 사람은 불안과 우울과 같은 정서장애를 치료할 수 있다는 것을 제안한다(Duckworth, Steen, & Seligman, 2005; Frederikson, 2000).

Seligman, Rashid와 Parks(2006)는 긍정심리치료가 내담자의 우울에 대한 부정적인 기억을 회상하고, 부정적인 사건에 참여하고, 미래를 부정적으로 생각하는 경향을 교정하는 것으로 설계되어 있다고 밝힌다. 이러한 중재는 부정적인 것에서 긍정적인 것으로 다시 집중, 기억 및 기대하도록 설계되었다. 그 예는 '잘 되었던 일 세 가지(three good things)' 활동인데, 이는 잠자기 전에 하루 동안 잘 됐던 일 세 가지를 적고 왜 잘 되었다고 생각하는지를 적어 보도록 하는 활동이다. 이 활동은 문제를 계속 반복해서 생각하는 우울증을 지닌 사람들의 경향을 교정하고 그들에게 긍정적인 사건을 회상하도록 해 준다. 관련 활동으로 '감사 방문(gratitude visit)' 활동은 누군가 당신에게 해 준 일에 대해 감사하는 편지를 쓰도록 하는 것이다. 그런 다음 그 편지를 들고 그 사람을 직접 방문해서 편지를 읽어 주는 활동이다. 이 '감사 방문' 활동의 목적은 부정적인 과거의 사건에 대한 기억으로부터 그들이 삶에서 경험한 친절과 지지 경험을 회상하는 것으로 옮겨 주는 것이다. 경험적으로 타당한 긍정심리치료 중재의 추가적인 목록은 이 장의 후반부에 제시되어 있다.

지적장애인 및 발달장애인을 위한 긍정심리치료

지금까지 긍정심리학 연구는 지적장애인의 발달 혹은 임상적 중재에 대한 평가를 포함하지 않았다. 그러나 사람들의 강점, 능력과 가치를 파악하고 개발하고자 하는 긍정심리학적 관점은 최근 지적장애 및 발달장애에 대한 개념과 지원 패러다임의 발전에 영향을 주었다. 긍정심리학을 실행하고 지적장애인을 위한 가장 효과적인 치료가 무엇인지를 이해하는 데에 관심을 갖고 의미 있게 집중해 나갔다.

Bellini(2006)는 자폐스펙트럼장애인(ASDs)의 사회불안 문제를 연구하였다. 그는 자폐스펙트럼장애인에게 사회불안이 가장 두드러지게 보이는 것을 관찰했다. 그는 최근의 연구에서 임상적으로 무선 표집한 자폐스펙트럼장애 청소년의 49%가 유의미한 불안 수준을 지닌 것을 발견했다(Bellini, 2006). 사회적 기능에 대한 문제는 자폐스펙트럼장애와 관련된 문헌 연구에 잘 제시되어 있는데, 사회적 기술 결핍이 공통적으로 자폐스펙트럼장애인에게 보이며, 이로 인해 그들의 사회불안이 높아지게 된다고 밝히고 있다.

사회불안은 개인적 소인(predisposition), 사회적 의사소통의 질과 자기보호 행동의 발달에 따라 결정될 수 있는 다양한 요인에 의해서 유발된다(Vasey & Dadds, 2001). 사회불안이 높아지는 이유 중 하나가 나이에 적절한 사회적 기술을 발달시키는 데 손상을 주는 개인의 사회적 위축(withdrawal)이다. 이러한 사회적 기술 결핍이 부정적인 또래 상호작용을 가져오고, 그 결과 사회불안이 높아져 사회적으로 더 위축되게 만든다. 사회적 위축 경험은 사회불안을 없애고 경감시키는 데 부정적인 영향을 끼치게 된다(Rubin & Burgess, 2001).

개인의 사회적 위축과 사회불안은 한정된 대인관계를 맺게 하고 사회적 네트워크를 빈약하게 만든다. 이러한 사회적 고립이 교육, 취업, 시민 참여 활동을 성공적으로 수행하는 데 필요한 대인관계 기술 발달에 방해가 된다. 그리고 그런 심각한 고립은 우울증을 포함한 다양한 정신건강장애에 취약하게 만든다(Tantam, 2000).

긍정심리학 영역에서 그 개념적 틀이 지적장애인을 치료하고 지지하는 데 사용되기 시작했다. Fredrickson(2002)은 불안과 같은 부정적인 정서가 개인으로 하여금 협소하게 결과(사고-행동 레퍼토리)에 반응하게 한다는 것을 제안했고, 개인이 더 자기방어적 행동으로 제한적으로 참여하도록 만든다고 하였다. 이와 반대로, 긍정적인 정서는 개인의 반응을 확장시키고 보다 개인적 성장을 위한 기회를 창출하고 긍정적이고 적응적인 정서, 인지-행동 레퍼토리를 증진시킨다. 이러한 긍정적인 정서에 대한 '확장과 증진(broaden and build)' 이론은 긍정적인 정서 경험이 개인의 안녕, 성장과 발달에 기여한다는 것을 제안한다.

긍정적인 기분 상태는 더욱 강한 인내심, 사고의 유연성, 문제해결의 풍부함 등 개인의 다양한 적응행동을 발달시키는 데 도움이 된다는 임상적 증거가 늘어나고 있다. 긍정적인 기분 상태는 학습 향상 및 스트레스 상황에서의 효과적인 대응의 발달과도 관계가 있는 것으로 밝혀지고 있다. 긍정적인 감정의 경험은 창의성, 생산성을 증가시키고 장수하는 것과도 연관이 있다(Carr, 2004).

부정적인 감정 역시 앞으로 다가올 위협에 스스로를 지킬 수 있도록 하는 등의 적응적인 기능을 한다. 우리는 위협을 알아차리게 되면, 반드시 그에 집중하여 스스로를 지켜 나간다. 긍정적인 감정은 주의집중력의 범위를 넓혀 어떠한 경험을 할 때 이를 다양한 시각에서 볼 수 있도록 하며, 삶에서 겪는 어려움에 창의적인 해결 방안을 제공해 준다. 긍정적인 감정은 새롭고 더 나은 관계를 맺도록 기회를 제공하며 우리의 활동 반경과 네트워크를 확장시켜 준다.

전통적으로 발달장애의 영역은 개인 삶의 질을 향상시키기 위하여 부족한 기술을 개선시키는 데 초점을 맞춰 왔다. 앞서 제시한 사회적 위축 및 불안에 관한 문헌에서는 사회적 기술 부족이 이러한 문제가 계속해서 발생하는 데 기여하는 한 요인임이 밝혀졌다. 자폐 아동 및 청소년을 대상으로 한 연구에서는 사회적으로 기능하는 것과 사회불안 간의 관계가 있다는 강력한 증거를 제시하였다(Ginsburg, La Greca, & Silerman, 1998). 이 연구에서는 사회불안을 감소시키기 위한 개입의 방법으로 사회적 기술을 가르치는 것이 효과적임을 입증하였다.

최근의 긍정심리학 연구들은 사회적인 상호작용을 할 때, 개인이 경험하는 감정에 주목하는 것을 포함하는 개입을 제안한다. 별도의 기술을 하나하나 가르치는 것도 물론 중요하지만(Kauffman, 2006), 긍정심리학 연구들은 개인이 긍정적인 감정을 경험하고 잘 살고 있다는 감정을 느낄 때 사회적 기술을 더욱 잘 배운다고 한다. 긍정적인 감정의 경험이라는 맥락에서 볼 때, 개인은 더더욱 성공적인 상호작용에 대한 기회를 인지하여 사회 활동에 좀 더 적극적으로 참여하고 새롭고 어려운 상황 속에서도 좀 더 창의적으로 대응하는 것이 가능해진다.

지적장애인 및 발달장애인은 지적장애인 및 발달장애가 아닌 사람들에 비해 우울증 발병률이 높은 것으로 알려졌다(Day, 1990; Tsiouris, 2001). 이런 현상에 대한 원인은 다양하며 복잡하다. 한 원인으로는 사회적인 고립과 사회적 지지의 부족으로 볼 수 있다. 많은 지적장애인 및 발달장애인에게 사회적인 관계와 지지를 제공하는 사람들은 고용된 간병인들이다. 지적장애인 및 발달장애인이 간병인의 주의를 집중시키는 방법은 '문제'에 대한 도움을 얻는 것이다. 이에 간병인들은 개인들과의 의사소통의 질과 내용을 통해 이러한 행동을 부추긴다. 만약 간병인이 "오늘은 기분이 좀 어떠세요?"라고 묻는다면 지적장애인 및 발달장애인은 "오늘 기분 좋네요."라고 대답하는 것이 어떠한 '문제'를 구구절절 이야기하는 것보다 관심을 덜 받게 된다는 것을 알게 된다.

지적장애인 및 발달장애인의 우울증을 발전시키는 주된 원인 중 하나는 외적 통제 소재이다. 이는 지적장애인 및 발달장애인이 자신의 삶에 있어서 중요한 일들을 타인에게 의지하는 경향을 야기한다. 지적장애인 및 발달장애인은 신체적 · 정서 · 성적 학대를 빈번히 보고한다(Sobsey, Sharmaine, Wells, Pyper, & Reimer-Heck, 1992). 이러한 학대는 자신의 삶에 대한 통제가 없다고 느낌과 동시에 자신이 가치 없다고 느끼는 것을 강화시킨다.

지적장애인 및 발달장애인이 빈번하게 보고하는 불만은 자신들이 원하는 것을 얻지 못하거나 하고 싶은 행동을 할 수 없게 한다는 등의 간병의 질에 대한 것이다. 이들에게 삶에 있어 주요 사건을 이야기해 보라고 하면 실망이나 학대를 보고한다. 삶의 부정적인 측면에 초점을 맞추는, 우울증이 있는 지적장애인 및 발달장애인의 이러한 경향은 종종 간병인이나 다른 전문가에 의해 의도치 않게 강화되기도 한다.

'잘 되었던 일 세 가지(three good things)'나 '감사 방문(gratitude visit)'과 같은 긍정심리치료 중재 개입은 타인의 도움으로 개인의 관심과 회상을 재조명하고 긍정적인 감정을 증가시키게 해 줄 것이다. 내담자가 긍정적인 사건을 이야기하는 동안 제3자가 이를 받아 적거나 녹음을 하는 것과 같은 단순한 조치로도 이 훈련은 도움이 될 수 있다. 내담자가 좋은 일을 세 가지도 회상하기 어려워한다면, 한 가지만 기록하는 것이 좋다. 중요한 것은 내담자가 상당히 많은 시간을 정기적으로 들여 타인이 자신에게 긍정적인 감정을 불러일으키도록 지지해 주었던 긍정적인 사건을 회상하는 데 집중하도록 하는 것에 있다. 지적장애인 및 발달장애인을 대상으로 정신건강 지원을 적용하는 방법이 학계에서 연구되었다. Morasky(2007)와 Munro(2007)는 각각 인지능력상의 이유로 특정 심리치료 전략이 효과적이지 않은 내담자를 위한 다른 전략을 소개하는 훌륭한 사례 논문을 발표했다. Morasky는 그의 논문에서 적응에는 스피드(speed), 숫자(number), 추상(abstraction), 복잡성(complexity)의 차원이 있다고 했다. 〈표 3-1〉은 열 가지의 긍정 치료 기법과 지적장애인 및 발달장애인에게 적용할 수 있는 방안을 설명한다.

표 3-1 변증법적 개인행동치료 계획

개입	인용	설명	필요한 조정 수준	예시
감사 방문	Seligman et al., 2005	참가자는 일주일 동안 자신에게 특별히 친절했지만 감사의 마음을 전하지 못했던 사람에게 감사의 편지를 작성하여 직접 전달함.	추상성(abstraction), 복잡성(complexity)	• 선택 메뉴를 통한 도움 • 방문을 통한 도움 • 감사의 표현 쓰기 • 스크립트 만들기 • 예시 제공 • 역할극 • 그림 스케줄 혹은 소셜 스토리(picture schedule or social story) • 직접 지시
잘 되었던 일 세 가지	Seligman et al., 2005	참가자는 일주일 동안 매일 밤 하루 중 좋았던 일 세 가지를 작성. 추가로, 각 좋았던 일이 일어난 원인도 함께 작성	빈도, 추상성, 복잡성	• 선택 메뉴를 통한 도움 • 방문을 통한 도움 • 감사의 표현을 쓰기 • 스크립트 만들기 • 예시 제공 • 롤 플레이 • 그림 스케줄 혹은 소셜 스토리 • 직접 지시 • 좋은 일을 그림으로 확인하기 • 위하여 카메라 사용하기 • 통찰력 위주의 예시 사용 • 예시 얻기 위한 간병인 인터뷰 • 매일의 일지 작성 • 꼭 3가지가 아니어도(3가지보다 적더라도) 좋은 일 써 보기 • 직접 지시
당신이 최선을 다한 것	Seligman et al., 2005	참가자는 자신이 최선을 다했던 때를 쓰고 그 당시 자신이 가진 강점을 생각해 봄. 일주일 동안 매일 한 번씩 자신이 작성한 스토리와 자신이 생각한 강점에 대해 리뷰함.	추상성, 복잡성	• 반복 • 좋은 일을 그림으로 확인하기 위해 카메라 사용하기 • 통찰력 위주의 예시 사용 • 집중적 선택 • 예시를 얻기 위한 간병인 인터뷰 • 매일의 일지 작성 • 내담자가 최선을 다하고 있는 때를 짚어 주기 • 직접 지시

나의 강점을 새롭게 사용하기	Seligman et al., 2005 Peterson et al., 2005a	www.authentichappiness.org 사이트를 참고하여 성격 강점 목록을 작성한 후, (자신만의)톱 5 강점에 대한 개별 피드백을 받음. 추후 일주일 동안 매일 자신의 강점 목록 중 하나를 새롭고 기존과 다른 방식으로 활용하도록 함.	추상성, 복잡성	• 소설 스토리 • 직접 지시 • 현 사건 혹은 인기 있는 방송에서 예시 얻기 • 역할극 • 리허설 • 과거 나만의 강점(signature strength)을 활용한 예시
나의 강점 알기	Seligman et al., 2005	나만의 강점을 새로운 방식으로 활용하는 사항을 제외하고는 위와 동일함. 참가자는 자신의 강점 다섯 가지를 적고 다음 일주일간 이를 더욱 자주 활용함.	빈도, 추상성, 복잡성	• 간병인과 타인 검사 완료하기 • 읽기자료와는 다른 방식으로 제시하기
사회화 및 활동을 통한 구체적 행복 증진 교육	Fordyce, 1977	커뮤니티 컬리지 학생들이 수업 시간에 실제 행복을 유발하는 활동에 초점을 두고 행복을 증가시키기 위한 전략을 세우라는 자세한 지시를 받아 작성함.	진행속도, 빈도, 추상성, 복잡성	• 멘토링 • 동료 친구 • 다른 능력에 대한 적응 훈련 • 내담자가 실제 사회화 및 활동을 하도록 웰니스 지원
긍정적인 경험에 대해 써 보기	Burton & King, 2004	참가자들은 3일 연속으로, 20분의 간격을 두고 스스로를 행복하게 만드는 경험을 쓰도록 함.	빈도, 추상성, 복잡성	• 글쓰기 외에 다른 방법 사용함 (예: 테이프, 비디오, 그림) • 도식 조직자 사용 • 예시 제공 • 예시 응답할 사람 구하기
감사 일기	Emmons & McCullough, 2003	참가자들은 10주 동안 감사한 것 다섯 가지를 매주 작성함.	빈도, 추상성, 복잡성	• 글쓰기 외에 다른 방법 사용함 (예: 테이프, 비디오, 그림) • 예시 제공 • 도식 조직자 사용 • 예시 응답할 사람 구하기 • 양육자의 지지

받은 축복과 친절한 행동을 세어 보기	Lyubomirsky et al., 2005	① 참가자들은 그들이 받은 축복을 한 주에 하나씩 또는 한 주에 3번 세어 보라고 요청받음. ② 어떤 참가자들은 하루 동안 다섯 가지의 친절한 행동을 해 보고, 또 다른 그룹의 참가자들에게 친절한 다섯 가지 행동을 하고 한 주 이상 지속함.	빈도, 추상성, 복잡성	• 자원봉사활동 하기 • 가족 및 공동체 의식 또는 휴가철 진행되는 행사 등에 참여하기를 지원하기(예: 생일 카드 보내는 것을 가르치기) • 행복을 개발하는 책(스스로를 행복하게 만드는 것을 앨범을 만들거나 스크랩하기) • 재미있는 할 일 리스트 • 양육자들은 기회를 만들기 • 학습 과제 제공하기 • 건강을 향상시키기 • 사회 연결망 개발하기 • 취미와 같은 부수적인 기술을 가르치기 • 축복에 해당하는 것 세어 보기 • 사회상황 이야기 • 대중매체로부터의 예시
독서와 더 나은 삶을 위한 지침	Grant et al., 1995	참가자들은 삶의 다양한 영역에서 만족감을 높일 수 있는 전략에 대해 읽어 보라는 과제를 부여받음(예: 건강, 자아존중감, 목적, 가치, 돈, 일, 놀이, 학습, 창의성, 사랑, 도움, 친구, 아이들, 친척, 가정, 이웃 그리고 공동체). 그러고 나서 15주 동안 매주 만나서 읽은 것을 나누라고 함.	빈도, 추상성, 복잡성	• 유머를 소개하기 • 취미와 같은 부수적인 기술을 • 가르치기 • 쓰기 외에 다른 방법을 사용하고 설명에 적용하기 • 읽기 때 보조공학 프로그램을 사용하기 • 도식 조직자 사용

기법의 적용

긍정심리학의 기존 연구는 보통 수준의 지능을 가진, 주로 대학생을 대상으로 이루어졌다. 현재 지적장애인 및 발달장애인에 대한 연구가 미흡함에도 불구하고, 긍정심리학 관점에서 지적장애인 및 발달장애인에 대한 연구가 이루어졌다. Naidoo(2006)는 뇌성마비를 가진 5세 한나에 대한 사례를 설명한다. 그녀는 한나의 장애로 인한 기능적인 제약에 대해 설명하고, 긍정심리학 관점을 기반으로 하여 현재의 강점을 설명한다. 이런 강점들은 한나의 타고난 호기심, 강한 의지와 인내심을 포함한다. 한나는 또 자신감 있고, 붙임성이 좋고, 친절하며 온화하다. 그녀는 또 혼자 걸을 수 있으며, 발달 단계에 적합한 자기관리에서의 독립심을 보여 준다. 한나에게는 또 매우 든든한 사회적 지지 시스템인 부모님을 포함한 가족과 이웃이 있다. 저자는 한나의 강점을 더 키우기 위한 방법이나 다른 가능한 긍정심리치료를 제안하지는 않는다.

지적장애인 및 발달장애인을 위한 의미 있는 인생에 대한 그녀의 논의에서, Dykens (2006)는 자원봉사활동에 참여하거나 또 다른 형태의 지역사회 봉사에 참여하는 등 타인을 돌보는 지적장애인 및 발달장애인의 예를 몇 가지 인용한다. 큰 기관에서 중증 장애 동료를 돌보는 다운증후군 성인, 요양원에서 볼링 리그를 가르치는 자원봉사를 하는 45세 지적장애인 남성, 식사 배달 자원봉사를 하는 25세의 지적장애인 여성, 가족지원 프로그램을 위한 기금을 마련하기 위해 연주하는 윌리엄스 증후군 음악가 그룹이 그 예에 포함된다. 저자는 지적장애인 및 발달장애인이 참여하는 중재연구 내에서 행복감을 측정하는 것을 포함하는 연구를 인용하였다.

사례

다음의 사례연구는 지적장애 및 발달장애 청소년이나 성인을 대상으로 한 심리치료에서 사용되는 특수한 긍정심리치료의 예시이다. 예시들은 제2저자의 개인심리치료 실제에서 가져왔다. 중재의 효과성이나 변화율을 통계적인 방식을 사용하여 체계적으로 평가하지는 않았다.

네이선

네이선이 치료법에 참여하게 된 때는 고등학교 1학년을 끝마친 17세였다. 초기 평가에 참여했던 그의 아버지와 함께 동행했다. 네이선의 아버지는 네이선이 우울하고 사회적으로 고립되어 있는 것처럼 보인다고 걱정을 표현했다. 네이선이 스트레스를 가지고 있고, 때때로 화를 감정적으로 폭발한다고 했다. 또 그는 네이선이 예전에 치료를 받았으나 그의 상담자가 마음에 들지 않아서 치료를 중단했다고 보고했다. 이전 상담자는 네이선을 아스퍼거 증후군과 범불안장애로 진단했다.

네이선은 친구들 문제가 있고 학업이 지루하고 무관심하기 때문에 학교를 싫어한다고 했다. 그는 책을 읽거나, 주로 과학과 철학, 음악을 듣는 활동을 했다고 보고했다. 그는 그의 아버지가 때때로 우울하다고 했던 것에 대해 동의했고, 에너지 수준이 낮고, 자신과 타인에 대해 부정적인 생각을 가지고 있으며, 수면에 어려움이 있음을 토로했다. 네이선은 정동 증상을 나타냈고, 단조로운 톤으로 말했으며 상담자와의 눈 마주침이 드물었다.

심화 평가에서는 네이선의 강점에 대한 논의를 하였다. 네이선은 과학이나 수학 같은 학문적인 과목에서 뛰어난 것 말고는 그가 잘하는 것들에 대해 확인하는 것을 어려워했다. 그는 가까운 친구가 없고, 집이나 학교 외의 규칙적인 야외 활동을 하지 않는다고 했다. 그는 클럽에 참여하거나, 시민 단체에 참여해 본 적이 없고, 일해 보거나 자원봉사활동에도 참여해 본 경험이 없었다. 평가를 계속 진행하면서, 네이선은 온라인 VIA 강점평가(VIA Signature Strengths Assessment, www.authentichappiness.org)를 완성하고, 회기를 진행하면서 주중에 그에게 나타나는 생각이나 질문뿐만 아니라 매일 그에게 일어난 일들 중 세 가지 좋은 일에 대해 일기 기록을 시작할 것을 요청받았다. 그는 아스퍼거 증후군을 가진 사람들의 입장에서 쓰인 두 권의 책을 읽고 난 후에 질문과 반응을 적어 보라고 요청받았다.

네이선은 VIA 강점평가를 완성하고 상담자와 그 결과를 공유했다. 그의 상위 5개의 강점은 자기조절, 용기 성실함, 신중함, 공정함이었다. 네이선은 상위 강점인 자기조절력이 스스로에게 거의 없다고 느끼고 있기 때문에 평가가 부정확한 것 같다고 표현했다. 상담자와 네이선은 그가 규율과 인내심을 통해 자기조절을 보이는 많은 방식에 대해 논의했다. 네이선은 그에게 이런 강점이 있다는 것을 인정하면서도 그가 화를 폭발할 때가 있다는 것에 대해서는 걱정을 표현했다. 심화 논의 후에, 네이선과 상담자는 그가 화났을 때, 스스로 진정하는 방법을 찾고, 화를 조절할 수 있는 능력을 향상시키자는 목표를 세우고 그의 일기를 사용하여 화난 생각과 감정을 더 잘 표현해 보자는 데에 동의했다. 매우 우울한 기분은 1점에서 매우 긍정적인 기분은 5점까지 기분평가척도를 매일 쓸 것을 지시받았고, 그의 부모에게도 그의 기분을 1~5점 척도로 평가하도록 요청했다. 처음에는 네이선과 그의 부모는 2점, 약간 우울함에 점수를 매겼다.

네이선은 언어적 의사소통과 사회적 상호작용의 어려움에 대한 불만을 언급했다. 그는 다른 사람의 행동의 의미를 확신하는 것에 종종 어려움을 언급하였으며, 대화를 시작하고 유지하는 데 어려움을 겪는다고 하였다. 이러한 어려움은 그로 하여금 대화적 상황에서 불안을 느끼게 만들었으며, 그 결과 그는 가족 외의 다른 관계를 맺지 못하고 고립되었다. 네이선은 사회적 기술

훈련에 참여하고 자기이완훈련을 실천하는 데 동의했다. 그는 또한 지역 헬스장에 등록하고 퍼스널 트레이너와 함께 운동하여 그의 스트레스 받는 기분을 완화해 줄 적절한 운동 프로그램을 개발하는 데 동의했다.

네이선의 강점에 대한 추수평가에서는 그의 용기, 성실성, 공정성 그리고 정의에 대한 관심이 지역사회 서비스 또는 지역사회 학습에 어떤 형태로 생산적으로 기여한다는 점에 주목했다. 또한 이것은 사회적 기술과 사회적 관계의 발달을 위한 구조화된 환경을 제공하였다. 네이선은 학교 또는 지역사회에서 가능한 서비스 학습 기회를 확인하기 위해 소정의 연구를 수행하는 것을 동의하였다.

네이선은 특정한 후보자의 대선 캠페인에 흥미를 표현하였고, 컴퓨터에 데이터 입력을 하는 지역 캠페인 본사에서 자원봉사를 시작했다. 그는 결국 지역의 '사랑의 집짓기 운동(Habitat for Humanity)' 그룹에 가입하였고, 미팅과 기금 모금 활동에 참가했다. 그는 정기적으로 근처의 헬스장에 다녔고, 다른 많은 헬스장 회원과 정기적인 대화를 나누기 시작했다.

네이선에게 '잘 되었던 일 세 가지' 훈련이 처음부터 하기 쉬웠던 것은 아니었다. 그는 지난주를 회상하게 하는 단 한 가지라도 확인하는 데 아주 많은 코칭과 지지가 필요했다. 그의 사회적 네트워크가 천천히 커질수록, 그의 사회적 참여도 증가하였고, 그는 일상적인 긍정적인 사건을 기록하였고, 얼마 지나지 않아 매일 적어도 두 개의 좋은 일을 기록하게 되었다. 그의 기분에 대한 평가는 평균 3에서 3.5로 향상되었고, 이는 우울감을 느끼지 않는 것을 암시했다.

치료 기간에 지속적으로 보여 주었던 그의 가장 고통스러운 경험 중 하나는 네이선이 또래로부터 거절당한 경험과 또래로부터 약간의 학대를 당한 경험이었다. 이러한 경험은 그의 사회적 활동이 증가하고 사회적 기술이 성장함에도 불구하고 고등학교 3학년 때까지 계속되었다. 네이선은 고등학교를 졸업했고 2년제 지역 대학에 입학했다. 대학에서 1학년 때, 그는 고등학생 때의 사회적 거절의 괴로움에 대해 이야기하는 것을 계속했다. 네이선은 고등학교 생활지도 상담교사와 생물교사가 사회적 지지의 원천이 되어 준 것과 감정적으로 힘든 기간에 그를 도와준 것을 기억해 냈다. 그는 그들의 지지에 대해 감사를 표했으며, 감사함을 표현하는 편지를 그들 각각에게 쓰는 것에 어렵게 동의했다. 그의 상담자와 그의 아버지는 편지 쓰는 것을 도왔다. 그는 개인적으로 그것들을 보여 주기를 원치 않았지만 편지를 보냈다. 그는 두 사람으로부터 답장을 받았고, 그의 멘토들이 답장에서 이야기한 많은 긍정적인 부분에 놀란 것처럼 보였다.

네이선은 이제 성공적인 대학생이다. 그는 사회적 관계에서 계속 고군분투 중이지만, 더 이상 심각한 우울을 경험하지 않는다. 그는 친구관계가 형성되었고 여자 친구들도 있었다. 그는 대학원에 진학할 계획을 세웠다. 긍정심리치료 개입은 네이선이 그의 개인적 강점을 확인하고 그것을 기반으로 할 수 있게 도울 수 있었다. 긍정적인 일상 사건에 초점을 두는 것은 그의 사회적 활동이 많아지고 사회적 기술이 향상된 것처럼 기분이 좋아지도록 지원하였다. 결국 네이선의 감사에 대한 표현은 그에게 고등학교 경험을 사회적인 거절과 또래들의 괴롭힘 이상의 무언가로 인식할 수 있게 도왔다. 감사 편지와 그가 받은 답장 이후, 그는 더 이상 고등학교에 대해 이야기하지 않았고, 단지 그의 현재와 미래 목표에 관심을 온전히 쏟았다.

로버트

28세 로버트는 지역의 그룹홈에 살고 있었다. 당시에 로버트는 치료를 받도록 의뢰되었는데, 그의 의뢰서에는 경도 지적장애 진단이 실려 있었고 의뢰 사유는 분노와 공격성이었다. 그는 쉼터에서의 워크숍/일과 중 프로그램에 참여하였는데, 최근 프로그램 참여를 거부하기 시작했으며, 그가 참여한 날에는 종종 업무를 거부하거나 자주 동료와 다투었다.

로버트는 첫 약속에 그룹홈에서 온 스태프 멤버와 함께 왔다. 로버트는 치료에 온 이유가 그의 직업을 좋아하지 않고, 사는 곳도, 같이 사는 사람도 좋아하지 않기 때문이라고 말했다. 그는 일과 중 프로그램 외의 어떤 활동도 하지 않았으며, 그의 그룹홈 스태프는 그를 어느 곳에도 데려가지 않는다고 보고했다. 그는 불행하고 좌절한 것처럼 보였다. 그는 그의 일과 중 프로그램과 그룹홈의 스태프에 대하여 많은 불만을 이야기했다. 로버트는 긍정적인 감정을 거의 경험하지 못하고 그의 삶에 관여하지 않는 것처럼 보였다. 그에게 삶의 의미는 서비스와 스태프에 대한 불만을 계속해서 이야기하는 것으로 제한된 것처럼 보였다. 그는 그 외의 것에 대해서는 이야기하고 싶어 하지 않는 것 같았다.

로버트의 스태프는 지난해 즈음 동안 그를 지지하는 게 더욱 어려워졌다고 보고했다. 그는 로버트가 스태프에게 비합리적인 요구를 하고 예정된 활동에 일반적으로 참여하는 것을 거부한다고 언급했다. 그는 함께 사는 사람과 자주 논쟁을 한다. 그는 아침에 일어나기 어려워하고 일하러 가는 것을 종종 거부한다. 강화 계획과 같은 행동 프로그램은 효과가 없는 것 같았다. 스태프는 로버트에 대해 좌절하고 있었고 상황을 개선하는 것에 대해 무력감을 느끼고 있었다.

그가 하고 싶은 게 무엇이었는지에 대한 답으로, 로버트는 그는 자신만의 돈을 쓰는 걸 좋아했지만 스태프가 허락하지 않았다고 곧이어 답했다. 그는 부모를 만나고 싶지만 남자 형제와 종종 싸운다는 말을 덧붙였다. 그는 여자 친구를 만나고 싶지만 여자 친구와도 종종 싸운다고 말했다. 그는 집 청소, 사무실 청소를 잘했으며, '깨끗하게' 청소한 후에 그의 능력에 대해 성취감을 즐긴다고 했다. 그는 다른 인간적인 장점을 확인할 수 없었다. 상담 회기 동안 상담자가 강점의 몇 가지 예를 제시했을 때, 로버트는 스스로 자기 이야기를 지칠 줄 모르고 하며, 그에게 관계가 중요하며, 오래되고 깨끗한 환경을 좋아하며, 그의 업무에 대해서는 질적으로 높은 기준을 가졌다는 것에 동의했다. 로버트는 자기 전에 매일 밤 거주지 소속 스태프를 만나서 그날 일어난 잘 되었던 세 가지에 대해 생각하도록 지시받았다. 스태프는 그에게 긍정적인 사건을 생각하고 그가 이를 기록하는 데 도움을 주었다. 우리는 다음 회기에서 이에 대해 논의해 보기로 했다.

로버트의 부모님과 스태프는 다음 회기에 초대되었다. 로버트, 그의 부모, 스태프의 생각을 기반으로 어젠다를 설정하는 것으로 시작하였다. 어젠다는 지난주 동안 일어난 좋은 일에 대한 이야기, 로버트의 강점, 그와 스태프의 관계, 그와 룸메이트의 관계, 부모님 집을 방문하는 것과 목표 설정에 대해 이야기했다. 로버트의 스태프는 긍정적인 사건과 경험의 목록을 읽었고, 로버트는 그에 대해 의견을 덧붙였다. 좋은 일에는, 그가 좋아하는 음식을 먹은 것, 좋아하는 TV 쇼를 본 것, 쇼핑 그리고 흥미롭게도 로버트가 다른 사람을 돕거나 친절하게 대한 것이 포함되어 있었다. 이번 회기에서는 로버트의 강점을 돌아보고 그가 다른 사람들의 요구를 알아차리고 도움을 제공하는 것을 잘한다는 것, 대화를 잘하고 방대한 단어를 사용하며, 금전 관리에 뛰어나고, 탁월한 기억력을 가져서 대화의 구체적인 사항, 생일, 그의 인생에서 다른 사람들에 대한 개인적인 정보를 잘 기억할 수 있다는 것을 덧붙였다. 긍정적인 사건과 강점이 기록되었다.

로버트의 부모는 그가 가정과 직장 상황에서 불행해 보인다는 고민을 나누었다. 그들은 그의 많은 불평을 듣기가 어렵고, 그가 보다 만족스러운 삶을 살기 바란다고 언급했다. 로버트의 스태프는 부모의 관찰에 동의했고 로버트가 친절하고 도움을 줄 수 있으며, 종종 다른 사람에게 무례하고 모욕적인 언어를 사용한다는 점을 언급했다.

다음 주제는 목표 설정이었는데, 상담자는 집단에서 로버트의 강점과 그에게 긍정적인 감정을 제공하는 그가 경험한 사건을 증가시킬 수 있게 고려하는 것을 제안했다. 집단에서는 로버트가 한 주 동안 다른 방식으로 강점을 사용할 수 있는 방식을 고려했다. 자원봉사의 기회, 가정 또는 직장 유지를 위한 새로운 직업 찾기, 친구와 가족들에게 생일 및 휴일 카드 보내기 친구 · 가족, 휴가와 여행 사진을 '행복을 담은 책'으로 만들기, 좋아하는 음식 메뉴 사진을 만들어서 생필품 쇼핑에 활용하기를 포함하는 브레인스토밍 목록이 제작되었다. 로버트는 매일 일어나는 좋은 일들을 계속해서 일기로 쓰고 일주일에 적어도 한 번은 그와 스태프가 그것을 부모와 공유하기 위해 전화를 했다.

다음 회기에서 로버트, 그의 부모 그리고 스태프는 그의 삶에서 긍정적인 사건을 되돌아보는 것을 계속했다. 로버트는 여전히 많은 사람과 사건에 대해 불평을 했지만, 그의 불평은 꾸준히 감소하고 있었다. 그는 요양원 스태프를 돕고, 우편물을 배달하고, 요즘의 사건, 스포츠, 다른 주제에 대해 노인들과 이야기하며, 낮 시간 동안 요양원에서 봉사활동을 시작했다. 집에서 그는 식료품과 가정용품의 물품 목록을 책임지게 되었고, 사진과 라벨을 이용하여 격주로 쇼핑 메뉴를 만들었다. 그의 행복의 책(happiness book)은 그의 침실의 '행복의 벽(happiniess wall)'으로 변화하였다. 그는 함께 사는 친구들 중 한 명과 '파워 워킹'을 시작하였고, 체중을 줄이기 시작하였다.

로버트의 이야기는 삶에 있어서 즐거움이 감소하고 의미를 잃는 것에 대해 불만족하게 된, 지적장애인 및 발달장애인의 전형적인 이야기이다. 로버트가 자기 이야기만 하는 것은 다른 사람에게 있어서도, 궁극적으로 그 자신에게 있어서도 문제가 되었다. 왜냐하면 그가 좌절과 분노 감정 상태에 갇혔기 때문이다. 긍정심리치료는 로버트와 주변 사람의 관심의 초점을 부정적인 사건에서 긍정적인 감정과 활동으로 옮겼다. 로버트의 스태프(support provider)는 그의 행동과 감정 변화가 그와 같이 사는 사람들에게도 긍정적인 변화를 만들어서 집을 더 생활하기 즐거운 공간으로 만들었다고 보고했다. 로버트의 부모님은 전화도 더 즐겁게 할 수 있게 되었고 집에 누가 방문하는 것도 더 즐겁게 되었다고 보고하였다.

사회적 기술 집단

긍정심리치료는 사회적 기술의 발달을 위하여 유용한 맥락을 제공할 수 있다. 사회적 기술 집단은 네 명의 남자 청소년으로 이루어져 있는데, 이들은 자폐스펙트럼장애와 지적장애로 진단받았다. 이들은 사회적 기술 훈련에 의뢰되었는데, 학교와 지역사회에서 사회적으로 기능하는 데 필수적인 의사소통 기술과 관련 행동 그리고 나이에 맞는 사회적인 관계를 형성하는 데에 어려움이 있었기 때문이다. 이 청소년들은 사회적으로 고립되었고, 이들 중 두 명은 경미한 우울 증상을 보였다.

집단에 참여한 청소년들은 각각 사회적 기술 평가를 받았는데, 이 평가는 훈련이 필요한 특정 기술의 결함을 확인할 수 있는 평가였다. 집단원들 대부분은 다음과 같은 기술적인 결함을 가지고 있었다. 대화를 시작하고 유지하는 것의 어려움, 강박적으로 관심을 가진 것에 대해 너무 오래 이야기하는 것, 화제를 옮기는 것과 다른 사람이 말하도록 허락하지 않는 것, 다른 사람들에게 질문하는 것, 적절한 음량과 어조로 말하는 것, 눈을 마주치는 것 또는 노려보지 않는 것, 적절한 자세를 유지하는 것과 말할 때 적절한 신체적 거리를 유지하는 것. 집단원 각각이 가진 기술적 결함의 목록은 광범위하였고, 이러한 결함들의 대부분은 집단의 첫 번째 회기 동안 공유되었다.

Seligman과 동료들(2006)은 긍정심리치료 기법을 사용하는 것에 대한 발달적인 접근을 기술하는 긍정 심리치료 모델인 "회기를 통해서 이상적인 자기 만들기(idealized session by session)" 모델을 제공하였다(pp. 782-783). 지적장애 및 발달장애 청소년들에게 기술 발달을 위한 치료적인 맥락을 제공하고, 집단원들 사이의 대화와 사회적인 상호작용의 의미 있는 구조를 제공하기 위하여 이 모델이 적용되었다.

집단 첫 회기의 목적은 다음과 같다. ① 집단원들을 서로에게 소개하기, ② 사회적 기술훈련의 기본 개념과 집단의 목표에 대해서 소개하기, ③ 집단의 규범이나 집단 과정에서의 규칙 만들기, ④ 초기의 웜업 활동을 통해 이러한 규범을 모델링하기. 초기의 활동은 집단원들이 그들에게 기대되는 집단 행동을 배우는 데 집중할 수 있도록 대개는 그렇게 어렵지 않은 활동이다. 상담자는 집단원의 수행에 대하여 피드백을 제공하고, 집단원들이 서로에게 피드백을 줄 수 있도록 초대한다. 회기를 마무리할 때는 그 회기에 대한 요약을 하고 '숙제'를 부과한다. 이 회기의 숙제는 집단원이 성취하려고 열심히 노력하는 목표를 나타내는 물건을 가져오고 그것에 대해 집단에서 말할 수 있도록 준비해 오는 것이었다. 각각의 집단원은 숙제를 기록할 숙제 일기를 받았고, 숙제에 대해서 그들의 부모님과 공유하도록 요청받았다.

그다음 주에 집단원들은 물건을 하나씩 가져왔고, 돌아가면서 그들의 물건들을 보여 주었다. 물건들을 보여 주면서 그들은 그들의 목표에 대해 말하였고, 그 목표를 성취하기 위해 거쳤던 과정에 대하여 이야기하였다. 집단원들은 각 발표자들에게 물어볼 질문을 하나씩 생각해 보고, 목표 성취 경험을 묘사할 말들을 생각하도록 지시를 받았다. 첫 번째 소년은 바르미츠바(Bar Mitzvah, 역자 주: 유대교에서 13세가 된 소년의 성인식)를 수료한 결과 받았던 증명서를 가져왔다. 그는 히브리어로 된 기도문들을 배우고 의식 동안 그것들을 암송하는 것이 얼마나 어려운지 이야기하였다. 상담자가 모델링을 해 주고 집단원들을 촉진하였기 때문에 각 집단원들은 소년에게 그 경험에 대하여 질문하였고, 그는 상담자로부터 도움을 받아서 이 질문들에 대답하였다. 다음으로 각 집단원들은 발표자가 성취했던 것들의 맥락에서 발표자를 묘사하는 단어들을 생각하도록 요청하였다. 이 단어들은 화이트보드에 기록되었다. 상담자는 발표자와 다른 집단원에게 피드백을 주었다. 이 피드백은 모두에게 적절한 사회적 기술의 모범을 보이면서 집단원들도 발표자에게 피드백을 제공하도록 하는 과정으로 이루어졌다. 이 과정은 집단의 각 집단원이 발표할 때마다 반복되었다.

목표 성취(The Goal Attainment) 활동은 강점의 개념을 소개하는 것으로 의

도된 활동이다. 바르미츠바 발표에 대한 응답으로 집단원들은 발표자에게 "그는 정말 열심히 하네요." "그는 기억력이 좋네요." "그는 히브리어를 할 수 있네요."와 같은 말을 하였다. 집단원들은 자신이 받은 피드백을 숙제 일기에 적고, 이 피드백을 가족과 친구들과 공유하도록 요청받았다. 그 활동은 집단원들의 주목을 이끌어 냈고, 집단원들이 긍정적인 감정을 경험하도록 자신과 다른 사람에 대해 긍정적인 방식으로 생각하도록 하였고, 사회적 기술을 연습하기 위하여 의미 있는 구조를 제공하였다.

그다음 주의 숙제는 부모님 또는 양육자의 도움을 받아서 온라인 아동용 VIA 강점평가를 해 오는 것이었다. 강점평가는 240문항으로 이루어진 설문지인데, 너무 길 수 있었다. 그리고 응답자로 하여금 사회적인 자질과 행동에 대해 생각해 보도록 하는데, 자폐스펙트럼장애(ASD) 청소년들이 이해하기에는 어려울 수 있었다. 이러한 이유로 불명확한 문항이나 아동이 응답할 수 없거나 응답하기를 원하지 않은 부분의 평가는 부모님이나 성인 양육자가 하도록 제안하였다.

세 번째 회기에서는 모든 집단원이 검사를 완료하였고 그들의 결과를 공유하였다. 그들은 검사에서 얻은 피드백과 초기의 '목표' 활동에서 얻은 피드백을 비교하였고, 그것들이 얼마나 유사한지 또는 얼마나 다른지에 대해서 논의하였다. 강점 활동은 집단원들의 주목을 이끌어 냈고, 그들이 그들 자신과 타인에 대해 새롭고 긍정적인 방식으로 생각하게 했고, 사회적 기술을 연습하고 모델링할 수 있는 기회를 제공하였다.

사회적 기술 집단은 특정한 사회적 기술의 발달과 긍정심리치료를 계속해서 결합하였다. 사회적 기술 집단은 이후의 회기에서 다음의 긍정심리치료 활동에 참여하였다.

- **강점 사용하기**: 집단원들은 매일 그들의 강점 하나를 사용하고, 그 강점을 사용한 것이 어떻게 사회적 기술 또는 사회적 관계를 발전시키도록

도왔는지 일기에 적도록 요청을 받았다. 예를 들어, 수학을 매우 잘하는 집단원은 수업 시간에 다른 학생이 어려운 문제를 풀 수 있도록 도왔다.

- **잘 되었던 일 세 가지**: 집단원들은 그들이 사회적 기술을 연습하는 과정 중에 매일 일어난 세 가지 좋은 일들을 기록하도록 지시를 받았다. 예를 들어, 집단원들은 다음과 같은 긍정적인 사회적 상호작용을 기록하였다. 친구들과 학교에서 함께 점심 먹기, 만화영화에 대해서 즐거운 대화 나누기, 식당에서 가장 좋아하는 음식을 먹기 전에 종업원과 날씨에 대해서 대화 나누기, 수업 시간에 발표를 마치고 나서 친구에게서 '하이파이브' 받기.
- **감사의 표현**: 이 활동에서 집단원들은 매우 도움이 되었거나 지지적이었던 사람에 대해서 생각하고, 그 사람에게 감사를 표현하는 간단한 편지를 쓰도록 요청을 받았다. 그다음에는 그 사람을 마주한 상태에서 편지를 읽도록 지시를 받았다. 감사한 사람들의 예로는 친구들에게 놀림을 받고 있을 때 도와주었고 친절했던 초등학교 선생님, 애완동물을 보살펴 주었던 수의사, 낚시하는 법을 가르쳐 주었던 삼촌이 있었다.
- **참여**(Engagement)와 **몰입**(Flow): 이 연습은 활동에 참여하며 지속적인 사회적 상호작용의 맥락에서 긍정적인 감정을 발생시킨다. 집단원들은 각각의 활동을 확인하고 시간 간격을 점점 늘려 가면서 적어도 한 사람 이상과 그 활동에 참여하도록 요청을 받는다. 예로는 가족 모임에서 자신보다 어린 가족 구성원(형제자매와 사촌)과 함께 책 읽기, 점심시간에 학교 카페테리아에서 친구들과 카드게임(Uno) 하기가 있다.

자폐스펙트럼장애와 지적장애 학생들에게 사회적 기술을 발달시키는 것이란 사회적 상호작용을 위한 중요한 구조를 만드는 것 그리고 사회적 불안을 극복하고 낮은 자기효능감을 극복하는 것을 포함한다. 사회적 기술훈련 프로그램에서 긍정심리치료를 포함시키는 것은 집단원들이 사회적 기술을 발달시키는 과정에 더 참여하도록 하는 것으로 보인다. 집단원들의 강점과 긍정적인 사건에 초점을 두는 것을 통해 긍정적인 감정을 경험하는 것은 집단원들의 동기를 향상시키고, 그들이 지속할 수 있도록 돕는 것으로 보인다. 부모의 보고와 비디오 모니터링과 같은 도구를 사용하는 것과 함께 각 집단원의 진보를 기록하기 위해 일기를 사용하는 것은 집단원들이 그들의 기술 발달의 진보를 충분히 인식할 수 있도록 도왔다. 이전에 가벼운 우울증 증상을 나타낸 적이 있는 집단원들은 증상이 완화되었음을 보고했다. 그리고 긍정적 정서와 미래에 대한 희망적인 느낌은 향상되었다고 보고하였다.

긍정심리학과 이중진단 지원의 교차점

긍정심리학의 철학에 대하여 살펴보면, 긍정심리학과 지적장애 및 발달장애와 정신질환(MI)의 이중진단을 받은 사람들을 지원한 우수 사례 간에 상당 부분이 겹치는 것을 알 수 있다. 예를 들어, 두 접근법 모두 주로 개인의 강점에 초점을 둔다. 뿐만 아니라 둘 다 성공에 이르게 하는 요소들을 확인하고자 한다. 즉, 두 접근은 공통적으로 적절한 치료가 제공되어야 하겠지만 최고의 성공은 개인의 강점을 향상시키는 것으로부터 비롯되어야 한다는 철학을 지닌다. 이들에 대한 지원고용에 있어서 자명한 이치가 있다. 그들이 할 수 없는 것들로 인해 구직에 성공하게 되는 경우는 없다. 그보다 그들은 자신이 할 수 있는 것으로 인해 직업을 가질 수 있게 된다.

이미 언급하였듯이, 긍정심리학이 빠르게 성장할 수 있었던 이유 중 하나는 중재가 효과적일 뿐 아니라 간단하다는 사실 때문이다. Seligman과 동료들(2005)은 긍정심리학 중재의 효과성에 대하여 대규모의 통제된 경험연구의 결과에 대해 기술하였다. 많은 긍정심리치료는 상담실 방문을 필요로 하지 않는 간단한 중재이며 즐거운 활동이다. 게다가 이러한 활동들은

Morasky(2007)와 Munro(2007)가 기술한 전략을 활용하여 지적장애 및 발달장애와 정신질환 진단을 받은 자들에게도 쉽게 적용할 수 있다. 우리는 지적장애 및 발달장애와 정신질환 진단을 받은 자를 지원하기 위하여 긍정심리치료를 활용할 것을 추천하며 이 장을 마치고자 한다. 특히 이러한 중재 중 다수가 다른 많은 전통적인 상담 및 치료와는 다르게 전문적인 심리학자의 도움 없이도 개인에 의해 수행될 수 있다. 양육자(care provider), 교육자, 가족 구성원 역시 이러한 지원을 제공할 수 있다. 긍정심리학은 장애 지원에 적절하며, 삶에서의 긍정적 경험과 강점을 세워 나가는 일에 대한 관심을 촉구한다.

참고문헌

Baker, D. J., Blumberg, R., & Freeman, R. (2002). Considerations for functional assessment of problem behavior among persons with developmental disabilities and mental illness. In J. Jacobson, J. Mulick, & S. Holburn (Eds.), *Programs and services for people with dual developmental and psychiatric disabilities* (pp. 51-66). Kingston, NY: NADD.

Barr, M. W. (1904). *Mental defectives: Their history, treatment, and training.* Philadelphia, PA: P. Blakiston's Son & Co.

Bellini, S. (2006). The development of social anxiety in high-functioning adolescents with Autism Spectrum Disorders. *Focus on Autism and other Developmental Disabilities, 21*(3), 138-145.

Benjamin, S. (1989). An ideascape for education: What futurists recommend. *Educational Leadership, 47,* 8-14.

Brown, R. I. (Ed.). (1988). *Quality of life for handicapped people.* New York: Croom Helm.

Cannon, J. (1997). *What is right with your life?* Monterrey, CA: Inward Bound Ventures.

Day, K. A. (1990). Depression in mildly and moderately retarded adults. In A. Dosen & F. J. Menolascino (Eds.), *Depression in mentally retarded children and adults.* Leiden, Netherlands: Logon.

DeJong, G. (1979). Independent living: From social movement to analytic paradigm. *Archives of Physical Medicine and Rehabilitation, 60,* 435-446.

Duckworth, A., Steen, T., & Seligan, M. (2005). Positive psychology in clinical practice. *Annual Review of Clinical Psychology, 1,* 629-651.

Dykens, E. M. (2006). Toward a positive psychology of mental retardation. *American Journal of Orthopsychiatry, 76*(2), 185-193.

Fredrickson, B. L. (2000). Cultivating positive emotions to optimize health and wellbeing. *Prevention and Treatment, 3,* Article 1.

Fredrickson, B. L., & Joiner, T. (2002). Positive emotions trigger upward spirals toward emotional well-being. *Psychological Science, 13,* 172-175.

Ginsburg, G., La Greca, A. M., & Silerman, W. S. (1998). Social anxiety in children with anxiety disorders: Relation with social and emotional functioning. *Journal of Abnormal Psychology, 26,* 175-185.

Horner, R. H., Dunlap, G., Koegel, R. L., Carr, E. G., Sailor, W., Anderson, J., et al. (1990). Toward a technology of "nonaversive" behavioral support. *Journal of the Association for Persons with Severe Handicaps, 15,* 125-132.

Janney, R. & Snell, M. (2000). *Behavioral support.* Baltimore: Paul H. Brookes.

Kauffman, C. (2006). Positive psychology: The science at the heart of coaching. In D. R. Stober & A. M. Grant (Eds.), *Evidenced based coaching handbook: Putting best practices to work for your clients* (pp. 219-253). Hoboken, NJ: John Wiley.

Koegel, L., Koegel, R., & Dunlap, G. (1996). *Positive behavioral support.* Baltimore: Paul H. Brookes.

Kuhlmann, F. (1912). A revision of the Simon-Binet system for measuring the intelligence of children. *Journal of Psycho-asthenics, 1*(1), 3-41.

Larson, S., Lakin, C., & Huang, J. (2003). Service use by and needs of adults with functional limitations or ID/DD in the NHIS-D: Difference by age, gender, and disability. *DD Data Brief.* Minneapolis, MN: University of Minnesota, Research and Training Center on Community Living.

Linley, P. A., & Joseph, S. (Eds.). (2004). *Positive psychology in practice.* Hoboken, NJ: Wiley.

Morasky, R. (2007). Making counseling/therapy intellectually attainable. *The NADD Bulletin, 10,* 58-61.

Munro, D. (2007). Couple therapy and support: A positive model for people with intellectual disabilities. *The NADD Bulletin, 10,* 58-61.

Naidoo, P. (2006). Potential contributions to disability theorizing and research from positive psychology. *Disability and Rehabilitation, 28*(9), 595-602.

National Center for Independent Living. (2009). *The disability rights and independent living movements.* Retrieved June, 2009 from www.ncil.org.

Nirje, B. (1985). The basis and logic of the normalization principle. *Australia and New Zealand Journal of Developmental Disabilities, 11,* 65-68.

O'Brien, J. (1989). *What's worth working for? Leadership for better quality human services.* Lithonia, GA: Responsive Systems Assoc.

O'Brien, J., & Lyle O'Brien, C. (1998). *A Little Book About Person Centered Planning.* Toronto, ONT: Inclusion Press.

Morasky, R. (2007). Making counseling/therapy intellectually attainable. *The NADD Bulletin, 10*(3), 58-62.

Munro, D. (2007). Couple therapy and support. *The NADD Bulletin, 10,* 102-109.

Nisbet, J., & Hagner, D. (1988). Natural supports in the workplace: A reexamination of supported employment. *Journal of the Association for Persons with Severe Handicaps, 13,* 260-267.

Park, N. (2008). Positive psychology and character strengths: Application to strengths-based school counseling. *Professional School Counseling, 12*(2), 85-92.

Park, N., & Peterson, C. (2008). The cultivation of character strengths. In M. Ferrari & G. Potworowski (Eds.), *Teaching for wisdom* (pp. 57-75). Mahwah, NJ:

Erlbaum.

Peterson, C., & Seligman, M. E. P. (2004). *Character strengths and virtues: A handbook and classification.* Washington, DC: American Psychological Association.

Rogers, C. R. (1951). *Client-centered therapy: Its current practice, implications, and theory.* Boston: Houghton Mifflin.

Rubin, K. H. & Burgess, K. (2001). Social withdrawal. In M. W. Vasey & M. R. Dadds (Eds.), *The developmental psychopathology of anxiety* (pp. 407-434). Oxford, UK: Oxford University Press.

Shogren, K. A., Wehmeyer, M. L., Buchanan, C. L. & Lopez, S. J. (2006). The application of positive psychology and self-determination to research in Intellectual Disability: A content analysis of 30 years of literature. *Research & Practice for Persons with Severe Disabilities, 31*(4), 338-345.

Seligman, M., Rashid, T. & Parks, A. (2006). Positive psychotherapy. *American Psychologist, 61*(8), 774-788.

Seligman, M., Steen, T., Park, N., & Peterson, C. (2005). Positive psychology progress: Empirical validation of interventions. *American Psychologist, 60,* 410-421.

Sheppard-Jones, K., Prout, H. T., & Kleinert, H. (2005). Quality of life dimensions for adults with developmental disabilities: A comparative study. *Mental Retardation, 43*(4), 281-291.

Sobsey, D., Sharmaine, G., Wells, D., Pyper, D., & Reimer-Heck, B. (1992). *Disability, sexuality, and abuse: An annotated bibliography.* Baltimore: Paul H Brookes.

Tantam, D. (2000). Adolescence and adulthood of individuals with Asperger syndrome. In A. Klin, F. Volkmar, & S. Sparrow, (Eds.), *Asperger syndrome* (pp. 367-402). New York: The Guilford Press.

Tsiouris, J. A. (2001). The diagnosis of depression in people with severe/profound intellectual disability. *Journal of Intellectual Disability Research, 47,* 14-21.

Wallis, C. (2005, January 17). The new science of happiness. *Time.*

지적장애인을 위한 마음챙김 기반 심리치료의 수정 및 적용

Bronwyn L. Robertson, M.S.Ed., LPC

서문

마음챙김 기반 심리치료는 주의, 자각, 수용 그리고 정서 조절과 같은 자기 조절의 실제를 활용한다. 연구들은 이러한 실제가 수많은 정신건강 문제를 관리하는 데 효과적임을 나타낸다. 특히 불안, 우울, 분노, 스트레스 그리고 피질 또는 하부피질 뇌 영역의 변화, 혈압 및 심박동 감소, 호흡 수 감소와 같은 신경물리학적 및 생리학적인 유익한 변화와 관련이 있다(Dusek, Out, Wohlhueter, Bhasin, & Zerbini, 2008; Stein, Ives-Deliperi, & Thomas, 2008). 지난 20년 동안, 마음챙김 기반 실제는 주류를 이루는 심리치료 내에서 점점 통합되어 왔다. 또한 교정시설의 재소자에서부터 노인에 이르기까지 다양한 대상에게 효과적으로 조정되고 적용되어 왔다(Kenny & Williams, 2007; Samuelson, Carmody, Kabat-Zinn, & Bratt, 2007). 이에 비하여 불안과 기분장애를 발달시킬 수도 있는 가장 위험에 처한 집단이며 자기조절, 분노, 스트레스 관리에 어려움을 겪을 가능성도 매우 높은 '지적장애인'에 대한 마음챙김 기반 심리치료 실제의 조정과 적용에 대한 연구는 매우 드물었다.

국립이중진단협회(National Association for Dual Diagnosis)에 따르면(Fletcher, Stavakaki, Loschen, & First, 2006), 지적장애인 중 30~35%가 정신장애를 가지고 있는데, 이는 일반인의 거의 3배에 달하는 비율이다(American Psychological Association, 2000). 마찬가지로, 지적장애인 가운데 불안 및 기분 장애가 발병할 확률 또한 일반인에 비해 2배 이상 높다. 그리고 지적장애인 중 적어도 15% 이상이 신체적 및 언어적 공격성, 재산 손괴, 자해로 인한 상해와 같은 부적응적인 행동과 연관된다(American Psychological Association, 2000; Fletcher et al, 2006; Holden & Gitlesen, 2006). 즉, 지적장애인이 정신건강 및 행동 문제(behavioral challenges)와 맞닥뜨릴 때, 마음챙김 기반 심리치료와 같은 효과적이고 실제적인 치료가 제공되어야 할 필요가 있다.

이 장에서는 주요 마음챙김 기반 심리치료와 치료의 실제가 지적장애 영역에 알맞게 조정되고 적용되는 방식들에 대해 살펴보고자 한다. 저자는 마음챙김 심리치료가 지적장애인에게 불안, 우울, 공격성, 자해의 개인 및 집단상담 및 심리치료에 알맞게 조정되고 적용되는 방식의 예시를 제공하고자 한다.

마음챙김의 실제

마음챙김 실제는 자기조절, 마음-신체 이완, 정서, 사고, 감각의 인식 및 수용을 포함한다. 이는 '주의에 대한 의도적인 자기조절'이며 '의도적이며 특정한 방식으로 현재에 대하여 비판단적으로 주의를 기울이는 것'을 말한다(Kabat-Zinn, 1982, 1944). Teasdale, Segal과 Williams(2003)가 언급하였듯이 마음챙김 실제의 주요 기술은 다음과 같다.

① 주의지속 기술: 정서적 상태, 사고, 감각을 인식하고 지속하기
② 주의의 자기조절: 주의의 유연성과 초점을 한 대상이나 경험에서 다른 것으로 전환할 수 있는 능력

연구에 의하면 인식하기, 정서적 상태와 감각에 이름 붙이기와 같은 마음챙김 기술의 실제는 뇌 영상법을 통해 측정 가능한 뇌 활동(brain electrical activity)상의 중대한 변화를 만들어 낸다. 이러한 변화는 전전두엽의 활성화를 포함하는데, 이는 자기조절의 향상, 편도선의 불활성화와 연관되며 결국 정서적 반응성을 감소시키게 된다(Johnstone, van Reekum, Urry, Kalin, & Davidson, 2007; Milad, 2002; Ochsner & Gross, 2005; Stein, 2007, 2008). Duse와 동료들(2008)은 다음과 같이 언급하였다.

> 정서 조절은 전전두엽(prefrontal cortex: PFX)의 활성화 또는 편도선과 섬피질(insula) 영역의 불활성화에 동반되는 것으로 보인다. 정서 조절의 실패는 불안과 우울에 주요한 역할을 할 수도 있다. 복측부 전전두엽(ventrolateral PFC)과 안와전두엽(orbitiofrontal cortex: OFC)은 특히 정서 평가와 내적 상태의 통제에 중요한 반면에, 배측면 전전두엽(dorsolateral PFC)은 의식의 재구조화와 외현적인 행동 과정의 통제에 중요하다(p. 753).

마음챙김 기반 실제와 명상, 요가, 호흡훈련, 점진적 근육 이완, 이미지 유도법, 기공체조와 같은 마음-신체 이완의 실제는 스트레스의 생리적 영향에 대응하는 이완 반응(RR)을 유도한다(Benson, 1982). 이완 반응은 혈압, 심장박동 수, 호흡 수, 산소 소비 및 코르티솔 수준의 감소, 심리적 스트레스의 감소, 뇌의 피질과 하부피질의 변화 등으로 특징지어진다(Astin, Shapiro, Eisenberg, & Forys, 2003; Benson, Beary, & Carol, 1974; Dusek et al., 2008; Jacobs, Benson, & Friendman, 1996; Lazar, Bush, Gollub, Fricchione, & Khalsa, 2000).

연구들은 이와 같은 훈련들의 이로운 효과가 빨리 성취되며 또 오래 지속됨을 보여 준다. Zeidan, Gordon, Merchant와 Goolkasian(2009)에 따르면, 그들의 명상에 대한 연구에 참여한 참가자들은 훈련을 시작한 지 3일 만에 불안의 감소와 집중력 증가를 보여 주었다. 마음챙김 명상에 관한 또 다른 연구에서는 8주간의 훈련이 정서 조절 증가와 좌측 전방의 긍정 정서와 관련 있는 뇌의 한 영역의 활성화를 증가시키는 결과를 이끌어 냈다(Davidson et al., 2003).

Lutz, Slagter, Rawlings, Greischar와 Davidson(2009)에 따르면 마음챙김 명상의 연습과 관련된 정신훈련은 주의 지속, 주의 과정, 감각 입력에 대한 동조의 향상과 주의 내용에 대한 통제력 상승을 포함하여 '유의미하게 주의와 두뇌 기능에 영향을 미칠 수' 있다. 조사 결과는 마음챙김 명상이 다른 심신 이완훈련들과 결합되었을 때 특히 효과적임을 나타낸다. 기공(Qigong)과 명상 실무가들이 1962년부터 현재까지 뇌파측정기기(EGG) 결과를 비교한 45년에 걸친 추적연구 결과는 위의 결합된 연습이 EGG 패턴과 그 기저에 깔려 있는 신경생리 둘 다를 바꿀지도 모른다는 것을 시사한다(Qin, Jin, Lin, & Hermanowicz, 2009). 명상과 결합된 요가 훈련은 이제까지 Wechsler 기억척도 점수의 상승과 Spielberger의 상태-기질 불안검사(State-Trait Anxiety Inventory)로 측정된 상태와 특정 불안 모두에서의 감소에서 볼 수 있듯이 향상된 기억력, 주의력 그리고 집중력과 연관을 보여 왔다(Subramanya & Telles, 2009).

연구들은 요가 훈련이 외상후 스트레스 장애(PTSD), 강박장애(OCD) 그리고 특정공포증과 같은 불안장애들의 관리에도 효과적임을 보고한다(Kirkwood & Rampes, 2005). 예를 들어, 요가는 이너 시티(inner city)[1]의 아이들, 자연재해 생존자 그리고 현역 군인을 포함하여 많은 다양한 집단에서 보

---

1) 역자 주: 대도시의 도심(都心) 지역이 주택 환경의 악화로 야간 인구가 현격히 감소되고 근린관계(近隣關係) 등의 붕괴로 위기에 놓이게 된 도심지.

이는 트라우마와 관련된 장애들의 치료에 광범위하게 쓰이고 있다(Berger, Silver & Stein, 2009; Descilo et al., 2009; Harvard Mental Health Letter, 2009). Washington, DC에 있는 월터리드 미육군 의료센터(The Walter Reed Army Medical Center)는 요가 니드라로 알려진 깊은 이완과 명상을 하는 요가훈련을 아프가니스탄과 이라크 전투에서 돌아온 현역 군인들을 대상으로 한 스트레스 장애 치료에 사용하고 있다.

마음챙김 기반 심리치료

20년 이상의 연구 결과들은 심리치료에서 마음챙김 기반 연습들의 통합이 임상적으로 효과적이고, 경제적이며 실질적이라는 사실을 지지한다(Kabat-Zinn, 1982; Singh, Lancioni, Wahler, Winton, & Singh, 2008). 연구들은 마음챙김 기반 치료(mindfulness-based treatment) 프로그램에 참여한 개개인들은 높은 확률로 그 치료를 완수하고 치료 동안 습득한 마음챙김 기반 기술들을 치료가 끝난 오랜 후에도 사용한다는 것을 시사한다. 예를 들어, Baer(2003)는 마음챙김 기반 심리치료에 참여한 내담자들 중 83%가 치료에 따르고 있다는 것을 발견하였다. Teasdale 등(2003)은 마음챙김 치료의 '광범위한' 이로운 효과가 범용적으로 유용한 기술들'을 훈련시킴을 통해 "여러 가지 장애를 다루는 것을 목표로 한다."라고 언급했다. 특히 범용적으로 유용한 기술은 개인이 자동화된 반응 패턴을 '벗어나' '보다 의도적이고 사려깊게' 행동 반응을 선택할 수 있는 능력을 향상시킨다.

> 사람들로 하여금 '특정한 방식'으로 주의를 집중하도록 가르치는 명백하게 간단한 과정은 넓은 범위의 장애에 걸쳐서 이롭다. 이점은 다양한 진단들이 섞여 있는 대규모 그룹에서 그리고 그 훈련이 특정한 조건에서의 구

> 체적인 방식으로 재단되어 있는 것이 아니라 모두에게 같은 방식으로 제공되는 상황에서 얻어진다. 그러한 상황에서 포괄적인 형식의 마음챙김 훈련은 명백하게 임상적으로 유용한 효과를 낳는다. 이러한 증거들을 기반으로 할 때 마음챙김 훈련은 경제적이고, 범용적인 치료적 기술을 제공하는 것처럼 보인다(p. 157).

마음챙김 기술들은 전통적인 심리치료들에서 활용되는 기술들과 많은 공통점을 가지고 있다. Dimidjian과 Linehan(2003)이 언급했듯이, 관찰하기(observing), 알아차리기(noticing), 묘사하기(describing), 이름 붙이기(labeling) 그리고 참여하기(participating)와 같은 마음챙김 기반 심리치료의 핵심 요소들은 인지행동치료에서 사용되는 것들과 비슷하다. Borkovec과 Roemer(1994)는 인지행동치료에서 활용되는 모니터링 기법들을 '마음챙김 훈련' 기법들과 비교한다. Singh, Lancioni, Wahler 등(2008)은 구성요소들은 다양하겠으나 일반적으로 행동 연습, 인지 전략 그리고 집중력을 향상시키는 훈련을 포함하는 인지행동치료에 비해 마음챙김 기반 심리치료를 근본적으로 더 새롭고 대안적인 접근으로 바라본다. 마음챙김 기반 심리치료의 주요 접근들은 다음의 것들을 포함한다.

- 수용전념치료(Acceptance and Commitment Therapy: ACT)
- 마음챙김 기반 스트레스 감소(Mindfulness-Based Stress Reduction: MBSR)
- 변증법적 행동치료(Dialectical Behavior Therapy: DBT)
- 마음챙김 기반 인지치료(MBCT)

수용전념치료의 창시자인 Steven Hayes는 심리치료에 있어서 마음챙김 기반 훈련(mindfulness-based practices)의 조정과 적용을 '상당히 확장된 변화의 초점'을 지닌 채로 '더 경험적이고 간접적인 변화 전략'을 채택한 '인지행동치료 제3의 물결'이라고 비유한다(Hayes, Follette, & Linehan, 2004). 비슷하게, 마음챙김 기반 스트레스 감소의 창시자인 Jon Kabat-Zinn(1990)은 자기주도적 주의(self-directed attention), 감각, 사고, 감정에 대한 지속적인 노출, 조건화된 반응에 대한 탈감각화 그리고 회피행동의 감소와 같은 인지행동치료 과정과 마음챙김 훈련에 대한 비교를 언급했다. 변증법적 행동치료의 개발자인 Marsha Linehan(1993)은 사고, 감정, 감각에 대한 오랜 시간 동안의 관찰과 같은 주의 지속력에 대한 마음챙김 훈련은 노출의 한 형태로 회피와 두려움 반응의 소거를 가져올 수 있다고 제안한다. 마음챙김 기반 인지치료의 개발자인 Teasdale 등(2003)은 비슷한 관점을 공유한다.

> 마음챙김 기술의 훈련은 환자들이 부정적인 정서 상태를 견디는 능력과 그것에 대처하는 능력을 향상시키도록 한다. 마음챙김 기반 중재들은 개념적으로는 경험적으로 지지된 다른 많은 치료 접근과 일관성을 지니는 것처럼 보이며, 대다수의 인지-행동 절차에 의해 전형적으로 나타나는 변화 기술들을 보충하는 수용의 기술을 제공할 가능성이 있다(p. 139).

수용과 자기조절

마음챙김은 호기심과 수용성을 지닌 채 솔직하게 개인의 사고, 감각 그리고 감정을 이해할 수 있다고 느끼는 수용 지향적인 심리적 과정이다(Eifert, Forsyth, & Hayes, 2005). 연구들은 원하지 않는 사고, 감정 그리고 시간(session)들을 억압하는 것과 반대되는 수용 기술의 훈련이 단기 고통을 경감시키고 정서 조절을 증가시킨다는 것을 보여 준다(Masicampo & Baumeister, 2007).

수용은 불편한 경험에 대한 알아차리기, 관찰 그리고 '내려놓기'를 수반한다. 이러한 관점에서 마음챙김 기반 심리치료는 전통적인 인지행동치료와 그 초점이 경험의 변화나 재구성에 있기보다 경험을 자각하고 받아들이는 데 있다는 점에서 차이를 보인다. Singh, Lancioni, Wahler 등(2008)은 다음과 같이 언급했다.

> 전통적인 인지행동치료(CBT)의 기본적인 토대 중 하나는 비적응적인 행동으로 이끄는 개인의 비합리적인 생각(즉, 잘못된 인지)들에 직접적으로 도전하는 데에 있어 왔다. 하지만 인지행동치료에 대한 더 새로운 몇몇 접근은 개인의 비합리적인 혹은 부정적인 사고에 도전하는 것에는 주의를 기울이기보다는 수용과 마음챙김을 통해 사고와 감정에 대해 개인이 맺고 있는 관계를 바꾸는 데에 더 주의를 기울인다(p. 660).

Eifert 등(2005)은 수용 기반 치료는 최근에 인지행동치료에 통합되고 있다. 마음챙김 기반 스트레스 감소의 제한된 시간의 반구조화된 집단치료 모델이나, 변증법적 행동치료의 구조화된 치료팀 형식이나 수용전념치료의 융통성 있는 개인 혹은 집단 치료가 전형적인 예시가 되는 매뉴얼화되고 체계적으로 개념화되며 조작화된 방식을 통해서 이루어진다. 인지행동치료의 전통적인 적용방법들과 비교했을 때 현재의 연구 결과들은 마음챙김 기반 접근이 더 적용 가능하고 효과적인 중재 방안을 제안할 수 있을 것임을 시사한다. 예로, 피험자의 지각된 스트레스, 우울, 심리적 안녕감, 신경증, 폭식, 에너지, 고통, 마음챙김에 대해 인지행동적인 스트레스 감소(CBSR)를 마음챙김 기반 스트레스 감소와 비교한 최근의 한 연구로부터 확인된 다변량 분석 결과는 마음챙김 기반 스트레스 감소의 모든 측정치에 걸쳐서 더 효과적임을 나타냈다(Smith et al., 2008). 마음챙김 기반 스트레스 감소에 참여한 사람들은 마음챙김에 대해 인지행동적인 스트레스 감소에 참여한 사람들에 비해 여덟 가지 면에서 향상된 것을 보여 주었다. 이러한 결과는 또한 마음챙김 기반 스트레스 감소가 특히 연구 참여자들의 지각된 스트레스, 우울, 분노, 고통,

폭식과 관련 있는 반응에 특히 더 효과적임을 알려 준다.

지적장애인을 위한 마음챙김 기반 치료의 수정과 적용

마음챙김 기반 스트레스 감소는 8주 동안 명상, 가벼운 요가, 감소훈련을 사용하여 반구조화 집단 형식으로 진행되었다. Jon Kabat-Zinn은 1995년에 마음챙김 센터를 설립했는데, 매사추세츠 의학대학 내에 설립되었고, 세계에서 가장 오래되었고 가장 큰 규모이며, 의학 센터에 기반을 둔 스트레스 감소 프로그램을 운영한다. 이 센터에 따르면, 현재까지는 특별히 지적장애인을 위해 마음챙김 기반 스트레스 완화가 적용되고 응용된 것에 대한 내용이 출판된 적은 없다(M. Blacker, 개인 교신, 2009. 10. 14). 하지만 2008년도에 캘리포니아 컬버시티의 서부지역 센터 협회를 통해 지적장애인의 부모와 양육자들을 대상으로 진행된 파일럿 스터디에서 마음챙김 기반 스트레스 완화가 적용되었다.

> 발달장애 아동의 부모와 양육자들의 스트레스는 만성적이고 낮은 삶의 질, 건강하지 못한 가족 기능, 부정적인 심리적 결과들과 관련되어 있다. 우리의 목표는 양육자들을 위해 개발된 커뮤니티를 기반으로 참여할 수 있는 마음챙김 기반 스트레스 완화 프로그램을 발전시키고 시행하고 평가하는 것이다. 커뮤니티를 기반으로 하는 마음챙김 기반 스트레스 감소 프로그램은 양육자들의 스트레스를 줄이고 심리적 안녕감을 향상시키는 데 효과적인 중재이다(Alicia Bazzano, 개인 교신, 2009. 10. 13).

8주간의 집단훈련 프로그램에는 명상훈련, 부모/양육자에게 영향을 주는 스트레스 요인에 대한 논의, 가벼운 스트레칭이 포함되어 있다. 프로그램

전후로 마음챙김 주의 알아차림 척도(Mindfulness Attention Awareness Scale: MAAS), 자기자비척도(Seif-Compassion Seale: SCS), 심리적 안녕감 척도(Seale of Psychological Well-Being: PWB), 10문항 스트레스 지각 척도(Perceived Stress Scale 10-Items: PSS10), 부모 스트레스 척도(Parental Stress Scale: PSS)를 측정한 결과, 이 프로그램에 참여한 사람들은 스트레스가 유의하게 감소하고 마음챙김, 자기자비, 심리적 안녕감이 유의하게 증가하였다.

변증법적 행동치료는 주별로 개인적인 치료 개입, 집단 기술훈련, 팀 협의로 이루어진 포괄적이고 매뉴얼화된 치료 프로그램이다. 치료 기간은 3주에서 일 년까지 다양할 수 있고, 실제적이고 구체적이고 핵심적인 마음챙김 기술의 강점기반 훈련을 제공한다. 변증법적 행동치료는 경계선 성격장애와 자살극 행동을 치료하기 위해 Linehan(1993)이 개발하였으나, 다양한 장애와 여러 사람을 치료하는 데 적용되었다.

변증법적 행동치료는 지적장애 성인과 아동들 둘 다를 위한 치료에 훌륭하게 조정되었다(Charlton, 2006; Dykstra & Charlton, 2004). Charlton(2006)이 언급한 바와 같이, 지적장애인을 위한 변증법적 행동치료 적용은 언어를 간단히 하는 것, 정보를 다양하게 제시하는 것, 구체적인 활동을 사용하는 것, 모델링하기, 보다 구조적이고 시간이 긴 치료 세션, 보다 직접적이고 활동적인 접근이 요구되었다. 하지만 무엇보다도 지적장애인을 위해 변증법적 행동치료를 적용하는 데 가장 큰 변화는 훈련 자료를 수정하는 것이었다(Charlton, 2006).

정서 조절 유인물 1과 관련해 Linehan의 유인물에 적혀 있듯이, 우리는 감정의 모호성을 줄이는 것에 대해 이야기하기보다는 감정이 우리에게 어떻게 영향을 미치는지를 이해하고, 감정을 경험할 때 건강한 의사결정을 하는 것에 대해 다뤘다. 또한 우리는 시각적인 프레젠테이션 형식을 통해 지적장애인 내담자들이 정보를 이해하기 쉽게 했다. 이렇게 수정하는 것은 우리의 내담자가 이해할 수 있는 보다 간단한 언어를 사용하는 것을 도왔다. 또한 그들이 우리의 감정을 조절하는 것이 아니라 우리가 우리의 감정을 조절할 수 있는 기회를 제공했다.

수용전념치료는 포괄적이고, 매뉴얼화되어 있고, 개별화된 그리고 유연한 치료법을 제공하며, 폭넓은 적용 가능성을 가지고 있고, 개인과 집단에 모두 적용될 수 있으며, 경험적인 훈련, 이야기, 은유에 근거하고 있다(Hayes, Masuda, Bissett, Luoma, & Guerroro, 2004). 치료 기간은 다양하게, 3주에 걸친 4개 세션에서부터 26주에 걸친 48개 세션 등으로 구성되어 있는데 내담자 개인의 필요에 따라 달리 적용된다. 예를 들어, Hayes와 Blackledge(2006)는 자폐 아동의 부모에게 수용전념치료를 이틀 동안, 14시간에 걸쳐 개인치료에 적용했던 치료법과 동일한 방식을 훌륭하게 적용했다.

수용전념치료는 "행동을 조절하는 힘을 약화시키는, 이전에는 회피했던 경험을 새로운 반응으로 발달시키는 것을 강조한다."(Pankey & Hayes, 2003, p. 324) 이는 참여자들이 그들 각자가 노를 젓거나 배를 멈추지 말고 보트를 타고 '사고 은유의 강'을 건너는 것처럼, 경험의 반영을 촉진하고 수용하는 은유적이고 경험적인 훈련을 포함한다. 이 상상은 관찰, 알아차림, 생각이나 감정, 감각이 '내려놓기'를 강화시킨다.

심각한 학습장애(LD)와 강박장애(OCD)를 가진 개인을 치료하는 데 수용전념치료를 적용할 때, Brown과 Hooper(2009)는 경험적 훈련과 활동이 '논박을 기반으로 한 전통적인 인지행동치료 모델보다 학습장애아에게 접근 가능한 개입 모델'을 제공한다는 점을 강조한다. 수용전념치료를 개발한 Steven Hayes는 지적장애인을 위한 "새로운 학문이 오고 있다."라고 이야기했다(개인 교신, 2009. 9. 23.). Hayes의 동료인 Julieann Pankey는 지적장애인을 위한 수용전념치료를 적용하는 것을 개척했는데, 그녀는 수용전념치료와 지적장애인에 대한 연구를 최근에 출판하려 하고 있다(개인 교신, 2009. 10. 19.). 그녀는 Hayes와 함께 지적장애인과 조현병을 위한 수용전념치료 적용에 대한 연구를 2003년도에 공동으로 출판했다(Pankey & Hayes, 2003).

> 초기 정신질환 연구에서 제안된 유망한 점은 수용전념치료가 주요 인지 장애를 경험하는 환자들에게 유용하다는 점이다. 이야기와 활동에 기반한 수용전념치료가 인지 문제나 발달장애가 있는 사람들에게 실제로 치료법으로 권장되는 것으로 보인다.

Pankey와 Hayes의 2003년 연구는 22세의 경도 지적장애로서 IQ 점수가 58이고 미분화된 조현병을 가진, 학대와 방임을 당했고, 다양한 위탁시설에서 자란 여성을 대상으로 짧게 4개 회기로, 정신병 치료 계획의 효과를 검증했다. 이 사람은 24시간 내내 지지적인 주거 환경에서 거주하였는데, 자기 자신을 죽이라는 환청과 임신과 관련되거나 스태프를 가족이라고 믿는 망상, 심부전, 심장 발작, 다리 근육 약화 등의 건강문제를 보였다. 이 연구는 네 가지 핵심적인 결과에 초점을 맞췄다. 약물치료에 대한 협조, 식사, 그녀의 아파트에 있는 가전제품을 분해하는 것을 멈추는 것, 잠자는 것이다. Pankey와 Hayes는 스태프와 내담자가 보고한 결과들 모두에서 향상된 것을 발견했다.

> 잘못된 믿음, 증상의 고통, 빈번도가 10점 리커트 척도로 일주일마다 측정되었다. 수용전념치료 개입을 통해 고통 수준이 가장 많이 변했다. 환청과 관련된 고통은 첫 번째 세션에서 8점을 기록했는데, 한 달 후에 2점으로 내려갔다. 2개의 세션이 진행된 후에 스태프를 가족이라고 생각하는 정도는 0점으로 내려갔다(p. 324).

지적장애인을 위한 마음챙김 기반의 치료법 적용에 대한 출판된 연구가 제한되어 있고 상대적으로 최근에 이루어졌지만, 마음챙김을 기반으로 하고 몸과 마음이 평안해지는 훈련은 몇 십 년 동안 이들에게 효과적으로 사용되어 왔다. Uma, Nagarathna, Vaidehi와 Seethalakshmi(1989)는 지적장애 아동들을 위한 치료의 도구로 요가 사용법을 개척했다. 그들은 참가한 아동들이 지속적인 요가훈련을 통해 불안이 감소하고, IQ가 증가하고, 전반적으로 적응적인 기제가 증가한다는 것을 알아냈다.

Beauchemin, Hutchins와 Patterson(2008)은 34명의 청소년을 대상으로 마음챙김 명상에 대한 파일럿 스터디를 진행했다. 이 연구 결과 이들의 특질과 상태불안 감소, 사회적 기술이 향상되고, 주의집중이 개선되었으며, 학업 수행 정도도 나아졌다.

최근의 연구들은 경도 지적장애 성인 범죄자들에게 보이는 신체적 공격성을 조절하거나 지역사회에서 취업 기회를 잃을 위기에 있는 중도 지적장애를 위한 '발바닥 명상(Meditations on Seles of the Feet)'처럼 특정한 마음챙김 명상 훈련의 적용을 연구한다(Singh, Lanciono, Winton, et al., 2008; Singh, Lanciono, Winton, Adkins, Singh, & Singh, 2007). 두 연구 모두에서 프로그램 참여자들은 그들의 초점을 분노의 대상에서 발바닥의 중립적인 지점으로 옮기거나 관심을 돌리는 법을 배웠다. Singh과 동료들(2007)이 언급한 것처럼 이 훈련은 화에서 중립적인 감정으로 주의를 돌림으로써 참여자들이 '행동하기 전에 멈추고 생각'하도록 한다. 또한 신체의 중립적인 부분에 집중해서 그들이 반응하기 전에 진정될 수 있도록 한다. 치료 완료 직후와 12개월 후의 추수상담 결과에서 지적장애인 범죄자가 보이는 신체적 공격행동이 상당히 감소했고(Singh, Lancioni, Winton, et al., 2008). 비용-편익 분석에서는 지역사회 배치를 잃을 위험에 있는 개인들과 함께 일한 스태프들의 상처로 인한 병가와 의학적 치료와 관련된 비용이 95.7% 감소하였다(Singh et al., 2007). 연구 참여자들은 치료 후 최소 2년 동안 그들의 신체적 공격행동을 다루고 그들의 지역사회 배치를 유지할 수 있었다(Singh et al., 2007). Singh과 동료들(2007)은 "심지어 중등도 지적장애인도 마음챙김 과정을 통해 공격적 행동을 조절하는 법을 성공적으로 배울 수 있다(p. 810)."라고 말했다.

Paclawskyj와 Woo(2006)는 경도의 지적장애와 공존 기분장애 그리고/또는 공존 불안장애 진단을 받은 이들을 위해 행동이완훈련(Behavioral Relaxation Training: BRT)을 적용했다. 18명의 연구 참여자 중 5명은 입원치료를 받았고 13명은 외래치료를 받았다. 참여자들은 이전부터 강화된 공격성과 자해와 같은 회피 등의 부적응적인 행동을 방해하는 이완 기술, 즉 자세를 훈련받았다. 이완 기술은 10가지 자세를 통해 10분 동안 학습되었다(Paclawskyj & Yoo, 2006).

① 머리: 베개에 기대 가만히 있기
② 눈: 가볍게 감기
③ 입: 입술을 약간 열기
④ 목: 움직이지 않기
⑤ 어깨: 둥글고 대칭적으로
⑥ 몸: 몸통은 엉덩이와 가만히 있고 다리는 정중선에 대칭적으로
⑦ 손: 손가락을 부드럽게 구부리고 의자 위에 놓기
⑧ 발: 발가락을 V자로 만들며 서로 멀리 떨어져 향하기
⑨ 목소리 내지 않기
⑩ 숨: 평상시보다 느린 속도로

행동이완훈련의 진전은 전형적으로 자기평가를 통해 측정된다. 그리고 Paclawskyj와 Woo가 언급한 것처럼 지적장애인들에게 행동이완훈련을 적용하는 데 있어서 주된 문제는 내적 상태의 주관적 보고에 의존하지 않는 방법을 개발하는 데 있다. 장애의 정도에 따라 지적장애인은 그러한 경험을 평가하고 의사소통하는 것에 어려움을 겪을 수 있다. 참여자들에게 편안한 자세와 편안하지 않은 자세를 모델링해 주고, 훈련받은 참관인에 의한 평가를

통해 평균적으로 2시간의 훈련에서 18명의 참여자들 중 17명이 이완 기술을 습득했음을 발견했다. 참여자들 중 75%는 훈련이 끝나고 난 후에 부적응적인 행동이 상당히 감소했음을 보여 주었다.

개별화된, 강점기반 치료가 효과적인 마음챙김 정신치료의 핵심이다. 환자들은 그들의 선호, 흥미, 강점 그리고 필요에 기초하여 그들만의 치료를 이끌 수 있다. 어떤 환자는 지시적 심상요법(guided imagery)에 잘 반응하고, 다른 환자는 명상적인 운동이나 요가로부터 더 많은 이익을 얻을 수 있다. 또 다른 환자들은 만다라 같은 예술 표현 작업을 선호할지도 모른다. 스태프, 양육자 그리고 가족 구성원을 고객으로서 같이 훈련시키는 것은 또한 치료 회기 안이나 밖에서 환자를 위한 치료적 · 지지적 환경을 형성하는 데 도움이 된다.

마음챙김 기반 치료를 위한 준비 과정에서는 감정 상태와 감각을 명명하고 평가하기 위해 필요한 어휘와 기초적 기술을 훈련받는 것이 환자들에게 도움이 된다. 정서 명명과 기분 기록지와 같은 자료들은 지적장애인을 위해 수정되었고 매우 유용하다(Benson, 1992, 1994). 대안적으로, 임상가들이 그들만의 자료를 개발하고 저자가 한 것처럼 특수한 적용, 형식 또는 환자에게 맞도록 변형할 수 있다.

사례

저자는 10년 이상 동안 지적장애인의 불안, 우울, 신체적 공격성 그리고 자해를 치료하기 위해 지역사회의 공공기관과 사설기관에서 컨설턴트로서 마음챙김 기반 훈련을 이용해 왔다. 저자는 경도와 중등도의 지적장애인들을 위해서 수용전념치료, 표현치료(expressive therapy), 마음–몸 이완(mind-body relaxation) 그리고 호흡, 운동, 놀이와 같은 일상적인 활동에 기초한 명상 활동의 요소들을 결합한 마음챙김 기반 심리치료 훈련을 적용해 왔다. 본 치료는 개인치료와 집단치료의 형태로 진행되었고, 지적장애인을 주류 정신건강 심리치료 그룹에 통합하는 형태로 진행되었다.

제시된 사례는 유연하고 강점 기반의 개인화된 치료 접근에 기초한다. 이 치료는 더 길고 빈번한 치료 회기, 치료의 초기에서 환자와의 전화 상담, 스태프, 고용자, 보육자 그리고 가족 구성원들과의 지속적인 상담을 포함한다. 각각의 사례 치료 기간은 환자의 특별한 요구, 강점 그리고 목표에 따라 다양하다.

낮은 수준의 지적장애인에게 모델링과 경험적 연습을 통해서 간단하고 매우 효과적인 마음챙김 기반 이완훈련을 가르칠 수 있다. 예를 들어, 38세의 말이 서툴고 IQ가 48인 한 남성은 신체적 공격행동과 자해행동을 다루기 위해 간단한 호흡과 자기진정 기술을 배우고 이를 적용할 수 있었다. 주기적이고 폭발적인 신체적 공격행동과 자해행동 그리고 기물 파손 때문에 '주간보호 서비스'를 받지 못할 위기에 처했을 때, 그는 스스로를 진정시키고, 고요하게 하고, 자신에게 주의를 돌리는 깊은 호흡법, '휘파람 소리'와 유사한 허밍 그리고 간단한 요가 자세를 사용했다. 스태프는 그가 고통이나 불안의 징후를 보일 때 주기적으로 사용할 수 있게끔 그에게 신호를 주도록 교육받았다. 매주 있었던 회기가 6개월 안에 한 달에 두 번으로 줄었고, 심각한 공격행동과 자해행동은 일주일에 두 번에서 한 달에 한 번 이하로 줄었다. 또한 '일과 중 프로그램 서비스'를 계속 받을 수 있었다.

마음챙김 훈련은 외상후 스트레스 장애로 진단받은 이들이 그들 내부에서 안정감과 임파워먼트를 형성하도록 돕는 데 유용하다. 이 경우는 IQ가 69인 24세의 경도 지적장애 여성의 사례에서 볼 수 있다. 이 여성은 어린 시절 생물학적 부모로부터 심각한 성적 · 신체적 학대와 다수의 양육자로부터 신체적 학대를 받았다. 종종 스태프를 부상 입히고 스태프의 높은 이직률의 원인이 되는 그녀의 심각하고 폭발적인 신체적 공격행동으로 인해 그녀는 지역사회의 거주지와 고용을 지원해 주는 서비스를 잃을 위험에 처해 있었기 때문에 심리치료에 의뢰되었다. 공격 사건들은 주기적이었지만 강렬했다. 그리고 의뢰를 받았을 때에는 최소 2주에 한 번씩 발생하면서 그 빈도가 증가했다. 어린 시절부터 시작된 심각한 성적 · 신체적 학대는 18세까지 지속되었기 때문에, 그녀는 악몽을 꾸고 일상생활에서 플래시백을 보고했다. 또한 심각한 불면증으로 고통받고 있었고, 고립적이고 친구가 없었다. 그리고 종종 수동적인 자살 상상을 경험했다. 그녀는 11개월 동안의 개인치료 회기에 참가했는데, 첫 두 달 동안은 일주일에 2번씩 진행되었다.

치료의 처음 두 달 동안은 라포, 신뢰 그리고 안전하고 치료적 환경을 형성하는 것에 초점을 두었다. 또한 이 기간에 깊은 호흡법, 지시적 심상요법, 만다라와 '안전한 장소' 그림 그리기와 글쓰기 같은 표현적 예술 활동들을 소개받았다. 깊은 호흡법은 모델링과 목관악기, 바람개비, 비눗방울의 사용을 통해 소개되었다. 저자가 제시한 지시적 심상요법은 안전, 고요, 평화와 관련된 은유와 이미지를 포함한다. 지시적 심상요법과 표현적 예술 활동을 통해서 그녀는 안전함과 평화와 관련된 스스로의 이미지, 느낌, 장소, 색 그리고 감촉들을 찾도록 안내받는다. 그녀가 발견한 안전함, 고요한 색, 향기, 감촉 그리고 물건들은 회기 동안의 이완훈련에서 사용되고 그녀의 집과 일터에 놓인다.

치료의 처음 두 달 이후, 그녀는 본격적으로 자신의 촉발 사건을 확인하고, 강하고 불쾌한 생각, 느낌, 감각을 관찰하고, 알아차리고, '내려놓고', 그녀의 주의를 '안전하고 고요한' 이미지, 생각, 경험, 감정으로 돌려놓는 작업을 시작했다. 또한 그녀가 열심히 완성한 매일의 마음챙김 훈련 과제가 주어졌다.

치료를 하는 첫 몇 주 동안은 공격행동이 일주일에 두 번으로 빈도는 늘었지만 강도는 약해졌다. 그리고 치료의 과정 동안 서서히 줄어들었다. 그동안 어떤 스태프도 피해를 입지 않았다. 여섯 달의 치료 동안, 내담자의 근무 환경에서는 어떤 공격행동도 보고된 바 없었고 집에서의 공격행동도 한 달에 한 번 이하로 줄었다. 그녀는 더 이상 자살사고도 보이지 않았고 매일 꾸던 악몽도 일주일에 평균 두 번 정도로 줄었다고 말했다. 2년간의 추수 회기를 통해 그녀가 직업과 지원 생활 서비스를 유지하고 있다는 것을 알 수 있었다.

지적장애인은 적절히 걸러지고 배치된다면, 마음챙김 기반 집단치료형식에서 많이 발전할 수 있다. 저자는 경도 지적장애와 외상후 스트레스 장애로 진단받았고 어린 시절 성적 학대를 받은 경험이 있으며 20대 초반에서 후반인 세 명의 남성으로 이루어진 마음챙김 기반 트라우마 치료 집단을 만들었다. 이 세 명 모두 빈번한 악몽, 과반응성, 범불안 그리고 플래시백을 겪고 있었다. 이 세 남성은 영웅에 대한 영화, 책, 게임을 좋아한다는 공통점이 있었기 때문에 집단 활동과 과제는 각 구성원 내면의 '수퍼히어로'에 초점이 맞춰졌다. 예를 들어, 내담자들이 '무술'이라고 부른 기공체조는 이완과 자기규제, 자기임파워먼트를 위해 사용되었다. 두 달 동안 매주 집단치료를 한 후 집단원들은 악몽이 줄고 큰 '힘'의 감각을 느꼈다고 보고했다.

저자는 지적장애인과 지적장애가 아닌 이들에게 사용되는 마음챙김 기반 개인치료와 집단치료의 훈련을 활용했다. 경험 중심적이고 기술 기반의 마음챙김 심리치료의 활동들은 다양하고 많은 사람과 그들의 정신건강 문제에 매우 잘 적용되고 활용될 수 있다. 또 다양한 지능과 적응 수준의 개인들이 있는 혼합된 심리치료 집단에 지적장애인 내담자를 통합시키는 데에도 유용하다. 2년간 매년 진행된 수용전념치료 지향의 개인치료 후에, 경도 지적장애인 내담자는 역시 저자가 매주 운영하는 통합 불안관리 집단에 들어갔다. 전체 IQ가 69이며 광장공포증이 있는 공황장애와 주요우울장애를 겪고 있는 28세 남성인 이 내담자는 요가 호흡훈련, 만다라, 간단한 요가 자세 그리고 일기 쓰기가 그의 불안을 다루는 데 가장 효과적이었다는 것을 알았다. 이 훈련들을 정기적으로 함으로써 그는 공황장애를 이겨 낼 수 있었고, 치료를 시작한 이후로 빈도와 강도 측면에서 현저하게 줄어든 우울 삽화와 공황을 더 잘 다루게 되었다. 부분적으로는 그가 이미 집단에서 사용하는 활동들을 잘 알고 있었고 같은 마음챙김 '언어'를 다른 집단원들과 공유하고 있었기 때문에, 그는 유일한 지적장애 집단원이었지만 통합 집단에 성공적으로 섞일 수 있었다. 그는 적극적으로 집단에 참여했고, 사고, 감정, 감각을 확인하는 것과 이를 지나가는 물결로 개념화하는 상상훈련 그리고 몇몇 요가 호흡훈련을 배웠고 효과적으로 연습할 수 있었다.

논의

마음챙김 기반 심리치료 훈련은 지적장애인의 정신건강과 행동적인 어려움들을 다루는 데에 있어 가능성이 크다. 지금까지 이 훈련들은 지적장애인 집단에 임상적으로 효과적이었고 적용 가능했다. 현재는 출판된 연구가 매우 적고 지적장애인을 위한 마음챙김 기반 프로그램을 평가하는 데 특화된 평가도구가 없다. 앞으로 많은 연구와 훈련 그리고 지적장애인을 위한 마음챙김 프로그램을 평가하는 도구가 필요하다.

참고문헌

American Psychiatric Association. (2000). *Diagnostic and statistical manual of mental ealth* (4th edition, text revision). Washington, DC: Authors.

Astin, J. A., Shapiro, S. L., Eisenberg, D. M., & Forys, K. L. (2003). Mind-body medicine: State of the science, implications for practice. *Journal of American Board Family Practice, 16,* 131-147.

Baer, R. (2003). Mindfulness training as a clinical intervention: A conceptual and empirical review. *Clinical Psychology: Science and Practice, 10*(2), 125-143.

Beauchemin, J., Hutchins, T., & Paterson, F. (2008). Mindfulness meditation may lessen anxiety, promote social skills, and improve academic performance among adolescents with learning disabilities. *Complementary Health Practice Review, 13*(1), 34-45.

Benson, B. A. (1992). *Teaching anger management training to persons with mental retardation.* Worthington, OH: International Diagnostic Systems.

Benson, B. A. (1994). Anger management training; A self-control program for people with mild mental retardation. In N. Bouras (Ed.), *Mental health in mental retardation* (pp. 224-232). Cambridge, United Kingdom: Cambridge University Press.

Benson, H. (1982). The relaxation response: History, physiological basis and clinical usefulness. *Acta Med Scand Supplmentum, 660,* 231-237.

Benson, H., Beary, J. F., Carol, M. P. (1974). The relaxation response. *Psychiatry, 37,* 37-46.

Berger, D., Silver, E., & Stein, R. (2009). Effects of yoga on inner-city children's wellbeing: a pilot study. *Alternative Therapy Health Medicine, 15*(5), 36-42.

Borkovec, T. D., & Roemer, L. (1994). Generalized anxiety disorder. In R. T. Ammerman & M. Hersen (Eds.), *Handbook of prescriptive treatments for adults* (pp. 261-281). New York: Plenum.

Brown, F. & Hooper, S. (2009). Acceptance and Commitment Therapy (ACT) with a learning disabled young person experiencing anxious and obsessive thoughts. *Journal of Intellectual Disability, 13*(3), 195-201.

Charlton, M. (2006). Dialectical behavior therapy for children with developmental disabilities. *NADD Bulletin, 9*(5), 90-94.

Davidson, R., Kabat-Zinn, J., Schumacher, J., Rosenkranz, M., Muller, D., Santorelli, S., et al. (2003). Alterations in brain and immune function produced by mindfulness meditation. *Psychosomatic Medicine, 65,* 564-570. Available at http://www.urmc.rochester.edu/smd/Psych/research/documents/00006842-200307000-00014.pdf

Desciolo, T., Vedamurtachar, A., Gerbarg, P. L., Nagaraja, D., Gangadhar, B. N.,

Damodaran, B., et al. (2009). Effects of yoga breath intervention alone and in combination with an exposure therapy for post-traumatic stress disorder and depression in survivors of the 2004 South-East Asia tsunami. *Acta Psychiatric Scandanaiva, 121*(4), 289-300.

Dimidjian, S., & Linehan, M. (2003). Defining an agenda for future research on the clinical application of mindfulness practice. *Clinical Psychology: Science and Practice, 10*(2), 166-171.

Dusek, J. A., Out, H. H., Wohlhueter, A. L., Bhasin, M., & Zerbini. (2008). Genonmic counter-stress changes induced by the relaxation responses. *PLoS one 3*(7), e2576.

Dykstra, E., & Charlton, M. (2004). *Dialectical behavior therapy skills training: Adapted for special populations.* University of Denver, Colorado: Aurora Mental Health.

Eifert, G., Forsyth, J., & Hayes, S. (2005). *Acceptance and commitment therapy for anxiety disorders.* Oakland, CA: New Harbinger Publications, Inc.

Fletcher, R., Stavakaki, C., Loschen, E., & First, M. (2006). *DSM-IV-ID.* Symposium conducted at the meeting of the International Congress of the National Association on Dual Diagnosis, Boston, MA.

Harvard Mental Health Letter. (2009, April). Yoga for anxiety and depression. 1-4.

Hayes, S., & Blackledge, J. (2006). Using acceptance and commitment training in the support of parents of children diagnosed with autism. *Child and Family Behavior Therapy, 28*(1), 1-18.

Hayes, S. C., Follette, V. M., & Linehan, M. M. (2004). *Mindfulness and acceptance: Expanding the cognitive-behavioral tradition.* New York: Guilford Press.

Hayes, S., Masuda, A., Bissett, R., Luoma, J., & Guerrero, L. (2004). DBT, FAP, and ACT: How empirically oriented are the new behavior therapy technologies. *Behavior Therapy, 35,* 35-39.

Holden, B., & Gitlesen, J. P. (2006). A total population study of challenging behavior in the county of Hedmark, Norway: Prevalence and risk markers.

Research in Developmental Disabilities, 27, 456-465.

Jacobs, G. D., Benson, H., & Friendman, R. (1996). Topographic EEG mapping of the relaxation response. *Biofeedback Self Regulation, 21,* 121-129.

Johnstone, T., van Reekum, C., Urry, H., Kalin, N., & Davidson, R. (2007). Failure to regulate: Counterproductive recruitment of top-down prefrontal-subcortical circuitry in major depression. *Journal of Neuroscience, 27,* 887-8884.

Kabat-Zinn, J. (1982). An outpatient program in behavioral medicine: Theoretical considerations and preliminary results. *General Hospital Psychiatry, 4,* 33-47.

Kabat-Zinn, J. (1990). *Full catastrophe living: Using the wisdom of your mind to face stress, pain and illness.* New York: Dell Publishing.

Kabat-Zinn, J. (1994). *Whenever you go there you are.* New York: Hyperion.

Kenny, M. A., & Williams, J. M. G. (2007). Treatment-resistant depressed patients show a good response to mindfulness-based cognitive therapy. *Behaviour Research and Therapy, 45*(3), 617-625.

Kirkwood, G., Rampes, H. (2005). Yoga for Anxiety: Systematic review of the research evidence. *British Journal of Sports Medicine, 39*(12), 884-891.

Lazar, S. W., Bush, G., Gollub, R. L., Fricchione, G. L., & Khalsa, G. (2000). Functional brain mapping of the relaxation response and meditation. *Neuroreport, 11,* 1581-1585.

Linehan, M. (1993). *Cognitive-behavioral treatment of borderline personality disorder.* New York: The Guilford Press.

Lutz, A., Slagter, H., Rawlings, N., Greischar, L., & Davidson, R. (2009). Mental training enhances attentional stability: neural and behavioral evidence. *Journal of Neuroscience, 29*(42), 13418-13427.

Masicampo, E., & Baumeister, R. (2007). Relating mindfulness and self-regulatory processes. *Journal of Psychological Inquiry, 18,* 255-258.

Milad, M., & Quirk, G. (2002). Neurons in prefrontal cortex signal memory for fear extinction. *Nature, 420,* 70-74.

Ochsner, K., & Gross, J. (2005). The cognitive control of emotion. *Trends in*

Cognitive Science, 9, 242-249.

Paclawskyj, T. R., & Yoo, J. H. (2006). Behavioral Relaxation Training (BRT): Facilitating acquisition in individuals with developmental disabilities. *The NADD Bulletin, 9,* 13-18.

Pankey, J., & Hayes, S. (2003). Acceptance and Commitment Therapy for Psychosis. *International Journal of Psychology and Psychological Therapy, 3*(2), 311-328.

Qin, Z., Jin, Y., Lin, S., & Hermanowicz, N. (2009). A forty-five year follow-up EEG of Qigong practice. *International Journal of Neuroscience, 119*(4), 538-552.

Roemer, L., & Orsillio, S. (2002). Expnading our conception of and treatment for generalized anxiety disorder: Integrating Mindfulness/Acceptance-Based Approaches with existing cognitive-behavioral models. *Clinical Psychology: Science and Practice, 9*(1), 54-68.

Samuelson, M., Carmody, J., Kabat-Zinn, J., & Bratt, M. A. (2007). Mindfulness-based stress reduction in Massachusetts correctional facilities. *The Prison Journal, 87*(2), 254-268.

Singh, N. N., Lancioni, G. E., Wahler, R. G., Winton, A. S. W., & Singh, J. (2008). Mindfulness approaches in cognitive behavior therapy. *Behavioural and Cognitive Psychotherapy, 36,* 659-666.

Singh, N. N., Lancioni, G., Winton, A., Adkins, A., Singh, J., & Singh, A. (2007). Mindfulness Training Assists Individuals with Moderate Mental Retardation to Maintain Their Community Placements. *Behavior Modification, 31*(6), 800-814.

Singh, N. N., Lancioni, G., Winton, Singh, A., A., Adkins, & A., Singh, J. (2008). Clinical and benefit-cost outcome of teaching a mindfulness-based procedure to adult offenders w/ID. *Behavior Modification, 32*(5), 622-637.

Smith, B., Shelly, B., Dalen, J., Wiggins, K., Tooley, E., & Bernard, J. (2008). A pilot study comparing the effects of mindfulness-based and cognitive-behavioral stress reduction. *Journal of Complementary Alternative Medicine, 14*(3), 251-258.

Stein, D. (2007). What is self? A psychobiological perspective. *CNS Spectrums, 12,* 333-336.

Stein, D. (2008). Emotional regulation: Implications for the psychobiology of psychotherapy. *CNS Spectrums, 13,* 195-198.

Stein, D., Ives-Deliperi, V., & Thomas, K. (2008). Psychobiology of Mindfulness. *The International Journal of Neuropsychiatric Medicine, 13*(9), 752-756.

Subramanya, P. & Telles, S. (2009). Effects of two yoga-based relaxation techniques on memory scores and state anxiety. *Biopsychosocial Medicine, 13,* 3-8.

Teasdale, J. D., Segal, Z., & Williams, J. M. G. (2003). Mindfulness training and problem formulation. *Clinical Psychology, 10*(2), 157-160.

Uma, K. Nagarathna, R., Nagendra, H. R., Vaidehi, S., & Seethalakshmi, R. (1989). The integrated approach of Yoga: A therapeutic tool for mentally retarded children: A one-year controlled study. *Journal of Mental Deficiency Research, 33,* 415-421.

Zeidan, F., Gordon, N. S., Merchant, J., & Goolkasian, P. (2009). The effects of brief mindfulness meditation training on experiementally induced pain. *Journal of Pain, 11*(3), 199-209.

지적장애인을 위한 행동이완훈련

Theodosia R. Paclawskyj, Ph.D., BCBA

서문

지적장애인은 일반인보다 정신의학적인 문제를 가질 비율이 높다는 것(AACAP, 1999; IAS-SID, 2001; Fletcher, Loschen, Stavrakaki, & First, 2007)은 널리 받아들여진 사실이지만, 그들이 받을 수 있는 심리치료는 일반인이 받을 수 있는 중재만큼 폭넓지 못하다. 일반적인 정신장애에 인지행동 절차를 적용하는 기술은 더디게 발전하고 있고, 말을 할 수 없는 지적장애인에게 맞도록 수정하는 것은 어려운 일이다.

심리치료가 지적장애인에게 효과적이라는 것이 계속해서 밝혀진 심리학의 분야는 응용행동분석(Applied Behavior Analysis: ABA)이다. 『미국정신지체학술지(American Journal on Mental Retardation: AJMR)』에 실린 '정신지체의 정신의학적 치료와 행동주의적 문제에 대한 전문가 합의 가이드라인(The Expert

Consensus Guidelines on the Treatment of Psychiatric and Behavioral Problems in Mental Retardation)'(Rush & Frances, 2000)에서는 응용행동분석을 모든 정신장애와 증상에 대한 심리사회적인 중재로서 추천한다. 이러한 중재에는 강화기반 전략, 행동 중단과 예방, 양육자 훈련 그리고 불안, 과반응성, 충동성, 과도한 의존, 사회적인 철회 그리고 불복종과 같은 특정한 문제행동을 위한 의사소통과 사회기술 등 대체행동을 훈련하는 것이 포함된다. 하지만 응용행동분석 연구 중 가장 많은 부분이 자해, 공격, 재산 손괴, 이식증과 기타의 부적응적인 행동을 고치는 것에 집중해 왔다(Arndorfer & Miltenberger, 1993; Association for Behavior Analysis, Task Force on the Right to Effective Behavioral Treatment, 1988; National Institute of Health, Consensus Development Panel on Destructive Behaviors in Persons with Developmental Disabilities, 1989; Sprague & Horner, 1995).

현재 부적응적인 행동의 응용행동분석적인 치료의 표준은 강화 수반성을 다루어 특정한 적응적인 행동의 가능성을 최대한 높이고 부적응적인 행동의 가능성은 최소화하는 것을 포함한다. 여기에는 선행 중재 또한 포함되는데, 선행 중재에는 환경의 물리적인 구조를 바꾸는 것, 구조화된 스케줄을 강조하는 것, 커리큘럼을 수정하는 것, 사회적으로 집단을 맺어 주는 방식을 바꾸는 것 등이 있다. 그러나 행동 중재가 모든 경우에 성공적인 것은 아니다. Didden, Duker과 Korzilius(1997)는 1968년에서 1994년까지 482건의 연구를 메타분석하였고, 단지 57.8%의 연구만이 꽤 혹은 매우 효과적이었다(기초선과 중재자료 그래프 사이의 겹치지 않는 점들의 비율로 정의했을 때)는 것을 발견했다.

하지만 최근 10년간, 선행 중재에 대한 탐구는 증가해 왔다(Cooper, Heron, & Heward, 2007; Horner, Carr, Strain, Todd, & Reed, 2002). 선행 중재는 부적응적인 행동이 일어나기 전에 이루어지므로 개인과 그들의 양육자가 겪는 위험을 최소화한다(Cooper et al., 2007). 이러한 중재 중에 하나로 동기화 조작을 다루는 것이 있다. 즉, 강화 수반성의 힘을 바꾸는 효과가 있는 외부 사건을 말한다. 이러한 외부 사건에는 피로, 병과 같은 생리적인 상태와 정서적 각성의 정도 등이 있다. Horner, Day와 Day(1997)는 특정한 상황에서 불안을 느끼는 참가자들을 대상으로 진정 활동이 몇 시간 후의 부적응적인 행동에 어떤 영향을 미치는지 실험하면서 동기화 조작의 효과를 보여 주었다. 연구자들이 오랫동안 일반인들의 반응행동을 조작할 때 쓰이는 (감정적 각성과 같은) 절차를 지적장애인에도 확장시키기를 바라 왔기 때문에, 이 분야에 대한 후속 연구는 매우 유익할 것이다(예: Harvey, 1979).

진정 활동을 이야기할 때, 형식적인 이완훈련은 연구 가능한 논리적인 기법이다. 이완은 일반적으로 기능하는 집단에게 오랫동안 불안을 줄이고 스트레스를 자극하는 상황을 다루게 하는 수단으로 사용되어 왔다(Poppen, 1998). 게다가 지적장애인들의 정신장애를 악화시키는 데에 대처 기술 부족이 많은 영향을 끼친다(Eaton & Menolascino, 1982; Lindsay & Olley, 1998). 이 집단의 불안장애 유병률은 0.7~4% 정도이다(Crews, Bonaventura, & Rowe, 1994; Glick & Zigler, 1995; Harden & Sahl, 1997; Rojahn, Borthwick-Duffy, & Jacobson, 1993). 그리고 불안 증상은 정신과에 의뢰되는 가장 흔한 이유 중 하나이다(King, DeAntonio, McCracken, Forness, & Ackerland, 1994). 하지만 이완훈련이 가져올 수 있는 또 다른 잠재적인 효과는 개인이 자기주도적으로 변할 수 있는 대처 기술들을 얻게 한다는 것이다. 즉, 중재를 할 양육자에게 의존하지 않고 어느 때에나 쓰일 수 있는 것이다(Zipkin, 1985).

지적장애인에게 적절한 이완훈련의 방법을 찾는 것은 절대 쉽지 않다(Luiselli, 1980). 지난 30년간 진행되어 온 연구들은 다양한 기법, 목표행동 그리고 평가 방식을 적용했다. 불행하게도, 대부분은 명확한 결론을 낼 만큼 실험적으로 엄격하지 못했다. 게다가 기존 집단연구 중에는 긴장이나 불안과 함께 나타나는 감정적 각성을 측정하는 데 있어서 관찰 방식과 생리적 방식을 둘 다 사용한 연구가 거의 없었다.

기존 이완훈련의 다양한 방식(예: 점진적 근육이완법, EMG 바이오피드백, 자율훈련법) 중에서 지금까지 가장 촉망받는 방식은 행동이완훈련(Behavioral Relaxation Training: BRT)으로 알려진, 응용행동분석에 포함된 절차이다(Poppen, 1998; Schilling & Poppen, 1983). 행동이완훈련에 대한 기존 연구(예: Lindsay & Baty, 1989; Lindsay, Baty, Michie, & Richardson, 1989)는 이 절차가 빠르고 효과적으로 습득될 수 있음을 증명했다. 행동이완훈련은 내적인 상태에 대해 어떠한 언어적인 보고도 요구하지 않으며, 심지어 말을 사용하지 않는 사람도 잘 따를 수 있다고 말한다. 행동이완훈련은 불행한 사건들의 발생이나 반복으로 인한 괴로운 감정을 견디는 인내력을 가르칠 수 있다.

행동이완훈련을 포함한 전형적인 개입에서는 내담자, 양육자 그리고 상담자들이 기능 평가를 통해 문제의 원인을 규명하기 위해 협력적으로 작업한다. 이완이 목표행동이나 정신증적 증상에 대해서 잠재적으로 긍정적인 영향을 가지고 있음을 내담자, 양육자, 상담자가 서로 이해하면서, 행동이완훈련은 임상 장면에서 구조화된 형식으로 교육된다. 교육 절차를 성공적으로 따른 후, 일상생활에서의 양육자의 지시나 내담자의 자기통제를 통해 내담자는 이완을 일반화하고 연습한다.

이론적 기반

이완훈련은 베타 교감신경계의 억제와 말초 근육 활동의 감소를 통해 긴장과 불안의 발생을 감소시키는 것을 목표로 하는 예방적 개입이다(Freedman, Sabharwal, Lanni, Desai, Wenig, et al., 1988; Luiselli, 1980). 이완훈련을 통해 생성된 이완 반응은 신체의 스트레스 반응에 대항하는데, 스트레스 반응은 심박수와 혈압의 상승, 소화 기능의 저하, 신체 말단으로 가는 혈류의 저하, 코르티솔과 아드레날린과 같은 호르몬 분비의 증가 그리고 그 외 '투쟁-도피 반응'을 위해 신체를 준비시키는 과정과 같은 생리적인 각성으로 구성되어 있다. 이완 반응을 일으키는 방법은 일반적으로 인지적 · 생리적 그리고 행동적 영역 중 한 개 혹은 그 이상을 목표로 삼는다. 행동이완훈련은 후자에 초점을 맞춘다. 그리고 응용행동분석의 특징인 체계적인 관찰과 데이터 수집을 포함한다(Poppen, 1998).

행동이완훈련은 Schilling과 Poppen(1983)이 개발했는데, 이들은 점진적 근육이완법(PR)을 마친 환자들이 자기보고에서 그리고 생리적인 이완 측정에서 일련의 명백한 반응을 보인다는 것을 알게 되었다. 이러한 반응은 호흡을 늦추는 것, 말단의 움직임을 멈추는 것, 턱의 긴장을 푸는 것, 침을 삼키지 않는 것 그리고 눈을 감는 것을 포함한다. 이 저자들은 그러한 관찰 가능한 신체 반응에 대해 특정한 지시를 하는 것이 이완 반응을 유도할 수 있는지 체계적으로 조사하려고 했다. 그들은 구체적인 훈련을 위하여 다양한 신체 부위에서 열 개의 목표행동을 명명했다(〈표 5-1〉 참조). 이 분명한 행동들은 객관적으로 측정할 수 있으며 자기보고에 의존하지 않는다. 32명의 전형적인 성인 집단에게 이것을 사용한 Schilling과 Poppen(1983)은 행동이완훈련 초기 연구에서 생리적인 이완 반응을 이끌어 냈다고 증언했다. 타당성 측정에는 전두근 EMG 기록(이완 상태일 때 더 느려지는 근육 활동의 측정), 손가락 온도(이완 상태일 때 더 높음), 피부 전도 수준(이완 상태일 때 더 높아지는 피부 전기 저항 측정), 행동이완척도(Behavioral Relaxation Scale: BRS, 10개의 분명한 행동들의 옳고 그름의 체크리스트) 그리고 자기보고가 포함되어 있다. 행동이완훈련을 훈련한 참여자들은 자기보고 척도에서 향상을 보고했고, 또한 감소된 EMG를 보였으며, 행동이완척도 점수의 향상을 보였다. 반면에, PR을 훈련한 이들은 자기보고와 행동이완척도 점수에서만 향상을 보였다. EMG 바이오피드백을 훈련한 이들은 행동이완훈련 집단과 유사한 향상을 보였으나 4~6주 뒤에 진행된 추수검사에서는 유지되지 않았다. 또한 음악 감상을 했던 통제집단은 자기보고 척도를 제외하고는 향상을 보이지 않았다. 체온과

표 5-1 행동이완훈련의 10가지 목표행동

목표행동	
머리	머리는 움직이지 않으며, 의자와 쿠션으로 코가 몸 정중앙에 위치하도록 지지해 놓는다. 콧구멍의 일부와 턱의 아랫부분이 보이도록 한다.
눈	눈은 가볍고 편안하게 감으며, 눈꺼풀 아래로 눈을 움직이지 않는다.
입	입술을 앞니와 함께 입의 중앙을 기준으로 1/4인치에서 1인치 정도 벌린다.
목구멍	아무 움직임도 하지 않는다.
어깨	두 어깨를 둥글게 하고 수평을 만든다. 그리고 호흡을 제외하고는 움직이지 않은 채 의자에 기댄다.
몸	중앙을 기준으로 몸통, 엉덩이 그리고 다리를 대칭적으로 놓는다. 의자에 기대고 움직이지 않는다.
손	두 손은 의자의 팔걸이나 다리 위에 놓고 손바닥을 아래로 향하게 한다. 그리고 손가락을 동물같이 둥글게 만다. 가볍게 주먹을 쥐어서 만약 손 안으로 연필을 넣었을 때 엄지를 제외하고는 연필이 나머지 손가락의 아래를 자유롭게 통과할 수 있도록 한다.
발	발끝은 서로 다른 방향을 가리키도록 하며, 수평면에서 60°에서 90°가 되도록 한다.
고요함	음성이나 큰 숨소리가 들리지 않도록 한다.
호흡	방해가 없었을 때 기저선보다 호흡의 빈도가 적어진 것이 확인되면 기록한다. 한 번의 호흡은 들이마시고 내뱉고를 완전히 다 하는 것으로 한다. 관찰하는 시기가 언제든지 호흡을 들이마실 때 체크하고 내쉴 때 체크해서 한 호흡을 세도록 한다.

피부 전도는 어떤 방식과도 관련이 있지 않았다. 그러므로 행동이완훈련은 이완 반응을 이끌어 낼 수 있는 방식임이 입증되었다. 또한 사람들에게 이완된 상태에 대해 주관적으로 이해하도록 요구하지 않고도 가르칠 수 있는 간단한 절차임이 입증되었다.

문헌 고찰

앞서 서술한 바와 같이 일반적으로 기능하는 집단에서 이완훈련은 긴장, 불안, 고통 그리고 스트레스를 낮춰 왔다(Bernstein & Borkovec, 1973; Craske, Rapee, & Barlow, 1992; Jacobson, 1938; Turk, Rudy, & Sorkin, 1992). 그러나 일반인에게 매우 쉽게 사용할 수 있는 이 기법들이 지적장애인에게는 그처럼 충분히 연구가 이루어지거나 활용되지 않아 왔다. 기존의 이완훈련의 효과성에 대한 연구는 주로 스트레스 관련 증상을 보이는 지적장애 성인에게 초점을 맞췄다(예: Morrissey, Franzin, & Karen, 1992; Reese, Sherman, & Sheldon, 1984; Schloss, Smith, Santori, & Bryant, 1989; Wells, Turner, Bellack, & Hersen, 1978). 하지만 이 중 많은 연구가 사례 보고이거나 실험 통제가 결여되어 있었다. 또한 모든 이완 절차가 효과적이라고 입증되지는 않았다. 게다가 이완 절차의 임상적 사용은 매우 가변적이었고, 몇몇 상담자는 훈련을 위한 절차의 부적절한 지식이 만든 치료의 실패 때문에 사용하지 않았다(Lindsay & Olley, 1998).

바이오피드백

바이오피드백, 즉 개인에게 언제 그들이 이완되고 이완되지 않았는지 알려 주는 생리적 측정에 의존하는 이완훈련의 사용은 지적장애인들을 대상으로는 거의 연구가 되지 않았고, 일반적으로 이 훈련이 다른 절차에 포함되곤 했다(Lindsay & Olley, 1998). Schroeder, Peterson, Solomon과 Artley(1977)의 연구는 강화와 EMG 바이오피드백을 동시에 사용했기 때문에 이 두 가지 개입의 혼재로 비판을 받기는 했지만, 그들의 연구는 두 명의 중도 지적장애인을 대상으로 그들의 자해행동을 감소시켰음을 보였다. Calamari, Geist와

Shahbazian(1987)은 강화, 모델링 그리고 조정된 점진적 근육이완법(PR, 아래 참조)으로 구성된 다중요소 이완훈련 개입에 바이오피드백을 포함시켰다. 그러나 각 개입의 상대적 기여도는 평가되지 않았다.

점진적 근육이완법

발달장애인을 위한 이완요법 중 가장 연구가 많이 된 것은 점진적 근육이완법(Progressive Muscle Relaxation: PR) 축약형(Lindsay & Baty, 1989; Luiselli, 1980)이다. 점진적 근육이완법에서는 근육을 반복해서 긴장하고 해제하는 활동을 통해 개인은 근육이 긴장된 상태와 이완된 상태를 구분할 수 있게 되어 전반적으로 근육 활동과 그에 따른 자율적 각성이 감소된다고 가정한다(Bernstein & Borkovec, 1973). 실험적으로 통제된 몇몇 연구는 점진적 근육이완법이 지적장애인의 부적응적 행동을 감소시킬 수 있다는 것을 보여 준 바 있다(예: McPhail & Chamove, 1989). 하지만 이 절차의 제한점은 개인이 긴장과 이완을 주관적으로 판단하고 근육 긴장과 해제를 제대로 따라 할 것을 요구한다는 점이다. 이것은 인지 기능이 손상된 사람들에게 어려울 수 있다(Lindsay, Baty, Michie, & Richardon, 1989; Michulka, Poppen, & Blanchard, 1988; Poppen, 1998). 추가적으로 어떤 연구에서는 근육을 긴장시키는 훈련을 하는 것이 사람을 더 짜증나게 하거나 흥분시킬 수 있다는 것을 밝혀냈다(Lindsay & Baty, 1986, 1989). 마지막으로, 몇몇 통제된 연구는 점진적 근육이완법 축약형이 다른 절차들보다 더 효과적이라는 것을 증명해 내지 못했다(리뷰는 Luiselli, 1980 참조).

행동이완훈련

Schilling과 Poppen(1983)의 초기 연구 이후, 행동이완훈련(Behavioral

Relaxation Training: BRT)은 여러 다양한 장애와 상황에서 평가되어 왔다. 여기에는 과다 활동(Brandon, Eason, & Smith, 1986; Donney & Poppen, 1989; Eason, Brandon, Smith, & Serpas, 1986; Raymer & Poppen, 1985), 유전 떨림(essential tremor)과 파킨슨 증후군의 떨림(Chung, Poppen, & Lundervold, 1995; Lundervold, Belwood, Craney, & Poppen, 1999), 학생 불안(Rasid & Parish, 1998; Tatum, Lundervold, & Ament, 2006), 긴장성 두통(Blanchard et al., 1991), 아동 학대 위험성이 있는 양육자들의 스트레스 관리(Lutzker, Wesch, & Rice, 1984), 인슐린 비의존성 당뇨병(Aikens, Kiolbasa, & Sobel, 1997), 외상성 뇌손상(Eastridge & Mozzoni, 2008; Guercio, Ferguson, & McMorrow, 2001), 헌팅턴병(Fecteau & Boyne, 1987) 그리고 긴장성 두통(Eufemia & Wesolowski, 1983)이 포함된다.

지금까지 15개의 연구물과 사례보고서가 지적장애인을 대상으로 행동이완훈련을 사용하는 것의 현실 가능성과 효과성을 평가하고자 하였다. 하지만 모두 치료 효과의 실험적 통제를 보여 주지는 않았다(〈표 5-2〉 참조). 통제 실험법을 사용한 것들 중 두 개의 연구는 행동이완훈련이 불안과 집중력에 미치는 영향을 평가하였다(Lindsay, Baty, Michie, & Richardson, 1989; Lindsay, Fee, Michie, & Heap, 1994). Lindsay 등(1989)은 불안을 맥박수와 더불어 행동이완척도의 개정판인 행동적 불안척도(Behavioural Anxiety Rating Scale: BAR)를 통해 측정하였다. 행동적 불안척도에서는 10개의 행동이완훈련 행동을 '완전히 이완됨'에서 '매우 불안함'까지의 5점 리커트 척도로 평가하게 되어 있다. 참여자들은 중등도-중도 지적장애 성인들이었으며, 이들은 5개의 집단(집단 행동이완훈련 안내, 집단 점진적 근육이완법 안내, 개인 행동이완훈련 안내, 개인 점진적 근육이완법 안내 그리고 통제, 즉 이완에 대한 안내 없음)으로 나누어 배치되었다. 통제집단은 점수에서 변화를 보이지 않았으나 개인 행동이완훈련 훈련 집단은 행동적 불안척도에서 80점 이상의 향상을 보였다. 집단 행동이완훈련 훈련 집단이 두 번째로 높은 변화를 보였고, 개인 점진적 근육이완법 집단과 집단 점진적 근육이완법 집단이 그 뒤를 따랐다. 맥박 수와 관련해서는 어떤 집단에서도 유의미한 변화가 보이지 않았다.

Lindsay 등(1994)은 행동이완훈련 이후 단서 통제(cue control) 단어만 제시해도 이완 반응을 유발하는 데 사용될 수 있는지를 살펴봄으로써 행동이완훈련의 임상적 가능성을 더욱 심도 있게 평가하였다. 그들은 중도 지적장애 진단을 받은 5명의 성인을 대상으로 하였다. 모든 참여자는 왔다 갔다 서성거리기, 한 말 집요하게 반복하기, 소리 지르기, 다른 사람들 피하기, 과도한 활동하기 등 다양한 불안 증상을 보였다. 단일사례연구법을 통해 각 참여자를 대상으로 네 가지의 조건을 적용하고 비교하였다. 그 네 가지 조건은 기초선(의자에 앉아 있기), 단서 통제만 하기(상담자가 '조용히, 가만히'라고 말하기), 행동이완훈련을 받고 동일한 단서 통제 단어를 여섯 번째 훈련 세션에 추가한 후 다시 단서 통제만 제공하기였다. 각 조건마다 참여자는 단순한 임무를 수행하도록 요구되었고, 주어진 활동을 하는 동안과 그 후의 모습은 비디오 녹화가 되었다. 행동적 불안척도를 통해 다시 불안과 이완 수준을 측정하였고, 임무를 수행하는 데에 사용된 시간 또한 추가적으로 기록되었다. 모든 참여자는 행동이완훈련을 하는 동안 임무 수행 시간이 유의미하게 증가하였고 그 이후의 단서 통제 단계에서도 그 수준이 유지되었다. 하지만 기초선 시기와 행동이완훈련 습득 이전에 이루어진 첫 단서 통제만 제공된 단계에서는 활동 수행 시간에 차이가 나타나지 않았다. 행동적 불안척도 점수는 동일했으며, 행동이완훈련 이후와 그 훈련 이후에 이루어진 단서 통제만 제공된 회기에서만 불안 점수가 감소되었다.

두 개의 추가 연구는 행동이완훈련이 보다 구체적인 인지 수행에 주는 영향을 평가하였다(Lindsay & Morrison, 1996; Morrison & Lindsay, 1997). 첫 번째 연구에서 연구자들은 활동 수준과 불안에 대한 영향 외에도 행동이완훈련이 영향을 미치는 요소들을 평가해야 할 필요성을 제기하였다. 10명의 중등도-중도 지적장애 성인으로 구성된 두 개의 집단은 집단 행동이완훈련 처치 집단과 조용히 독서하는 통제집단으로 나뉘었다. 각 집단은 단기기억(숫자 폭)와 장기기억(일반 정보) 그리고 집중(우연학습 과제)을 측정하는 척도들로 훈련 전후에 측정되었다. 각 척도는 연구자들이 연구의 목적을 위해 직접 개발한 것들이었다. 행동이완훈련 그룹은 단기기억과 집중에서 향상을 보였지만 장기기억에서는 그렇지 않았다. 이것은 불안이 기억과 주의집중에 미치는 영향에 대해 기존에 밝혀진 바(Eysenck, 1982)와 일치한 결과였다.

후자 연구의 경우, Morrison과 Lindsay(1997)가 첫 번째 연구를 반복하고 확장한 것으로, 중등도 지적장애 진단을 받은 30명의 성인을 대상으로 확장 연구하였다. 참여자는 행동이완훈련을 제공받은 실험집단과 플래시보 처치를 제공받은 집단 중 하나로 배정되었다. 그 결과, 또다시 단기기억과 우연학습 과제가 행동이완훈련 이후 향상되는 것으로 나타났고, 장기기억에는 변화가 없었다. 추가적으로, 행동이완훈련 그룹에 있었던 참여자들은 개정판 Zung 불안검사(Zung Anxiety Inventory)에서 낮아진 점수를 보고하였다.

단일사례설계 연구로 아스퍼거(Asperger) 증후군 청소년의 문제행동에 대한 행동이완훈련(BRT)의 효과를 중재를 제공하지 않는 기간과 비교했을 때, 매 주당 문제행동의 발생이 55% 감소한 것으로 나타났다(Concors & Ciasca, 2003). 연구 참가자는 학교 일과 시간 중 행동이완훈련을 수행한 학생이었고, 이 치료 효과를 실험하기 위하여 기본적 강화조건과 교대로 몇 주간 세션을 진행했다. 그가 문제행동을 보인 기간의 비율은 행동이완훈련 단계에서 평균 44%에서 20%로 감소하였다.

실험적 통제가 있는 최종 연구는 간질과 최중도 지적장애로 진단된 6세 아동에게서 발작 빈도와 과호흡 문제에 대한 긍정적인 보상과 신속한 철회로 행동이완훈련 효과를 조사한 것이다(Kiesel, Lutzger, & Campbell, 1989). 과호흡은 전형적으로 치료 전에 발작을 보이고 그 후에 나타난다. 치료 효과는 여러 가지 환경(가정과 학교)에서 다양한 연구 설계를 사용하여 평가되었다. 행동이완훈련 후, 과호흡과 후속 발작 빈도는 모두 50% 이상 감소했다. 6개월 추적 조사 결과 치료 효과가 유지됨이 입증되었다.

실험적 통제가 없는 다른 연구에서도 긍정적인 결과가 나타났다. 몇몇 연구자들은 이완 과정으로서 행동이완훈련의 효과를 검토하였으며, 축약된 점진적 이완기법과 비교 연구를 했다(예: Lindsay & Baty, 1989; Lindsay, Richardson, & Michie, 1989; Lundervold, 1986). 그러나 이들 연구에서는 휴식을 취하거나 1:1 관심을 받는 것과 같은 것을 통제하는 등, 이완훈련에서 필요한 통제 조건을 적용하지 못하였다. 또 다른 연구에서는 각 환자를 대하여 3시간 미만으로 행동이완훈련 습득 훈련을 진행한 3가지 사례와 이 사례에서 자기자해 및 침략 빈도 감소에 대한 행동이완훈련의 장점을 연구한 보고서도 있다(Paclawskyj, 2002). 이러한 사례연구들은 행동이완훈련 습득 성취에 대한 잠재적 예측요인의 후속 연구를 이끌어 냈다(〈표 5-2〉 참조). 또 다른 연구는 최중도 지적장애 참가자의 집중력과 긍정적인 정서를 평가하고, 스누젤렌 룸(감각치료 공간)에서의 이완 효과를 비교한 것도 있다. 행동이완훈련과 스누젤렌 룸은 모두 치료 과정에서 몰입 즐거움과 집중력이 향상되었지만, 스누젤렌 룸이 더 큰 이완 효과를 보였다(Lindsay, Pitcaithly, Geelen, Buntin, Broxholme, & Ashby, 1997). 기타 연구에서는 행동이완훈련이 공포증(Lindsay, Michie, Baty, & Mckenzie, 1988)과 만성 두통(Michultka, Poppen, Blanchard, 1988)에 효과적인 것으로 나타났다. 이는 사례연구로 수행되었으며 불안 관련 행동을 치료하는 행동이완훈련의 다양한 사례연구도 수행되었다.

케네디 크리거 병원의 신경행동치료병동(Kennedy Krieger Institute Neuro-behavioral Unit)의 외래 및 입원 프로그램에서 우리는 지난 7년 동안 29명의 환자를 대상으로 클리닉 기반 서비스, 입원 치료로 의뢰된 불안 행동을 다루는 행동이완훈련을 실시했다. 이들은 자해, 공격성, 다른 문제행동이 공존하는 환자이다. 행동이완훈련을 받은 환자는 다음과 같은 세 가지 다른 영역에서 의뢰되었다. (1) 환자에게 훈련이 적절하다고 임상적으로 판단한 현재 치료자 의견, (2) 신경행동치료병동에 내원하는 외래 및 입원 환자에 대한 스크

표 5-2 지적장애인 대상 BRT 연구 개관

저자	연구설계	수	목표	나이	지적장애 수준	측정도구	결과	사후관리
Linsday & Baty, 1986	사례연구	3	불안, 동요	41~55	중등도, 중증	BAS(Behavior Anxiety Scale; 행동 불안 척도), 맥박수	BAS 점수 감소, 2/3 사례의 맥박수 감소	없음
Lundervold, 1986	AB설계	1	동요	32	경도	이완 자세 빈도, 자기-지시 수정 빈도, 평균 전두근 EMG	% 이완 행동 증가, 수정 지시 증가, EMG 미변화	없음
Lindsay, Michie, Baty, & McKenzie, 1988	AB설계	2	개 공포증	26~42	경도, 중증도	긍정적/부정적 접근 빈도와 개를 치워 달라고 요청하는 빈도	혼합 중재접근이 공포증을 감소	없음
Michultka, Poppen, & Blanchard, 1988	AB설계	1	두통	29	중증	두통 호소 빈도 및 진통의 소모, BRS	절반으로 감소한 두통, 절반으로 감소한 진통제 소비, BRT 능숙도 향상	2개월
Kiesel, Lutzker, & Campbell, 1989 CONTROLLED STUDY	단일사례/중다기초선	1	발작, 과호흡	6	최중도	발작 및 과호흡 빈도	수정된 BRT 기법에 의한 발작과 과호흡 두 가지 감소	6개월
Lindsay & Baty, 1989	두 가지 치료 집단	20	초조, BRT와 PR 비교	30~69	중증도, 중증	BAS, 맥박수	중요한 변화 집단 내/간, BRT는 PR보다 더 효과적, 맥박수의 변화 없음	없음
Lindsay, Baty, Michie, & Richardson, 1989 CONTROLLED STUDY	통제 집단 포함	50	불안, 집단 대 개인 치료 비교, BRT와 PR 비교	25~51	중증도, 중증	BAS, 맥박수	PR에 비해 BRT가 효과적, 어느 집단에서도 맥박수 비율 변화 없음	없음
Lindsay, Richardson, & Michie, 1989	두 가지 치료 집단	20	불안, 발작, BRT와 PR 비교	25~51	중증도, 중증	발화, 불안 변화, 불안의 4점 리커트 척도	BRT는 측정에서 급격한 향상을 보임, 그러나 점수는 사후 조건과 유사	2주

Lindsay, Fee, Michie, & Heap, 1994 CONTROLLED STUDY	하위요소 분석을 활용한 단일 사례연구	5	불안, 동요, 집중, 단서 통제의 효과성	29~48	중증	BAS, 과업행동	이완 빈도, 숫자외우기와 BRT에 대한 형식적 수행 향상, BRT의 단서-통제	없음
Lindsay & Morrison, 1996 CONTROLLED STUDY	플라시보 통제집단 포함	20	단기와 장기 기억	성인	중등도, 중증	BAS, 숫자외우기, 우연 학습, 일반적 지식 검사	숫자외우기와 우연학습 결과는 향상됨, 일반적 지식 검사 결과는 차이 없음	없음
Lindsay, Pitcaithly, Geelen, Buntin, Broxholme, Ashby, 1997	교차검증	8	집중력, 훈련 과정 몰입	23~62	최중도	과업행동, 반응에 대한 리커트 척도	치료적인 측면과 몰입 측면에서 모두 BRT는 스누젤렌 룸(감각 치료 공간)보다는 낮은 효과를 보임	없음
Morrision & Lindsay, 1997 CONTROLLED STUDY	플라시보 통제집단 포함	30	불안, 인지적 수행	28~53	중등도	Zung 불안 척도, 숫자외우기, peg와 board 검사, 일반적 지식 검사	Zung 불안 척도의 유의한 감소, 숫자외우기와 peg board 과업의 향상, 일반적 지식의 변화 없음	없음
Lindsay, Black, Broxholme, Pitcaithly, & Hornsby, 2001	4가지 치료 집단	8	긍정적, 부정적 의사소통	23~62	중증	리커트 척도에 대한 5점 정적변수, 부적변수	Snoezelen과 BRT의 긍정적 대화 향상, 부정적 대화에 덜 효과적	없음
Paclawskyj, 2002	AB 설계	3	BRT 습득, 자기-상처, 분노	6~14	경도, 중등도	문제행동 빈도	습득 〈3시간〉 80% 자해와 공격행동 감소	없음
Paclawskyj & Yoo, 2006	2가지 교육 중재 집단	19	BRT 습득	6~32	경도, 중등도, 중증	80% 기준 BRS 습득	구조화된 교육절차는 훈련받지 않은 행동에 대해서도 일반화 효과가 있음. 두 집단 간의 교육시간은 차이가 없음.	없음

리닝 절차, (3) 병동의 정신과 의사 소견.

우리 기관에서 2년간 행동이완훈련을 진행하면서 관찰한 바에 따르면, 행동이완훈련 절차에서 특히 10가지 활동들을 정해진 순서 없이 훈련을 진행하면 매우 가르치기 어려웠다. 이 10가지 활동은 미세근육 운동 기술(예: 눈을 살짝 감고 있는 것)과 대근육 운동 기술(예: 쿠션이 있는 의자의 등받이에 몸통을 접촉한 상태로 유지)을 같이 수행해 보는 활동들이다. 그러므로 상담자는 10가지 활동을 구조화된 순서대로 대근육-미세근육 활동으로 하도록 지시하였다. 즉, 몸통, 머리, 어깨, 발, 손, 목, 입, 눈, 호흡, 정지.

우리의 데이터에 따르면 구조화된 훈련 순서로 가르치면 습득에 있어 상당한 향상을 보였다(Paclawskyj & Yoo, 2006). 10명의 환자들은 구조화된 순서를 사용하여 가르쳤고, 9명 환자는 특정한 순서 없이 가르쳤을 때, 무작위로 가르친 환자 중에서 두 명은 행동이완훈련을 습득하지 못했다. 우리 환자 집단의 가장 큰 하위 집단(47%)은 중등도 지적장애이며, 경도 지적장애(37%), 중증 지적장애(11%)와 '달리 진단되지 않는 지적 장애'(5%)로 구성되었다. 환자들은 2~10분 동안 행동이완훈련을 배웠고, 3회 연속 최소 80%의 행동 준거를 충족하면 습득한 것으로 정의하였으며, 습득을 위하여 12~520분(평균 124분)의 훈련 시간이 걸렸다. 순서대로 훈련받은 환자들이 훈련받지 않은 행동에 있어 무작위로 훈련받은 환자들의 행동보다 더 일반화된 경우가 많다(평균 4개 대 평균 1개). 즉, 체계적인 순서대로 훈련을 하면 6/10개의 반응으로 가능하다. 그러나 총 훈련 필요 시간은 차이가 없었는데 이는 참가자들의 연령과 기능 수준이 영향을 미치는 것으로 볼 수 있다(Paclawsk & Yoo, 2006).

이후로 8명의 환자들이 추가로 훈련을 받았다. 비록 집단이 작고 같은 수는 아니었지만, 성공집단과 실패집단 간의 두 배 이상의 차이를 설명하는 변수들이 존재하였다. 큰 차이는 환자의 진단명에 있었다. 실패집단의 환자 집단에서 총 78%가 고 기능(경도 지적장애 혹은 비 지적장애)이었지만, 성공집단에서는 25%만이 이 범위에 있었다. 또한 실패집단에서는 성공집단보다 상당히 많은 환자가 ADHD(78% 대 35%) 및 양극성 장애 (56% 대 5%)로 진단되었다. 그러나 성공집단에서는 50%, 실패집단에서는 11%가 정신과적 질환 진단을 받지 않았다. 이러한 데이터를 종합하면 성공 집단을 예측하는 변수에 대한 예비적인 가설을 세울 수 있다. 종합적인 치료를 받은 환자, 경도에서 중등도 지적장애 환자, 임상적으로 심각한 수준 이상의 과잉 행동 혹은 기분장애가 없는 환자 등에게 행동이완훈련 효과가 잘 나타난다(Paclawskyj, 출판 준비 중).

미비한 실험 통제 조건 외에도 행동이완훈련 효과에 대한 기존 연구에는 여러 한계점이 존재한다. 특히 후속 효과를 보이는 3개 데이터만 수집하였고, 일반화를 할 수 없는 작은 표본 크기를 사용하며, 이완과 다른 표적 행동을 평가하는 데 외부 평가자가 참여하지 않았으며, 3개의 연구에서만 위약 대조군을 사용했으며, 한 연구에서만 확실히 이완 반응을 측정할 수 있는 생리학적 데이터를 제공하였다. 이러한 한계점들은 행동이완훈련이 증거기반 실제로 인정받기 위하여 앞으로 점차적으로 극복되어야 한다.

행동이완훈련 치료 기법에 대한 개관

행동이완훈련

행동이완훈련 기간은 참가자의 필요에 따라 개별화된다. 장시간 앉아 있을 수 있는 사람들을 위해 일반적으로 10분 세션을 훈련 목표로 설정한다. 그러나 장시간 앉아 있기 어려울 경우 1분 이내로 단축할 수 있다. 여기서의 개관은 우리 신경행동치료병동 프로그램에서 진행되는 구조화된 훈련이다. 다른 접근법은 Poppen(1988)을 참조하도록 한다.

행동비율척도(BRS)

행동비율척도는 Schilling과 Poppen(1983)이 개발한 기록 시스템으로 Poppen(1988)에 소개되어 있다. 각 행동의 유무가 총 10분 동안 1분 간격으로 기록된다. 첫 30초 동안 관찰자는 호흡 빈도를 기록한다. 다음 15초 동안 관찰자는 환자를 머리에서 발까지 관찰한다. 마지막 15초 동안 관찰자는 10개의 이완 행동 여부를 기록한다. 10가지 이완 행동 각각에 대해 빈도 구간 수를 총 구간 수로 나누어 비율을 계산한다. 이완 행동 비율은 10가지 행동 각각에 대해 계산되며, 전체에 걸쳐 평균을 내어 총 백분율 이완 점수를 얻는다. 10가지 행동 모두에서 중다준거 설계를 사용하여 데이터를 그래프로 작성한다(설명은 Kasdin, 1982 참조). 전체 백분율 이완 행동 점수를 그래프에 표시하여 전체적인 진전도를 측정할 수 있다.

사전 기초선

상담자는 환자에게 훈련에 사용될 의자에 앉으라고 지시한다. 다음으로 상담자는 환자에게 긴장을 풀도록 지시하고, 다른 지시사항이나 피드백을 주지 않는다. 각 세션은 환자에게 긴장을 풀라고 지시한 시점에서 시작해서 환자가 의자에서 일어서거나 10분 구간이 지나면 끝나게 된다. 자리에 앉아 있는 시간과 행동기록척도(BRS)의 이완/비이완 행동 유무를 모두 기록한다. 기초선 단계는 세 세션에 걸쳐서 행동이 안정화되거나 각 행동이 낮아지는 추세를 보일 때까지 진행된다. 평균적인 착석 시간은 행동이완훈련 교육 세션의 길이를 계산하는 데 사용된다. 기초선 목표는 10분과 실제 앉아 있는 시간의 반올림 시간(분 단위) 중에서 보다 더 긴 시간으로 결정한다. 점차 훈련을 하면서, 전체 착석 시간은 최소 5분 이상으로 증가될 수 있다.

훈련

기초선 단계 동안 참가자가 이미 이완 행동을 제대로 수행하는 경우에는 해당 행동에 대한 공식적인 훈련을 다시 하지 않는다. 상담자는 참가자가 나머지 행동들을 훈련하는 동안 계속해서 적절히 행동을 하는 것에 대하여 칭찬을 하도록 한다. 일반적으로 각 행동에서 80%의 정확성 비율로 습득할 때까지 한꺼번에 2~3개 행동을 훈련한다. 개개인의 습득도 수준에 맞추어 더 많거나 더 적은 행동을 훈련할 수 있다. 10가지 행동에서 평균 80%의 정확성 비율로 습득할 때까지 행동 세트를 지속적으로 훈련하도록 한다. 훈련은 다음의 순서대로 수행한다. 몸통, 머리, 어깨, 발, 손, 목, 입, 눈, 호흡, 정지.

기법 훈련은 전형적으로 상담자/참가자 연맹 모델과 적은 단서–많은 단서의 위계를 통해서 진행된다. 상담자/참가자 연맹 모델은 상담자가 참가자들의 모델링 대상이 되는 동시에 각 회기 운영 상의 부담을 줄이는 단서를 제시하는 작업을 하는 것이다. 즉, 회기 진행에서 문제행동을 일으켜서 부담을 주었던 참가자에게 상담자가 회기 진행에서 적응적인 행동을 하는 다른 참여자(연맹)를 가르치는 것을 보여 줌으로써 회기 운영에 부담이 되지 않도록 하는 것이다.

첫째, 상담자는 연맹 참가자에서 정확한 반응을 모델링하도록 요청한다. 상담자는 일련의 언어적 · 신체적 지시와 단서를 통하여 참가자가 정확한 행동을 하도록 안내한다. 대부분의 참가자는 이완훈련의 목표를 이해하지 못하기 때문에 외적인 강화물을 사용하는 것이 기술 습득의 초기 단계에서 필요하게 된다. 조사를 통하여 확인된 가장 강력한 강화물을 훈련 중인 세트 전체에서 80% 이상 정확한 이완행동을 보이는 세션 이후에 참가자에게 주도록 한다. 참가자가 3회 세션을 연속해서 80% 이상 정확성 반응 보이면 훈련을 마치게 된다. 마지막으로, 참가자가 장소나 세팅을 바꾸어 가며 행동이완훈련을 수행할 수 있는지를 확인하는 '일반화' 회기를 진행하도록 한다. 이후에 집단 참가자의 보호자(부모)가 언제든지 적절한 시간에 집단 참가자가 행동이완훈련을 수행하도록 지시하는 관리 훈련을 받으면 전체적으로 훈련이 완료된 것으로 본다.

기법의 적용

행동이완훈련은 다른 이완훈련 방법들과 함께(Luiselli, 1980) 세 가지 상황에서 치료적 가능성을 갖는다. ① 스트레스 반응의 예방, ② 단서 통제 완화(cue-controlled relaxation), ③ 스트레스 상황에 대한 대안적 반응. 예방의 차원에서 행동이완훈련은 비수반적 계획(noncontingent schedule, 예: 매 3~4시간)에 따라 혹은 스트레스를 유발하는 활동(예: 치과 방문)의 시작 직전에 수행될 수 있다. 단서 통제를 활용하여 '휴식할 시간이다.'와 같은 특정 단어나 문구는 이완된 상태와 연합되며, 시간이 흐르면서 그 문구만으로도 이완 반응을 이끌어 낼 수 있게 된다. 이것은 내담자가 그 문장을 반복할 때나 양육자가 휴식을 취하도록 신호를 줄 때 효과적일 수 있다. 마지막으로 행동이완훈련은 익숙한 자극이나 불분명한 선행조건에 대한 반응으로 발생하는 불안이나 안절부절 못하는 증상이 발생할 때 조건적으로 활용할 수 있다.

지적장애인에게 관찰 가능한 이완 반응을 이끌어 내는 데 행동이완훈련이 가진 입증된 효과를 고려한다면, 공격성과 자해와 같은 행동문제를 수반하는 불안을 다루는 데 행동이완훈련의 사용을 확대시킬 수 있을 것으로 보인다(Luiselli, 1980; Schroeder, Peterson, Solomon, & Artley, 1977). 행동 중재의 다른 측면들은 일반적으로 문제행동의 유지와 연관되는 결과를 목표로 삼지만, 때로 문제행동을 수반하며 반복되는 중재에 덜 민감해지도록 만드는 불안과 각성에 대해서는 다루지 않는다. 생리적 각성은 개인으로 하여금 보다 더 최상의 수준의 자극을 찾게 만드는 결과를 낳는다(Baldwin & Baldwin, 1986). 이러한 경향을 부적응적인 행동에 적용하였을 때 이는 개인이 불쾌한 사건으로부터의 자극을 피하려는 시도를 더 하게끔 하는 결과를 가져올 수 있다. 예를 들어, 선호하지 않는 과제를 피하는 것은 개인이 불안하거나 자극을 피하고자 할 때 더 심화될 수 있다. 그러므로 부적응적인 행동을 할 가능성은 이러한 내적 상태와 함께 심각하게 증가될 수 있다. 조작적인 기법과 반응적인 절차를 결합할 수 있는 전략은 개인이 그들의 내적 상태를 조절하는 데 도움을 주는데, 이는 표준화된 치료 전략에 반응하지 않는 개인의 행동 중재의 효과성을 향상시키는 데 상당한 가능성을 가진다.

사례

다음의 사례는 케네디크리거 병원의 신경행동치료병동(Kennedy Krieger Institute Neurobehavioral Unit)에 입원했거나 외래진료를 받고 있는 심각한 문제행동과 정신질환 치료 대상인 세 명의 환자에게 적용한 행동이완훈련 효과의 예시이다. 첫 번째 환자는 경도 지적장애와 틱장애를 가진 청소년으로 행동이완훈련을 통해 빈도에 있어 초기에 감소를 보였으며, 이후 행동적 절차가 더해졌을 때 큰 감소를 보였다. 두 번째 사례는, 중도 지적장애와 자폐증을 가진 청소년의 부적응적 행동에 대한 성공적이지 않은 행동 중재의 후속

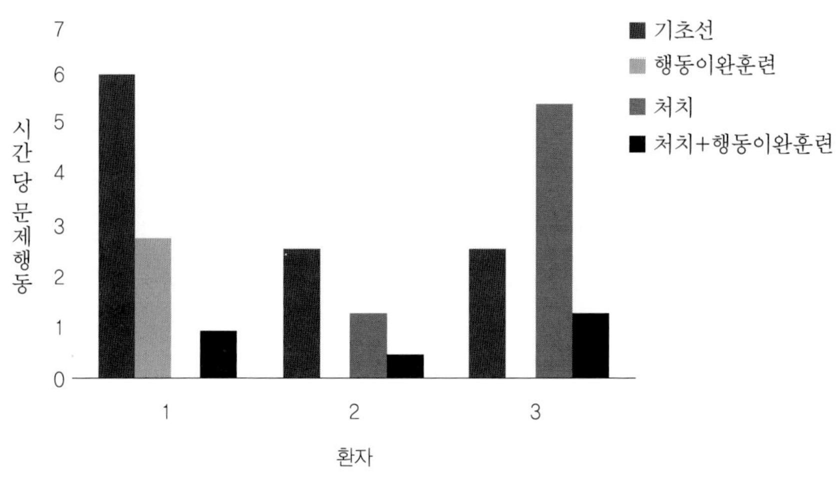

[그림 5-1] 문제행동의 사전-사후 평균

으로 행동이완훈련이 주어진 경우로, 연합된 치료는 문제행동의 성공적인 감소를 가져왔다. 심각한 지적장애와 자폐증으로 진단된 마지막 환자의 경우에는, 세 가지를 동시에 비교해 보았을 때, 처치 이전과 단독으로 행동적 개입이 이루어졌을 때보다 행동이완훈련이 종합적 행동 개입에 추가되었을 때 자해, 공격성, 파괴적 행동 횟수가 크게 감소하였다.

각 사례는 다음에 자세히 설명되어 있다.

내담자 1(M)

M은 15세 남자아이로 이전에 경도의 지적장애와 틱장애, 강박장애로 진단되었다. M은 일상생활의 사회적 교류와 참여를 방해할 정도로 뚜렷한 운동성 틱을 나타내었다.

기저선: M은 상담자와 있을 때 상담실(session-room)의 일방경(one-way mirror)을 통하여 관찰되었으며 회기 내 10분 정도 선호하는 매체를 사용하였다. M이 대화에 참여하지 않으면 상담자는 30초마다 간략한 언어 주의(verbal attention)를 제공하였다.

행동이완훈련: M이 회기의 10분 동안 행동이완훈련에 참여하도록 지시한다. 만약 그가 움직이면 편안한 자세로 되돌아가도록 독려되었다.

행동이완훈련+처치(treatment): M은 회기 기간에 행동이완훈련에 참여하며, 30초 간격으로 틱이 없는 시간과 좋아하는 비디오를 볼 수 있는 시간을 교환하는 토큰을 벌 수 있다. 결합된 중재(combined intervention)는 회기 기간에 틱 확률을 84% 감소시켰다([그림 5-1] 참조).

내담자 2(A)

A는 15세 여자아이로 중도의 지적장애, 자폐성 장애, 자해를 동반한 상동

증적 운동장애(stereotypic movement disorder), 파괴적 행동장애(disruptive behavior disorder NOS)로 진단되었다. A는 자해, 공격성, 파괴적 행동(물건 던지기, 가구 때려 부수기)을 나타냈다. 부모의 보고에 따르면 A는 엄마가 집안일을 할 때 높은 횟수의 부적응적 행동과 짜증을 보였다.

기저선: A와 엄마가 방에 함께 있는 상황으로, 그녀의 엄마는 청소나 물건 정리하기 등 다양한 집안일을 하고, A는 인형을 갖고 놀도록 지시되었다. A가 부적응적 행동을 하면, 그녀의 엄마가 A에게 5~10초의 주의(예: "하지 마.")를 주었다. 회기는 5분 정도였으며, 두 명의 상담자가 일방경 너머로 A와 그녀의 엄마를 관찰하였으며, 데이터는 노트북을 통하여 수집되었다. 집안일에 대한 기저선 평가는 A의 부적응적 행동에 대한 기능분석의 일환으로 수행된 것으로 부적응적 행동이 가장 높게 나타난 상태를 가리킨다.

처치: 기능분석 결과, 그녀의 행동이 어머니가 집안일을 중단하는 결과를 보여 주고 있어, 초기 행동적 중재로 적절한 커뮤니케이션(기능적 커뮤니케이션 훈련)을 위한 대체행동이 선택되었다. A는 집안일 중단을 요청할 때 "그만해 주세요."라고, 관심이 필요할 때는 "저에게 말해 주세요."라고 말할 수 있도록 훈련받았다. 그녀의 엄마가 집안일을 하는 회기가 시작되었다. 만약 A가 "그만해 주세요."라고 말하면, 그녀의 엄마는 30초 동안 일을 멈추었다. 만약 A가 "저에게 말해 주세요."라고 말하면, 그녀의 엄마는 관심을 기울이지만 일을 멈추진 않았다. 어떤 부적응적 행동이 일어나도 엄마는 무시하였다. 회기들은 5분 간격으로 진행되었다. 이 단계는 A의 부적응적 행동의 횟수와 강도가 증가하였던 2회기 뒤에 종결되었다.

처치 + 행동이완훈련: 이 단계에 앞서, 한 번에 10분 동안 행동이완훈련에 참여하도록 교육받았다. A는 36번에 걸친 10분 동안의 행동이완훈련 후에 숙달도 기준을 충족하였다. 처치 단계가 소개되었고, 회기는 각 5분의 처치 회기 이전에 10분간의 행동이완훈련 회기가 수행된다는 것을 제외하고는 초기의 처치와 동일하였다. A의 부적응적 행동은 결합 처치가 진행되었을 때

83% 줄어들었다([그림 5-1] 참조).

내담자 3(F)

F는 9세 남자아이로 이전에 심각한 지적장애, 자폐증, 자해행동을 동반한 상동증적 운동장애, 파괴적 행동장애로 진단되었다. F는 자해, 공격성, 짜증과 파괴적 행동을 보였다. 신경행동병동 입원치료 프로그램에서 전반적인 기능분석으로 학업 과제 이탈과 중요 과제 접근을 포함하여 그의 문제행동의 다양한 기능을 확인하였다.

기저선: 이 기간에 상담자는 F와 작업하며 9:00~4:00 사이에 그가 보이는 부적응적인 행동에 대해 처치 이전의 표준적인 강화 체계들(contingencies)을 알아냈다. 이러한 강화 체계들에는 부적응적 행동에 대해 언어적 주의를 기울이는 것, 부적응적 행동을 나타낼 때 과제 이탈을 허용하는 것, 거절당한 요청에 이어지는 부적응적인 행동에 대하여 선호하는 물품에 대한 접근을 허용하는 것이 포함된다. 이러한 강화 체계들은 부적응적 반응을 강화시키는 경향이 있어 부적응적 행동을 촉진시키는 요인과 그 결과를 빠르게 확인할 수 있게 한다.

처치: 전반적인 처치는 F의 커뮤니케이션 결함을 다루고 그가 언제 선호되는 활동 대 비선호되는 활동이 일어나는지를 이해하도록 돕기 위해 환경을 구조화하도록 개발되었다. 기능적 커뮤니케이션 훈련(F에게 원하는 물품을 요청하도록 가르치기), 일정표 사용하기, 선호 물품 허용 일정 짜기, 부적응적 행동을 막거나 무시하기 등 구체적인 요인들이 포함되었다.

행동이완훈련+처치: 언급된 처치 구성요인에 추가하여, F는 동요 반응(예: 울기, 소리 지르기, 귀 막기) 출현 여부에 따라서 약 5분여의 행동이완훈련에 참여하였다. F는 행동이완훈련이 포함된 처치에서 기저선 또는 행동이완훈련 없이 처치만 이루어진 때보다 부적응적 행동이 적게 나타났다. F는 행동이완훈련 처치 초반에는 동요행동을 보였으나, 두 달 안에 자기이완을 시작하였고 행동 획득이 지속되었다.

논의

요약

행동이완훈련은 지적장애인들이 가진 다양한 문제와 염려에 대한 중재로서 엄청난 가능성을 지니고 있다. 이완훈련 방법은 기능 수준에 따라서 구조화된 형식으로 개인에게 가르칠 수 있다. 행동이완훈련은 불안과 주의력 결핍, 부정적 내적 상태에 의하여 악화된 부적응적 행동 가능성을 최소화하기와 같은 정신질환 증상을 개선하기 위하여 적용되었으며, 구체적인 의학적 증상을 관리하는 데 목적을 두며, 특정한 스트레스 요인에 노출되는 동안 평안한 상태를 유지하도록 한다. 이는 앞으로 일어날 부정적 사건에 개인이 대처할 수 있도록 돕는 자기관리 도구로서 사용될 수 있는 행동 개입 중 하나이다. 결론적으로, 행동이완훈련은 높은 사회적 적합성과 삶의 전반적인 질을 향상시킬 가능성을 지닌 개입이라고 볼 수 있다.

권고

지적장애인의 행동이완훈련에 관한 연구는 방법론 측면에서의 발전뿐 아니라 더욱 확장될 수 있는 큰 가능성을 지니고 있다. 첫째, 사례 보고 자료는 흥미로운 임상적 질문을 던지기는 하지만, 단일 사례 설계를 통한 치료 효과의 타당성 입증은 임상적 영향과 목표행동의 범위를 더욱 확장시킬 것이고, 통제집단을 활용한 연구방법을 통해 추가적인 설명과 타당성이 더욱 입증될 수 있을 것이다. 집단 설계를 이용한 어떤 연구든 상담자의 주의, 의자에 앉아 휴식을 취하는 것, 정해진 일상에서 벗어난 활동과 같은 교란 변수를 설명할 수 있는 플래시보 통제를 포함시켜야 한다. 만약 다른 활동들이 이완 반응을 유도할 가능성이 있다면[예: 스노젤렌실(Snozelen Room, 다감각치료실], 상대적 비용에 대한 치료 효과와 시간이 탐색되어야 한다(Luiselli, 1980). 또한 일반화와 추수 자료는 다양한 상황에서, 훈련되지 않은 양육자들에게, 시간의 흐름에 따른 행동이완훈련의 활용 가치에 대하여 더욱 확정적인 결정을 내릴 수 있게 할 것이다.

행동이완훈련에서 존재하는 효과에 관한 자료에서 탐색해 볼 만한 특정 요소 한 가지는 기술의 성공적인 획득과 실행을 예언하는 변수의 증명이다. 몇몇 파일럿 연구(Paclawskyj, 준비 중)가 존재하지만 잠재적 변수의 증명은 상담자가 성공할 가능성이 낮은 중재에 소비하는 시간을 줄일 수 있도록 한다는 측면에서 임상적 효용성을 가져다준다. 나아가 음악이 있거나 없는 경우, 환경 조명 등과 같은 지지 전략을 포함한 훈련 과정의 일반화는 상담자들에게 더욱 효과적인 결론에 도달할 수 있도록 할 것이다.

평가 관련 연구와 공격성과 자해와 같은 문제행동 치료 또한 목표된 반응 행동에 대한 개입이 포함되어 있는 경우 확장될 수 있는 가능성을 지니고 있다. 부적응 행동과 함께 나타나는 높은 수준의 불안은 행동이완훈련을 치료에 포함시켜 다룰 수 있다. 반면, 불안이 동반되지 않는 부적응 행동은 조작적 기술이 단독으로 쓰이는 경우에는 지속적으로 반응적일 수 있다. 이러한 연구는 행동이완훈련을 문제행동과 그 전조를 예측하는 것과 관련하여 불규칙 또는 규칙적 스케줄에 따라 실행할 때 가능한 차이와 영향에 대해서도 연구가 가능하다.

마지막으로 원격측정(telemetrics) 분야는 바이탈 사인(vital sign)과 같은 변수를 멀리서도 모니터하는 기술이 사용될 수 있기 때문에 이완훈련과 관련된 일반 신체에 관한 연구에 많은 도움을 줄 수 있다. 모니터는 침투적이지 않으면서 지속적인 바이탈 사인 측정을 가능하게 하도록 옷 안에 삽입한다(Goodwin, Velicer, & Intille, 2008). LifeShirt(Vivometrics, Inc.) 하는 기술은 자폐 아동의 스트레스 반응을 평가하는 데 있어 효과성이 이미 증명되었다(Goodwin et al., 2006). 이 분야가 지속적으로 발전하면서 행동이완훈련과 같은 중재 효과의 타당 가능성은 지적장애 증상을 보이는 이들에게 있어 큰 이득이 되고 있다.

참고문헌

Aikens, J. E., Kiolbasa, T. A., & Sobel, R. (1997). Psychological predictors of glycemic change with relaxation training in non-insulin-dependent diabetes mellitus. *Psychotherapy and Psychosomatics, 66,* 302-306.

American Academy of Child and Adolescent Psychiatry (AACAP). (1999). Practice parameters for the assessment and treatment of children, adolescents, and adults with mental retardation and comorbid mental disorders. *Journal of the American Academy of Child and Adolescent Psychiatry, 38,* 5S-31S.

Arndorfer, R. E., & Miltenberger, R. G. (1993). Functional assessment and treatment of challenging behavior: A review with implications for early childhood. *Topics in Early Childhood Special Education, 13,* 82-105.

Association for Behavior Analysis, Task Force on the Right to Effective Behavioral Treatment. (1988). The right to effective behavioral treatment. *Journal of Applied Behavior Analysis, 21,* 381-384.

Baldwin, J. D., & Baldwin, J. I. (1986). *Behavior principles in everyday life.* Englewood Cliffs, NJ: Prentice-Hall.

Bernstein, D. A., & Borkovec, T. D. (1973). *Progressive relaxation training.* Champaign, IL: Research Press.

Blanchard, E. B., Nicholson, N. L., Taylor, A. E., Steffek, B. D., Radnitz, C. L., & Appelbaum, K. A. (1991). The role of regular home practice in the relaxation treatment of tension headache. *Journal of Consulting and Clinical Psychology, 59,* 467-470.

Brandon, J. E., Eason, R. L., & Smith, T. L. (1986). Behavioral relaxation training and motor performance of learning disabled children with hyperactive behaviors. *Adapted Physical Activity Quarterly, 3,* 67-79.

Calamari, J. E., Geist, G. O., & Shahbazian, M. J. (1987). Evaluation of multiple component relaxation training with developmentally disabled persons. *Research in Developmental Disabilities, 8,* 55-70.

Chung, W., Poppen, R., & Lundervold, D. A. (1995). Behavioral relaxation training for tremor disorders in older adults. *Biofeedback and Self-Regulation, 20,* 123-135.

Concors, P. L., & Ciasca, K. M. (2003, May). Behavioral and physiological assessment of Behavioral Relaxation Training (BRT) for a learner with Asperger's Disorder. Poster presented at the annual conference of the Association for Behavior Analysis, San Francisco, CA.

Cooper, J. O., Heron, T. E., & Heward, W. L. (2007). *Applied Behavior Analysis.* (2nd ed.). Upper Saddle River, NJ: Pearson Merrill Prentice Hall.

Craske, M. G., Rapee, R. M., & Barlow, D. H. (1992). Cognitive-behavioral treatment of panic disorder, agoraphobia, and generalized anxiety disorder. In S. M. Turner, K. S. Calhoun, & H. E. Adams (Eds.), *Handbook of clinical behavior therapy* (2nd ed., pp. 39-66). New York: John Wiley & Sons, Inc.

Crews, W. D., Bonaventura, S., & Rowe, F. (1994). Dual diagnosis: Prevalence of psychiatric disorders in a large state residential facility for individuals with mental retardation. *American Journal on Mental Retardation, 98,* 724-731.

Didden, R., Duker, P. C., & Korzilius, H. (1997). Meta-analytic study on treatment effectiveness for problem behaviors with individuals who have menetal retardation. *American Journal on Mental Retardation, 101,* 387-399.

Donney, V. K., & Poppen, R. (1989). Teaching parents to conduct behavioral relaxation training with their hyperactive children. *Journal of Behavior Therapy and Experimental Psychiatry, 20,* 319-325.

Eason, R. L., Brandon, J. E., Smith, T. L., & Serpas, D. C. (1986). Relaxation training effects on reaction/response time, frontalis EMG, and behavioral measures of relaxation with hyperactive males. *Adapted Physical Activity Quarterly, 3,* 329-341.

Eastridge, D., & Mozzoni, M. (2008). Efficacy of behavioral relaxation training for individuals with traumatic brain injury. *Journal of Head Trauma Rehabilitation, 23,* 354.

Eaton, L. F., & Menolascino, F. J. (1982). Psychiatric disorders in the mentally retarded: Types, problems, and challenges. *American Journal of Psychiatry, 139,* 1297-1303.

Eufemia, R. L., & Wesolowski, M. D. (1983). The use of a new relaxation method in a case of tension headache. *Journal of Behavior Therapy and Experimental Psychiatry, 14,* 355-358.

Fecteau, G. W., & Boyne, J. (1987). Behavioural relaxation training with Huntington's Disease patients: A pilot study. *Psychological Reports, 61,* 151-157.

Fletcher, R., Loschen, E., Stavrakaki, C., & First, M. (2007). *Diagnostic manual-intellectual disability: A textbook of diagnosis of mental disorders in persons with intellectual disability.* Kingston, NY: NADD Press.

Freedman, R. L., Sabharwal, S. C., Ianni, P., Desai, N., Wenig, P., & Mayes, M. (1988). Nonneural beta-adrenergic vasodilating mechanism in temperature biofeedback. *Psychosomatic Medicine, 50,* 394-401.

Glick, M., & Zigler, E. (1995). Developmental differences in the symptomatology of psychiatric inpatients with and without mild mental retardation. *American Journal on Mental Retardation, 99,* 407-417.

Goodwin, M. S., Groden, J., Velicer, W. F., Lipsitt, L. P., Baron, M. G., & Hofmann, S. G., et al. (2006). Cardiovascular arousal in individuals with autism. *Focus on Autism and Other Developmental Disabilities, 21,* 100-123.

Goodwin, M. S., Velicer, W. F., & Intille, S. S. (2008). Telemetric monitoring in the behavior sciences. *Behavior Research Methods, 40,* 328-241.

Guercio, J. M., Ferguson, K. E., & McMorrow, M. J. (2001). Increasing functional communication through relaxation training and neuromuscular feedback. *Brain Injury, 15,* 1073-1082.

Harden, A., & Sahl, R. (1997). Psychopathology in children and adolescents with developmental disorders. *Research in Developmental Disabilities, 18,* 369-382.

Harvey, J. R. (1979). The potential of relaxation training for the mentally retarded. *Mental Retardation, 17,* 71-76.

Horner, R. H., Carr, E. G., Strain, P. S., Todd, A. W., & Reed, H. K. (2002). Problem behavior interventions for young children with autism: A research synthesis. *Journal of Autism and Developmental Disorders, 32,* 423-446.

Horner, R. H., Day, H. M., & Day, J. R. (1997). Using neutralizing routines to reduce problem behaviors. *Journal of Applied Behavior Analysis, 30,* 601-614.

International Association for the Scientific Study of Intellectual Disabilities (IASSID). (2001). *Mental health and intellectual disabilities: Addressing the mental health needs of people with intellectual disabilities,* Report to the World Health Organization.

Jacobson, E. (1938). *Progressive relaxation.* Chicago: University of Chicago Press.

Kazdin, A. E. *Single-case research design: Methods for clinical and applied settings.* Oxford: Oxford University Press.

Kiesel, K. B., Lutzker, J. R., & Campbell, R. V. (1989). Behavioral relaxation training to reduce hyperventilation and seizures in a profoundly retarded epileptic child. *Journal of the Multihandicapped Person, 2,* 179-190.

King, B. H., DeAntonio, C., McCracken, J. T., Forness, S. R., & Ackerland, V. (1994). Psychiatric consultation in severe and profound mental retardation. *American Journal of Psychiatry, 151,* 1802-1808.

Lindsay, W. R., & Baty, F. J. (1986). Behavioural relaxation training: Exploration with adults who are mentally handicapped. *Mental Handicap, 14,* 160-162.

Lindsay, W. R., & Baty, F. J. (1989). Group relaxation training with adults who are mentally handicapped. *Behavioural Psychotherapy, 17,* 43-51.

Lindsay, W. R., Baty, F. J., Michie, A. M., & Richardson, I. (1989). A comparison of anxiety treatments with adults who have moderate and severe retardation. *Research in Developmental Disabilities, 10,* 129-140.

Lindsay, W. R., Fee, M., Michie, A., & Heap, I. (1994). The effects of cue control relaxation on adults with severe mental retardation. *Research in Developmental Disabilities, 15,* 425-437.

Lindsay, W. R., Michie, A. M., Baty, F. J., & McKenzie, K. (1988). Dog phobia in people with mental handicaps: Anxiety management and exposure treatments. *Mental Handicap Research, 1,* 39-48.

Lindsay, W. R., & Morrison, F. M. (1996). The effects of behavioural relaxation on cognitive performance in adults with severe intellectual disabilities. *Journal of Intellectual Disability Research, 40,* 285-290.

Lindsay, W. R., & Olley, C. M. (1998). Psychological treatment for anxiety and depression for people with learning disabilities. In N. Fraser, D. Sines, & M. Kerr (Eds.). *Hallas' The care of people with intellectual disabilities* (9th ed., pp. 235-252). Oxford: Butterworth Heinemann.

Lindsay, W. R., Richardson, I., & Michie, A. M. (1989). Short-term generalised effects of relaxation training on adults with moderate and severe mental handicaps. *Mental Handicap Research, 2,* 197-206.

Luiselli, J. K. (1980). Relaxation training with the developmentally disabled: A reappraisal. *Behavior Research of Severe Developmental Disabilities, 1,* 191-213.

Lundervold, D. (1986). The effects of behavioral relaxation and self-instruction training: A case study. *Rehabilitation Counseling Bulletin, 30,* 124-128.

Lundervold, D. A., Belwood, M. F., Craney, J. L., & Poppen, R. (1999). Reduction of tremor severity and disability following behavioral relaxation training. *Journal of Behavior Therapy and Experimental Psychiatry, 30,* 119-135.

Lutzker, J. R., Wesch, D., & Rice, J. M. (1984). A review of 'Project 12-Ways': An ecobehavioral approach to the treatment and prevention of child abuse and neglect. *Advances in Behavior Research and Therapy, 6,* 63-73.

McPahil, C., & Chamove, A. (1989). Relaxation reduces disruption in mentally handicapped adults. *Journal of Mental Deficiency Research, 33,* 399-406.

Michulka, D. M., Poppen, R. L., & Blanchard, E. B. (1988). Relaxation training as a treatment for chronic headaches in an individual having severe developmental disabilities. *Biofeedback and Self Regulation, 13,* 257-266.

Morrissey, P. A., Franzini, L. R., & Karen, R. L. (1992). The salutary effects of light calisthenics and relaxation training on self-stimulation in the developmentally disabled. *Behavioral Residential Treatment, 7,* 373-389.

Morrison, F. J., & Lindsay, W. R. (1997). Reductions in self-assessed anxiety and concurrent improvement in cognitive performance in adults who have moderate intellectual disabilities. *Journal of Applied Research in Intellectual Disabilities, 10,* 33-40.

National Institutes of Health, Consensus Development Panel on Destructive Behaviors in Persons with Developmental Disabilities. (1989). *Treatment of destructive behaviors in persons with developmental disabilities* (NIH Publication No. 91-2410). Bethesda, MD: U.S. Department of Health and Human Services.

Paclawskyj, T. R. (2002). Behavioral Relaxation Training (BRT) with children with dual diagnoses. *The NADD Bulletin, 5,* 81-82.

Paclawskyj, T. R., & Yoo, J. H. (2006). Behavioral Relaxation Training (BRT): Facilitating acquisition in individuals with developmental disabilities. *The NADD Buelletin, 9,* 13-18.

Poppen, R. (1998). *Behavioral relaxation training and assessment* (2nd ed.). Thousand Oaks, CA: SAGE Publications.

Rasid, Z. M., & Parish, T. S. (1998). The effects of two types of relaxation training on students' levels of anxiety. *Adolescence, 33,* 99-101.

Raymer, R., & Poppen, R. (1985). Behavioral relaxation training with hyperactive children. *Journal of Behavioral Therapy and Experimental Psychiatry, 16,* 309-316.

Reese, R. M., Sherman, J. A., & Sheldon, J. (1984). Reducing agitated disruptive behavior of mentally retarded residents of community group homes: The role of self-recording and peer-prompted self-recording. *Analysis and Intervention in Developmental Disabilities, 4,* 91-107.

Rojahn, J., Borthwick-Duffy, S. A., & Jacobson, J. W. (1993). The association between psychiatric diagnoses and severe behavior problems in mental retardation. *Annals of Clinical Psychiatry, 5,* 163-170.

Rush, A. J., & Frances, A. (Eds.). (2000). Expert consensus guideline series: Treatment of psychiatric and behavioral problems in mental retardation. *American Journal of Mental Retardation, 105,* 159-228.

Schilling, D., & Poppen, R. (1983). Behavioral relaxation training and assessment. *Journal of Behavior Therapy and Experimental Psychiatry, 14,* 99-107.

Schloss, P. J., Smith, M., Santora, C., & Bryant, R. (1989). A respondent conditioning approach to reducing anger responses of a dually diagnosed man with mild mental retardation. *Behavior Therapy, 20,* 459-464.

Schroeder, S. R., Peterson, C. R., Solomon, L. J., & Artley, J. J. (1977). EMG feedback and the contingent restraint of self-injurious behavior among the severely retarded: Two case illustrations. *Behavior Therapy, 8,* 738-741.

Sprague, J. R., & Horner, R. H. (1995). Functional assessment and intervention in community settings. *Mental Retardation and Developmental Disabilities Research Reviews, 1,* 89-93.

Tatum, T., Lundervold, D. A., & Ament, P. (2006). Abbreviated upright behavioral relaxation training for test anxiety among college students: Initial results. *International Journal of Behavioral Consultation and Therapy, 2,* 475-480.

Turk, D. C., Rudy, T. E., & Sorkin, B. A. (1992). Chronic pain: Behavioral conceptualizations and interventions. In S. M. Turner, K. S. Calhoun, & H. E.

Adams (Eds.), *Handbook of clinical behavior therapy* (2nd ed., pp. 373-396). New York: John Wiley & Sons, Inc.

Wells, K. C., Turner, S. M., Bellack, A. S., & Hersen, M. (1978). Effects of cue-controlled relaxation on psychomotor seizures: An experimental analysis. *Behaviour Research and Therapy, 16,* 51-53.

성폭력 및 대인관계 외상과 학대 생존자 치료 (지적장애인을 위한 심리치료)

Nancy J. Razza, Ph.D.
Dick Sobsey, Ed.D.

초록

이 장에서는 지적장애 아동과 성인에 대한 성폭력 및 학대 문제의 심각성과 본질에 대하여 설명한다. 그 후 상담 기법을 설명하고 학대 희생자들을 치료하는 문제에 대하여 생각해 보고자 한다.

대인관계 트라우마

대다수의 사람은 인생에서 심리적 트라우마를 경험한다. 트라우마는 극심한 질병 또는 부상, 사랑하는 사람을 상실한 결과일 수 있다. 또한 타인이 가한 의도적인 신체적 · 성적 · 정서적 폭행일 수도 있다.

어떤 사람들은 다른 이들에 비하여 더욱 심한 정도로, 더욱 빈번하게 또는 더욱 만성적인 폭행을 경험할 수 있다. 또한 외부 관찰자에 의해서는 트라우마 경험이 유사하게 보일지라도 어떤 개인들은 다른 이들에 비하여 그 트라우마로 인하여 더욱 극심한 영향을 받을 수 있고, 어떤 경우는 그 트라우마의 영향을 설명하는 데 도움이 필요하기도 하다.

집단에서 지적장애인은 일반인에 비하여 대인관계 트라우마를 더 자주 경험하는 편이다. 그들의 대인관계 트라우마로 인한 반응이 다른 이들의 반응과 비슷해 보이지만 트라우마의 결과를 성공적으로 처리하는 데 있어 더 많은 지지와 도움을 필요로 한다.

아동 학대와 장애

아동 학대와 지적장애를 연관 짓는 연구가 많이 있어 왔다. 대부분은 상대적으로 소규모 연구였고 설계에 있어 정확한 설명을 위해 다른 어떠한 연구에도 의존하기 어려울 정도의 큰 한계점을 지니고 있었다(Sobsey, 2005). 그럼에도 불구하고, 대부분 연구가 유사한 결론을 보였고, 지적장애 아동이 비장애 아동보다 더 학대를 당했다는 사실은 이러한 결론을 확인시켜 주었다.

아동 학대와 장애의 관계를 명확하게 해 주기 위하여 두 개의 잘 설계된 대규모 연구가 진행되어 왔다. 비록 이 연구들이 두 개의 다른 나라에서 진행되어 왔고 조금 다른 연구방법을 사용하였지만 결과는 매우 일관되었고 아동 학대와 지적장애에 관한 강력한 증거를 제공해 주었다.

Sullivan과 Knutson(2000)은 네브래스카주 오마하시에서 학교 프로그램에 참여한 4만 명의 아동에 대하여 코호트 연구를 진행하였다. 그들은 장애의 정도가 기록된 학교성적표와 학대 관련 정보가 기록된 아동복지, 경찰, 위탁보호시설의 보고서를 대조하였고, 다양한 장애 아동이 일반 아동들에 비하여 얼마나 많은 학대를 당하는지 비율을 산출할 수 있었다. 지적장애 아동은 일반 아동에 비하여 방치될 확률이 3.7배, 정서적 학대를 당할 확률이 3.8배, 신체적 학대를 당할 확률은 3.8배, 성적 학대를 당할 확률은 4.0배 높았다. 결과적으로 지적장애 아동은 일반 아동에 비하여 최소한 한 가지의 학대에 노출될 확률이 4.0배 더 높은 것으로 나타났다. 다른 종류의 장애 아동들 또한 위기인 것으로 나타났지만, 모든 다른 종류의 장애를 통합하여 비교해 보더라도 지적장애 아동들이 더욱 높은 위험도를 보였다[3.2인 경우 비교 승산비(odds ratio) 4.0.]. 주목할 다른 점은 행동장애 진단을 받은 아동의 경우 학대 비율이 가장 높았다는 것이다.

Spencer와 동료들(2005)은 1983년에서 2001년까지 영국의 서섹스주에서 태어난 11만 9,000명 이상의 아동들을 대상으로 코호트 연구를 진행하였다. 장애 상태에 대한 자료를 아동보호시설에 등록되어 있는 자료와 대조하여 지적장애 아동이 아동보호시설에 등록되어 있을 상대적 위험도 또는 승산비를 산출하였다. 연구 결과, 중증 지적장애 아동의 경우 정서적 학대 2.9배, 신체적 학대 3.4배, 방치 5.3배, 성적 학대 6.4배의 확률을 더 지니고 있는 것으로 나타났다. 전반적으로 중증 지적장애 아동의 경우 최소 한 가지의 학대에 해당되어 아동보호시설 기록에 등록되어 있을 확률이 6.5배나 높았으나, 사회경제적 지위를 조절한 결과 승산비는 4.7로 감소하였다.

종합적으로 이 두 연구에서 모두 장애 아동은 그렇지 않은 아동에 비하여 4배 혹은 그 이상으로 학대를 경험할 확률이 높은 것으로 나타났다. 연관성에 대하여 약간의 질문이 있을 수 있는데 연관성과 원인은 분명히 구분해야 한다. 학대가 장애를 유발하거나 악화시키는가? 아동의 장애가 위험에 대한 취약성 또는 학대에 대한 위험을 증가시키는가? 사회경제적 지위를 훌륭하게 조정해 보았지만 몇몇 추가적 요소가 장애와 폭력에 대한 위험을 증가시키지는 않는가? 이 세 가지 경로(pathway) 모두 관련이 있는 것처럼 보이지만, 각 경로가 얼마나 많이 관계에 영향을 미치는지를 결정하는 것은 어려운 일이다(Sobsey, 2005).

상담자의 관점에서, 각 경로의 특징이 무엇인지가 어떤 개인적인 사례에서는 중요할 수 있지만 대부분의 사례에서 작동되는 메커니즘이 어떤 것인지에 대한 보다 일반적인 의문은 그렇게 중요하지 않다. 중요한 것은 이것이 지적장애인들에게 꽤 자주 일어나는 문제라는 것이며, 이를 설명하는 것이 필요하다.

이러한 학대에 관한 연구는 보고되거나 입증된 학대의 상대적 빈도 정보를 제공해 주는 것일 뿐, 실제적인 학대 발생에 대한 정보가 아니라는 것을 인식하는 것이 중요하다. 아동 학대는 종종 보고되지 않을 때도 있다. 연구들에서 지적장애 아동의 약 30%가 학대 경험을 지닌다고 보고할 때, 보고되지 않은 사례들도 있다. 장애 아동은 일반 아동보다 학대 경험에 대해서 잘 언급하지 않기 때문에(Hershkowitz, Lamb, & Horowitz, 2007), 보고된 학대 비율보다 상대적으로 학대받을 위험이 더 높을 수 있다.

뿐만 아니라 지적장애 아동이 일반 아동보다 보다 만성적이고, 침습적이고(intrusive), 심각한 학대를 경험한다는 몇 가지 증거가 있다(Hershkowitz et al., 2007). 이 연구에서 더 적게 보고되었을 수 있다. 예를 들어, 일반 아동보다 장애 아동이 공통적으로 몸에 상처를 더 가지고 있다는 연구 결과는 신체적 학대를 받은 장애 아동이 신체적 상처가 매우 심각하지 않으면 잘 보고되지 않는다는 것을 반영한다.

지적장애인에 대한 폭력

장애인, 특히 지적장애인이 피해자인 폭력에 대한 체계적인 연구가 적다. 그럼에도 불구하고 기존 연구에서는 아동들 사이에 발견된 패턴과 유사하게 폭력을 경험할 위험이 크다는 것을 밝히고 있다.

노스캐롤라이나주의 여성 5,000명을 대상으로 한 연구에서 일반 여성보다 인지적 결손을 지닌 여성이 과거에 성폭력을 당한 비율이 2.6배 높았다. 그러나 분석에서 인구학적(demographic) 변인을 통제했을 때, 그들이 지닐 상대적 위험률은 일반 여성보다 5.2배 더 높다고 추정되었다(Martin et al., 2006).

결혼했거나 사실혼 관계에 있는 여성 7,000명을 연구한 캐나다의 한 연구는 어떤 장애를 지닌 여성은 최근 5년 동안 배우자에 의한 폭력을 경험할 확률이 14배 높았다(Brownridge, 2006). 장애 여성은 특히 심각한 폭력을 경험하는 것으로 나타났다. 장애 여성은 밟히고 차이거나 맞을 확률이 2배 높았고, 일반 여성보다 성적으로 강요받을 확률이 3배나 높았다.

집단거주시설 지원(congregate residential care) 및 프로그램의 세팅이 폭력을 당할 위험을 더 높일 수 있다. 그룹홈이나 주간 활동 프로그램(day program)에서 지적장애인을 돌보는 직원 122명을 조사한 결과, 그들 중 14%가 이전에 지적장애인에게 폭력을 행사한 적이 있고, 35%가 이전에 폭력을 목격한 적이 있다고 응답했다(Strand, Benzein, & Saveman, 2004). 또한 폭력을 목격한 직원들은 한 달에 몇 번, 한 주 동안 몇 시간씩 폭력이 행해지는 것을 봤다고 밝혔다. 연구자들은 "폭력이 지적장애인을 돌보는 과정에서 일상적인 중요한 이슈로 보인다."(p. 513)라고 결론을 내렸다.

또한 지적장애인 및 발달장애인들은 감옥, 교도소, 소년 구치소/소년원(Youth detention)과 지역사회 구치소(community-based detention)에서 많이 발견된다. 이러한 환경에서는 신체적이고 성적이고 정서적인 폭력이 침투해 있다. 2003년 미국 의회는 「교정시설 성폭력 근절법(National Prison Rape Elimination Act)」을 통과시켰는데, 미국 교도소에서의 성폭행에 관한 연구를 추진하기 위한 위원회를 창설하였다. 2009년 6월에 발표된 보고서는 교도소에 있는 약 6만여 명의 남성과 여성이 1년 동안 한 번에서 수차례 성폭행을 당했고, 그들 중 지적장애인 및 발달장애인들이 다른 수감자와 직원들에 의해서 보다 더 희생된다고 추정했다. 예를 들어, 보고서에서는 플로리다주 소년 구치소에서 수감자들의 기저귀를 교체하는 임무를 맡은 어느 17세 성범죄자에게 IQ가 32인 15세 소년이 성폭행을 당한 사건을 보고하고 있다. 또 그 보고서는 발달장애 여성의 사례를 설명하고 있는데, 그녀는 델라웨어 교정시설의 직원에게 성폭행을 당해서 임신을 했다. 그녀의 정서적 스트레스와 상담 요청에도 불구하고, 그 시설에서는 그녀에게 항우울제만 주고 다른 지원을 제공하는 것을 거부하였다.

이러한 심각한 폭력행위에 대한 트라우마는 개인의 삶의 경험과 개인적 기질과 상호작용하여 영향을 미친다. 많은 지적장애인은 다양한 외상 경험에 노출되어 있다. 현재 외상으로 인한 학대는 그들의 이전 삶에서 희생당했던 경험에 대한 기억과 관련된다. 지적장애인에게 노골적으로 폭력을 행하는 사람들뿐만 아니라 발달장애인들은 그들의 행동을 수정하기 위한 절차에 대한 트라우마도 갖고 있다. 동성애자의 성 피해와 관련된 신체기관을 검사하고 상처를 치유하는 것과 같은 과정의 이유를 이해하지 못하는 사람들은 이 과정이 진행될 때 트라우마를 경험할 수 있다. 어떤 사람들은 사람과의 접촉이 이루어지거나 계속 그 접촉을 견뎌야 하는 일련의 장소로 반복해서 옮겨질 수 있다.

관련 정보에 의하면 폭력과 그 영향은 발달장애인의 삶에서 매우 공통적이다. 이상적으로, 우리는 이러한 피해를 주는 폭력과 학대를 예방할 수 있지만, 그때까지 우리는 폭력을 당한 지적장애인에 대한 지원과 치료를 통해서 그들의 피해를 최소한으로 줄일 수 있다.

치료적 접근

학대 피해자인 지적장애인에게 심리적 치료를 제공하려고 할 때, 피해자 치료가 본격적으로 시작된 지 얼마 되지 않았음을 아는 것이 중요하다. 1970년대에서야 성폭행, 근친상간과 배우자와 딸에 대한 가정폭력이 문헌에서 보고되었다(Herman, 1992). 이 시기부터 학대의 심리적 후유증에 대한 초기 치료 노력이 필요하다는 인식이 높아졌다.

지적 및 심리적 장애인을 위한 정신건강치료 훈련도 얼마 되지 않았기 때문에, 이에 대한 윤곽이 서서히 그려지고 있다. 현재 외상 경험이 개인의 발달에 어떤 영향을 미치는지에 대해서 파악하는 중이다. 이러한 영향을 이해하는 것은 아동이나 성인의, 피해자에 대한 보다 구조적이고 민감한 치료 접근을 가능하도록 해 줄 수 있으며, 발달 수준에 따른 외상 경험의 영향을 밝힐 수 있다는 점에서 중요하다.

우수한 연구자인 Bessel van der Kolk는 보다 최근의 연구에서 처음으로 생물학적 결과뿐만 아니라 심리적으로 고통을 받고 있는 인간과 동물 공통으로 외상의 영향이 발달 수준에 따라 다르다는 결론을 내렸다(Van der Kolk, van der Hart, & Burbridge, 2002). Van der Kolk 등(2002)에 따르면 아동 학대는 "…… 상당히 생물학적인 영향을 주는데, 이는 지속적인 감정을 조절하는 능력에 영향을 끼치고, 새로운 대처 기술을 익히는 데 어려움을 주며, 면역력에 영향을 미치고 유의미한 사회적 관계를 맺는 능력에 손상을 입는 지속적인 생물학적 변화를 포함한다."(p. 31) 이를 이해하기 위해서 우리는 이미 다 발달한 사람들이 보다 영향을 받는다는 것을 고려해야 한다. 사실, 발달지체는 지적장애인의 생활연령과 인지적이고 정서적인 수준 사이에서 존재하며, 이는 외상의 영향에 더 취약하게 만든다.

치료의 실제: 문헌을 통해 배울 수 있는 것

대인관계 트라우마, 즉 대인관계에서 발생한 외상 경험은 심각한 결과를 초래할 수 있다는 점에서 치료 과정에 중요한 함의를 지닌다.

트라우마가 자연재해로 인한 것이라면 피해자는 스트레스로 고통받고 명백한 증상을 보일 테지만, 상담자가 보다 합리적이고 편안한 방식으로 개입할 수 있다. 트라우마가 다른 사람에 의한 것이라면, 특히 부모나 양육자 등 신뢰하는 사람에 의한 것이면 대인관계 능력에 영향을 받는다. 피해자는 이미 사람들은 나쁘다는 것을 배웠다. 대인관계에서의 외상을 지니고 있는 피해자들에게는 이러한 영향은 정말 극적인 일이다. 다른 사람들에게는 덜 두드러진다. 어떤 피해자들은 나쁜 사람들뿐만 아니라 몇몇의 좋고 신뢰하는 사람들을 유지할 수 있다. 어떤 경우에는 관계를 안전하게 구축하는 것이 생존자 치료에 가장 우선적인 작업으로 간주되며(Ford, Courtios, Steele, vander Hart, & Nijenhuis, 2005; van der Kolk, van der Hart, & Burbridge, 2002), 이는 또한 지적장애 생존자 치료에도 적용된다(Rassa & Tomasulo, 2005; Sinason, 2002). 지적장애 생존자에 대한 최근 연구(Mitchell, Clegg, & Furniss, 2006)에서도 이와 같은 결론이 도출되었다. 6명의 지적장애 트라우마 생존자들을 인터뷰했고, 그들의 증상과 신념이 존중되면서 평가되었다. 이 인터뷰를 통하여, "임상가들은 신뢰할 수 있고 내담자가 자신의 트라우마 경험을 이야기할 수 있는 안전한 환경을 구축하는 게 필요하다."는 결론을 도출하였다(p. 140).

이 장에서는 몇 가지 치료에서 중요한 함의를 살펴볼 텐데, 우리가 시도한 이외의 치료들, 사용된 치료 기법들은 안전한 환경이 구축되어 있지 않으면 결국 실패할 수밖에 없다. 그래서 치료 과정을 기본적인 것부터 살펴볼 것이다. 왜냐하면 기초가 튼튼해야 안전한 환경이 되기 때문이다.

치료의 기초

안전

다음은 초기 평가 과정을 수행하는 매너에 대해서 논의할 것인데, 이는 지적장애 트라우마 생존자를 잘 치료하기 위한 결정적인 부분에 해당된다. 넓게 정의하자면, 이것은 하나의 기법 세트로 볼 수 있고, 보다 정확하게는 내담자의 삶에서 독특한 관계를 구축하는 과정이라고 묘사할 수 있다. 그 기법은 어떤 이론적 기초를 반영하는 것은 아니며, 좋은 치료를 위한 공통분모

(denominator)에 해당된다. 이러한 목적으로, 심각한 인지적 문제를 지니고 개인 내적 트라우마를 지니고 있는 내담자에게 유익한 최대의 기회가 될 거라는 확신을 주기 위해서 단계별로 수행될 수 있다.

처음 내담자를 만나는 것이 중요한 열쇠가 된다. 처음 만났을 때, 상담자는 내담자가 안전하다는 느낌을 받을 수 있도록 해야 한다. 첫 번째 세션의 한 가지 목표는 정보를 수집하는 것이 아니며, 내담자에게 이 관계는 안전하며 내담자의 웰빙이 가장 최우선으로 고려될 거라는 시범을 보여 주는 것이다. 이를 어떻게 시범 보일 수 있을까? 지속적으로 존중함을 보여야 한다. 이는 내담자에게 안전한 치료 관계를 맺고 작업 동맹의 기초를 구축하는 것을 통한 존중을 뜻한다.

존중하면서 수행하는 것은 말이 필요없는 것처럼 보이지만, 대부분의 세팅에서 서두르게 되고 압력을 주기 쉽다. 그런 압력은 내담자에게 존중되지 않는(less than valued) 느낌을 줄 수 있다.

개인적 인터뷰, 주변인에 대한 인터뷰, 치료 과정의 동의와 보호

대부분의 지적장애인은 심리치료 평가에서 스스로 독립적으로 표현하지 않는다. 대부분의 지적장애인은 가족이나 주 양육자에 의해 의뢰된다. 전형적으로 돌봄 회사 직원이 접수면접에 참여한다.

어떤 경우에는 내담자가 평가와 상담 목표(prospect)에 대한 정보를 듣게 된다. 또 다른 경우에는 그렇지 않을 수 있다. 내담자를 자연스럽게 만나서 그 정보가 무엇인지 잘 이해하고 있는지 확실하게 파악하는 것이 중요하다(물론 회사의 간병인이 내담자에게 방문을 설명하는지의 여부는 그들이 자연스러운 관계인지를 통찰하게 해 주고, 당신의 일과도 관련되어 있을 수 있다). 어느 정도, 임상가로서 당신은 내담자가 어떤 사람이며 왜 방문했는지를 이해하기 위해 대화를 시작할 때 내담자를 존중하면서 진행할 수 있다. 내담자가 이해할 수 있는 언어로 심리치료가 무엇인지를 설명해야 한다. 그리고 내담자에게 당신이 말한 것의 이해 정도를 다시 물어봐야 한다. 이 부분에 대한 내담자의 노력을 지지하고(affirming) 내담자가 분명하게 이해할 때까지 계속 설명해야 한다. 만약 간병인이 그 과정을 방해하려고 한다면, 확고하게 그리고 존중하면서 이 세션을 계속 주도해야 한다. 간병인에게 이러한 설명이 내담자에게 반드시 해야 하는 절차 중 하나이며 내담자와 의사소통하는 법을 익히기 위해 물어보는 것이라는 점에 대해서 안내해 주어야 한다.

내담자가 왜 거기에 있는지를 분명하게 알 때, 다루어야 할 다음 주제는 상담에 대한 동의를 구하는 것이다. 만약 내담자가 상담이 무엇인지 잘 알고 있다면 그것을 받는데 동의하는지의 여부를 물어볼 수 있다.

어떤 경우에는 내담자에게 법적 후견인(legal guardian)이 있을 수 있다. 그런 사람은 상담이 진행되기 전에 상담에 대한 동의서에 서명을 받아야 한다. 그러나 내담자가 법정 후견인이 있다 할지라도 내담자의 동의를 확실하게 받는 것이 치료 관계에 매우 중요하다. 임상가는 내담자에게 상담 과정에 대해서 자발적으로 설명하고, 내담자의 후견인이 서명을 했거나 내담자 자신이 서명을 한 경우라도, 이것이 내담자는 강압적으로 상담받는 것을 뜻하지는 않는다고 설명하는 것이 필요하다. 내담자는 마음을 바꿀 수 있고 그가 원하는 어떤 시점에서 상담을 그만둘 수도 있다.

내담자가 의뢰되었거나 양육자나 가족 등 다른 사람에 의해 상담실로 왔을 때, 내담자에 대한 세 가지 의미 있는 정보를 탐색할 수 있는 기회를 얻을 수 있다. 내담자의 자기보고서, 양육자의 보고서 그리고 양육자와 내담자 간의 관계 역동이 그것이다. 각 측면은 사례 평가에 도움이 될 수 있기 때문에 세 가지 모두 살펴보는 것이 중요하다. 그러나 다시, 내담자와 안전한 관계를 구축하는 것을 방해하지 않도록 정보를 수집하는 것을 조절하는 것이 필요하다. 어떤 내담자는 그들이 신뢰하는 양육자가 함께 동반할 수 있다. 내담자는 그 사람이 있을 때 보다 안전함을 느낄 수 있다. 다른 경우는 그 반대가 되는 상황이 될 수도 있다. 수년의 경험으로 인터뷰 과정에서 최상의 결과를 가져오는 다음의 몇 가지 전략을 알아냈다.

첫 단계는 내담자와 양육자를 함께 초대하는 것으로 시작하라. 처음에 둘 중 한 명만 만나는 것은 피하라. 첫 만남에서 개별적으로 내담자를 인터뷰하는 것의 문제는 종종 내담자가 상담자에게 안정감을 느끼고 나서 양육자가 들어왔을 때 안전감이 없어지는 느낌을 받게 된다는 것이다. 이것은 양육자와의 관계가 적대적이거나 혹은 양육자가 내담자를 '순응하지 않는' '나쁜' 아이로 묘사하는 어조로, 당연한 증상일지도 모르는 많은 걱정("그녀는 엄마 집에 방문했다가 돌아올 때면 늘 문제행동을 보여!")을 이야기할 때 상당히 위험하다. 반대로 첫 시간에 내담자가 신뢰하는 양육자를 동반하여 함께 있는 것은 내담자가 상담자에 대한 편안한 마음을 가지게 하는 데에 도움을 준다. 동반된 양육자는 법적 보호자일 수도 있고 아닐 수도 있다는 것을 기억해야 한다. 만약 법적 보호자가 나타나지 않으면, 치료에 대한 동의는 여전히 필요로 하며 완료되지 않은 상태이다.

내담자와 양육자에게 당신이 두 사람 모두를 잠시 만나고 싶어 한다는 것을 알리라. 당신은 본격적인 논의를 시작하기 전에, 내담자에게 치료에 대해 설명하는 과정을 가질 수 있다. 만남의 특성과 치료의 기대를 명확히 한 후에, 나는 일반적으로 양육자가 함께 있는 상황에서, 양육자에게 치료가 어떻게 도움이 될 수 있을지와 내담자에 대해 갖는 염려들에 대해 물어본다.

양육자의 염려와 그에 대한 내담자의 반응을 기록하라. 내담자가 이해하고 동의를 하는가? 내담자가 화를 내거나, 당황해하거나, 방어적이 되는가? 내담자가 단순히 듣지 않고 있는가? 심각한 지적장애인 내담자들은 양육자가 상담자에게 말하는 동안에 마치 그 얘기가 그들과는 관련 없는 것처럼 듣지 않고, 그저 기다린다.

다음으로, 양육자에게 가장 염려되는 것을 내담자에게 직접 설명하라고 요청한다. 이것은 내담자의 이해를 관철함으로써 두 사람의 공동 작업을 도울 것이다. 내담자가 이해한 것을 말해 보도록 격려하고 필요하다면 양육자가 명료화하도록 하라. 내담자(그리고 양육자)에게 이 과정에서의 작업을 언어적으로 지지하라. 그리고 만약 내담자가 양육자의 염려에 대해 이해하지만 그것에 동의하지 않는다면 반드시 내담자를 강하게 지지하라. 차이를 수용하고 각자의 관점을 존중하는 태도에 대한 본보기를 보이라.

때때로 양육자가 내담자 앞에서 내담자의 문제를 설명하기를 꺼리는 경우가 있다. 그는 아마 이런 머뭇거림을 표현하거나 개인적으로 말하겠다고 요청할 수 있다. 양육자에게 솔직한 태도로, 만약 내담자가 자신 주위의 염려들을 이해한다면 일반적으로 치료의 과정이 더 효율적이라는 것을 설명하는 것이 가장 좋다. 양육자에게 그가 가지고 있는 내담자에 대한 염려와 관련하여 돕겠다는 지지를 명확하면서 공격적이지 않게 제시하라.

개인 평가

주변인 인터뷰를 진행하는 동안, 내담자의 대인관계 양식, 지적 수준, 적응 기능 수준 등을 알게 될 것이다. 또한 주변인 인터뷰의 결과로 적어도 주요 문제와 문제점들에 대한 사례개념화를 할 수 있을 것이다.

주변인 인터뷰를 마치고 나서 양육자에게 그의 참여에 대해서 고마움을 표현한 뒤, 개인 인터뷰를 하는 동안에 대기실에서 기다리라고 요청하라. 내담자와 인터뷰를 시작하면 먼저 지금까지의 내담자의 수고에 대해서 고마움을 표현하고 지금 어떤 기분인지를 물어보라. 그리고 내담자에게 새로운 사람을 만나서 즉시 문제점에 대해서 이야기를 시작하는 것이 얼마나 어려운 일인지를 이해하고 있다고 말하라. 그리고 내담자에 대해서 알고 싶어서 질문을 몇 개 할 것이라는 것을 알려 주라. 그 후, 이런 계획을 진행하는 것에 대해 동의하는지를 물어보라. 이런 과정은 내담자가 존중받고 있다는 것을 느끼게 하는 데 도움을 주는 또 다른 기회이다.

문제에 대한 내담자 관점 파악

내담자의 삶의 상황, 일 또는 전일제 프로그램에 대한 중립적이면서 위협적이지 않은 질문부터 시작하는 것이 좋다. 내담자를 더 잘 이해하면 할수록 더 많은 도움을 줄 수 있다는 점을 내담자가 분명히 알도록 하라. 일단 내담자가 일과 가정(문제를 언급할 수도 있고 아닐 수도 있는데)에 관한 질문에 대답한다면, 스스로 문제라고 느끼는 것이 무엇인지 물어보라. 좀 더 높은 인지 수준을 가진 사람에게는 이런 질문이 간단할 수도 있다. 좀 더 손상이 있는 성인이나 아이들에게는 그들을 불행하게 만드는 것이 무엇인지를 물어야 할지도 모른다. 그러나 "당신을 불행하게 만드는 것이 있나요?" 같은 모호하고 비구조화된 질문보다는 좀 더 구체적이고 직접적인 질문이 더 좋다. 예를 들어, "당신을 행복하게(또는 기분이 좋아지게) 만들어 주는 한 가지를 말해 주세요. 그리고 당신을 불행하게(또는 기분이 안 좋아지게) 만드는 한 가지를 말해 주세요." 이런 식의 질문이 더 명확하고 내담자에게 덜 위협적이며, 내담자의 삶의 다른 모습에도 당신이 관심을 가지고 있다는 것을 알려 줄 기회가 된다. 내담자의 답에 대한 당신의 이해를 명확하게 하라.

대처 기술과 방어기제 평가

"당신은 기분이 안 좋아지면 무엇을 하나요?"와 같은 간단한 질문으로 이 영역을 시작할 수 있다. 단계적으로 진행하겠지만, 많은 내담자는 특별한 어떤 것을 알아챌 수 없으며, 자신들이 무엇을 하는지에 대해서만 묘사하고 그칠지도 모른다. 그러면 그들이 명료화할 수 있도록 피드백을 주라. 예를 들어, 우리와 함께했던 한 여성은 엄마에 의해 유기되었고 집을 잃었다. 그녀는 태아기 알코올 증후군과 경도에서 중등도 정도의 지적장애를 가졌는데, 작은 키에 심한 과체중이었다. 그녀는 그녀의 엄마와 있었던 일 중에서 '기분이 안 좋았던' 것에 대해서 말할 수 있었다. "당신은 기분이 안 좋아지면 무엇을 하나요?"라고 물으면, 그 내담자는 "아무것도 안 해요. 그걸 생각하는 것을 멈

줘요."라고 대답했다.

자신의 과정을 내담자 스스로 인식하는 것을 향상시키기 위해 내담자에게 되풀이할 수 있다("그래서 엄마가 당신을 버렸을 때를 다시 생각하면 당신은 기분이 안 좋기 시작하는군요. 기분이 안 좋으면 그것을 생각하는 것을 멈추고요. 그리고 어떤 일이 일어났는지에 대해 생각하지 않으려고 애쓰는 것이 스스로를 더 기분 좋게 해 주는군요. 맞나요?"). 이 경우에는 내담자가 다소 억제했다고 설명한다. 스스로는 지각하지는 못하지만 다른 행동 또한 했다는 것을 우리는 추측할 수 있다. 만약 내담자가 더 대답할 수 있다면 좀 더 알아볼 수는 있으나, 첫 번째 회기에 꼭 다 할 필요는 없다. 내담자가 말할 수 없을 때조차 내담자가 대처하는 방식을 우리에게 보여 줄 확률은 크다. 예를 들어, 불쑥 화제를 바꾸고 자신이 행복했던 것에 대해 말한다거나 멈칫하거나 하는 것은 회기 밖에서도 역시 보이는 모습일 수도 있다. 이 사례에서의 내담자의 경우는 치료 과정에서 자신의 대처 방식으로서의 행동을 묘사할 만큼 충분히 스스로를 이해하지 못하고 있음에도 불구하고 처음부터 계속해서 대처한 것 이상의 것을 묘사해 주었다. 그녀는 그녀가 버려졌을 때 받아 주었던 자신의 남자 친구를 돕는 데 헌신했다고 설명했다. 그녀는 또 길 잃은 두 마리의 고양이를 데리고 왔다. 그녀는 고양이들을 돌보는 것이 매우 즐거웠다고 말했다. 또 그녀와 남자 친구는 집이 필요한 사람들을 데리고 왔다. 때때로 이 사람들이 자신들에게 해를 입혔지만, 내담자는 그들에게 떠나라고 말하는 것을 고려하지 않았다(치료가 끝나고 훨씬 후까지). 어쨌든 이 내담자가 버려진 상처에 대한 방어로 사용해 온 많은 활동을 인지하게 되는 데까지는 상당한 치료 작업이 동반되었다.

물론 우리는 대처 기술(coping)이라고 부르는 적응적인 반응을 사용하는 정도와 부적응적인 반응의 정도에 주목하기를 원한다. 적응적인 것과 부적응적인 반응을 구분하여 내담자에게 돌려주는 것은 중요하다. 게다가 내담자의 적응적인 반응은 치료의 방향을 제공해 줄 수 있다.

증상 탐색

인터뷰를 진행하는 동안, 정서적 고통과 사고장애의 증상을 지속적으로 알아볼 수 있다. 또한 수면과 식욕 변화에 대한 질문(종종 주변인 인터뷰 때 이야기되는)을 이 시점에서 다시 논의할 수 있다. 내담자의 기분을 명확히 하는 데 도움을 주기 위해 다른 많은 단어를 사용하는 것이 필요할지도 모른다. '조마조마한' 또는 '무서운'은 어떤 사람들에게는 불안을 설명하는 말일 수 있다.

아이들이나 좀 더 심각한 손상을 입은 성인을 진단하는 경우에는 자신들의 고통스러운 정서적인 반응이 정상적이며, 특정 트라우마 경험에 따라 예견되는 반응이라는 것을 모르기 때문에 문제는 더 복잡해진다. 지적장애인들은 문제를 표현하는 데 있어 학습된 공포를 가지고 있고, 그것은 무엇인가 잘못되었고 문제가 생긴다는 것을 의미한다고 생각한다. 만약 내담자가 도움을 주는데도 당신은 볼 수 있는 고통(아마도 양육자에 의해 보고된)에 대해서 아무런 증상을 설명할 수 없다면, 다음과 같이 말하면서 도울 수 있다. "매우 자주, 당신처럼 사람들이 어떤 일을 겪을 때는 기분이 좋지 않을 수 있습니다. 때때로 기분이 안 좋기도 하고, 때때로 미칠 것 같기도 하고, 때때로 혼란스럽기도 하며, 때때로 정말 좋지 않은 일이 일어날 것이 두렵게 느껴지기도 합니다. 당신도 그처럼 느끼나요?"

자아개념 평가

부당하게 괴롭힘을 당한 경험은 무력감을 느끼게 할 뿐만 아니라 자존감을 낮춘다는 많은 증거가 있다(Frazier, 2003; van der Kolk, 1996). 지적장애인은 심각한 장애를 가지고 성장하면서 겪은 경험으로 인해 낮아진 자존감과 자기효능감을 가지고 있다. 이런 사람들에게는 괴롭힘을 당한 경험이 이미 손상된 자아감을 더 약화시킬 것이다. 평가와 치료가 진행되는 동안 내담자의 자아개념에 주의 깊은 관심을 기울이는 것은 치료 과정에서 매우 중요하다.

학대를 당한 경험이 있는 사람들의 자아개념을 손상시키는 것 가운데 하나는 학대가 어느 정도는 스스로의 잘못에서 비롯되었다는 믿음이다. 자책감은 심지어 아주 어릴 때 학대를 당한 비장애 생존자들 가운데에서도 매우 흔하다(Filipas & Ullman, 2006). Filipas와 Ullman(2006)은 577명의 여대생을 대상으로 연구를 진행했다. 이들 가운데 28.7%는 어릴 때 가벼운 수준에서 심한 수준까지 여러 형태의 성적 학대 경험을 가지고 있었다. 이 여성들 가운데 반 이상은 학대받을 때 스스로를 자책했다고 보고했다. 심지어 1/3 이상은 여전히 스스로를 자책한다고 한다.

자책감은 주관적인 고민에 그치는 것이 아니라 대인관계 상황에서 조절의 어려움을 겪거나, 외상후 스트레스 장애 증상을 심화시킨다든지, 신체적인 건강 상태를 더 악화시키는 것과 같은 또 다른 결과를 예견하는 것으로 밝혀졌다(Koss, Figueredo, & Prince, 2002).

어떤 내담자들은 그들이 스스로를 자책하고 있다는 식으로 학대를 설명할 것이다. 예를 들어, 우리와 함께 작업했던 한 여성은 경도의 지적장애뿐만 아니라 뇌성마비로 걸을 수 없었다. 모국의 극심한 가난으로 인해 그녀는 휠체어도 없었다. 그녀는 상당히 규칙적으로 그녀를 성적으로 학대한 연상의 사촌오빠와 함께 남겨졌다. 그녀는 도망갈 수 없었기 때문에 전적으로 자신의 잘못이라고 믿었다. 그녀는 치료 초기에 이에 대해서 매우 긴 시간 동안 고통스럽게 울었고, 본질적인 부적절감으로부터 고통받았다(긴 시간 치료를 받고 나서, 그녀는 자신의 장애에 대해서 알게 되었고 그 학대에 대한 책임이 사촌에게 있다는 생각을 하게 되었다).

어떤 사람들에게서는 죄의식이나 부적절감(fallibility)을 알아내는 것이 쉽지 않다. 만약 표준화된 질문이 새로운 정보를 준다면, "만약 당신이 법정에 있다면, 판사가 가해자에게 뭐라고 할 것 같은가요?"라는 질문이 도움을 줄 수 있을 것이다. 판사가 그를 영영 철창 안에 가둬야 한다고 이야기하는 사람과 "잘 모르겠네요. 추측하기로는 그를 감옥에 넣을 수도 있겠네요."라고 어깨를 으쓱하는 사람과는 상당한 차이가 있다.

치료 계획 만들기

학대(abuse)와 트라우마 치료의 효과를 높이는 연구에서는 내담자들이 다양한 양상으로 도움을 받을 수 있다고 제안한다. 트라우마를 겪은 성인, 아동, 청소년 생존자를 위한 집단상담이 유용하다는 것은 상당한 지지를 얻고 있다(Foy, Eriksson, & Trice, 2001). 중요한 것은 이러한 저자들이 세 가지, 즉 인간중심적(supportive) · 정신역동적 · 인지행동적인 지향을 가리지 않고 집단에 대해 연구하였고, 지속적인 치료와 연구 적용을 보증하기 위하여 각각에 대한 충분한 지지를 확보했다는 것이다. Foy와 동료들은 이러한 모델이 증상의 발현과 가장 효과적인 개입을 이해하는 방법이 다르더라도 "치료적이고 안전하며 존중하는 환경을 만든다는 핵심적인 일련의 특징을 공유하고 있었다."(p. 4)라고 말하였다. 유사하게도, 연구의 시작은 지적장애인을 위해 고안된 집단상담 모델을 지지하여 효과를 높이는 것이다(Barber, Jenkins, & Jones, 2000; Peckham, Howlett, & Corbett, 2007; Razza & Tomasulo, 2005).

1989년부터 2003년까지 출판된 결과 연구에 대한 광범위한 검토에서, Putnam(2003)은 성적 학대를 당한 아동을 치료하는 것의 효과를 살펴보았고, 현재까지 가장 효과적인 치료는 (부모가 학대하지 않았지만, 타인에게 학대를 당한) 아동을 위한 인지행동 기반의 기법이었다. 어렸을 때 심각한 학대를 경험하고 복합적인 외상후 증상으로 고통받는 성인과 작업하는 전문가들은 광범위한 기법을 통합한 다면적 치료 계획을 세운다(Ford, Courtois, Steele, van der Hart, & Nijenhuis, 2005). 아마도 인지행동적 연구는 점진적으로 효과성 연구에 가장 크게 기여해 왔으며, 정신역동적 상담 또한 일반적인 사람들 중 성적인 학대를 당한 성인 생존자에게 적용했을 때 증명 가능한 효과를 보여 왔다(Pricve, Hilsenroth, Callahan, Petretic-Jackson, & Bonge, 2004). Sinason(2002)과 Berry(2003)는 지적장애인 내담자에게 정신역동적인 심리치료를 적용하는 것을 보여 주었다.

당신 앞에 있는 내담자의 요구와 생존자 치료 분야의 광범위한 문헌을 고려해 보라. 어떻게 나아갈 수 있겠는가? 우리는 존중과 안전을 확립하는 것에서 시작하여, 그다음 수많은 합리적인 치료에 대한 선택권이 있다는 것을 고려해야 한다. 만약 당신이 생존자를 위한 치료 집단에 접근할 수 있고 내담자도 집단에 적합하다고 평가된다면, 이것은 가장 좋은 선택이 될 것이다. 어떤 방식으로든 내담자를 예외로 보아서는 안 된다는 점을 기억해야 한다. 지적 수준 또는 증상의 수준이 나머지 집단원과는 근본적으로 다른 내담자는 집단에서 긍정적인 경험을 하기 어렵다. 만약 집단이 가능한 선택지가 아니라면, 개인상담 모델을 사용해야 한다. 상담자로서 가장 중요한 것은, 자신이 편안함을 느끼고 정통한 모델을 사용하는 것이다. 그다음으로 중요하게 고려해야 하는 점은 학대 생존자에 대한 작업을 하는 동안 좋은 수퍼비전을 받는 것이다. 학대 치료는 내담자를 위해 상담자에게 요구하는 것이 많기 때문에 상담자에 대한 지지는 치료의 결과에 결정적이다.

8장에서는 학대를 당한 지적장애인을 위한 집단상담 모델을 제시하고, 이러한 치료를 받을 자격이 있는 개인에게 치료를 실시하기 위한 노력을 기울이는 상담자들을 위한 가이드라인을 제공한다.

참고문헌

Barber, M., Jenkins, R., & Jones, C. (2000). A survivors group for women who have a learning disability. *The British Journal of Developmental Disabilities, 46,* 31-41.

Berry, P. (2003). Psychodynamic therapy and intellectual disabilities: Dealing with challenging behavior. *International Journal of Disability, Development, and Education, 50*(1), 39-51.

Bouras, N., & Holt, G. (2007). *Psychiatric and behavioural disorders in intellectual and developmental disabilities.* Cambridge, UK: Cambridge University Press.

Brownridge, D. A. (2006). Partner violence against women with disabilities: prevalence, risk, and explanations. *Violence Against Women, 12*(9), 805-822.

Butz, M., Bowling, J., & Bliss, C. (2000). Psychotherapy with the mentally retarded: A review of the literature and the implications. *Professional Psychology: Research and Practice, 31,* 42-47.

Filipas, H. H., & Ullman, S. E. (2006). Child sexual abuse, coping responses, self-blame, posttraumatic stress disorder, and adult sexual revictimization. *Journal of Interpersonal Violence, 21*(5), 652-672.

Ford, J. D., Courtois, C. A., Steele, K., van der Hart, O., & Nijenhuis, E. R. S. (2005). Treatment of complex posttraumatic self-dysregulation. *Journal of Traumatic Stress, 18*(5), 437-447.

Foy, D. W., Eriksson, C. B., & Trice, G. A. (2001). Introduction to group interventions for trauma survivors. *Group Dynamics: Theory, Research and Practice, 5,* 246-251.

Frazier, P. A. (2003). Perceived control and distress following sexual assault: A longitudinal test of a new model. *Journal of Personality and Social Psychology, 84*(6), 1257-1269.

Herman, J. L. (1992). *Trauma and recovery.* New York: Basic Books.

Hershkowitz, I., Lamb, M. E., & Horowitz, D. (2007). Victimization of children with disabilities. *American Journal of Orthopsychiatry, 77*(4), 629-35.

Hollins, S., & Sinason, V. (2000). Psychotherapy, learning disabilities and trauma: New perspectives. *British Journal of Psychiatry, 176,* 32-36.

Koss, Figueredo, & Prince (2002). Cognitive mediation of rape's mental, physical, and social health impact; Tests of four models in cross-sectional data. *Journal of Consulting and Clinical Psychology, 70*(4), 926-941.

Martin, S. L., Ray, N., Sotres-Alvarez, D., Kupper, L. L., Moracco, K. E., & Dickens, P. A., et al. (2006). Physical and sexual assault of women with disabilities. *Violence Against Women, 12*(9), 823-837.

Mitchell, A., Clegg, J., & Furniss, F. (2006). Exploring the meaning of trauma with adults with intellectual disabilities. *Journal of Applied Research in Intellectual Disabilities, 19,* 131-142.

National Prison Rape Elimination Commission. (2009, June). *National Prison Rape Elimination Commission report.* Washington, DC: National Prison Rape Elimination Commission.

Peckham, N. G., Howlett, S., & Corbett, A. (2007). Evaluating a survivors group pilot for women with significant intellectual disabilities who have been sexually abused. *Journal of Applied Research in Intellectual Disabilities, 20,* 308–322.

Price, J. L., Hilsenroth, M. J., Callahan, K. L., Petretic-Jackson, P. A., & Bonge, D. (2004). A pilot study of psychodynamic psychotherapy for adult survivors of childhood sexual abuse. *Clinical Psychology and Psychotherapy, 11*(6), 378–391.

Razza, N., & Tomasulo, D. (2005). *Healing trauma: The power of group treatment for people with intellectual disabilities.* Washington, DC: American Psychological Association.

Sinason, V. (2002). Treating people with learning disabilities after physical or sexual abuse. *Advances in Psychiatric Treatment, 8*(6), 424–431.

Sobsey, D. (2005). Violence & disability. In W. M. Nehring (Ed.), *Health promotion for persons with intellectual/developmental disabilities: The state of scientific evidence.* Washington, DC: American Association on Mental Retardation.

Spencer, N., Devereux, E., Wallace, A., Sundrum, R., Shenoy, M., Bacchus, C., & Logan, S. (2005, September). Disabling conditions and registration for child abuse and neglect: A population-based study. *Pediatrics, 116*(3), 609–614.

Strand, M., Benzein, E., & Saveman, B. I. (2004). Violence in the care of adult persons with intellectual disabilities. *Journal of Clinical Nursing, 13*(4), 506–514.

Sullivan, P. M., & Knutson, J. F. (2000). Maltreatment and disabilities: a population-based epidemiological study. *Child Abuse & Neglect, 24*(10), 1257–1273.

van der Kolk, B. A. (1996). The complexity of adaptation to trauma: Self-regulation, stimulus discrimination, and characterological development. In B. A. van der Kolk, A. C. McFarlane, L. & Weisaeth (Eds.), *Traumatic stress: The effects of overwhelming experience on mind, body, and society* (pp. 182–213).

New York: Guilford Press.

van der Kolk, B. A., van der Hart, O., & Burbridge, J. (2002). Approaches to the treatment of PTSD. In M. B. Williams & J. F. Sommer (Eds.), *Simple and complex post-traumatic stress disorder: Strategies for comprehensive treatment in clinical practice.*

자폐스펙트럼장애인을 위한 인지행동치료

Valerie L. Gaus, Ph.D.

서문

이 장은 자폐스펙트럼장애(ASD) 치료에 유용한 심리치료 접근법에 초점을 맞출 것이다. 자폐스펙트럼장애는 발달장애로 정의되기 때문에 전통적으로 아동의 문제로만 인식되어 왔다. 그러나 점점 더 많은 성인이 이 증상으로 진단을 받고 있으며 치료법을 찾고 있다. 이 장에서는 먼저 DSM-IV-TR에서 정의되는 자폐스펙트럼장애를 서술할 것이다(American Psychiatric Association, 2000). 더 많은 그리고 더 이질적인 집단의 내담자가 과거 수십 년 동안보다 자폐스펙트럼장애 기준을 충족시키고 있다는 사실과 함의가 그들을 대하는 정신건강 실무자들에 의해 논의될 것이다. 성인 자폐스펙트럼에 대한 설명은 고기능 자폐스펙트럼인 10대 후반 청소년들과 성인들이 심리치료 서비스를 가장 많이 찾을 것이라는 제안을 따른다. 일반적으로 제기되는 문제들은 자폐스펙트럼장애인이 직면하는 정신건강 문제를 사례개념화하기 위해 제시된 틀과 함께 평가 전략에 따라 체계화될 것이다. 이것은 내담자를 위한 인지행동치료의 사용에 대한 근거가 될 것이다. 마지막으로, 장 전체에 서술된 개념을 실제로 보여 주기 위해 사례가 제공될 것이다.

이 책의 다른 장에서는, 현재의 주제에 대하여 IQ검사에서 보통으로 나온 지적장애가 없는 내담자에 초점을 맞춘다. 사실상, 자폐스펙트럼장애인 중 몇몇은 평균 이상에서 탁월한 지능을 가지고 있으나, 사회적 그리고 의사소통 기능 영역에서 중대한 결함을 보인다. 과학적 그리고 임상적 문헌에서는 이러한 증후군들의 모음이 자폐스펙트럼장애라는 용어 아래서 언급되며, 『정신장애의 진단 및 통계 편람(Diagnostic and Statistical Manual of Mental Disorders: DSM-IV-TR)』(American Psychiatric Association, 2000)의 최신 버전에서는 전반적 발달장애(Pervasive Developmental Disorders: PDD)라고 불린다. 이번 판(volume)에서는 전반적 발달장애의 다섯 가지 하위 범주로 자폐장애, 레트장애, 소아기 붕괴성 장애, 아스퍼거장애, 달리 분류되지 않는 전반적 발달장애가 있다. 이러한 다섯 가지 증후군은 명확히 구별되지만 다섯 가지 모두 제한된 범위의 흥미와 활동을 특징으로 하며 상동행동을 보이고 사회적 관계 및 의사소통 기술에 손상이 있다.

1994년 DSM-IV의 발간에 따라 전반적 발달장애는 북미에서 극적인 변화를 보였는데(American Psychiatric Association, 1994), 이는 자폐스펙트럼장애 기준에 부합하는 사람들이 보이는 기능 수준의 범위를 넓혔다. DSM 이전 버전에는 없었던 장애의 추가로, 임상가 커뮤니티에서는 그 전까지 전반적 발달장애 기준을 충족시키지 못했던, 전반적 발달장애에 포함되는 새로운 개인들을 만나게 되었다. 아스퍼거장애(많은 문헌에서 아스퍼거 증후군이라고도 불리는)는 '사회적 상호작용의 결함'과 '제한적이고 반복되는 행동, 관심, 활동 패턴'이라는 진단 기준을 충족한다는 점에서 자폐성 장애와 비슷하게 묘사된다. 그러나 자폐성 장애와는 대조적으로, 만약 개인이 언어와 인지 발달, 자조적 기술 발달, 적응행동 또는 환경에 대한 호기심 측면에서 임상적으로 유의하게 지체되어 있다면 아스퍼거장애로 진단되지 않는다. 정의에 의하면 아스퍼거장애를 가진 모든 사람은 언어를 사용할 수 있으며, 그 누구도 공존장애로 지적장애(co-mordid intellectual disability) 진단을 받지 않는다. 하지만 이것이 자폐장애 기준을 충족시키는 사람은 언어로 표현하지 못하며, 지적장애를 가진다는 의미는 아니다. 오히려 자폐장애는 평균 또는 그 이상의 인지능력과 독립적인 생활에 대한 잠재력을 가진 '아주 잘 기능하는(high functioning)' 개인에게 나타날 수 있다는 지각이 임상가와 과학자 커뮤니티에서는 더욱 커지고 있다. 이 장의 마지막에 제시된 오스틴의 사례는 그러한 면을 잘 보여 주고 있다.

자폐스펙트럼에 대한 현재의 분류 체계에 대하여 약간의 비판이 있으며 우리는 DSM과 ICD의 미래 버전에서 변화된 부분을 볼 수 있을 거라 생각한다(Volkmar & Klin, 2005 참조). 아스퍼거장애만의 구별되는 진단 범주를 타당하게 보고 아스퍼거장애가 자폐장애와 질적으로 다르다는 점에 대해 지속적인 논쟁이 진행되고 있다. 몇몇 연구자는 '높은 지능을 가진 자폐'라고 단순히 말하기도 하며, 다른 이들은 '고기능 자폐장애'는 아스퍼거장애와 다르다고 주장하기도 한다(이 논쟁의 양측 입장에 대한 근거의 검토는 Ozonoff & Griffith, 2000 참조). 이 논쟁은 이 장에서 보고자 하는 실제적인 목적에서 벗어나기 때문에 자폐스펙트럼장애의 진단에 상관없이 상담자와 정기적인 회기에 참여할 수 있는 충분한 언어적 능력과 관심을 가진 자폐스펙트럼장애 내담자라면 누구에게나 적용할 수 있는 심리치료 모델이 제시될 것이다. 이것은 아스퍼거장애[이 책의 후반부에서는 아스퍼거 증후군(Asperger Syndrome: AS)으로도 기술되어 있음], 고기능 자폐장애, 달리 분류되지 않는 전반적 발달장애(PDD-NOS)를 가진 내담자 모두를 포괄한다. 레트장애와 소아기 붕괴성 장애를 가진 내담자는 거의 항상 심각한 지적 능력의 어려움이 있으며 여기에 기술된 치료적 전략으로 도움을 받기 어려운 정도의 언어능력을 갖는다.

성인 자폐스펙트럼장애 현상

자폐스펙트럼장애의 출현율은 성인 인구를 대상으로는 면밀하게 연구되지 않았다. 영국에서 최근에 자폐스펙트럼장애 성인의 대략 100명 중 1명을 대상으로 연구가 수행되었다(Burgha et al., 2009). 대부분의 다른 유행병 연구들은 아이들에게 초점을 맞추었지만, 우리는 그들로부터 자폐스펙트럼장애 성인 인구에 대해 추론할 수 있다. 2007년에 미국 질병관리본부는 자국 내의 전반적 발달장애가 아이 150명 중 1명꼴로 퍼져 있다고 추정하였다. 이는 아이 1,000명당 3.3~9.9명이라는 결과를 보였던, 여러 지역에서 수행된 두 개의 연구 결과에 근거한 것이다(Centers for Disease Control and Prevention, 2007a, 2007b). 동일한 일련의 연구를 보면 전반적 발달장애는 여아들보다 남아들에게서 더 자주 관찰되었는데, 그 비율은 2.8~6.5:1 정도였다(Centers for Desease Control, 2007a, 2007b). 더 최근의 보고를 살펴보면 미국 인구에서의 추정치는 100명 중 1명이었는데, 여기에서 남성과 여성의 비율은 4:1이었다(Kogan et al., 2009). 이러한 데이터들을 모두 고려해 봤을 때, 그리고 자폐성장애가 '없어진다는' 증거가 부족하다는 것에 주목해 봤을 때, 우리는 상당수의 성인이 전반적 발달장애를 가지고 살아가고 있고 여성 한 명당 3~4명 정도의 남성들이 진단 기준을 만족시키고 있음을 추측할 수 있다.

자폐스펙트럼장애 분야에서 연구와 임상 경험들이 아이들에게 초점을 맞춘 것은 적합하다고 볼 수 있다. 결국에 DSM-IV-TR에서 자폐스펙트럼장애는 '보통 유아기, 아동기, 청소년기에 처음으로 진단되는' 문제로 분류되는데, 이는 우리가 초기의 발달 과정에 대한 이해를 더 늘려 가야 하고 삶의 초기에 예방하는 방식으로 개입해야 한다는 것을 의미한다. 그러나 위에서 기술된 유행병학적인 정보를 고려했을 때, 상당수의 자폐스펙트럼장애 성인이 증거기반 교수(evidence-based interventions)뿐만 아니라 정신건강 공동체에서 그들의 요구에 대한 이해를 보장받도록 도움을 요구할 것이라고 추론할 수 있다. 일례로 저자는 자신의 임상 경험과 동료들의 임상 경험 중 심리치료를 받기 위해 온, 자폐스펙트럼장애의 기준을 만족시키는 성인들이 두 개의 큰 집단으로 나누어짐을 관찰할 수 있었다. 한 집단은 1970년대 중반 이전에 태어난 사람들로 이루어져 있는데, 이 사람들은 1994년에 미국 정신건강 커뮤니티에 그 증후군이 알려지기 전에 이미 성인이 된 사람들이었다. 이 사람들이 어렸을 때(1940년대, 1950년대, 1960년대 시기), 그들은 '고전적 자폐장애(classic autism)'와는 매우 다른 모습을 보였다. 참고로 '고전적 자폐장애'는 대부분 말을 할 수 없고, 타인에 대한 반응이 없으며, 지적장애를 보인다. 그러므로 그 당시 그들을 자폐장애라고 진단하지 않았을 것이다. 왜냐하면 많은 이가 보통 이상의 지능과 고급 언어 기술을 가지고 있었으며, 다양한 학업적인 성공을 보여 주었고, 비록 또래를 어려워하고 성인을 더 가깝게 느끼기도 했지만 사람과 관련된 능력을 가지기도 했다. 이 아이들이 다른 아이들과 친해지는 데 어려움을 겪거나 특별한 취미(예: 곤충, 기차, 천문학)에 강박적으로 몰두하는 것 때문에 부모나 교사로부터 '도움이 필요한 아이'로 인식되는 경우에 그들은 교육 체계 내에서 '정서장애(emotionally disturbed)'로 분류되었다. 그들은 발달장애 또는 학습장애로 분류되지는 않았다. 사실, 그들의 프로파일은 1950년대부터 1990년대까지 40년 동안의 미국 분류 체계의 어떤 진단 범주에도 명백하게 들어맞지 않았다. 그래서 그들은 그들 생애의 대부분의 기간에 진단받지 못하거나 잘못된 진단을 받고 살아왔다. 임상 경험 중에 저자는 그러한 많은 사람이 학사학위나 석사학위를 받을 수 있었지만 직장에서 사회적인 측면들을 관리하는 데 어려움을 가지기 때문에 그들의 취업이 극도로 불완전한 것을 보았다. 또 이 사람들은 친구나 연인과 관계를 맺거나 유지하는 데 어려움을 보이는 경향이 있기 때문에 외롭다고 보고하였다.

심리치료를 받기 위해 온 사람들 중 저자가 자주 보았던 또 다른 성인 집단은 1970년대 중반 이후에 태어난 사람들이다. 이 젊은이들은 (첫 번째 집단에 비하여) 아동기나 청소년기에 적절하게 진단되었다(항상 그런 것은 아니었지만). 최고의 환경이 갖추어져 있고, 적절한 지원과 중재가 주어졌음에도 불구하고 이 사람들은 나이가 들어 가면서 공교육 체계에서 벗어나고 성인기로 접어드는 과정에서 버거움을 느끼고 도움을 필요로 했다(Gerhardt & Holmes, 2005). 저자가 임상적으로 흔하게 볼 수 있었던 것이 있는데, 고도로 구조화된 환경에서 성공한 경험을 가진 자폐스펙트럼장애 청소년들은 언젠가 학교를 떠나게 되면 그들이 실제로 할 수 있는 것보다 더 많은 것들을 처리할 수 있을 것이라고 착각할 수 있었다. 그들이 대학이나 직장의 '진짜 세상'에 들어서게 되면, 비구조화된 환경은 그들에게 너무나도 갑작스럽게 느껴지고 그들의 기능적인 수준은 퇴보하게 된다. 나중에 소개되겠지만 오스틴의 사례는 이것을 잘 보여 준다. 이 사람들은 공교육 체계로부터 더 이상 지원받을 수 없게 되기 때문에 상담자에게 도움을 요청하게 된다. 자폐스펙트럼장애는 아이들에게서 이전보다 더 높은 비율로 진단이 내려지고 있기 때문에(CDC, 2007a, 2007b; Kogan et al., 2009), 이 장애에 해당하는 성인 집단도 점점 많아질 것이다.

심리치료를 위한 문제 제기

역사적으로, 자폐스펙트럼장애를 포함한 발달장애를 가진 사람들에게 심리치료는 치료의 한 방법으로 생각되지 않았다. 발달장애인들이 다른 정신건강 문제를 함께 앓을 수 있다는 것에 대한 인식이 늘어나면서, 이것을 치료하기 위해 심리치료 맥락에서 수행되는 프로토콜을 포함한 증거기반적인 접근을 내담자들에게 제공할 필요성이 제기되었다. 이 트렌드의 시작은 모든 발달장애와 지적장애에 있어서 꽤나 최근의 일이다(예: Kroese, Dagnan, & Loumidis, 1997; Nezu & Nezu, 1994; Strohmer & Prout, 1994). 특히나 자폐스펙트럼장애에 있어서는 더 최근의 일이다(예: Attwood, 2006b; Gaus, 2000, 2007, 출판 중; Jacobsen, 2003). 상담자들은 다양한 곳으로부터 의뢰를 받을 수 있는데, 여기에는 어떤 내담자를 자폐스펙트럼장애로 진단한 진찰 전문의, 자폐스펙트럼장애에 대해 읽고 자신이 자폐스펙트럼장애인지 의심하게 된 내담자, 자폐스펙트럼장애에 대해 읽고 사랑하는 가족이 자폐스펙트럼장애가 아닌지 의심하게 된 가족, 내담자가 자폐스펙트럼장애임을 의심하거나 확신해서 내담자를 퇴원시키고 외래치료를 시키고자 하는 정신과 입원치료 팀 또는 다른 이유로 어떤 사람을 치료하고 있지만 그 사람이 자폐스팩트럼장애라고 깨달은 상담자가 포함된다.

자폐스펙트럼장애를 갖고 있는 성인들은 많은 이유로 같은 나이의 또래보다 낮은 질의 삶을 사는 경향이 있다(Jenness-Coussens, Magill-Evans, & Koning, 2006). 저자의 임상적인 사례에 근거하면, 접수면접 때 자폐스펙트럼장애인 내담자들이 보고하는 불만 사항은 여러 개의 기능적인 영역을 포함한다. 가장 흔한 이슈를 지금부터 기술할 것인데, 첫째는 내담자 자신들이 기술하는 전형적인 어려움들을, 둘째는 문제를 다른 시각에서 바라보았을 그들의 가족이 보고한 어려움들을 서술하고 있다.

내담자 스스로 보고한 문제

외로움: 몇몇 내담자는 고립감 또는 적어도 그들이 삶에서 맺는 대인관계의 양이나 질에 대한 불만족함을 보고한다. 자폐스펙트럼장애인에 대한 일반적인 믿음과는 반대로, 이들은 보통 친구와 연인을 사귀는 것에 대해 꽤 동기부여 되어 있다.

사회 불안: 많은 내담자는 그들이 어떤 사회적 상황 혹은 모든 종류의 사회적 상황에서 매우 불안함을 느낀다고 보고한다.

우울: 많은 내담자들이 어떠한 정도의 슬픔, '울적함' 그리고 무력함 또는 절

망감을 느낀다고 보고한다. 몇몇은 또한 현재나 과거에 가졌던 자살사고를 보고한다. 자폐스펙트럼장애 성인의 표본을 조사한 것에 따르면, 흥미롭게도 사회적 장애가 덜하고 인지적 능력이 높은 것과 우울한 증상을 더 보고하는 것에는 상관이 있었다(Sterling, Dawson, Estes & Greenson, 2008).

대인관계 갈등과 분노 조절 문제: 몇몇 내담자는 다른 사람들과 '잘 지낼' 수 없는 것에 대한 불만을 이야기하였다. 그들은 다른 사람들과 반복된 갈등을 경험하였고(공개적으로 다루어졌든 아니든), 때때로 외현적인 싸움이 발생하거나 내담자에게 다양한 부정적인 결과를 가져다주었다(예: 실직이나 소송).

고용 불만: 자폐스펙트럼장애를 가지고 있는 성인의 대다수가 이런저런 종류의 고용 문제를 보고한다. 이 사람들이 높은 수준의 재능과 교육 수준을 보임에도 불구하고, 그들 중 많은 사람이 실직 상태이거나 그들의 재능, 교육 수준, 흥미와 관련 없는 직업에 종사하고 있다. 고용된 사람들은 직장에서 문제를 겪는데, 이 문제에는 직업의 사회적인 영역을 이해하는 데 있어서 어려움을 겪는 것(예: 직장 동료, 상사, 고객과의 관계에서)이나 직업의 업무를 관리하는 데 있어서 어려움을 겪는 것(예: 시간 관리, 조직화)이 포함된다.

생활 환경에서의 좌절: 많은 내담자가 접수면접에서 독립을 할 수 없는 것에 대해 불만을 이야기한다. 그들은 아마 가족이나 저소득 주거 지원(예: 그룹홈과 같은 생활보조 지원)에 의존하고 있을 것이다. 그들의 생활 방식은 때때로 그들의 사생활과 선택권을 침해할 것이다. 이것은 앞서 언급된 무력감과 절망감에 기여하는 강력한 스트레스 요인이 될 수 있다.

데이트와 성에 대한 문제: 자폐스펙트럼장애인은 성적 문제에 취약하다. 그들은 청소년기에 보통의 사람들이 건강한 성적 자아(sexual self)를 발달해 가는 방식과 같은 교육의 기회나 사회적 경험을 하지 못하기 때문이다(Aston, 2003; Attwood, 2006b; Hénault, 2005; Koller, 2000). 일부 내담자 및 그들의 가족은 상담자와 신뢰를 형성하기 전까지는 언급되기 어려운 이러한 문제에 대해 이야기하기를 꺼린다. 이러한 것들로는 성적 정보의 부족, 데이트에 대한 불안, 성 정체성/성적 지향에 대한 혼동, 스킨십에 대한 혐오, 향정신성 약물치료(psychotropic medication)로 인한 성 관련 부작용, 섹스 미디어(포르노 잡지, 영화, 웹사이트)에 대한 몰두 또는 앞선 것들보다는 덜 빈번하지만 성 도착증과 같은 것들이 있다.

가족이 보고한 문제

분노 폭발(anger outbursts): 접수 장면에서 가족 구성원들은 내담자의 분노 표현에 대한 불만을 이야기한다. 이러한 내담자들은 종종 폭발적이고, 예측 불가능하며 또는 폭력적으로 분노를 표출하는 '멜트다운(meltdowns)'[2]을 지니고 있다고 묘사된다. 즉, 비명, 저주, 타인에 대한 위협, 발을 쿵쿵 구르기, 재물 손괴(물건을 던지거나 부수기, 벽에 구멍 뚫기), 자해(스스로를 때리기, 딱딱한 표면에 머리를 치기), 덜 빈번하지지만 타인에 대한 신체적 공격(밀치기, 발로 차기, 때리기, 목 조르기) 등을 포함한다.

강박적 사고/강렬하고 좁은 관심(obsessions/intense and narrow interests): 특정한 주제에 대해 '강박적'인 반응을 보이는 내담자들을 마주할 때가 종종 있다(예: 천문학, 스포츠, 통행체계, 항공, 영화, 기상학). 이러한 주제 자체는 적응적일 수도 부적응적일 수도 있지만, 잠재적으로 더욱 적응적인 주제나 활동을 배제하고서 여기에 소모하는 시간이나 돈이 과도한 경우에는 문제가 될 수 있다.

강박행동(compulsive behavior): 앞서 다루었듯이, 이들의 관심사는 가족 구성원이 보기에 문제적일 뿐 아니라 심지어 자기파괴적이기까지 한 반복적이고 부적응적인 행동을 이끌어 낼 수도 있다. 자폐스펙트럼장애인은 건강, 안

---

2) 역자 주: 원자로의 냉각 장치가 정지되어 내부의 열이 이상 상승하여 연료인 우라늄을 용해함으로써 원자로의 노심부가 녹아 버리는 것.

전 또는 재정에 대해 잘 판단하지 못하여 실수를 범할 수도 있다. 그들은 그들 자신이나 타인에 대한 자신의 행동이 미치는 영향에 대하여 지각하지 못하고 자신의 관심사에만 지나치게 몰두하기 때문이다.

철회/우울(withdrawal/depression): 가족 구성원들은 내담자의 고립과 우울한 기분을 걱정할 수 있다. 정서의 급격한 변화는 내담자가 평소에 기능하는 방식에 변화를 가져오기 때문에 때때로 가족들이 내담자를 상담자에게 의뢰하는 계기가 되기도 한다.

동기 부족/꾸물거림(lack of motivation/procrastination): 성인이지만 아이와도 같은 내담자(adult children)의 부모들에게 가장 절망적인 이슈 중 하나는 내담자가 삶의 중요한 결정들에 대해 책임을 질 동기가 부족해 보인다는 점이다. 높은 수준의 지적 기능으로 인해 부모들은 "그는 좀 더 잘 알아야 해요." 또는 "그녀는 자신이 쓰는 돈에 대해 더욱 관심을 지녀야만 해요."와 같이 말하게 된다.

부족한 일상생활 수행능력/자기돌봄과 조직화[poor activities of daily living (ADL) skills/self-care and organization]: 가족 구성원들을 화나게 하는 또 다른 흔한 이유로는 자폐스펙트럼장애인이 기본적인 용모단장과 집안일을 비일관적으로 한다는 것이 있다. 가족들은 지적 기능과 적응적 기능 간의 불일치 때문에 당혹감을 느낀다. 즉, 스스로를 돌보는 일이 더 자연스럽게 이루어져야 한다고 느낀다.

커뮤니티 내에서의 이상 행동/법적 문제(odd behavior in the community/legal problem): 상담에 의뢰되는 사례 중 일부는 내담자가 커뮤니티 구성원과의 관계 또는 법적 체제상에서 '곤경'에 처하게 된 사건으로 인한 경우이다. 자폐스펙트럼장애인의 이상행동과 부족한 사회적 판단력으로 인해 사람들은 오해를 하게 된다. 예를 들어, 특정한 사회적 규범을 이해하지 못하는 자폐스펙트럼장애 남성은 커뮤니티 내에서 매력적인 여성을 바라볼 때의 미묘한 욕구를 인지하지 못할 수도 있다. 만약 그가 그녀를 너무 오래 쳐다본다면, 그는 위협적으로 여겨지거나 나쁜 의도를 품은 것으로 여겨질 수도 있다. 실제로는 그가 단지 시선을 향할 때의 '암묵적인 규칙(unwritten rules)'에 대해 모르는 것뿐일지라도 말이다.

평가 관련 사항

상기된 문제들이 다양하게 조합되어 나타나는 자폐스펙트럼장애 성인을 상담자가 처음 만날 때, 일련의 증상에 대한 명료한 관점을 지니기가 어려울 수 있다. 상담자들은 임상적 상담(clinical interview)에서 내담자가 보이는 반응과 감별진단의 문제 그리고 공존장애의 존재를 다루는 데에 어려움을 겪을 수 있다.

상담에서의 고려 사항

고기능(higher functioning) 자폐스펙트럼장애 내담자는 상담자가 다른 내담자에게 사용하는 방식과 동일한 접근법을 활용하여 다양한 방식으로 상담을 진행할 수 있다. 어쨌든 이들은 언어적이며, 때때로 분명하게 표현하고, 평균 또는 그 이상의 수준에서 지적으로 기능한다. 그럼에도 불구하고, 성공적으로 유대감을 쌓고 내담자로부터 정확한 정보를 얻기 위해서는 일부분이 수정되고 조정되어야 한다. 분명 이들은 사회적 상황과 임상적 상담을 마주하는 데에 어려움을 겪는다. 이 영역에서의 임상 연구가 부재하기 때문에, 이에 대한 추천 사항은 조현증인 내담자와 함께 작업하는 임상가의 연구뿐 아니라(Kingdon & Turkington, 2005), 자폐 분야에서 일하는 임상가의 기술에 근거한다(Gaus, 2007; Jacobsen, 2003). 이들은 의사소통에 있어 유사한 어려움을 겪기 때문이다.

속도(pace): 상담자는 평가 과정에 자폐스펙트럼장애 내담자가 아닌 사람들에게 일반적으로 요구되는 것보다도 시간을 더욱 할애해야 할 필요가 있을 수도 있다. 자폐스펙트럼장애인들은 수많은 이유로 인하여 그들의 문제를 상담자에게 설명하는 데에 다른 사람들보다 더 오랜 시간이 걸린다. 어떤 이들은 초반 회기 동안 무척 불안해하며, 질문을 받는 과정에서 쉽사리 압도된다. 반면, 또 다른 이들은 쉴 새 없이 이야기하고 화제를 전환하고자 하는 신호에 반응하지 않아서 상담의 속도가 더뎌질 수 있다.

언어 사용(language use): 언급하였듯이, 자폐스펙트럼장애인들은 언어적이며 종종 언어에 있어 우수성을 보인다. 하지만 그들은 일반적이지 않은 방식으로 언어를 사용하며 다른 사람의 말을 문자 그대로 해석하는 경향이 있다. 상담자는 자폐스펙트럼장애인 내담자를 대할 때 그들이 사용하는 단어에 반드시 주의를 기울여야 하며 세부적인 내용과 구체적인 용어를 사용하여 질문을 던지거나 설명을 제공해야 한다.

의사소통에서의 경계와 존중(communication of boundaries and respect): 자폐스팩트럼장애인은 다른 사람들의 기대를 추론하는 데에 어려움을 겪는다. 그리고 그들은 종종 의사소통의 비언어적 측면을 놓친다. 대부분의 내담자에게 이러한 측면은 일생 동안 사회적 실수를 저지르는 패턴을 형성하고 타인으로부터 우호적이지 않은 피드백을 받는 데에 일조한다. 이 내용은 다음 장에서 더욱 자세히 다룰 것이지만 치료 관계와도 관련이 있기 때문에 여기서도 언급할 만한 가치가 있다. 상담자는 다른 내담자들에 비해 자폐스팩트럼장애인에게 더욱 명시적인 용어를 사용하여 관계에서 분명한 경계를 설정하는 데에 어려움을 느낀다. 그러나 상담자는 경계를 세우는 동안 평가적인 느낌을 주지 않도록 분명 주의해야 한다. 이는 회기 초반에 상담자가 바로잡아야 할 필요가 있는 실수의 가능성을 줄이기 위해 내담자에게 일반적인 사람들이 추론할 수 있는 상담실 내 규칙을 명확하게 제시함으로써 이루어질 수 있다(예: 어느 문을 사용할지, 대기하는 동안 어디에 앉는지, 언제 노크를 하는

지, 언제 서명하는지 등). 뿐만 아니라 상담자는 (해를 끼치지 않는) 이상한 사회적 행동에 대해 내담자에게 맞서서 직면하는 것을 피해야 한다. 초기 회기에서 나타내는 그러한 행동들은 불안을 심하게 자극하는 상황 속에서 그들에게 자기규율적인 기능을 수행하고 있기 때문이다(예: 시선 회피, 얼굴 찡그리기, 온몸의 움직임, 기이한 손 모양). 이런 행동들은 유대가 생기고 치료가 상당히 진행되고 나서야 다루어질 수 있다.

감별진단

자폐스펙트럼장애의 특징은 DSM에서 정의하는 다른 장애들의 특징과 종종 겹치므로 감별진단은 평가 과정에서의 중요한 목표가 된다. 공간 제한(space limitations)은 자폐스펙트럼장애를 다른 장애들로부터 감별하는 가이드라인 전체를 감안하지 않는다(Gaus, 2007; Ghazuiddin, 2005; Tsai, 2006). 이러한 사람들과 작업하는 상담자들은 자폐스펙트럼장애의 일부 증상이 정신질환, 주의력결핍/과잉행동장애, 불안장애(특히 강박장애와 사회공포증), 기분장애 그리고 몇몇 성격장애를 지닌 내담자에게서도 나타날 수 있다는 것을 알아야 한다. 빈틈없는 발달사를 포함하는 신중한 평가만이 상담자가 감별하도록 할 수 있다.

공존장애 평가

감별진단에 대한 우려에도 불구하고, 내담자가 자폐스펙트럼장애의 기준을 충족시킬 때 이에 더하여 공존하는 정신건강 문제의 기준을 충족시키는 많은 사례가 있다. 성인 자폐스펙트럼장애 인구의 정신건강 문제의 발생에 대한 철저한 조사가 있었던 적은 없다. 한 예비연구는 자폐스펙트럼을 지닌 성인의 샘플 중 32%가 정신건강 문제를 동시에 가지며, 그중 15%가 자살을 계획했거나 시도했음을 보여 주었다(Barnard, Harvey, Potter, & Prior, 2001). 아스퍼거 증후군을 지닌 어른들을 대상으로 동시에 발생하기 쉬운 질병들의 발병률에 대해 체계적인 조사가 이루어지진 않았지만, 연구들은 아스퍼거 증후군을 지닌 아이들의 경우 높은 불안과 우울을 보인다고 밝혀 왔다(예: Bolton, Pickles, Murphy, & Rutter, 1998; Kim, Szatmari, Bryson, Streiner, & Wilson, 2000; Piven & Palmer, 1999). 이러한 발견은 본 저자의 개인적 경험뿐 아니라 다른 저자의 임상 기록과도 일치한다. 자폐 범주성 장애가 있는 성인 환자를 치료하는 상담자는 다른 장애보다 불안과 기분 장애를 공존장애로서 관찰할 가능성이 높다.

정보처리장애로서의 아스퍼거 증후군

저자는 자폐스펙트럼장애인들에게 보이는 많은 문제가 기본적인 정보처리장애에서 기인한다는 것을 다른 곳에서도 줄곧 주장해 왔다(Gaus, 2007). 자폐스펙트럼장애인들은 태어난 혹은 유아기 때부터 사회적인 혹은 사회적 관련이 없는 정보를 처리하는 개인 특유의 방식을 가진다. 그들 특유의 지각은 그들의 발달과 사회적 경험에 불리하게 영향을 미쳐 부정적인 결과를 초래한다. 그들의 지각은 그들로 하여금 다른 사람에게 호감을 주지 않는 행동을 보이게 하며, 그들이 마주하는 되풀이되는 거절과 조롱의 원인이 된다.

이는 또한 조직화(organization)나 자기지시와 같은 비사회적인 영역의 기능이 손상되도록 이끄는데, 이는 일상생활에서의 스트레스 수준을 증가시킨다. Klin과 동료들(Klin, Jones, Schultz, Volkmar, & Cohen, 2002a)은 비록 자폐스펙트럼장애가 일련의 의사소통, 학습 그리고 행동적인 증상을 포함하는 복합적인 신드롬이지만 이 모든 문제는 '주요 사회장애(core social disorder)'로 거슬러 올라가게 된다고 주장한다. 이 저자들은 어떻게 자폐스펙트럼장애인이 제대로 기능하지 않는 '작동되는 마음'을 가지게 되는지를 묘사한다(Klin, Jones, Schultz, & Volkmar, 2005). 이것은 사회적 단서에 대한 개인 특유의 주의집중, 사회적인 정보에 대한 오류가 있는 해석 그리고 비적응적인 행동적 반응 사이의 계속적인 상호작용과 관련되며, 이 모든 것은 현재의 성인으로서의 기능뿐만 아니라 유아기 발달에도 영향을 미친다. 저자는 이 과정 지향적인 모델이 한 명의 성인 심리치료 사례를 개념화할 때 매우 유용하다는 것을 발견한다. 이 유용함은 내담자가 호소하는, 현재 보이는 문제의 발달과 유지에 핵심적인 요인들의 역할이나 역기능적인 '작동되는 마음'의 역할을 고려함으로써 알게 된다.

각각의 환자들은 매우 다른 모습을 나타내며 아무도 이러한 결핍에 있어서 동일한 프로파일을 가지지 않는다. 그럼에도 불구하고 실무자들은 종합적인 개념화와 치료 계획을 위해서 모든 가능성 있는 역기능의 영역에 대해 친숙해질 필요가 있다.

[그림 7-1]은 저자가 자폐스펙트럼장애인에 의해 보고되는 일반적인 문제들에 대해 개념화한 것을 나타낸 것이다. 이 모델은 다른 곳에서 검토되어 온(Gaus, 2007) 자폐스펙트럼장애의 인지적 역기능에 대한 단서에 기초하여, 임상가들이 자폐스펙트럼장애인들을 대상으로 평가와 치료를 계획하는 과정 동안에 넓은 범위의 요인들을 고려할 수 있도록 이끄는 도식을 제공한다.

자폐스펙트럼장애인이 정보를 개인 특유의 방식으로 처리한다는 것은 여러 연구를 통해 밝혀졌다(Gaus, 2007). 자폐스펙트럼장애인이 잘못 처리하는 정보의 종류는 [그림 7-1]에서 보이는 바와 같이 크게 타인에 대한 정보 처리, 자신에 대한 정보처리 그리고 비사회적인 정보에 대한 처리의 세 가지 범주로 분류될 수 있다. 자폐스펙트럼장애인은 타인에 대한 정보를 처리하는 것, 즉 사회적 인지에서 결손을 보이는데, 다른 사람들이 무엇을 생각하고 느끼는지 '마음 이론(theory of mind)'에 대한 아이디어들을 생성하고, 사회적 상호작용을 이해하기 위해 비언어적인 단서들을 사용하고, 사회적 언어를 적절

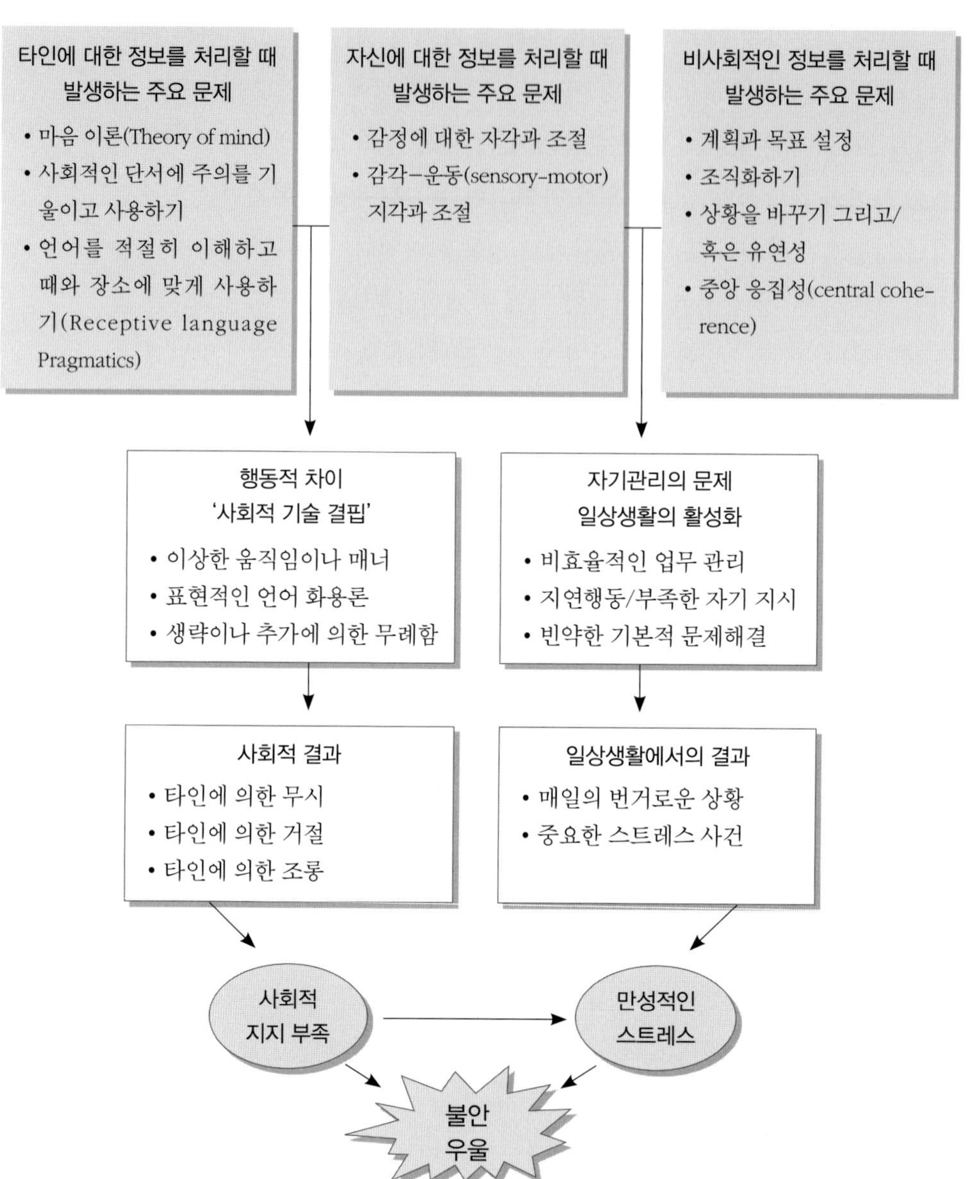

[그림 7-1] 아스퍼거 증후군의 주요 문제들과 정신건강 문제로의 경로

출처: Gaus (2007), p. 41.

하게 활용하는 '화용론' 능력에서 결함을 보인다. 그들 자신에 대한 정보를 처리하는 데 있어서는 자신에 대한 지각과 자기조절과 관련된 내적인 피드백 회로의 측면에서 결손이 있다. 자폐스펙트럼장애인은 그들 자신의 정서적인 경험을 인식하고 조절하는 데 어려움이 있는 것처럼 보이며 이례적인 감각과 운동 경험을 가진다(어떤 감각 시스템에 자극이 주어졌을 때 과다한 혹은 과소한 반응성). 비사회적인 정보의 처리는 다른 사람들과 반드시 관련이 있는 것은 아닌 입력 정보들을 관리하는 데에 자폐스펙트럼장애인이 어려움을 겪는 측면이다. 이는 맥락 안에서 들어오는 정보의 조각들을 처리[Frith, (1989)에 따르면 '요점' 혹은 '중앙 응집성(central coherence)']하는 데 혹은 '큰 그림을 보는 데'에 어려움을 겪을 뿐만 아니라 계획하고, 조직화하고, 목표를 설정하고, 인지적인 유연성('집행 기능')을 발휘하는 측면에서도 결손을 보인다는 것을 의미한다. 이러한 정보처리의 문제들을 세 가지의 분리된 범주로 분류하는 것은 어느 정도 임의적일 수밖에 없는데, 왜냐하면 이 현상들은 아마도 차원적인 방식으로 일어나며 다각적인 방식으로 상호작용하기 때문일 것이다. [그림 7-2]는 이 범주들 사이에 존재하는 중첩된 부분을 보여 준다. 연구자들이 연관성 혹은 인과관계의 방향성에 대한 증거를 구축하기까지는 여전히 먼 길이 남아 있지만, 임상가에게는 개별적인 내담자의 현존하는 문제의 발달과 역사를 이해하는 데 있어서 이 개념이 도움이 될 수 있을 것이다.

[그림 7-1]을 다시 생각해 보았을 때, 이 다이어그램은 이러한 개인들이 다른 환경과 상호작용할 때 어떻게 주요 문제들이 결합되고 어려움으로 이어지는지를 보여 준다. 중앙 왼쪽 박스에 보이는 자폐스펙트럼장애에 대한 진단 기준의 일부(예: DSM-IV-TR)인 '사회적 기술 결핍'은 오류가 있는 사회적 추론, 자기인식 문제 그리고 전형적인 사회적 학습이 발달의 결정적 시기 동안 결핍되었던 것이 결합된 행동적 결과로 가정된다. 왜냐하면 자폐스펙트럼장애에 속하는 개인들은 여러 사회적 상황들을 잘못 인식하고, 다른 사람에게 어떻게 반응해야 할지 잘 모르며, 다른 사람들이 그들로부터 어떠한 것을 원

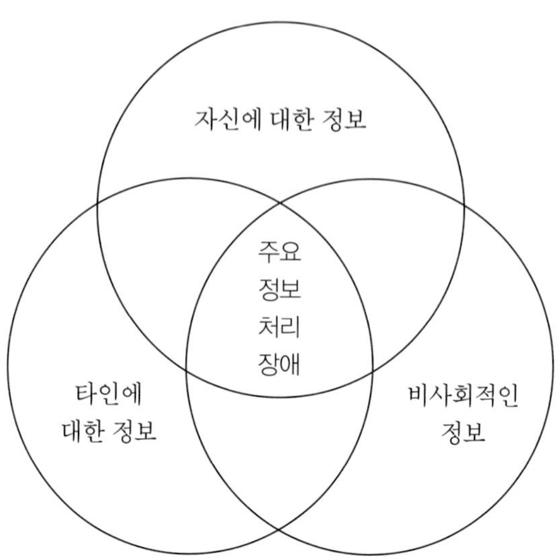

[그림 7-2] 아스퍼거 증후군에서 나타나는 주요 문제들 사이의 상호연관성

출처: Gaus (2007), p. 42.

하는지 모른다. 그들이 가지고 있는 이상한 습관, 실용적이지 않은 언어, 다른 사람들을 당황하게 만들거나 화나게 만드는 무례한 행동들은 부정적인 사회적 관계를 가져온다. 그들은 그 이유를 모른 채 무시되고, 거절당하고, 비웃음을 산다. 삶에 열정적인 누군가가 그들에게 그들의 행동이 부적절하다고 이야기해 줄 수 있지만 자폐스펙트럼장애에 속하는 개인들은 그러한 말을 거의 이해하지 못하고 왜 그런지 설명하지 못한다.

사회적 영역이 아닌 곳에서의 어려움은 자기관리나 일상 활동으로 나타나는데, [그림 7-1]의 오른쪽 중간 박스에 표현되어 있다. 이 점은 실행 기능과 자기인식의 문제가 조합되어 발생한 행동의 결과물이다. 그들은 비효율적인 과업 수행과 꾸물거림, 낮은 자기주도성, 낮은 문제해결력을 보인다. IQ와 적응적인 행동의 형식적 측정 사이의 큰 차이는 Vineland 사회적응행동척도(Vineland Adaptive Behavior Scales; Green, Gilchrist, Burton, & Cox, 2000)처럼 흔한 일이지만 놀랍기도 하다. 영화 〈건망증선생님(The Absent Minded

Professor)〉에 나오는 똑똑하지만 독립적으로 살아가는 데 필요한 것들을 챙기지 못하는 인물이 이러한 사람이다. 이것은 일상에서의 귀찮은 일로 수적으로도 많을 뿐만 아니라 큰 스트레스로 받아들이게 한다.

앞서 언급했듯이 반복될 실패가 예상되는 결과를 주원인으로 이 모델이 설명된다. 비실용적인 정보처리와 그로부터 생긴 부적응적 행동들은 성인 환자들이 심리치료를 찾게 하는 감정적인 스트레스를 야기한다. 자폐스펙트럼장애의 사회적 결과 그들은 낮은 사회적 지지, 만성적 스트레스를 가지게 된다. 낮은 사회적 지지와 만성적 스트레스는 일반적인 사람들에게 정신질환을 야기하는 위험 요인이고(Cohen & Wills, 1985; Sarason & Sarason, 1985), 따라서 사회적 지지와 만성적 스트레스는 자폐스펙트럼장애인이 공존질환과 모호함을 증가시킨다는 가설이 제기된다.

인지행동치료: 자폐스펙트럼장애 치료 들어가기

일부 전문가는 초기 개입이 자폐스펙트럼장애 문제 증상을 개선하기 위한 유일한 방법이라고 주장한다. 발달 초기에 이루어지는 치료가 극적인 영향을 줄 수 있는 것이 사실이나, 현재 성인기에 있는 자폐스펙트럼장애인은 그들이 아주 어렸을 때 질병을 발견하기 어려운 상황이었고, 그러한 기회를 가지기 어려웠다. 하지만 전 생애적 발달 관점에서 고려해 볼 때, 학습과 변화는 일반적으로 18세나 21세에 멈추는 것이 아니다. 그리고 이러한 가정은 자폐스펙트럼장애인에게도 적용될 수 있다. 몇 살에 배웠든 간에 새로 배운 기술은 배운 시점부터 삶에 긍정적인 영향을 끼칠 수 있다. 상담자는 이러한 어른들이 자동적인 비적응적 생각들을 인지하도록 하고 수정할 수 있도록 가르치고, 사회적 상호작용을 잘 이해할 수 있도록 보다 적절하게 다른 사람들의 마음을 읽는 것을 가르치며, 반응을 할 때 자신의 행동을 수정할 수 있도록 함으로써 그들을 도울 수 있다. 이러한 새로운 기술은 자폐스펙트럼장애인의 사회적 기능을 향상시킬 수 있고, 스트레스 관리 기술을 증가시키며 불안이나 우울 증상을 예방하거나 줄일 수 있다.

자폐스펙트럼장애인을 치료하는 데 있어 근거 기반의 공식적인 방법은 아직 없다. 하지만 이러한 환자들을 치료하는 데 사용할 수 있는 여러 전략이 있다. 인지행동치료에서는 정신건강 문제를 다루는 40년 이상 존재해 왔고 유효성이 매우 넓은 범위에서 경험에 의거한 일련의 전략을 참고한다. Butler, Chapman, Forman과 Beck(2006)은 단극성 우울(unipolar depression), 범불안장애, 공황장애, 광장공포증, 사회공포증과 외상후 스트레스 장애를 치료하는 데 효과성을 입증한 메타연구를 제공한다. 자폐스펙트럼장애인에 대한 언급은 어느 연구에서도 인용된 적은 없지만, 이러한 프로토콜에 의해 치료된 정신건강 문제가 자폐스펙트럼장애인의 치료를 서술할 때 보고된 적이 있다(Attwood, 1998, 2006b; Gaus, 2007; Ghaziuddin, 2005). 인지행동치료 접근은 실수를 해석하는 것에 인식하고 정서와 불안 문제에 연관되어 있다는 것에 초점을 맞추기 위해 자신들의 생각과 인식을 어떻게 모니터링하는지를 가르친다.

몇몇의 전문가는 인지행동치료를 자폐스펙트럼장애 성인(Attwood, 1998, 2004, 2006b, Cardaciontto & Herbert, 2004; Gaus, 2000, 2007, 출판 중; Hare & Paine, 1997; Tsai, 2006)뿐만 아니라 자폐스펙트럼장애 아동이나 청소년(Attwood, 1998, 2004, 2006b; Chalfant, Rapee, & Carroll, 2007; Klinger & Williams, 2009; Reaven, Blakely-Smith, Nichols, Dasari, Flinigan, & Hepburn, 2009; Sofronoff, Attwood, & Hiton, 2005; Sofronoff, Attwood, Hinton, & Lewis, 2007; Sze & Wood, 2007; Wood, Drahota, Sze, Har, Chiu, & Langer, 2009)에게 사용하는 것을 추천한다. 하지만 이러한 사람들에게 인지행동치료를 지지하는 출판된 연구는 조금밖에 없다. 6개의 사례연구에서 단지 2개의 사례(Cardaciontto & Herbert, 2004; Hare, 1997)만이 성인이었다. 나머지 사례 중 3개

는 어린아이 사례였고(Reaven & Hepburn, 2003; Sze & Wood, 2007, 2008), 1개 사례는 청소년 사례였다(Beebe & Risi, 2003).

지금까지 이루어진 자폐스펙트럼장애인 대상의 인지행동치료 통제치료 실험연구는 5개가 있다. Sofronoff, Attwood와 Hinton(2005)은 자폐스펙트럼장애로 진단받은 10~12세 아동들을 대상으로 이들의 불안 증상을 감소시키기 위해 인지행동치료 기반 집단치료를 2시간씩 6회에 걸쳐 적용하였다. 이들은 통제집단(실험 종료 후 치료 실시)에 비해 사회적 상황이 고안된 시나리오에서 자신의 반응을 다룰 수 있는 능력이 향상되었고, 이들의 부모들이 측정한 불안 증상이 감소하였다. 이와 비슷하게, 분노 증상을 줄이는 것을 목적으로 하는 실험연구에서 Sofronoff, Attwood, Hinton과 Lewis(2007)는 같은 인지행동치료법을 자폐스펙트럼장애로 진단받은 10~14세 아동에게 적용하였다. 이들은 통제집단(실험 종료 후 치료 실시)에 비해 부모가 보고한 분노 에피소드의 빈도가 감소하였고 사회적 상황이 관련된 시나리오에서 반응을 다루는 능력이 향상되었다. Chalfant, Rapee와 Carroll(2007)은 고기능 자폐(HFA)[3]로 진단받고 불안장애로 공존질환을 진단받은 아동들에게 12주에 걸쳐 인지행동치료를 적용하였다. 이들은 통제집단에 비해 아동 스스로 보고한 불안의 수준 및 부모와 교사가 보고한 불안 수준 모두 감소하였고, 실험집단의 아동 71%가 불안장애를 더 이상 치료하지 않아도 될 정도로 증상이 완화되었다(Reaven et al., 2009). 연구자들은 자폐스펙트럼장애 아동들의 심각한 불안 증상을 감소시키는 데 목적이 있었다. 부모들을 포함하여 인지행동치료를 진행한 결과, 아동들은 통제집단에 비해 불안의 수준이 유의미하게 감소하였다. Wood 등(2009)은 불안 증상을 가진 아동들에게 근거 기반의 표준적인 방법을 적용하여 치료를 실시하였다. 또한 그는 자폐스펙트럼장애 아동들에게 관찰되는 사회 기술 부족 및 적응 기술 부족을 개선할 수 있는 요

3) 역자 주: 지능지수 70 이상인 자폐.

소를 추가해야 한다고 주장했다. 무작위 통제집단 실험을 통해 연구자들은 자폐스펙트럼장애와 불안장애를 함께 가지고 있는 7~11세 아동들에게 치료방법을 적용했다. 앞서 기술된 집단치료로 시작되어, 점차 개인/가족 치료로 발달하였다. 치료 집단은 통제집단에 비해 불안 증상이 의미 있게 나아지는 수치를 보여 주었다.

이상에서 제시된 바와 같이 공존질환 장애를 치료하는 데 그리고 자폐스펙트럼장애 아동들의 기능을 향상시키는 데 인지행동치료가 효과가 있다고 보고하는 연구 결과를 고려해 볼 때, 자폐스펙트럼장애 성인들의 기능을 향상시키는 데 인지행동치료를 적용하는 것이 권장되는 충분한 근거가 된다.

인지모델과 아스퍼거 증후군

*요약: 인지모델에 대한 간단한 안내: A-B-C-D-E-F 모델

인지행동치료의 기초가 된 인지치료는 1960년대 초기에 Eliis(1962)와 Beck(1963)의 각기 다른 버전으로 기술되면서 탄생하였다. Beck의 모델이 실증적으로 유효한 성인 치료방법에 기초가 되었기 때문에(Butler, Chapman, Forman, & Beck, 2006) 인지행동치료에서 자폐스펙트럼장애를 개념화하는 데 기초가 되었다(Gaus, 2007, 출판 중). Beck(1976)의 정서장애 모델은 스키마에 따른 정보처리를 제안했고, 스키마는 사건과 경험의 인식을 안내하고 구조화하는 인지구조이다. 스키마는 삶의 초기에 형성되기 시작하며 환경과 각자가 속한 여러 집단 사람들(예: 가족, 동료, 문화, 종교 공동체 등)과의 상호작용의 경험들로부터 학습된 핵심 신념을 포함하고 있다. 이는 개인이 환경에 대한 반응으로 생각하고 느끼고 행동하는 것에 영향을 준다. 하나의 사건은 관련된 기억과 연결되어, 이는 정서에 영향을 주는 인지 순환을 유발하고 행동에 영향을 끼치고, 다시 인지에 영향을 끼치고 이렇게 순환한다. 이 순환 시스템은 앞과 뒤로 연결되어 있고 스키마에 영향을 주어 스키마를 강화하거나 수정하게 된다. 때때로 스키마는 개인이 습관적으로 사건을 왜곡하여 인지하도록 만들거나 비적응적으로 만들 수 있다.

Beck(1976)은 정신건강 문제들이 이런 스키마에 의한 과도한 왜곡에 의해 야기된다고 제안했다. 일생을 거치며 새로운 정보들이 들어옴에 따라서 스키마는 계속적으로 변화하고 발전하며 규칙과 믿음이 변형되어야 한다. 만약 개인이 새로운 정보를 받아들이는 데 실패하고 현재의 삶에는 더 이상 적합하지 않지만 한때 기능적이었던 스키마를 유지한다면, 이러한 과정은 부적응적일 수 있다. 만약 자기, 타인, 세계 혹은 미래에 관해 지나치게 불균형한 부정적인 믿음이 있다면 또 다른 문제가 발생할 수 있다. 부정적인 스키마는 개인으로 하여금 믿음 체계에 맞는 정보들에만 선택적으로 주의를 기울이고 믿음 체계를 부인하는 정보들은 무시하도록 만든다.

스키마와 자폐스펙트럼장애

자폐스펙트럼장애가 보이는 인지적인 결함을 고려한다면, 그들은 부적응적 스키마와 관련된 다양한 문제를 경험할 위험이 크다는 것을 알 수 있다. 인지모델은 타인이 스키마를 구성하는 믿음을 강화하고, 모델링하고, 가르치는 중요한 자원임을 가정한다. 하지만 사회적 인지의 결함은 자폐스팩트럼장애인이 사회적인 맥락에서 다른 사람으로부터 온 정보를 적절히 추론하고 활용하는 것을 어렵게 만든다. 따라서 그들은 건강한 스키마를 발달시키고 발전시키기 위해 필요한 풍부한 자원을 얻지 못하고 놓치게 된다. 그들의 인지적 경직성(inflexibility) 역시 역기능적인 스키마를 너무 강하게 유지하도록 하기 때문에 위험 요소인이 된다. 사회적 거부(social rejection)나 반복되는 취업 실패와 같은 부정적인 생활 사건의 빈번한 경험은 자기, 타인, 세상 그리고 미래에 관한 부정적인 믿음을 강화시킨다.

[그림 7-3]은 앞에서 제시된 주요 문제들에 관한 개념적 모델에 스키마 기

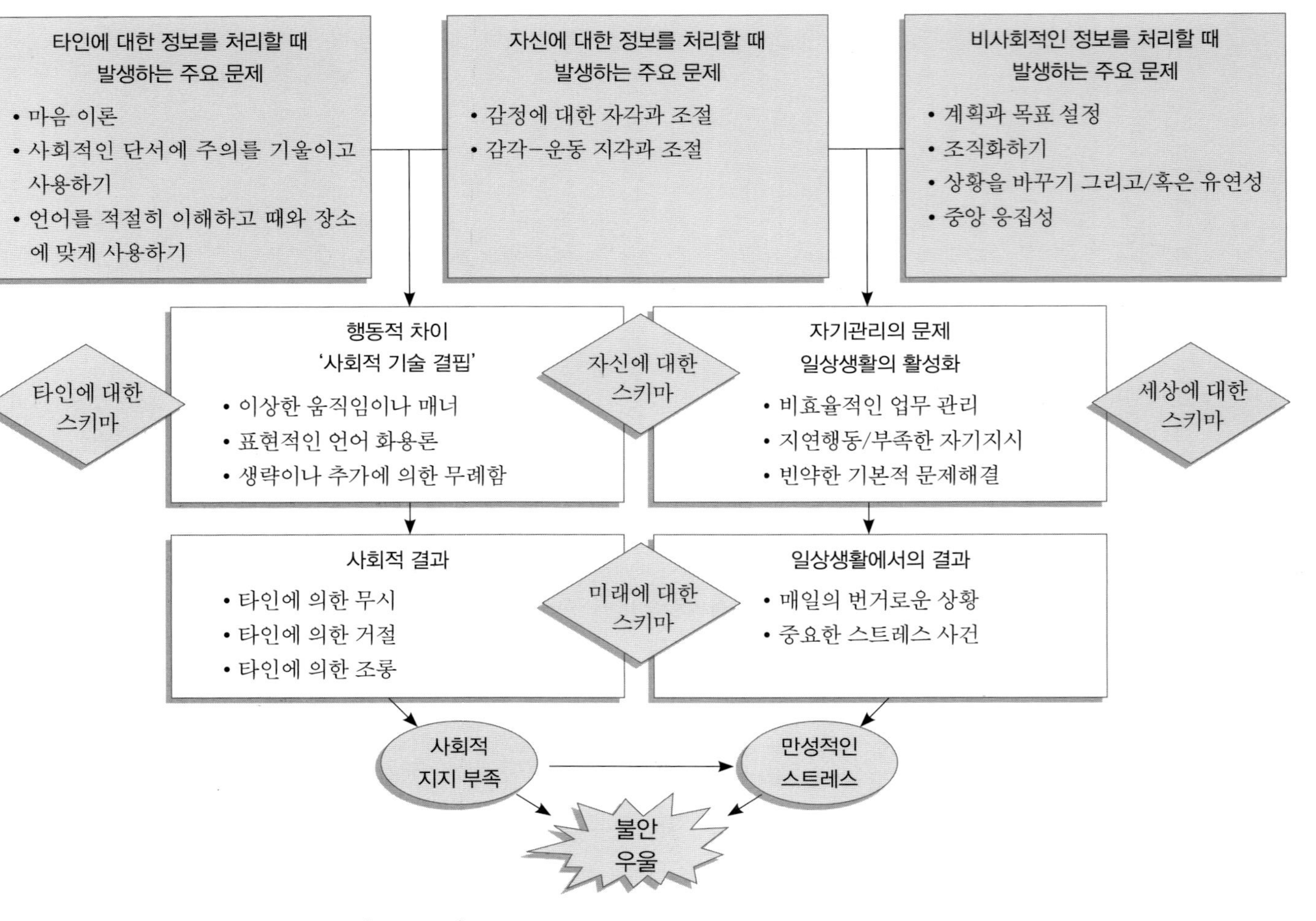

[그림 7-3] 아스퍼거 증후군의 부적응적 도식 발달의 취약성

호를 추가하여, 부정적 믿음이 생기거나 강화되는 지점을 설명하였다. 사회적 기술과 자기관리에서의 어려움은 자기에 관한 부정적인 스키마를 쉽게 야기할 수 있다. 무시당하거나, 거부당하거나 조롱당하는 것의 사회적 결과는 타인과 자기에 관한 부정적인 스키마 발달을 촉진시킬 수 있다. 계속되는 매일매일의 번거로운 상황과 스트레스 사건의 결과는 세상과 자기에 관한 부정적인 믿음의 원인이 될 것이다. 궁극적으로 이 모든 것이 앞으로 일어날 일에 관한 부정적인 생각이나 미래에 관한 부정적인 스키마를 야기할 수 있다.

인지행동치료의 적용

[그림 7-3]의 모델 각각의 요소들은 상담자에게 개입 가능한 지점을 보여준다. 자폐스펙트럼장애인이 불안 혹은 기분장애를 보인다면 이것은 그와 그녀의 인생에서 다른 많은 변수와 상호작용한 결과이다. 정신건강 문제가 이러한 과정의 결과라는 아이디어는 불안과 우울을 도표의 바닥, 즉 가장 마지막에 놓음으로써 설명된다. 치료적 평가와 사례개념화를 통해서 상담자는 최근 문제까지의 발달 과정에 대한 가설을 세워야 하고, 변화를 위한 목표를 확인해야 한다. 이 접근법을 사용하기 위하여 자폐스펙트럼장애인에게 적용 가능한 치료적 목표의 일반 범주가 있다. 자폐스펙트럼장애 증상으로 인해 이전에는 손상되었던 관계와 직업적 기능을 향상시키기 위한 숙련도와 기술을 증가시키는 것이 목표가 될 수 있다. 이와 관련된 이슈들이 [그림 7-3]의 가장 위부터 중간 부분에 열거되어 있다. 다음으로, 불안과 기분장애와 같은 도표의 중간부터 바닥에 열거된 이슈들과 관련된 공존장애 1축 문제(co-morbid Axis I problem)의 증상 감소를 목적으로 하는 목표들도 있다.

우울과 불안에 관한 인지행동치료의 자세한 설명은 이 장의 범위 밖에 있다. 이론이 너무나 방대해 간략한 검토조차 불가능하다. Gaus(2007)는 자폐스펙트럼장애인에게 적용 가능한 기법들의 포괄적인 개관을 제공한다. 여기서는 기술을 향상시키고 불안과 우울의 증상을 감소시키기에 적합한 주요 전략들 중 몇 가지를 개관한 후 사례를 통해 설명할 것이다.

기술 향상시키기

자폐스펙트럼장애인에게 필요한 기술 개발에 두 가지 넓은 범주가 존재한다. 하나는 사회적 기술이고 다른 하나는 대처 기술(coping skills)이다. [그림 7-3]을 참조한다면, 이 개입 범주는 중간 상자에 나열된 문제들을 다루는 것이다.

사회적 기술: 사회적 기술 가르치기는 그들의 사회적 결과를 가지고 행동에서 나타나는 차이점을 다룰 것이다. 사회적 기술 개발은 다면적이어야 한다. 이것은 표면적인 공손한 행동(예: 인사하기, 미소 짓기, 순서 지키기, 다른 사람과 눈 마주치기)을 가르치는 전략뿐만 아니라 역동적인 상호작용에서 다른 사람을 '읽을' 수 있는 많은 사회적 지식과 능력을 증가시키는 전략을 포함한다. 이를 위해 상담자들은 아래에 제시된 것들을 할 수 있어야 한다.

① **사회적 행동의 '쓰이지 않은 규칙'에 관한 정보 제공하기**: 행동의 많은 사회적 규범과 규칙들이 문화 구성원들에 의해서 가정되지만 실제로 문서화되거나 공식적인 방법으로 가르쳐지지 않는다(예: 칵테일 파티에서 다른 사람과 이야기하는 동안 얼마나 멀리 떨어져 있어야 하는가, 상점 직원에게 해야 할 말과 하지 말아야 할 말은 무엇인가, 비행기에서 옆에 앉은 처음 본 사람과 어떻게 상호작용해야 하는가 등). 일반적인 사람들은 삶에서 성장하면서, 다른 사람에 대한 관찰을 참고해서 그리고 타인에게서 받은 비언어적 피드백의 정확한 해석을 통해서 이러한 지식 기반을 개발시킨

다. 자폐스펙트럼장애인은 (아래에 언급된 것처럼) 그러한 수단을 통해 배우는 것에 어려움을 겪기 때문에, 상담자가 아직 배우지 않은 규칙들을 가르치는 집중 훈련을 제공함으로써 그들이 동년배들을 따라갈 수 있도록 도와주어야 한다. 사회적 이야기를 사용한 접근법을 제공한 Gray(1995, 1998)뿐만 아니라 Myles, Trautman과 Shelvan(2004)은 이러한 목적을 위한 정보제공자로서의 역할을 한다.

② **사회적 인지 향상 전략 가르치기**: 사회적으로 효과적으로 기능하기 위해서 사람은 상황의 사회적 맥락을 평가하고, 사람들의 언어적 · 비언어적 행동을 관찰하고, 다른 사람의 정신 상태를 추론하고, 다른 사람들에 의해 기대되는 것을 이해하고, 기대되는 것을 수행할 수 있어야 한다. 다른 사람에 관한 생각과 다른 사람들이 생각하는 것을 포함하기 때문에 이 능력들의 복합체(complex set of skills)는 '사회적 인지'라고 불린다. 자폐스펙트럼장애인은 일반인에게는 자연스러운 이러한 활동을 수행하는 데 큰 어려움을 겪는다. 상담자들이 이러한 능력을 배울 수 있는 기회를 제공하는 여러 가지 방법이 있다.

- 현재 시판되고 있는 여러 가지 자료와 도구를 보여 주기(예: Winner, 2000, 2002)
- 내담자가 보고한 예전 경험에 대해 회상하며 토론하기
- 앞으로 있을 일에 대해 행동적인 리허설 해보기
- 상담자와 상호작용하는 도중 보여 준 행동에 대해 부수적인 피드백하기

대처 기술: [그림 7-3]에 나와 있듯이 자폐스펙트럼장애인은 자기관리에 어려움을 경험하고, 자기관리의 어려움으로 인해 일상에서 겪는 문제들이 계속 많아지면 만성적인 스트레스를 유발할 수 있다. 이를 완화할 수 있는 대처 기술은 다음과 같은 것을 포함하지만 여기에 한정되는 것은 아니다.

- 시간 관리 기술
- 문제해결 기술
- 이완 기술
- 자기주장 기술

공존장애의 증상 감소시키기

자폐스펙트럼장애인 내담자가 자폐 이외에도 공존하는 정신건강상의 문제가 있을 때, 이러한 내담자는 불안, 우울 혹은 만성적인 스트레스로 고통받는 일반 성인과 똑같이 인지행동치료적인 중재를 제공받아야 한다. 자폐스펙트럼장애인에게 유일하게 다른 점은 이들이 앞에서 강조된 것과 같이 추가적인 기술 향상 중재를 받는다는 것이다. (Beck의 인지 이론에 따라 인지행동치료의 기초를 알고 싶다면 J. Beck의 1995년 연구와 Persons, Davidson Tompkins의 2000년 연구를 보라. 둘 다 훌륭하게 작성되어 있으며, 초심자가 이해하기 쉽다.) 인지행동치료는 모든 사람이 불안과 우울 증상을 일으키고 유지시키는 부적응적인 인지를 긍정적으로 바꿀 수 있다는 가정에서 출발한다. 자폐스펙트럼장애인은 정보를 처리하는 데에 특유의 방식을 가지고 있고, 그렇기 때문에 불안과 우울에 관련된 부적응적인 사고, 신념 그리고 인지도식에 취약하다. 예를 들어, 자폐스펙트럼장애인은 역기능적인 규칙을 엄격하게 고집할 수 있고 이분법적인 사고나 '흑백논리'를 보이는 경향이 있다.

인지행동치료의 주된 목적은 다음과 같다. 자폐스펙트럼장애인에게 특히 유용한 예도 함께 제시하였다.

① 역기능적인 자동적 사고와 인지 왜곡[매우 구체적인 상황에서의 자기 대화(self-talk), 예를 들어 "이 일에서의 새로운 과제는 나에게는 너무 어려워. 나는 이렇게는 절대 배우지 못해."]을 식별하고 대응하라. 자폐스펙트럼

장애인을 도울 수 있는 기술과 도구는 다음과 같다.

- 인지 왜곡에 대한 자기평가(예: Gaus, 2007)
- 역기능적 사고 기록(예: Beck, 1995; Persons et al., 2000)

② 부적응적인 중간 신념(여러 비슷한 상황을 평가하는 데에 쓰이는 규칙들, 예를 들어 "내가 처음 시도할 때 어떤 것을 배우지 못한다는 것은 나는 절대 못 배운다는 것을 뜻해.")을 알아차리고 수정하라. 자폐스펙트럼장애인에게 유용한 기술은 Gaus(2007)가 다루고 있는데 다음이 그 예시이다.

- 활동 기록
- 역기능적인 신념 활동지

③ 부적응적인 인지도식(자기, 타인, 세계 그리고 미래에 대한 널리 퍼진 핵심 신념, 예를 들어 "나는 멍청해.")을 수정하라. 자폐스펙트럼장애인에게 다음의 전략이 유용하다.

- 연속 기술(예: Beck, 1995; Gaus, 2000; Padesky, 1994; Persons et al., 2000)
- 핵심 신념 활동지(예: Beck, 1995)

사례

오스틴

오스틴은 커뮤니티 컬리지를 파트타임으로 다니며 부모님과 한 명의 형제와 사는 19세 싱글 남성이다. 오스틴의 부모님은 그가 우울한 것 같다고 걱정하며 그를 상담에 의뢰했다. 오스틴은 그의 부모와 사는 것에 '지쳐 버렸기' 때문에 상담자를 만나는 데에 동의했다.

오스틴이 처음 왔을 때는 그의 대학교 2학년이 막 시작된 때였다. 그는 최근에 가족들과 더 멀어졌으며 평소보다 더 잠을 잤고 학교에서 집중하는 데 어려움을 겪고 있었다. 그의 어머니에 따르면 그의 1학년은 '악몽'이었다. 그는 고등학교 졸업 후 바로 대학에 진학했고 풀타임 코스에 등록했다. 그는 아주 일찍부터 뒤처졌으나 아무에게도 말하지 않고 도움을 청하지도 않았다. 그는 두 개의 F와 두 개의 D 그리고 하나의 C를 받았다. 그해 두 번째 학기에, 그는 세 과목만 신청했지만 같은 패턴이 반복되었다. 그는 뒤처졌지만 여전히 도움을 구하지 않았다. 그의 성적은 아주 조금 나아졌지만 그도, 그의 부모님도 받아들일 수 없었으며 많은 싸움이 벌어졌다(두 개의 C와 하나의 D를 받았다). 이번 학기에 그는 또 세 과목을 듣지만 상담을 시작할 때 이미 뒤처져 있었다. 그의 부모님은 그에게 점점 더 좌절하고 있었다.

오스틴의 부모님은 그가 유아기부터 심각한 언어 지연, 사회적 어려움, 발작, 변화에 대한 스트레스 그리고 과잉행동과 같은 심각한 '자폐 증세'를 보여 왔다고 말했다. 그는 42개월에 자폐장애로 진단받았다. 그의 부모님은 당시 오스틴은 매우 총명했다고 설명했다. 그는 초기 중재를 받았고 중재에도 잘 반응하였다. 그의 언어 기술은 상당히 발전했고 발작은 줄어들었다. 그는 유치원부터 공교육 기관에 등록할 수 있었다. 학창 시절 동안 그는 일반교실에서 수업을 들었지만 초등학교와 중학교에서는 언어치료를 받았으며, 고등학교 때는 학습도움실에 갔다. 그의 부모님은 그가 다닌 학교에 매우 만족했고 학교에서 그가 받은 지원들에 매우 감사한다고 말했다. 그들은 또한 그가 어려워하는 과목들을 도와줄 과외 교사를 고용해 추가적인 도움을 주기도 했다. 오스틴은 과외받는 것을 싫어했고 가끔은 비협조적으로 나왔다. 오스틴은 수학과 과학을 잘했지만 영어와 사회는 어려워했다. 그는 보통 새로운 것을 매우 쉽게 이해했지만 스스로 구조화하거나 숙제를 하는 것은 힘들어했다. 그의 부모님은 그를 미루는 아이라고 표현했다. 그는 항상 스포츠에 '집착'해 왔으며 그가 매우 어렸을 때부터의 모든 종류의 스포츠 통계 자료를 외워서 말할 수 있었다. 그는 가까운 친구는 하나도 없었지만 그의 스포츠에 대한 사랑 덕분에 가끔 동료들과 어울릴 수 있었다(예를 들어, 그는 가끔씩 동료들과 경기를 보러 갔다). 그는 일반 졸업장을 받고 고등학교를 졸업하였으며 평균 점수는 A였다. 대학에 진학하는 것은 오스틴에게 자연스러운 다음 단계처럼 보였다.

3회기에 걸쳐 초기 평가가 이루어졌다. 한 번의 면담은 그의 부모님과 함께 하였고 나머지 두 번은 오스틴만 대상으로 하였다. 그는 Beck 우울척도(Beck Depression Inventory: BDI)도 수행했고 27점이 나왔다(중등도 우울 범위). 그의 학교 성적과 가장 최근의 심리검사 결과 또한 검토하였다. 다음은 진단과 사례 개념화 결과이다.

DSM-TR 진단

축 I 자폐스펙트럼장애
주요우울장애, 중등도
축 II 진단 없음.
축 III 진단 없음.
축 IV 대학에 잘 적응하지 못함. 가족 내의 싸움
축 V GAD: 50

사례 개념화

오스틴의 우울 증상과 학교 부적응은 핵심적인 자폐스펙트럼장애 증상과 학습사적 요인 그리고 인지적 요인이 복합적으로 작용한 결과이다.

핵심 자폐스펙트럼장애 증상: 그의 지적 능력에도 불구하고, 오스틴은 집행 기능의 문제를 시사하는 증거들을 보였다. 그는 구조화, 목표 설정 그리고 일을 완수하기 위해 계획을 세우는 것에 어려움을 겪고 있었다. 그는 지금까지 그와 그의 부모님이 생각하는 것보다 훨씬 더 많이 학습도움실과 과외교사에게 받는 도움에 의존하고 있었다. 그의 지능과 좋은 성적은 그를 포함한 모든 사람에게 그가 대학에 다닐 수 있을 것이라고 여기게 했다. 그가 대학에 들어가고 덜 구조화된 환경에 놓이게 된 이후에야 그는 힘들어지기 시작했다.

학습사: 오스틴은 과거에 스트레스를 받는 상황에 처하면 그 상황을 피했다. 도망치면 보통 그가 혐오하는 일에서 정말 벗어날 수 있었기 때문에 그의 도피하려는 행동(escape-motivated behaviors)은 강화받아 왔다(예를 들어, 과외교사에게 비협조적으로 행동하는 것은 대개 수업이 일찍 끝나게 해 주었다). 그가 대학에서 문제를 맞닥뜨리기 시작하자, 그는 피함으로써 그 딜레마들을 다루었다. 그는 그의 부모님이 고등학교 때처럼 과외교사를 고용하는 것이 싫어서 부모님에게 자신이 고군분투하고 있다는 사실을 숨겼다.

인지적 요인: 오스틴은 "난 실패작이야." 또는 "난 모자란 사람이야."를 포함한 몇 개의 부적응적인 스키마를 갖고 있다. 그는 그가 학교에서 그의 장애로 인해 실패했고, 그래서 대학에 있을 수 없다고 생각했다. 그는 그의 고등학교에서의 업적을 믿지 않았다. 왜냐하면 그는 성적이 잘 나온 것이 동료와 교사 덕이라고 생각했기 때문이다. 그의 대학생활에서의 어려움이 길어질수록, 그는 그의 성공에 대한 능력을 더욱 믿지 못하게 되었다. 또한 그는 도움을 요청하는 것이 자신의 무능을 인정하는 것이라고 여겼다. 이것이 그가 왜 어려움에 대한 도움을 그의 부모님이나 그 누구에게도 구하지 않게 된 이유이다. 극단적인 이분적 사고를 하는 성향 때문에 그가 모든 업무를 아무 도움 없이 하지 않으면 아예 실패해 버리는 것이라고 여겼다. 이는 건강한 대처 기술(예: 도움 청하기)을 사용하는 것을 방해하는 것이다.

상담 계획

구조화된 틀을 기반으로, 다음 치료 전략들이 시행된다.

① 시간 관리 기술을 배운다. 활동 일지 진행표를 이용해 일주일을 기준치와 비교해서 어떻게 지냈는지 추적한다. 이것으로 그가 어디에서 너무

많은 일을 한 번에 하기 위해 노력을 했거나 때때로 할 수 있음에도 최선을 다하지 않았는지 핵심 영역을 알 수 있다. 그가 전자 장치를 사용하는 것을 선호했기 때문에 휴대전화에 스케줄과 알람을 설정하는 방법을 배웠다. 이 도구를 통한 자립성은 그가 일을 피하는 것을 줄여 주었다.

② 자폐증과 관련된 심리교육을 제공받는다. 그는 이에 관해 애매한 생각을 가졌다. 그에게 그의 증상이나 장애에 대한 영향의 정확한 정보를 제공하는 것은 그의 "난 실패작이야." 등의 도식을 "나는 자폐증이 있어. 이것은 내가 ……의 장점이 있고, ……에 도움이 필요하다는 의미야."라고 재구성하는 데 도움을 준다.

③ 그는 대학 내에서 부모님과 함께하지 않더라도 도움을 받을 수 있는 자원을 찾도록 격려받았다. 이것은 그 자신의 무능함에 대한 생각을 바꿀 수 있도록 했다.

④ 역기능적 생각 기록은 매주 집과 대학에서의 생각을 기록하여 그의 생각과 신념이 어떤 상황에서 촉발되었는지 추적하는 데 사용된다.

⑤ 일련의 기술은 매주 그의 성과를 기록하는 데 도움을 준다. 3개의 영역으로 이루어지고 1점(완전히 실패한)에서 10점(완벽히 성취한)의 범위를 가진 척도를 사용한다. 그 영역은 다음과 같다.

- 나의 스케줄을 잘 이행했는가
- 나의 주별 과제를 다 마쳤는가
- 교내에서 도움을 요청했는가

이 훈련은 그의 이분법적 사고를 감소시키고, 또한 '도움을 청하는 것'에 대한 그의 생각을 실패의 상징에서 성공으로 바꾸게 해 주는 데 의미가 있다.

결과

회기는 7개월에 걸쳐 이루어졌다. 25회기 이후, 오스틴은 더 이상 주요우울장애의 기준에 부합하지 않게 되었다. 그의 BDI 점수는 경미한 축에 속하는 14점이었다. 그는 가을학기를 2개의 B학점과 1개의 C학점을 받고 마칠 수 있었다(상담이 시작된 것은 학기가 반이 지났을 때였다). 봄학기에 그는 4개의 강의를 이수하였고, 3개의 B와 1개의 A학점을 받고 마쳤다. 상담자와 그는 여름 동안 격주로 만나기로 합의했고, 학기가 시작하면 매주 만나기로 했다.

맺음말

해가 갈수록 심리상담자에게 자폐스팩트럼이나 고기능 자폐증의 판단에 대한 도움을 요청하는 인구가 늘고 있다. 이 글을 쓰는 현재, 연구자들은 자폐스펙트럼장애 성인의 인구, 특히 그들에 대한 개입과 서비스에 관해 검토하고 있다. 그동안에 전문가들은 그들이 매일 마주하는 개인들에게 사용할 수 있는 증거기반 접근을 필요로 했다. 우리가 말하는 자폐스펙트럼장애인의 특징적인 정보와 그들의 차이점은 그들이 기록한 사회적 어려움에 있었다. 게다가 이 장애를 가진 성인 내담자들은 인지행동치료 문헌의 증거기반 프로토콜에서 찾을 수 있는 불안과 기분장애를 공존장애로 갖고 있었다. 몇 가지 수정 사항과 기술 향상의 기타 주의점을 포함한 이 접근은 자폐스펙트럼장애 성인에게 효과적일 수 있다.

참고문헌

American Psychiatric Association. (1994). *Diagnostic and statistical manual of mental disorders* (4th ed.). Washington, DC: Author.

American Psychiatric Association. (2000). *Diagnostic and statistical manual of mental disorders* (4th ed., text revision). Washington, DC: Author.

Aston, M. (2003). *Aspergers in love: Couple relationships and family affairs.* London: Jessica Kingsley Publishers.

Attwood, T. (1998). *Asperger's syndrome: A guide for parents and professionals.* London: Jessica Kingsley Publishers.

Attwood, T. (2004). Cognitive behaviour therapy for children and adults with Asperger's syndrome. *Behaviour Change, 21*(3), 147-162.

Attwood, T. (2006a). Asperger's syndrome and problems related to stress. In M. G. Baron, J. Groden, G. Groden, & L. P. Lipsitt (Eds.), *Stress and coping in autism* (pp. 351-370). New York: Oxford University Press.

Attwood, T. (2006b). *The complete guide to Asperger's syndrome.* London: Jessica Kingsley Publishers.

Beck, A. T. (1963). Thinking and depression. *Archives of General Psychiatry, 9,* 324-333.

Beck, A. T. (1976). *Cognitive therapy and the emotional disorders.* New York: International Universities Press.

Beck, J. S. (1995). *Cognitive therapy: Basics and beyond.* New York: Guilford Press.

Beebe, D. W., & Risi, S. (2003). Treatment of adolescents and young adults with high-functioning autism or Asperger syndrome. In F. M. Dattilio & M. A. Reinecke (Eds.), *Cognitive therapy with children and adolescents: A casebook for clinical practice* (pp. 369-401). New York: Guilford Press.

Bolton, P., Pickles, A., Murphy, M., & Rutter, M. (1998). Autism, affective and other psychiatric disorders; patterns of familial aggregation. *Psychological Medicine, 28,* 385-395.

Brugha, T., McManus, S., Meltzer, H., Smith, J., Scott, F. J., & Purdon, S., et al. (2009). Autism spectrum disorders in adults living in households throughout England: Report from the adult psychiatric morbidity survey 2007. *The Health & Social Care Information Centre, Social Care Statistics.*

Butler, A. C., Chapman, J. E., Forman, E. M., & Beck, A. T. (2006). The empirical status of cognitive-behavior therapy: A review of meta-analyses. *Psychology Review, 26*(1), 17-31.

Cardaciotto, L., & Herbert, J. D. (2004). Cognitive behavior therapy for social anxiety disorder in the context of Asperger's syndrome: A single subject report. *Cognitive and Behavioral Practice, 11,* 75-81.

Centers for Disease Control and Prevention. (2007a). Prevalence of autism spectrum disorders-Autism and developmental disabilities monitoring network, six sites, United States, 2000. *Morbidity and Mortality Weekly Report, 56, SS-1,* 1-11.

Centers for Disease Control and Prevention. (2007b). Prevalence of autism spectrum disorders-Autism and developmental disabilities monitoring network, 14 sites, United States, 2002. *Morbidity and Mortality Weekly Report, 56, SS-1,* 12-28.

Chalfant, A. M., Rapee, R., & Carroll, L. (2007). Treatment anxiety disorders in children with high functioning autism spectrum disorders: A controlled trial. *Journal of Autism and Developmental Disorders, 37,* 1842-1857.

Cohen, S., & Wills, T. A. (1985). Stress, social support, and the buffering hypothesis. *Psychological Bulletin, 98*(2), 310-357.

Ellis, A. (1962). *Reason and emotion in psychotherapy.* New York: Lyle Stuart.

Fombonne, E. (1999). The epidemiology of autism: A review. *Psychological Medicine, 29,* 769-786.

Frith, U. (1989). *Autism: Explaining the enigma.* Oxford: Blackwell.

Gaus, V. (2000). "I feel like an alien": Individual psychotherapy for adults with Asperger's disorder using a cognitive behavioral approach. *NADD Bulletin, 3,* 62-65.

Gaus, V. L. (2007). *Cognitive-behavioral therapy for adult Asperger syndrome.* New York: Guilford Press.

Gaus, V. L. (in press). Adult Asperger syndrome and the utility of cognitive-behavioral therapy. *Journal of Contemporary Psychotherapy.*

Gerhardt, P. F., & Holmes, D. L. (2005). Employment: Options and issues for adolescents and adults with autism spectrum disorders. In F. R. Volkmar, R. Paul, A. Klin, & D. Cohen (Eds.), *Handbook of autism and pervasive developmental disorders: Vol. 2. Assessment, interventions and policy* (3rd ed., pp. 1087-1101). Hoboken, NJ: Wiley.

Ghaziuddin, M. (2005). *Mental health aspects of autism and Asperger's syndrome.* London: Jessica Kingsley Publishers.

Gray, C. (1995). *The original social story book.* Arlington: Future Horizons.

Gray, C. (1998). Social stories and comic strip conversations with students with Asperger syndrome and high-functioning autism. In E. Schopler, G. B. Mesibov, & L. J. Kunce (Eds.), *Asperger syndrome or high functioning autism?* (pp. 167-198). New York: Plenum Press.

Green, J., Gilchrist, A., Burton, D., & Cox, A. (2000). Social and psychiatric functioning in adolescents with Asperger syndrome compared with conduct disorder. *Journal of Autism and Developmental Disorders, 30,* 279-293.

Hare, D. J. (1997). The use of cognitive-behaviour therapy with people with Asperger's syndrome. *Autism, 1*(2), 215-225.

Hare, D. J. & Paine, C. (1997). Developing cognitive behavioural treatments for people with Asperger's syndrome. *Clinical Psychology Forum, 110,* 5-8.

Hénault, I. (2005). *Asperger's syndrome and sexuality: From adolescence through adulthood.* London: Jessica Kingsley Publishers.

Jacobsen, P. (2003). *Asperger syndrome & psychotherapy.* London: Jessica Kingsley Publishers.

Jennes-Coussens, M., Magill-Evans, J., & Koning, C. (2006). The quality of life of young men with Asperger syndrome. *Autism, 10*(4), 403-414.

Kim, J. A., Szatmari, P., Bryson, S. E., Streiner, D. L., & Wilson, F. J. (2000). The prevalence of anxiety and mood problems among children with autism and Asperger syndrome. *Autism, 4*(2), 117-132.

Kingdon, D. G. & Turkington, D. (2005). Cognitive therapy of schizophrenia. New York: Guilford Press.

Klin, A., Jones, W., Schultz, R., & Volkmar, F. (2005). The enactive mind-from actionsto cognition: Lessons from autism. In F. R. Volkmar, R. Paul, A. Klin, & D. Cohen (Eds.), *Handbook of autism and pervasive developmental disorders: Vol. 1. Diagnosis, development, neurobiology, and behavior* (3rd ed., pp. 682-703). Hoboken, NJ: Wiley.

Klin, A., Jones, W., Schultz, R., Volkmar, F., & Cohen, D. (2002a). Defining and quantifying the social phenotype in autism. *American Journal of Psychiatry, 159*(6), 895-908.

Klin, A., & Volkmar, F. R. (2003). Asperger syndrome: Diagnosis and external validity. *Child and Adolescent Psychiatric Clinics of North America, 12,* 1-13.

Klinger, L. G., & Williams, A. (2009). Cognitive-behavioral interventions for students with autism spectrum disorders. In M. J. Mayer, J. E. Lochman, & R. Van Acker (Eds.), *Cognitive-behavioral interventions for emotional and behavioral disorders: School-based practice* (pp. 328-362). New York: Guilford Press.

Kogan, M. D., Blumberg, S. J., Schieve, L. A., Boyle, C. A., Perrin, J. M., & Ghandour, R. M., et al. (2009). Prevalence of parent-reported diagnosis of autism spectrum disorder among children in the US, 2007. *Pediatrics, 124,* 1395-1403.

Koller, R. (2000). Sexuality and adolescents with autism. *Sexuality and Disability, 18,* 125-135.

Kroese, B. S., Dagnan, D., & Loumidis, K. (Eds.). (1997). *Cognitive-behaviour therapy for people with learning disabilities.* London: Routledge.

Myles, B. S., Trautman, M., & Schelvan, R. L. (2004). *The hidden curriculum: Practical solutions for understanding unstated rules in social situations.* Shawnee Mission, KS: Autism Asperger Publishing Company.

Nezu, C. M., & Nezu, A. M. (1994). Outpatient psychotherapy for adults with mental retardation and concomitant psychopathology: Research and clinical imperatives. *Journal of Consulting and Clinical Psychology, 62,* 34-42.

Ozonoff, S., & Griffith, E. M. (2000). Neuropsychological function and the external validity of Asperger syndrome. In A. Klin, F. R. Volkmar, & S. S. Sparrow, (Eds.), *Asperger syndrome.* New York: Guilford Press.

Padesky, C. A. (1994). Schema change processes in cognitive therapy. *Clinical Psychology and Psychotherapy, 1,* 267-278.

Persons, J. B., Davidson, J., & Tompkins, M. A. (2000). *Essential components of cognitive-behavior therapy for depression.* Washington, D.C.: American Psychological Association.

Piven, J., & Palmer, R. (1999). Psychiatric disorder and the broad autism phenotype: Evidence from a family study of multiple incidence autism families. *American Journal of Psychiatry, 156,* 557-563.

Reaven, J. A., Blakeley-Smith, A., Nichols, S., Dasari, M., Flanigan, E., & Hepburn, S. (2009). Cognitive-Behavioral group treatment for anxiety symptoms in children with high-functioning autism spectrum disorders: A pilot study. *Focus on Autism and Other Developmental Disabilities, 24,* 27-37.

Reaven, J., & Hepburn, S. (2003). Cognitive-behavioral treatment of obsessive-compulsive disorder in a child with Asperger syndrome: A case report. *Autism,* 7(2), 145-164.

Sarason, I. G., & Sarason, B. R. (Eds.). (1985). *Social support: Theory, research and applications.* Dordrecht, The Netherlands: Martinus Nijhof.

Sofronoff, K., Attwood, T., & Hinton, S. (2005). A randomized controlled trial of CBT intervention for anxiety in children with Asperger syndrome. *Journal of Child Psychology and Psychiatry, 45,* 1-9.

Sofronoff, K., Attwood, T., Hinton, S., & Levin, I. (2007). A randomized controlled trial of cognitive-behavioral intervention for anger management in children diagnosed with Asperger Syndrome. *Journal of Autism and Developmental Disorders, 37*(7), 1203-1214.

Sterling, L., Dawson, G., Estes, A., & Greenson, J. (2008). Characteristics associated with the presence of depressive symptoms in adults with autism spectrum disorder. *Journal of Autism and Developmental Disorders, 38*(6), 1011-1018.

Strohmer, D. C., & Prout, H. T. (Eds.). (1994). *Counseling and Psychotherapy with Persons with Mental Retardation and Borderline Intelligence.* Brondon, VT: CPPC.

Sze, K. M., & Wood, J. J. (2007). Cognitive behavioral treatment of comorbid anxiety disorders and social difficulties in children with high-functioning autism: A case report. *Journal of Contemporary Psychotherapy, 37,* 133-143.

Sze, K. M., & Wood, J. J. (2008). Enhancing CBT for the treatment of autism spectrum disorders and concurrent anxiety. *Behavioral and Cognitive Psychotherapy, 36,* 403-409.

Tsai, L. (2006). Diagnosis and treatment of anxiety disorders in individuals with autism spectrum disorder. In M. G. Baron, J. Groden, G. Groden, & L. P. Lipsitt (Eds.), *Stress and coping in autism* (pp. 388-440). New York: Oxford University Press.

Volkmar, F. R., & Klin, A. (2005). Issues in the classification of autism and related conditions. In F. R. Volkmar, R. Paul, A. Klin, & D. Cohen (Eds.), *Handbook of autism and pervasive developmental disorders: Vol. 1. Diagnosis, development, neurobiology, and behavior* (3rd ed., pp. 5-41). Hoboken, NJ: Wiley.

Volkmar, F. R., Klin, A., Siegel, B., Szatmari, P., Lord, C., & Campbell, M., et al. (1994). DSM-IV Autism/Pervasive Developmental Disorder Field Trial. *American Journal of Psychiatry, 151,* 1361-1367.

Winner, M. G. (2000). *Inside out: What makes a person with social cognitive deficits tick?* San Jose, CA: Author.

Winner, M. G. (2002). *Thinking about you, thinking about me.* San Jose, CA: Author.

Wood, J. J., Drahota, A., Sze, K., Har, K., Chiu, A., & Langer, D. A. (2009). Cognitive behavioral therapy for anxiety in children with autism spectrum disorders: A randomized, controlled trial. *Journal of Child Psychology and Psychiatry, 50,* 224-234.

World Health Organization. (1992). *International classification of diseases: Tenth revision.* Geneva: Author.

지적장애인을 위한 애도상담

Jeffrey Kauffman, M.A., LCSW

서문

경험하고 표현하라: 개인의 애도 경험과 의미를 존중하기

가족, 친구, 직원과 같은 애착 대상의 죽음은 슬픔을 불러일으키고, 상실을 다루거나 애도의 필요성을 가져온다. 애착 대상의 상실은 유대감과 죽음으로 인해 끊어진 유대감의 의미에 초점을 맞추게 한다. 그러나 치료에 접근할 때 우리는 상실의 의미가 애착문제와 관련되어 있다고 가정하면서 시작하지 않는다. 손상된 불안 애착에 의한 슬픔은 여러 요소로 구성된 임상적 현상의 일부일 수 있다. 애착 대상의 죽음에 대한 슬픔 반응의 의미가 손상된 애착의 문제와 거의 관련이 없거나 전혀 없을 수 있다는 것은 드문 일이 아니다. 예를 들어, 그 상실의 경험이 예측 가능하거나 일상적인 상실로 경험되거나, 상실이 비난으로 경험되거나 혹은 상실이 안전하지 않다는 감각을 촉발시킬 수 있다. 한편으로는, 슬픔의 경험이 관계에서의 갈등이나 상처받은 느낌을 지속하거나 악화되게 할 수 있다. 이런 상실 경험은 지적장애인이 일반인보다 더 압도적으로 느끼는 경향이 있다.

분리불안은 종종 슬픔의 장면에서 중요한 부분이지만, 주어진 상황에서 임상적 장면과 슬픔에 대한 이해의 주요 초점이 될 수는 없다. 우리가 슬픔을 평가하기 위한 질문인 '상실의 의미가 무엇인가?'를 가지고 사례에 접근할 때, 우리는 "애도하는 사람으로서의 경험을 하고 있는 것은 어떤 의미를 갖죠?"라고 묻는다. 애도하는 사람과의 경험을 다루는 시작은 내담자에 대한 기본적인 겸손과 존중이다. 공감이란, 어떤 이의 불안을 투사하여 인식의 방해를 받지 않는 선에서 누군가의 마음속에 있는 타인에 의한 극심한 슬픔의 고통을 이해 및 재연할 수 있는 능력을 말한다(Titchner, 1909).

더 자세히 보게 되겠지만, 지적장애인이 슬픔을 표현하기 위해 사용하는 언어는 꽤 다양하고 항상 자명한 것이 아니기 때문에 지적장애인의 상실 경험에 대한 이야기를 구성할 때에는 인내심이 요구되기도 한다. 내담자가 슬픔을 나타내는 언어의 의미에 임상적인 관심의 초점을 두는 것이 내담자의 인간다움, 위엄, 자율성 그리고 개인의 자기조절적 정체감을 지지하는 임상적 평가법이다. 이런 의미에서 우리의 가치는 내담자와 상호작용하며 치료하기 위한 임상적 틀로부터 크게 분리되어 있지 않다. 우리가 내담자를 임상적으로 어떻게 생각하는지는 우리 가치의 간접적인 표현이라고 할 수 있다. 이 장에서 논의되는 기술들은 내담자의 경험과 자아에 대한 주관적인 의미를 존중한다. 이 접근법은 정신분석치료에 뿌리를 두고 있으며, 내담자의 슬픔 경험에 대한 공감에 기초한 일종의 정신분석적 애도 치료라고 할 수 있다.

내담자의 슬픔을 이해하기 위해서는 그가 무엇을 표현하는지에 대해 공감적인 관심을 가져야 하는데, 이것은 곧 내담자가 슬픔을 나타내는 언어를 해석하는 것을 의미한다. 표현 언어는 말의 사용, 대인관계적 표현성, 행동과 재현, 행동과 행동 패턴, 동요함 등을 포함한다. 여기에서 동요함이란 강박성, 공격성, 신체화, 고립과 같이 고통을 의미하는 행동들의 증가를 말한다.

개인의 경험과 슬픔 표현에 관심을 갖는 것은 상실 때문에 삶이 방해받는 사람을 전체적으로 보게끔 한다. 이 방해라는 것은 행동적 표현이 따라오는 주관적인 상태로 임상적 관심의 대상이 되며, 이를 통해 애도 치료의 방향을 잡게 된다.

상실 이후에 찾아오는 심리적 문제는 지극히 정상적이다

상실에 대한 반응으로 우리의 내면으로부터 큰 슬픔이 폭발한다. 이것은 정상적인 혼란이다. 우리는 이러한 반응이 정상적이라는 것에 대해 특별히 주목한다. 우리 사회에서는 심리적 혼란이 정상적일 수 있다는 것을 수용하지 못하는 경향이 강하기 때문이다. 이러한 혼란이 정상이라는 인식을 통합시키는 것은 어려울 수 있다. 이에 대해 생각하기 시작하면, 사회와 임상적 판단에서 정상과 비정상 사이에 그려 놓은 선에 대해 다시 생각해 봐야 할 수도 있다. 현대 사회의 일반 대중 사이에서 슬픔으로 인한 혼란에 대한 사회적 관용은 고통스럽게 제한적이며, 이러한 분위기는 많은 이의 애도 경험을 복잡하게 한다. 사회적으로 큰 슬픔을 인정하지 않는 현상(Doka, 1989, 2002; Walter, 1994)은 지적장애인의 경우 더욱 심하다. 25년 전에는 지적장애인들은 슬픔을 경험하지 않는다고 널리 가정되어 왔다. 따라서 일반 대중의 정신건강을 생각할 때 슬픔에 대한 사회적 인정이나 제재가 너무 제한적이었다고 본다면, 지적장애인들에게는 애도 그 자체가 인정되지 않았다고 할 수 있다. 최근 지적장애인들의 애도에 대한 태도가 변화되어 왔고, 지적장애인들이 큰 슬픔이나 애도를 경험하지 않는다는 생각은 없어졌다. 하지만 이러한 이해의 증진이 있었다고 해도 다양하고 확장된 표현 방식이 모두 인정되고, 혼란스러운 애도 행동이 이해되고, 애도 과정을 잘 다룰 수 있는 기준이 생겨나기까지는 아직 많은 노력이 필요하다.

애도를 지원하기(grief support) 위한 지지적인 환경의 기준은 아직 매우 초기 발달 단계에 있기 때문에 애도 치료를 하는 심리상담자는 애도가 지금까지 인정되지 않았거나 그에 대한 지지적인 반응이 결여되어서 쉽게 드러나지 않을 수 있다는 점을 알고 있어야 하며, 내담자의 애도 과정을 돕기 위해 무엇이 필요한지에 대해 그가 속한 지지 환경과 협력할 필요가 있을 수 있다. 애도 치료를 위해 치료가 의뢰되는 경우, 그리고 인식되지 않은 애도의 표현으로 평가된 행동문제 때문에 치료가 의뢰되는 경우가 드물지 않게 발생하고 있다.

우리는 애도로 인한 혼란을 일종의 불안으로 볼 것이다. 큰 슬픔은 불안의 형태로 설명되는 경우가 거의 없지만, 애도로 인한 혼란은 상실에 대한 불안 반응이다. 하지만 우리는 애도를 분리불안의 유형으로 이해할 때 그것을 좀 더 잘 인지할 수 있다. 또한 우리는 큰 슬픔이 발생하는 다른 방식에서 불안을 감지할 수 있다. 예컨대, 지적장애인의 경우 고통을 경험할 때 강박 경향성 증가와 관련된 불안을 주목할 만하다. 이것은 변화에 대한 반응이다. 이것은 익숙한 것, 규칙적인 것, 예측 가능한 것, 자신이 조직한 현실감 혹은 익숙함, 규칙성, 예측성으로 확보한 자신의 가정 세계(assumptive world; Kauffman, 2002)를 상실한 경우 나타나는 일종의 애도 불안(grief anxiety)이다. 주로 상실이라는 것을 이해하기 위해 죽음이라는 패러다임이 사용되지만, 변화는 의식의 일시성에서 '반드시 죽을 수밖에 없음(mortality)'이 표현되는 기본적인 양식이며, 상실 경험의 또 다른 기본 양상이다. 또한 지적장애인들 사이에서는 익숙함으로 유지되고 있는 질서의 취약성은 변화라는 것은 커다란 불안 반응을 촉발하고 강박성이 고조되도록 몰아가는 경향이 있다. 변화에 대한 반응으로서의 강박성은 변화의 가능성이나 확대의 위험을 방지하기 위한 기능을 가진 반복행동이다. 강박적인 반복은 고통의 신호이지만, 그 활동은 또 다른 차원과 의미를 갖고 있을 수 있다. 예를 들어, 가족을 방문하고 싶은 남자가 있었는데, 그는 자신이 원하는 것을 직접적으로 요구할 힘이 없다고 생각했다. 그래서 그는 친척을 보러 갈 것이라는 말을 강박적으로 반복하였다. 이 예에서 강박적 행동은 직접적으로 표현된 불안 자체를 해결하기 위한 의사소통 도구로 사용되었다.

표현된 행동적 애도언어는 고통 신호로서 작동된다. 내적 애도 혼란은 행동으로 표현되어 사회적인 환경에서 혼란을 야기할 수도 있다. 이는 주로 공격성 혹은 강박성의 증가로 나타난다. 이러한 행동이 가져오는 사회적 환경에서의 혼란은 지원 체계가 지지적으로 애도를 다루는 것을 더욱 어렵게 만들며, 다른 곳으로 내담자를 의뢰할 때에 전달되는 이야기 속에서 지원 환경의 좌절이 드러날 수도 있다. 가끔 내담자 외에도 다른 이들이 함께 애도하는 경우도 있다. 그러한 내담자는 자신의 환경 내에서 애도를 하는 것이며, 지원 환경을 지원하는 것이 개인을 치료하는 과정의 일부가 될 수도 있다. 치료를 위한 엄격한 임상적 틀 내에서 움직이더라도 지원 환경이 개인을 잘 지원할 수 있도록 돕는 것이 필요할 때가 있다.

애도의 필요성

애도는 죽음이나 다른 상실로 인해 생긴 슬픈 상처를 치유하기 위한 과정이다. 심리학적 문헌을 고찰하면 슬픔(grief)과 애도(mourning)라는 용어는 다양하게 사용되고 있으며, 이에 대한 합의된 정의가 부재한 상황이다.

이 장에서 나는 슬픔을 상실의 심리적 상처라는 의미로, 애도를 그 상처를 치료하고 다루는 과정이라는 의미로 사용한다. 이 과정은 힘들 수 있으며 무기한으로 연장될 수 있다. 애도 과정에는 시작, 중간, 종결 시점이 있다는 견해가 널리 퍼져 있으며, 이러한 신념은 슬픔의 '단계' 및 '과제' 이론들(Bowlby, 1980; Rando, 1993; Worden, 2009)을 통해 표현되고 정교화되고 있다. 애도의 '단계' 및 '과제' 이론들은 여러 결점을 가지고 있지만, 내가 보기에 이러한 이론들의 설계의 핵심이자 매력은 슬픔을 세부 단위로 나누고, 혼란의 끝인 종결 단계를 중심으로 일련의 단계를 정리함으로써 슬픔의 혼란을 방지하려는 노력이다. 하지만 단계 이론은 일반 대중에 속한 많은 사람들이 애도하는 방식을 정확하게 묘사했다고 볼 수 없다. 지적장애인의 애도 방식은 더욱 다르다고 볼 수 있다. 슬픔의 최종 단계는 종종 정말 '끝'이 아니다. 슬픔과 애도는 한 개인의 일생에 걸쳐 지속될 수 있으며, 이것이 병리적인 슬픔이나 애도가 아닐 수 있다. 상처와 그 상처를 처리하고 치유하는 과정은 끝이 없을 수도 있다. 슬픔을 처리하는 과정은 인간 정체와 존재의 지속되는 심리적 역동의 일부이다.

이것은 지적장애인들 사이에서 더욱 주목할 만하다. 이들에게는 슬픔과 함께 살아가는 여러 뚜렷한 방식들이 있다는 것을 알 수 있다. 어떤 사람에게는 오래된 슬픔이 수면 바로 아래에 있을 수 있다. 예를 들어, 죽음으로 친구를 잃은 사람들을 위한 지지 집단에서 집단원들은 먼저 친구의 죽음에 대한 감정에 대해 이야기를 하는 것부터 시작해서 각자의 삶에서 겪었던 의미 있는 죽음들을 기억해 내는 작업을 한다. 이런 기억들은 바로 그 자리에 존재하는, 수면 바로 아래에 있는 슬픔으로 인해 충만하고 의미 있게 떠오른 후 다시 배경으로 바로 물러난다. 또한 우리는 그 '오래된' 슬픔의 존재를 현재의 삶에서도 볼 수 있는데, 그것은 또 다른 상실 사건이 일어날 때 옛 감정들이 밀려들거나 주기적으로 폭발하게끔 하는 등 지속되는 취약성을 통해 드러난다. 또한 슬픔은 자신이 손상되었다는 느낌, 자기부정, 약화된 자기감 등의 모습으로 개인의 정체감에서도 살아 숨 쉬고 있을 수도 있다. 그리고 이러한 손상된 정체감은 그 사람의 성격의 일부가 되기도 한다. 옛 슬픔과 애도의 존재 및 영향은 상실 경험이 얼마나 자아에 통합되었는지에 대한 흔적을 통해서도 드러난다.

애도와 슬픔은 결국 끝나기 마련이라는 믿음은 애도가 계속되는 삶의 과정 중 일부라는 사실을 인식하는 데서 생긴다. 지적장애인에게 이러한 관점이 중요한 이유는 이들이 삶에서 겪는 고통들이 그 자체로 인식되지 못하는 경우가 많기 때문이다. 애도가 통합되든 그렇지 않든 간에, 그것은 개인을 전체로서 이해하는 데, 그리고 자아의 핵심적인 부분과 경험, 세계에 대해 이해하는 데 도움이 된다.

사망 이외의 상실에 대한 애도

애도는 누군가의 죽음에 대한 반응일 수도 있지만, 이별, 신체적 건강문제, 고용 상태의 변화, 거주문제, 개인의 일상에서의 변화 등으로 인한 것일 수도 있다. 대인 간 관계에서 상처를 받았을 경우에도 애도를 경험하게 된다. 특히 죽음에 대한 애도에 상처받는 것들은 죽음 이외의 상실에 대한 애도에서도 마찬가지이다. 두 가지 경우에 동일한 정신적 고통의 신호(distress signal)가 나타나게 된다. 따라서 상담자는 죽음과 관련된 애도 이슈에 대해 잘 알고 있어야 하며, 우리는 또한 개인의 삶의 과정에서 경험하는 상실 경험과 범위와 관련된 애도 단어나 애도 과정에 대해서도 알고 있어야 한다. 이를 통해, 상담자는 표현된 애도언어로서의 행동문제의 기능적 의미를 임상적으로 이해할 수 있게 된다.

문헌 고찰

애도 이슈를 다뤄야 하는 상담자는 슬픔과 애도 관련 문헌에 대해 폭넓게 익숙해야 하며, 지적장애인이 애도를 겪는 경우에 활용할 수 있는 심리치료법에 대해 잘 알고 있어야 한다. 이뿐만 아니라 애도를 경험하는 지적장애인을 지지할 수 있는 가족, 집단 맥락에 관한 문헌도 읽어 봐야 한다.

애도와 관련해서 폭넓게 다룬 책으로 다음의 책들을 추천할 수 있다. 이들 책에서는 슬픔에 대한 소개부터 시작하여 애도이론에 이르기까지 다양하게 다루고 있다. 정상적 애도와 비정상적 애도에 대한 구별에 관한 내용은 Freud의 『애도와 우울증(Mourning and Melancholia)』(1917, 1959)이란 책에서 찾아볼 수 있다. 정상과 비정상적 애도에 대한 구별은 애도에 대해 임상적으로 접근할 때 더 중요한 문제가 된다. 『애도와 우울증』에서는 병리적 애도는 슬픔이 자신에게로 향해 자신을 비난하거나 그것에 사로잡힐 때 발생한다고 주장한다. 이러한 특성은 지나치게 오래가고 파괴적인 애도 행동을 이해하는 중요한 특징이기도 하다.

Bowlby(1969, 1973, 1980)는 어머니와 유아의 애착에 대해 연구하며, 애도를 일종의 분리불안이라 주장하였다. 이러한 Bowlby의 주장은 슬픔과 애도를 이해하는 데 매우 중요한 영향을 미쳐 왔다. 이와 관련하여 발달적 과정, 즉 자율성이 의존적 욕구와 얽혀 비독립적 상황에서 발달적으로 자율성을 향해 가는 과정이 애착관계에 스트레스를 줄 수 있고, 이는 이후 애도와 관련된 문제에 영향을 줄 수 있다. 이러한 의존기반 애착 복잡성은 종종 일반인들보다 지적장애인들에게서 두드러지게 나타난다.

Rando는 슬픔과 애도를 이해하는 데 중요한 기여를 하였다. 그는 임상적이고 이론적 이슈들을 통합하고, 더 발전된 이해 체계로 조직하였다. 그의 책 『혼란스러운 애도(Complicated Mourning)』(1993) 읽기를 추천한다. 그의 책에서는 상실의 물결 속에서 내러티브를 통해 자아를 재구축하는 개인적 과정에 임상적 주의를 기울이고 있다. Niemeyer(2001)의 연구는 내러티브 구성주의 관점에서 슬픔과 애도에 대한 최근 연구에 이론적인 영향을 미치고 있다. 그의 연구는 상실에 대한 내러티브를 통해 자아를 (재)구성하는 개인적 과정에 관한 임상적 관심에 집중되어 있다. Attig(1996)는 임상적이라기보다는 좀 더 영적인 관점에서 유사한 개념적 설명을 하고 있다. 이러한 관점에서 애도의 결과물은 새로운 내러티브 정체성이 된다.

Doka(1989, 2002)는 인정받지 못한 슬픔(disenfranchised grief)에 대한 이론

을 발전시켰다. 이는 사회적으로 인식되거나 인정받지 못하는 슬픔이다. 이 개념 역시 슬픔과 애도를 이해하는 데 중요하다. 책에서는 개인의 슬픔에 얽혀 있는 강력한 사회적 힘을 다루고 있다. 이는 지적장애인의 슬픔과 관련된 이슈 중 슬픔으로 인식되지 않고 때로는 오히려 문제행동으로 낙인되는 특정한 경우를 이해하는 데 적절하다.

Klass는 널리 공유되는 슬픔의 개념에 대해 정리했다. 사회적 규범은 죽음과 슬픔을 사회적 공간에서 내보내고, 잊고, 앞으로 나아가길 원하지만, Klass는 지속적인 유대(continuing bonds)라는 개념을 통해 이를 반박하였다. 그의 주장에 따르면 일부 사람은 이미 죽은 고인과 의미 있고 지속적인 정서적 유대를 유지하며 건강한 삶을 살아가고 있다. 슬픔과 애도에 관한 다른 문헌들에서도 이러한 경우가 종종 있지만, 그다지 타당화되지 않음에 동의한다. 이미 죽은 사람과의 의미 있는 유대 관계는 일반인에 비해 정신지체를 가진 장애인에게서 더 눈에 띄고 널리 의미가 있을 수 있다. 그리고 이러한 관계가 임상적으로 매우 유용할 수 있다. 지속적 유대 이론에 관한 내용은 『지속적 유대(Continuing Bonds)』(Klass, Silverman, & Nickman, 1996)에서 확인할 수 있다. 나는 Klass의 다른 책도 추천하는데, 제목이 '돌아가신 부모님의 영적 생활(The Spiritual Lives of Bereaved Parents)'(1999)이다. 이 책에서 그는 유대에 초점을 맞추어 이론과 영적-심리적 의미에 대해 논하고 있다.

슬픔의 외상적 측면은 슬픔과 애도와 관련된 문헌이나 연구에서 점점 더 중요하게 다루어지고 있다. 외상적 슬픔과 관련된 수많은 책 가운데, 『가정된 세상의 상실(Loss of the Assumptive World)』(Kauffman, 2002)을 추천한다. 외상적 슬픔의 개념이 지적장애인의 슬픔과 애도와 관련하여 더 적절할 수 있다.

지적장애인의 슬픔에 대한 심리치료와 관련하여, 나는 『정신지체를 가진 이들의 애도를 돕는 가이드북(Guidebook for Helping Persons with Mental Retardation Mourn)』(Kauffman, 2005)을 권한다. 이 책은 슬픔과 관련하여 지지해 줄 수 있는 모든 사람, 집단, 가족, 정신건강전문가뿐만 아니라 임상적으로 논의해야 할 것들과 어려운 내용들에 대해서도 다루고 있다. 또한 다양한 애도를 겪는 이를 도와주는 방법에 대해서도 논하고 있으며, 이는 애도를 겪는 이들의 주변 사람들과 심리상담자가 협업할 때 유용하게 활용할 수 있다.

나는 지적장애인 중 다양한 죽음과 관련된 이슈를 가진 이들과 관련된 내용을 선별하여 이 장에 덧붙였다.

이론적 기반

애도언어 이론

치료의 시작점은 치료를 받게끔 한 '고통의 신호'가 무엇인지에 대한 이해하는 것이다. 치료는 내담자의 현재 호소문제에 대해 듣고, 이러한 문제의 의미가 무엇인지를 이해하기 위해 노력하는 데서 시작된다. 애도상담에서의 시작점과 또 상담 중에 지속적으로 가지고 가야 하는 이슈는 바로 고통의 의미와 슬픔과 관련된 행동을 이해하는 것이다. 상담자는 슬픔이 표현되는 방식으로서의 행동적 언어에 임상적 주의를 기울여야만 내담자의 어려움이 무엇인지 알 수 있다.

고통의 신호에 주의를 기울이는 것은 사례를 이해하는 방법일 뿐만 아니라 의사소통하기 위한 방법이기도 하다. 내담자에게 관심을 가지고 걱정하는 상태로 그들의 슬픔에 관해 이야기해야 하는데, 이는 치료적 관계를 형성하는 데 도움이 된다. 이는 또한 치료적 관계에서의 개인이 무엇을 경험하는가에 영향을 미친다. 상담자와의 관계가 어떻게 형성되느냐에 따라 내담자가 그들의 슬픔을 어떻게 경험하는지에 영향을 받게 되고, 슬픔의 언어와 내담자에게 깊이 관심을 기울이는 상담자의 역할은 치료적 관계에서 핵심적인 역할을 한다.

슬픔이 표현되는 언어는 개인의 슬픔을 표현하고 소통하며, 자신의 세계에서 받아들인다는 면에서 중요하다. 오래전 경험한 상처가 갑자기 그 시절로 돌아가 지금에 와서 문제가 되는 경우가 있다. 이는 슬픔은 시간이 모호하고, 잠재되어 있을 수 있으며, 표현에 대한 압력이 없을 수 있음을 의미한다. 그러한 상황에서는 치료적 체계와의 단절과 표현적 언어로 개인이 슬픔에 대해서 이야기하는 것 그리고 각각에 대해 반응하는 것이 의미가 있다.

내적인 슬픔이 폭발하거나 슬픔을 표현하는 외현적인 행동으로 인해 자기 자신이나 환경으로부터 연결이 끊어졌을 때 그 사람의 슬픔의 언어에 주의를 기울이거나 관심을 주는 것은 연결감에 도움을 줄 수 있다. 연결고리를 분명하게 하거나 상실의 경험에 대한 지각된 의미를 바탕으로 중재 전략을 세우는 것은 도움이 될 수 있다. 때때로 스트레스로 인한 행동이 이해받는 경험을 할 때 나쁜 행동, 실패, 소외, 상실에 대한 자책감이 완화된다.

행동적인 소통의 의미는 때로는 분명하고 때로는 불투명하며, 때로는 복잡하고 아무 의미도 드러나지 않는다. 표현적인 언어의 의미가 자명할 때도 가끔은 거기에는 보이는 것 이상의 것이 있다. 의미의 설명적 가치는 상황이 보다 명확해짐에 따라 변할 수 있다. 슬픔에서 상실의 의미는 치료의 단계에 따라 변할 수 있다. 행동이 말하는 것에 대해 우리가 스스로 이야기하는 것은 가설이다. 행동적인 슬픔의 언어로 표현되는 것에 대한 어떠한 가설도 그것이 표현하는 고통을 인식하고 이해하고 조율하는 능력 이상을 의미를 가질 수 없다.

슬픔의 자기애적 상처

죽음으로 인한 것이든 다른 것 때문이든 손상된 애착관계에서 분리불안은 애착 대상의 상실에 대한 불안과 자기 자신의 상실에 대한 불안을 포함한다. 예를 들면, 상실이 버려짐이나 비난, 거부나 평가절하, 그 사람을 나쁘거나 틀렸거나 구제불능이거나 능력이 없는 것으로 규정하거나, 그 사람의 자율성과 안전감을 좌절시키는 것으로 경험될 때 일어난다(Kauffman, 2010).

대상 상실에 대한 반응으로 일어난 자기 상실에 대한 불안은 한 번 발생하면 지속적인 취약성이 될 수 있으며 계속해서 재경험될 수 있다. 이러한 불안은 한 번 깊게 느껴지면 매일의 삶에서 그 사람의 일부가 될 수 있으며 자기애적 불안장애(narcissistic anxiety disorder)가 될 수 있다. 보통 정도의 상처는 견딜만 하지만 심한 공격성, 충동성 또는 침잠하는 행동으로 표현되는 강한 슬픔의 반응은 자주 자아의식에 대한 상처로 표현된다.

이러한 상처는 깨진 관계나 다른 상실 사건에 대한 반응으로 일어나거나 성장의 과정에서 일어날 수 있으며, 이로 인해 스스로를 충분히 괜찮지 않다, 할 수 없다, 안전하지 않다, 자격이나 권한이 없다고 느낄 수 있으며 삶의 과정에서 상실 경험을 이러한 경향으로 반응한다. 성장하거나 자아정체성을 발달시키는 시기에 발생한 자아의식에 대한 상처는 평생에 걸쳐 상실에 대한 반응에 민감하게 작용하는 경향이 있다.

자아개념, 자아존중감, 자신감, 자아효능감, 소속감, 자기통합에 대한 손상은 자기애적 상처의 유형이며 자기 상실에 대한 불안을 포함한다. 자아개념의 약화는 상실 경험을 복잡하게 만들며, 애도와 치유의 과정을 방해하는 자기상실에 대한 불안이 발생할 때 슬픔을 경험할 수 있다. 또한 상실과 변화는 자아의 상실이나 자기애적 불안을 유발할 수 있다.

학대, 방임, 폭력, 자아의 적응능력을 압도하는 어떤 변화(예: 버려지는 것과 같은 상실의 경험)와 같이 자아를 침해하는 경험은 외상성 스트레스 불안 반응을 촉발한다. 지적장애인은 이러한 특징을 가지는 슬픔의 자기애적 상처에 특히 취약성을 갖는 것으로 나타난다.

죽음과 상실감

죽음으로 인한 상실감은 인간의 경험에서 가장 진정한 상실의 의미로 보이기 때문에 다양한 상실 유형의 대표적인 사례로 여겨진다. 이는 죽음이 궁극적인 상실이고 죽음의 두려움과 수치심, 죽음의 필연성 그리고 죽음의 신비와 관련된 메타 심리학적 가정과 관련이 있다. 그러나 죽음에 대한 반응으로 발생하는 슬픔의 경험은 죽음 자체에 문제가 아니라 더 넓은 의미의 상실이다. 깨진 애착은 상실이 죽음에서 오는지 깨진 관계에서 오는지에 관계없이 슬픔을 촉발할 수 있다. 마찬가지로, 가족의 죽음은 죽음의 결과인 삶의 변화에 대한 불안을 촉발할 수 있고, 애도 반응은 깨진 애착관계보다 변화에 대한 불안일 수 있다. 깨진 애착관계와 변화에 대한 불안은 죽음에만 국한되지 않으며, 죽음이든 다른 것에 대한 것이든 상실에 대한 처리와 적응은 크게 다르지 않다.

앞에서 언급한 바와 같이, 거주지나 직장의 변화, 직원 이직, 단절 또는 가족이나 다른 애착 대상에게서 버려지는 것은 애도 반응을 촉발할 수 있다. 이보다 덜한 손실도 마찬가지로 상처가 될 수 있다. 다른 사람들과의 관계나 다른 방식으로 받은 자기애적 상처는 식별하기가 어렵고 커다랗게 될 수 있다. 경미해 보이는 자기애적 상처에 대하여 격렬한 반응을 보인다면 지속적인 상실 불안의 지표로 볼 수 있다.

겉보기에 큰 규모의 상실 사건이 반드시 커다란 애도 반응을 나타내는 믿을 만한 지표인 것은 아니다. 큰 사건보다는 상실 경험으로 시작해서 상실 경험에 집중함으로써 애도를 더 잘 이해할 수 있다. 임상 치료는 주로 상실 경험에 초점을 맞추었다. 고통에 대한 신호 행동에 접근할 때 우리의 관심은 고통 신호가 애도를 표현하고 있는 것인지를 평가해 본다. 즉, 상실이 무엇인지, 상실의 의미가 무엇인지 생각해 보는 것이다.

치료 기법의 설명

상실의 평가

상실의 평가 과정은 이 접근법의 핵심이다. 평가 과정의 대상은 우리가 간단하게 슬픔이라 부르는 상실의 경험이며, 이는 다층적 현상이라는 것이다. 비록 슬픔의 이해가 상실의 뚜렷한 의미라는 측면에서 이해되고 이는 보통 꽤 유용하지만, 상실의 경험은 때로 다양한 의미의 상호작용에 의해 복잡해진다.

내담자의 슬픔 경험의 의미는 두 가지의 정보에 의해 평가된다. 즉, 내담자의 내력과 행동적으로 표현되는 것의 의미들이 그것이다. 내담자의 상실 내력을 평가하는 것은 그러한 상실의 경험이 무엇으로 받아들여지는지를 명확히하는 것과 그러한 상실의 경험에 대한 해석을 검토하는 것을 포함한다. 이는 상실의 경험 당시와 시간이 지난 현재에 그것에 대해 즉각적인 행동의 표현에 대해 평가하는 것과 그 당시와 현재의 지지 환경에 대한 반응을 평가하는 것이 포함된다. 상실의 경험에 대한 의미 평가를 고려할 때, 그 사람의 경험에 영향을 미쳤을 수 있는 벌어진 사건에 대해 아는 것보다 행동의 의미를 아는 데 초점을 두기 때문에 이러한 과정은 보다 더 복잡하다. 상실의 의미를 찾는 과정은 이러한 접근법을 중심으로 하고 있고 현재의 장에서 논의되고 있다. 이 절에서 우리는 내력을 모으고 합성하는 것을 다룰 것이다. '합성'을 통해 한 사람의 경험에서 일어난 것이 시간이 지나면서 그 사람의 현재의 경험에서 상실의 의미에 어떻게 영향을 미치는지 볼 것이다. 이것은 현재의 상실 경험의 의미를 밝히는 정보를 모으기 위함이다. 상실의 내력은 현재 일어나고 있는 상실의 경험적 맥락에 대해 상담자에게 말해 줄 수 있을 것이다.

죽음으로 인한 상실을 평가하는 데는 죽음의 사건에 포함되는 사실을 평가하기 위해 죽음과 죽음의 과정에 대한 지식이 필요하다. 예를 들어, 장례식에 참여하는 것의 중요성과 애도 중인 가족에서 스스로가 연결되어 있거나 가치 있는 역할을 하고 있다는 느낌을 가질 수 있는 기회를 주는 것이 중요한지에 대해 알고 있는 것이 필요하다. 이러한 이슈들을 고려하고 그들의 중요성을 살펴보기 위해 죽음으로 인한 상실로부터 오는 슬픔에 영향을 미치는 기본적인 환경에 친숙해지는 것이 좋다.

죽음으로 인한 상실이나 깨어진 관계를 평가하기 위해 가장 중요한 영역 중 하나는 관계 자체이며 특히 망자와의 관계에서 경험된 상처이다. 슬픔의 경험이라고 말할 수 있는 상실의 의미는 이미 강조된 것처럼 보통 온전히 관계에 관한 것이며 슬픔의 복잡성은 관계에서 상처의 요약이다. 이는 모든 사람에게 해당하는 슬픔의 기본적인 특성이며, 지적장애인 사이에 더 두드러진다. 마찬가지로 직장 혹은 거주지와 같은 장소의 상실에서 경험되는 슬픔은 그 장소에 대한 애착의 본성을 표현한다. 관계, 갈등, 좌절, 상처, 분노에서의 부정적인 것들은 다른 것의 상실에서 애도되고 융화되고 적응되는 것이 필요한 것들이다.

평가 과정은 슬퍼하는 사람이 경험하는 것과 그들의 고통의 심리학적 스토리나 의미에 대한 그림을 구성하고, 말과 행동으로 상실에 집중하고 상징화하는 과정에 슬퍼하는 사람을 최대한 참여시키는 것으로 구성된다. 이것을 하는 과정 중에 상담자는 내담자가 행동적으로 표현하는 스트레스를 다룰 수 있도록 그들을 참여시킨다.

상징화

지적장애인은 상징적 묘사를 만들거나 인지하는 능력이 부족하지는 않다. 상징적 사고능력을 탐색하거나 지적장애인의 장애에 대한 입장이 여기서 중요한 것이 아니라 지적장애인이 애도하는 데 있어 상징적 사고가 충분히 가능하며, 그들에게도 의례 행사(ritual performance)와 예술적 표현 또는 정신적이고 영적인 상징적 묘사는 애도 과정에 필수적이라는 것이다. 자아 개념(self-hood)을 조직하는 데 관련된 상징적 사고와 개인 정체성의 상호작용을 다루는 기본적 언어는 애도 과정을 거치게 하는 능력으로 볼 수 있다. 지적장애인도 죽음, 상실, 트라우마로 기인한 불안한 주관적 경험(disturbing subjectivity)을 상징적으로 표현할 수 있다.

애도의 과정은 상실이 통합될 수 있도록 소멸, 무력감, 유기불안과 같이 슬픔의 핵심에 있는 불안을 상징적인 실재로 끌어들이며, 슬픔의 측면들이 애도 과정에서 구성된 상징적 실재의 바깥에서 존재할 수 있도록 유지한다. 통합되거나 통합되지 않은 조각들은 서로 배타적이지 않다. 상징적 표현이 통합될 때, 상실로 인한 혼란은 보통 심각하게 와해되지 않으며 잇따른 상실과 같은 스트레스 상황에서 유지되거나 재출현한다.

죽음과 상실로 인한 극심한 슬픔을 돕는 4가지 원리

애도하는 사람을 위한 치료적 과정을 지원할 때, 네 가지 영역을 명심하여 주목하는 것이 좋다. 정보에 대한 필요, 관계 및 죽음과 관련된 사회적 맥락에 대한 필요, 인지적이고 정서적인 자기표현의 필요, 관계적 안정성의 필요가 그것이다.

최근에 죽음으로 인한 상실을 경험한 사람을 지원하기 위한 첫째 과제는, 상실에 대한 정보를 제공하는 것이다. 정보를 제공하고 상실을 경험한 사람이 정보를 처리할 수 있도록 돕는 것은 사실을 알지 못하는 데서 오는 불안을 감소시키는 데 도움이 된다. 특히 죽음과 관련된 정보는 사람을 어둡게 만들고, 불안하게 하며, 쇠약하게 만드는데(invalidates), 죽음에 대한 질문에 대해 의미 있게 설명해 주는 것은 죽음을 이해하도록 하며, 대처할 수 있는 힘을 북돋아 준다. 사실적 정보는 사람이 처리해야 정서적 의미를 가질 수 있다. 사실을 말하지 않거나 적절한 방식으로 정보를 제공하지 않으면, 애도 과정을 복잡하게 하는 자기애적 상처(narcissistic wound)나 자기가치감 손상이 있을 수 있다.

둘째, 가능한 한 상담자는 상실을 경험한 사람의 죽음과 관련된 사회적 환경을 지원해야 한다. 죽음을 예상한 가족 활동이나 연결, 죽음 이후의 의식(ritual)이나 정보 제공적 가족 활동은 애도를 촉진할 수 있다. 상담자는 가족과 기관을 돕고 이러한 가치의 중요성을 이해하며 이를 방해하는 염려를 누그러뜨리는 역할을 한다.

셋째, 애착 대상의 죽음은 내담자의 안전감에 손상을 줄 수 있으며, 대인관계에 대한 욕구를 증가시킬 수 있다. 특히 거리가 있거나 고립된 행동을 보이는 상황에 해당된다. 슬퍼하는 내담자와의 치료적인 관계는 이러한 점에서 장점이 있지만, 개인의 삶에서 일차적인 관계가 안전한 관계를 맺을 수 있는 주요한 지점이 된다. 상담자는 안전한 관계를 구축하는 것뿐 아니라 개인의 욕구를 이해하고 관계를 강화하는 등 가족 또는 지역적 지원을 도울 수 있다. 이는 특히 가족이나 기관이 다루기 어려운 개인의 행동이 나타날 때 도움이 될 수 있다. 개인이 슬픔을 표현하는 대인관계 상황은 환경 지원을 목표로 하는 임상적 개입을 위한 가장 적절한 맥락이 된다.

넷째, 상담자는 내담자가 자기표현의 기회를 최대화할 수 있도록 하는 데 목표를 둔다. 이는 단순히 치료적 관계를 통해 자신을 표현할 수 있는 안전한 장소를 제공하는 것이 아니라 스태프, 가족, 또는 타인과 협업하여 내담자가 행동으로 표현한 슬픔 언어를 이해하도록 환경을 지원하는 것과 연관된다. 이러한 지원 환경과의 협업 과정은 두 가지 방식으로 이루어질 수 있다. 상담자가 내담자의 슬픔과 행동을 이해하고 효과적으로 반응할 수 있도록 중요한 지원 체계를 조력하는 것과 주요한 지지 환경이 치료를 시작하고 지속할 수 있도록 상담자에게 정보를 제공하는 것이다.

이러한 협업의 한 부분으로 지원 체계를 구축하는 것도 관련될 수 있다. 상담자는 효과적으로 개입하기 위하여 내담자가 슬픔을 표현하거나 상실로 인하여 영향을 받은 지지 체계를 평가할 수 있다. 상담자는 지지 체계와 협력적 관계를 구축하고 적절한 상호학습이 가능하도록 접근한다. 치료 계획 개발을 포함하여 지지 체계와 협력할 때 가장 효과적이다.

실행 개입

애도하고 있는 지적장애인을 위한 심리치료에서는 슬픔 및 애도와 관련된 다양한 유형의 활동을 준비할 수 있다. 상담자는 의례 또는 애도 활동을 하거나, 묘지 또는 의미 있는 추억과 연관된 장소를 방문하는 등의 활동을 준비할 수 있다. 대부분의 상황에서 내담자는 최대한 어느 수준까지 가능한지 활동을 계획하는 데 참여할 수 있으며 의례를 수행하거나 기념사를 말하는 것과 같이 활동에서 적극적인 역할을 할 수 있다. 실행은 애도를 촉진하는 목적으로 내담자의 슬픔에 반응하도록 이루어지며 치료에서 중요한 부분이 된다.

슬픔에 대한 수용, 인정, 타당화의 주요한 역할

내담자의 슬픔을 타당화하거나 인정하는 치료적 태도는 애도를 촉진하는 데 유익하다. 그러나 우리는 이를 촉진하는 공감적이고 세심한 접근, 긍정적 자기존중이 때때로 괴롭게 하는 슬픔의 증상을 완화하도록 돕는 데 주요한 이점을 갖는다고 이론화할 수 있다. 또한 다른 임상적 개입의 효과를 증진시키고 수용할 수 있도록 안전한 맥락을 제공할 수 있다. 그리고 애도와 슬픔에 있어 고통을 무효화하거나 의미를 상실하는 것은 중요하면서도 복잡하고 어려운 부분이다. 상실로 인한 부차적인 상처는 고통의 중요한 양상일 수 있으며 애도와 치료 과정에 있어 중요한 부분이다.

기법의 적용

고통 표현(언어화)의 기본 형식

가장 빈번히 나타나는 애도 고통의 표현은 강박과 공격성이 증가하는 것이다. 또한 강박과 공격성만큼은 아니지만 고립되거나 무기력하거나 다양한 신체화 증상이 일어날 수 있다. 이러한 것들은 상실 불안에 자아가 압도당할 때 나타나는 반응이다. 손실 초기 단계 이후에 슬픔에 압도되는 경우가 있는데, 이는 지적장애가 없는 일반인들에게 복합 애도(Rando, 1993) 혹은 외상성 애도(Jacobs, 1999; Kauffman, 2002)로 간주된다.

강박적이고 공격적인 행동의 내러티브 의미가 때로는 강박적이고 공격적인 제스처의 특징과는 구분될 수 있다. 우리가 특정한 제스처를 더 이해하게 되면, 제스처가 포함된 전체적인 이야기를 이해하게 될 수 있을 것이다. 상담사는 슬픔에 잠긴 내담자의 경험을 최대한 활용하기 위해 노력하기 때문에 이것은 예상보다 더 많은 추측을 필요로 할 수 있다. 예를 들어, 어머니가 돌아가신 후 한 젊은 남자가 작업장에서 여성들을 때리기 시작했다. 이러한 증가된 공격성이 선택적으로 여성에게만 집중되었다. 왜일까? 이 선택적 공격성이 그가 어머니에게 화가 났다는 것을 말해 주는 것일까? 만약 그렇다면, 그는 무엇 때문에 어머니에게 화가 났는가? 아마도 그는 자신의 어머니에게 혹은 자신에게 화가 난 것은 아니지만, 어머니가 집에 없다는 사실에 화가 나거나, 어머니의 부재나 사망을 두려워하고 있을지도 모른다. 여성을 보면 어머니를 떠올릴 수도 있고, 혹은 비특정성 상실 불안에 압도당했을 수도 있다. 상실의 의미를 내러티브로 표현하는 평가에서 상담사는 그 사람의 경험의 의미에 대한 추가적인 명료화의 가능성을 열어 둔다. 제스처의 의미가 충분히 분명하지 않은 한, 가능성이 있는 해석 중 더 나은 것을 선택하고 상담자는 여러 번 시행을 거쳐 개입을 결정한다.

죄책감 또는 수치심으로 인해 등을 돌리는 것이 애도 과정에 있어 얼마나 강력한 힘인지는 아무리 강조해도 지나치지 않을 것이다. 상실로 인해 고통스러워하는 자신의 얼굴을 외면하거나 상실에 대해 비난하는 것뿐 아니라 타인에게 화를 표출하는 경향이 있다. 강한 의존성 문제와 관련된 관계에서의 갈등은 의존하던 사람의 죽음에 대한 애도 과정에서 특히 중요하게 나타나기가 쉽다. 상당히 큰 죄책감 또는 수치심으로 나타날 수도 있고 더 악화되어 애도의 과정에서 중점적인 역할을 하게 될 수도 있다.

죽음 인식에 대한 상담자의 방어를 다루기

정신분석학에서는 역전이에 대하여 이해하기 위하여 상담 중 상담자 자신의 반응을 인식하는 것이 중요하다고 말한다. 죽음 연구를 보면 한 개인이 자신이 영원히 살 수 없다는 것(mortality)에 대해 인지하는 것이 죽음과 죽어 가는 과정에 대해 이해하기 위한 토대로서 얼마나 중요한지 널리 알려져 있다. 자기이해에 대한 개념화는 임상적으로도 동등한 가치를 지닌다. 우리는 상담자로서, 확실히 완전하게 자신을 이해할 수 없으며 그것이 목표가 아니다. 목표는 내담자의 애도 과정에 함께하면서 자신이 어떻게 반응을 하는지 인지하는 것이고, 그러한 많은 인지의 순간을 임상적인 소재로 고려하는 것이다. 우리는 감정을 알아채고 인지하기 위하여 목적, 의욕, 개방성, 나아가 애도 과정에 있는 내담자와 함께하며 의식 속에 나타나는 이해하기 어려운 주제들도 함께 발전시켜 나가야 할 것이다. 지금까지 이야기한 원칙들을 상담자의 일반적인 지침으로 삼을 경우, 지적장애인을 다룰 때에는 어떻게 적용할 수 있을까?

만약에 상담자가 지나치게 보호적인 경향을 지닌다면, 개인의 애도 과정에 있어 방해가 될 수 있다. 과보호적인 경우 거부가 더욱 심해지며 고통을 경험하고 이겨 내는 능력이 부족하게 될 수 있으며 그 과보호와 관련된 거부 이슈가 상담자에게 표출된다. 상담자는 동정심, 연민 또는 한 개인에게 있어 받아들여지기 어려운 다른 감정들을 경험할 수 있다. 그러나 그러한 경향을 인식하는 것은 중요하고 애도하는 이의 슬픔에 대하여 더욱 깊고 명확하게 인식하도록 도울 수 있다. 그러한 감정들은 거부되기 쉽기 때문에 개인이 인식하기가 어렵다. 개인이 거부하려 하는 감정이나 생각들이 사각지대를 뜻할 수 있으며 심사숙고하는 과정에 있어 가장 큰 도움을 줄 수 있다. 이 임상적 자기이해의 과정은 지적장애가 없는 사람과의 상담에서와 마찬가지로 지적장애인과의 상담 과정에서도 적용될 수 있고 가치를 지닌다. 연민(pity)에 대하여 조금 더 자세히 살펴보자. 연민은 개인에게 인식되지 않거나 몹시 받아들이기 싫은 취약성, 다른 이들이 생각하듯이 자신을 측은하게 생각하는 취약성 그리고 우월한 감정을 느끼는 데에도 방어로 사용될 수 있다. 과보호를 하게 되는 경우가 있듯이 연민은 허약함을 수반한다. 지적장애와 애도에서의 취약성은 다양한 방어를 사용하는 상담자에게 위협적일 수 있다.

상담에서 애도 과정에 있는 내담자에 대한 역전이 문제의 기준은 내담자의 애도에 대한 불안이 상담자에게 어떻게 영향을 미치는가이다. 죽음에 대해 깊게 영향을 받는 사람을 상담할 때, 그 내담자의 죽음에 대한 인식과 개인적인 애도의 역사가 그 인식 과정을 이해하는 통로가 된다. 내담자의 애도 과정에 대하여 상담자의 임상적인 경험을 모니터링하는 연습은 초석이 될 수 있다.

상담자가 지적장애인과 동일시되기 어려운 경우, 상담자에게 있어 장애가 가지는 의미가 방어를 일으키고 있음을 나타내는 것일 수 있다. 때때로 임상적인 전략 또는 개입 내에 상담자가 자신이 경험한 내담자의 지적장애에 대한 불안 때문에 애도 과정에 있는 내담자를 통제하려는 욕구가 숨겨져 있기도 하고 표출되기도 한다.

지적장애인은 상담자의 인간적인 부분을 일깨워 주기도 하는데, 감정적인 부분을 채워 주기도 하고 상담자의 자기인식을 위협하기도 한다. 지적장애인은 애도의 과정 중에 직접적으로 숨김없이 가끔은 과장되고 상기된 방식으로 슬픔을 표출하는데 이는 상담자에게도 근원적으로 존재하는 방식일 수 있다. 이것을 인식하는 것은 상담자에게 있어 내담자에게 더욱 공감하고 지지할 수 있는 경험으로 이어지기도 하고, 인간으로 존재하는 것에 대한 개인적인 이해가 풍부해지도록 도와주기도 한다. 지적장애인의 강력한 애도 표현 방식을 수용할 수 있을 때 상담자는 임상적으로 그리고 삶 안에서 성장할 수 있는 기회를 선물 받을 수 있게 된다.

지적장애인의 애도 과정에 대한 심리를 논하는 데 있어 치료적 관계에서 '선물 교환'이라는 단어가 가지는 의미에 대하여 엄격한 심리학적 용어로 간단히 설명해 보고자 한다. 상담자와 내담자가 만나 상호관계를 이루는 공간 안에서 선물 교환의 과정이 발생하며 상담자에게 선물이 주어진다. 의식 안에서 선물 교환이라는 상징적인 단어를 가지고 이 만남에 실제로 존재할 때, 여기서 공유된 인간적인 유대는 치료적 관계의 핵심이 되는 것이다. 선물 교환이라는 말은 엄격한 심리학적 양식을 갖춘 상담의 틀 안에서 일어나는 기본적인 인간적 접촉을 개념화한 것이다.

신호 교환

상담 안에서는 의미 있는 만남 또는 선물 교환보다는 단어와 행동을 통한 신호 교환이 자주 이루어진다. 반응이란 내담자와 말을 하거나 개인의 삶 안에 적극적으로 개입하는 것이다. 적극적인 개입은 여행을 계획하거나, 의식을 치르거나 또는 다른 활동을 통하여 애도하는 과정을 더욱 용이하게 하는 것을 뜻한다. 사회적 지지 환경을 갖추는 것 또한 여기에 속한다. 이러한 개입은 개인이 애도하는 데 있어 필요한 것들이나 애도 행동을 하는 데 있어 지지적인 환경을 갖출 수 있도록 돕는다.

각 상황별로 적극적인 개입을 할 수 있는 다양한 방법이 있다. 애착관계 대상의 죽음 이후의 극심한 애도 과정인 경우, 상담자는 죽음과 관련된 정보 제공, 대인관계 그리고 의식절차에 대해 최대한 지지 역할을 해야 한다. 상담자는 이 활동을 통하여 사회적 환경이 내담자를 지지할 수 있도록 도와야 한다. 내담자는 죽음에 대한 정보와 경험을 공유할 수 있어야 한다. 그리고 지지적 환경은 애도 표현에 어떻게 반응해야 하는지에 대한 도움이 필요할 것이다.

경도 또는 보통 정도의 지적장애인들은 죽음에 대하여 되돌릴 수 없는 일이라는 것을 대체로 이해한다. 그럼에도 불구하고 때때로 죽음을 인지하고 되돌릴 수 없는 일이라는 것을 아는 과정이 필요하다. 반대로, 죽음이 되돌릴 수 있는 일이고 그것이 비정상적인 일이 아니며 죽은 이가 돌아온다는 기대를 가지는 것에 대한 고통스러운 실망감이 반복되는 게 아니라면, 반대되는 개념을 가지는 것 또한 임상적으로 말해서 문제는 아니다. 내담자가 힘을 지닐 수 있도록 돕고 죽은 이가 돌아오지 않는다는 것을 명확히 인식시키는 과정이 필요하지만, 내담자에게는 불가역성이라는 의미가 접수는 되어 있었으나 생각지도 못한 과정임을 인식하는 것이 우선이다.

사례

니콜라스

니콜라스의 아버지가 돌아가셨을 때, 니콜라스는 모든 친근한 공간을 찾아다니며 아버지를 찾았다. 찾을 때마다 모든 곳을 계속해서 뛰어다녔으나 찾지 못하였다. 그는 극도로 불안해지기 시작했고 광분하였다. 이러한 행동을 통해 Bowlby의 중간 단계의 애도 과정인 그리워하고 찾기 그리고 분열과 절망의 단계를 거친 것이다. 그러나 그는 Bowlby의 마지막 단계인 재편성(reorganization)의 단계(1980)에는 도달하지 못했다. "그는 분명 어디엔가 있을 것이다."라고 말하는 것은 아버지가 사라졌다는 것을 받아들이지 못하고 있는 그의 상태를 뜻하는 것이다. 니콜라스의 탐색은 스스로 그의 아버지가 어딘가에 있다는 것을 증명하고자 노력하고 있다는 것을 나타낸다. 아버지는 어딘가 있는 게 틀림없다. 아버지를 찾는 데 실패할수록 그는 더욱 찾는 것에 열중했다.

우리는 분명하고 합리적으로 니콜라스의 행동이 무엇을 의미하는지를 알 수 있다. 니콜라스의 즉각적인 애도 반응을 극적으로 보여 주는 것은 좀 더 세부적이고 확대된 방법으로 애도 과정을 상상해 보고 인지할 수 있도록 해 준다. 상실에 대한 니콜라스의 강렬한 불안은 그의 아버지에 대한 애착 형성 내력(history)에 영향을 받지만, 니콜라스의 행동이 말해 주는 이야기는 그것이 무엇을 뜻하는지를 그대로 보여 준다. 이것은 자주 있는 사례가 아니다. 애도는 보다 복잡한 이야기 형태로, 그리고 니콜라스의 사례처럼 그 의미가 자명하지 않게 표현된다.

제이미

보다 복잡한 이야기의 예를 들어 보겠다. 추수감사절 바로 전날 제이미는 외투를 입고, 가방을 챙겨 살고 있는 거주시설의 문 앞에 서 있었다. 그는 하루 종일 거기에 있으면서 밤에는 코트와 가방을 활용해 잠을 잤다. 그에게 직원이 다가가서 "여기서 이러지 마세요."라고 말한 것이 전부이다. 치료를 위한 평가에서 그는 다음과 같은 이야기를 하였다. 그의 아버지는 작년 추수감사 주간 전까지 주말마다 그를 방문했다. 아버지가 돌아가신 후 그해 크리스마스 전까지 제이미를 보러 가족이 방문하거나 전화한 적이 없었고, 크리스마스가 돼서야 가족이 와서 아버지가 돌아가셨다고 전해 주었다. 그가 그런 행동을 보일 때 직원은 즉시 그의 행동이 아버지가 오기를 기다리는 것이고 제이미가 아버지가 돌아가셨다는 사실을 이해하지 못하고 있다는 것을 파악했다. 나와 함께 이것을 논하면서 제이미는 나에게 극적인 제스처를 보였는데, 그것은 천국이 위치하고 있는 곳을 가르키는 것이었고, 아버지가 거기에 계시다는 것이었다. 나는 그가 아버지가 있는 곳을 설명할 때 그의 얘기를 주의 깊게, 열중하면서 경청하는 것을 우리의 치료 관계의 핵심으로 보았고, 이 과정에서 우리 사이의 강한 유대감이 생겼다.

돌아가신 아버지가 계신 곳에 대해 이야기하면서 애착 대상의 죽음에 대한 불안과 갑작스러운 죽음을 경험하면서 발생한 특정한 불안이 줄어들었다. 이러한 제이미를 이해하는 것은 그와 아버지와의 유대감을 유지하게 하였다. 더욱 그가 아버지와 가족과 상징적으로 연결되도록 돕기 위하여, 여동생과 함께 가족묘지에 방문하는 계획을 세우고, 여동생을 초대해서 묘지 방문과 전체 상황을 설명해 주었다.

제이미의 애도하는 말과 행동을 통해 그의 고통이 드러나고, 이는 직원으로 하여금 치료를 의뢰하고 그를 치료하기 위한 종합적인 개입이 이루어지도록 한다. 결과적으로, 그가 원하는 것이 무엇인지 다른 사람에게 표현할 수 있는 자신감을 강화시킨다. 제이미가 애도를 잘 표현할 수 있도록, 그가 얼마나 고통스러운지를 표현하고 요청하게 하는(가능하다면 순서대로) 간단한 장면을 지속적으로 설정하는 것은 강한 인상을 주면서 적응을 돕는 전략과 그가 어떤 마음인지를 종잡을 수 없는 언어가 아니라 이를 분명하게 표현하는 방법에 대한 시연을 의미한다.

마크

마크는 걷는 능력이 점점 악화되었고, 결과적으로 그는 그런 자신에 대한 수치심에 압도되었다. 그는 매우 천천히 걸어야 하는 것 때문에 제때 화장실에 가지 못하게 되었고, 이런 일이 발생하는 것에 대한 불안이 그를 사로잡았다. 밤에 벌어지는 사건은 침실에서 자신을 혐오하는 생각을 더욱 부추겨서,

침실 바닥에 옷을 막 쌓아 놓고, 매우 흥분해서 옷에 오줌을 싸고, 그런 다음 좀처럼 사그라들지 않는 자기혐오에 빠지는 것과 같은 상징적 언어 형식을 보이면서 매우 심각해졌다. 이렇게 혼란스럽게 애도를 표현하는 것은 애도 시 공통적으로 나타나는 경향이며, 통제할 수 없는 수치심을 느끼게 한다. 마크가 자신의 장애에 대하여 갖는 자기파괴적이고 강박적인 수치심은 장애로 인해 생긴 트라우마의 심리적 상처를 상징하는 강력한 표현이라고 할 수 있다.

도리스

우리는 애도 반응에서 여러 가지로 분명하게 발생하는 자기애적 상처를 파악할 수 있다. 장애를 겪으면서 생기는 자기에 대한 상처 혹은 의존적 욕구의 좌절이나 발달에 대한 감정의 혼란스러움은 종종 지적장애인의 취약성의 근거가 된다. 이러한 취약성은 애도를 더욱 심하게 겪도록 만들고, 애도 반응을 자연적으로 치료하고 심리치료를 중재하는 것을 어렵게 만드는 방해 요인인 것으로 보인다.

도리스는 자신에게 무언가를 요청하거나 다른 사람이 관심을 보일 때 격노했다. 그녀는 무언가 하기를 요청받는 것을 잘못 행동했거나 비판하는 것으로 받아들였다. 이것은 그녀의 자율성에 문제가 있다는 것을 보여 준다. 다른 사람이 관심을 보일 때, 도리스는 그녀가 충분하지 않다는 유기와 비판으로 받아들인다. 거주시설에서 다른 사람과의 이러한 관계는 그녀가 엄마와의 관계에서 경험하는 자기애적 불안을 반복하는 것이며, 어머니의 죽음 이후에 심한 애도를 느끼고 거주시설에서의 역동을 만들어 냈다.

그녀가 격노한 여러 번의 에피소드에서 도리스의 행동에는 패턴이 있었다. 유기감과 수치심을 느끼고 난 후 그녀는 격노했고 그다음 화해를 시도하였다. 이것은 그녀가 엄마와의 관계에서 보고했던 상처받고, 분노하고, 그 이후에 화해하는 패턴과 일치하였다. 도리스는 자신의 자기애적 상처를 완전히 소화하지 못하고 죄책감을 느꼈는데, 이는 그녀가 엄마와 관계를 얼른 회복하라고 재촉하는 기능을 하였다. 그녀의 상처는 지속되었고 그 사이클은 반복되었다.

치료에서 우리는 이 문제를 여러 가지 다양한 방법으로 이야기하였다. 도리스는 엄마를 잃은 것에 대한 감정, 엄마에게 상처받고 화가 난 감정, 화가 나면 나쁘다고 느끼고, 이를 보상하려는 욕구와 시설 친구들에 대한 화난 감정 등을 탐색하는 과정에 참여하였다. 이러한 과정은 약 1년간 매주 지속되었다. 이러한 행동 패턴을 완화시키는 과정 이후에도 이러한 작업의 어떤 측면이 그녀에게 도움이 되었는지 알지 못했다. 그 상처와 화난 감정은 아직도 있지만, 좀 더 보유하고 덜 분열적이게 되었다. 상처, 화 그리고 화해 시도의 폭발적인 패턴 대신에 도리스는 조용히 시설의 친구들에 대한 불만을 이야기하는 습관을 갖게 되었다. 우울한 패턴 형태에서 변화가 이루어졌고, 그녀는 덜 고통스럽게 되었다.

채드

때때로 치료는 지지체계에서의 애도 표현보다 더 효과적인 것이 아니다. 채드는 충동적으로 모든 사람에게 그가 이모를 방문할 것이라는 이야기를 했다. 시설 직원은 이것을 그가 이모가 돌아가신 것을 이해하지 못하는 것으로 이해했다.

채드는 이모가 돌아가셨다는 사실을 완전히 이해했지만 이를 받아들이는 것을 불가능하게 느끼고 있었다. 그는 그의 가족과의 유대감을 느끼기를 원했다. 채드에겐 이모 집이 온 가족이 모이는 매우 즐거운 기억으로 남아 있는 장소였고, 이모는 돌아가시기 몇 년 전에 자신을 방문했던 마지막 가족 구성원이었다. 그는 마법의 소원 명령어(magical wish commands)로 가족에게 다시 돌아가는 일이 발생할 수 있도록 노력하였다. 치료는 그가 애도에 대한 고통을 어떻게 표현하는지 그리고 어떻게 응답하는지에 대한 평가가 포함되었다.

맺음말

이 장에서는 죽음으로 인한 애도에 대해서 특별하게 관심을 가졌는데, 애도 경험은 어떤 상실 이후에 발생하고 한 사람의 삶에 영향을 줄 수 있다. 상실은 행동, 자기경험과 정체성에 영향을 준다. 한 사람의 웰빙과 삶의 질에 미치는 애도 상처는 애도와 애도 과정을 이해하고, 심리치료적 관심이 요구되는 애도하고 있는 개인을 위한 치료 전략을 개발하는 결과를 낳는다. 고통 자체가 약물이나 뇌신경 전달물질과 관련되어 생기는 경우라도 상실에 대한 고통 느낌은 이차적이지만 여전히 중요하고 심리적으로 분명히 나타날 수 있다.

참고문헌

Attig, T. (1996). *How we grieve.* New York: Oxford.

Bowlby, J. (1969). *Attachment and loss. Vol. I. Attachment.* New York: Basic Books.

Bowlby, J. (1973). *Attachment and loss. Vol. II. Separation, attachment and loss.* New York: Basic Books.

Bowlby, J. (1980). *Attachment and loss. Vol. III. Sadness and depression.* New York: Basic Books.

Doka, K. (Ed.). (1989). *Disenfranchised grief.* New York: Lexington Books/D.C. Heath.

Doka, K. (Ed.). (2002). *Disenfranchised grief: New directions, challenges and strategies for practice.* Champaign, IL: Research Press.

Freud, S. (1959). Mourning and melancholia. In *Collected Papers*, vol. IV (J. Rivere, Trans.) (pp. 152-170). New York: Basic Books. (Original work published 1917).

Jacobs, S. (1999). *Traumatic grief.* New York: Brunner-Routledge.

Kauffman, J. (2002). The psychology of disenfranchised grief. In K. Doka (Ed.), *Disenfranchised grief: New directions, challenges and strategies for practice.* Champaign, IL: Research Press.

Kauffman, J. (Ed.). (2002). *Loss of the assumptive world.* New York: Brunner-Routledge.

Kauffman, J. (2005). *Guidebook on helping persons with mental retardation mourn.* Amittyille, NY: Baywood Publishing Co.

Kauffman, J. (2010). The primacy of shame. In J. Kauffman (Ed.), *The shame of death grief, and trauma.* New York: Routledge.

Klass, D., Silverman, P., & Nickman, S. L. (1996). *Continuing bonds.* Philadelphia: Taylor & Francis.

Klass, D. (1999). *The spiritual life of bereaved parents.* New York: Brunner-Routledge.

Luchterhand, & Murphy, N. (1998). *Helping adults with mental retardation grieve a death loss.* Philadelphia: Accelerated Development Press.

Markell, M. (2005). *Helping people with developmental disabilities mourn: Practical rituals for caregivers.* Fort Collins, CO: Companion Press.

Neimeyer, R. (2001). *Meaning reconstruction and the meaning of loss.* Washington, D.C.: American Psychological Association.

Rando, T. (2000). On the experience of traumatic stress in anticipatory and post-death mourning. In T. Rando (Ed.), *Clinical dimensions of anticipatory mourning.* Champaign, IL: Research Press.

Rando, T. (1993). *Treatment of complicated mourning.* Champaign, IL: Research Press.

Titchner, E. B. 1909: *Lectures on the experimental psychology of thought-*

processes. New York: Macmillan.

Walter, T. (1994). *The revival of death*. London: Routledge.

Worden, W. (2009). *Grief counseling and grief therapy*. New York: Springer.

ARTICLES DEALING WITH DIVERSE DEATH AND DYING ISSUES OF PERSONS WITH INTELLECTUAL DISABILITIES

Barbara, T. V., Pitch, R. J., & Howell, M. C. (1986). *Death and dying: A guide for staff serving adults with mental retardation*. Boston: Exceptional Parents Press.

Bogden, R., & Taylor, S. J. (1989). Relationships with severely disabled people: The social construction of humanness. *Social Problems, 36*(2), 135-148.

Deutsch, H. (1985). Grief counseling with the mentally retarded client. *Psychiatric Aspects of Mental Retardation Reviews, 4*(5), 17-20.

Emerson, P. (1977). Covert grief reactions in mentally retarded clients. *Mental Retardation, 15*(6), 46-47.

Gaventa, W. (1988). On death and dying: A guide for staff serving developmentally disabled adults. *Mental Retardation, 25*, 387-388.

Hollins, S. (1995). Managing grief better: People with developmental disabilities. *The Holistic Healthcare Newsletter, 14*(3), 1-3.

Howell, M. (1989). Grief counseling. In M. C. Howell, D. G. Gavin, G. A. Cabrera, & H. A. Beyer (Eds.), *Serving the underserved: Caring for people who are both mentally ill and mentally retarded* (pp. 327-379). Boston: Exceptional Parents Press.

Hoover, J. H., Markell, M. A., & Wagner, P. (2004/2005). Death and grief as experienced by adults with developmental disabilities: Initial exploration. *OMEGA: The Journal of Death and Dying, 50*(3), 181-196.

Huston, L. (1992, Fall). Helping people with developmental delays to grieve and mourn. *NAPMR Quarterly*, 6-11.

James, I. A. Helping people with mental retardation cope with bereavement. *Mental Handicap, 23*(2), 74-78.

Kennedy, J. (1989). Bereavement and the person with a mental handicap. *Nursing Standard, 4*(6), 36-38.

Kloeppel, D., & Hollins, S. (1989). Double handicap: Mental retardation and death in the family. *Death Studies, 13,* 31-38.

Lavin, Claire (1989). Disenfranchised grief and the developmentally disabled. In K. Doka (Ed.), *Disenfranchised grief: Recognizing hidden sorrow* (pp. 229-237). New York: Lexington Books.

Lutcherhand, C. (1998). *Mental retardation and grief following a death loss.* The Arc of the United States. www.thearc.org.

McLoughlin, I. J. (1996). Bereavement in the mentally retarded. *British Journal of Medicine, 36,* 256-260.

McLaughlin, I. J., & Bhate, M. S. (1987). A case of affective psychosis following bereavement in a mentally handicapped woman. *British Journal of Psychiatry, 151,* 552-554.

naragon, P. J. (1994). Death and bereavement: Issues for older adults with mental retardation. *University of Missouri-Kansas City Institute of Human Development: Fast Facts on Aging, 11,* 1-7.

Nelson, M., & Febeis, A. (1988). *Grief, death and dying.* [Brochure]. St. Paul, MN: Community Health Education Network of the Association of Retarded Citizens Minnesota.

Oswin, M. (1985). Bereavement. In M. Craft, J. Bicknell, & S. Hllins (Eds.), *Mental handicap.* London: Bailliere Tindall.

Oswin, M. (1989). Bereavement and mentally handicapped people. In T. Philpot (Ed.), *Last things: Social work with the dying.*

Singh, I., Jawed, S. H., & Wilson, S. (1988). Mania following bereavement in a mentally handicapped man. *British Journal of Psychiatry, 152,* 866-867.

Yanok, J., & Beifus, J. A. (1993). Communicating about loss and mourning: Death education for individuals with mental retardation. *Mental Retardation, 31,* 144-147.

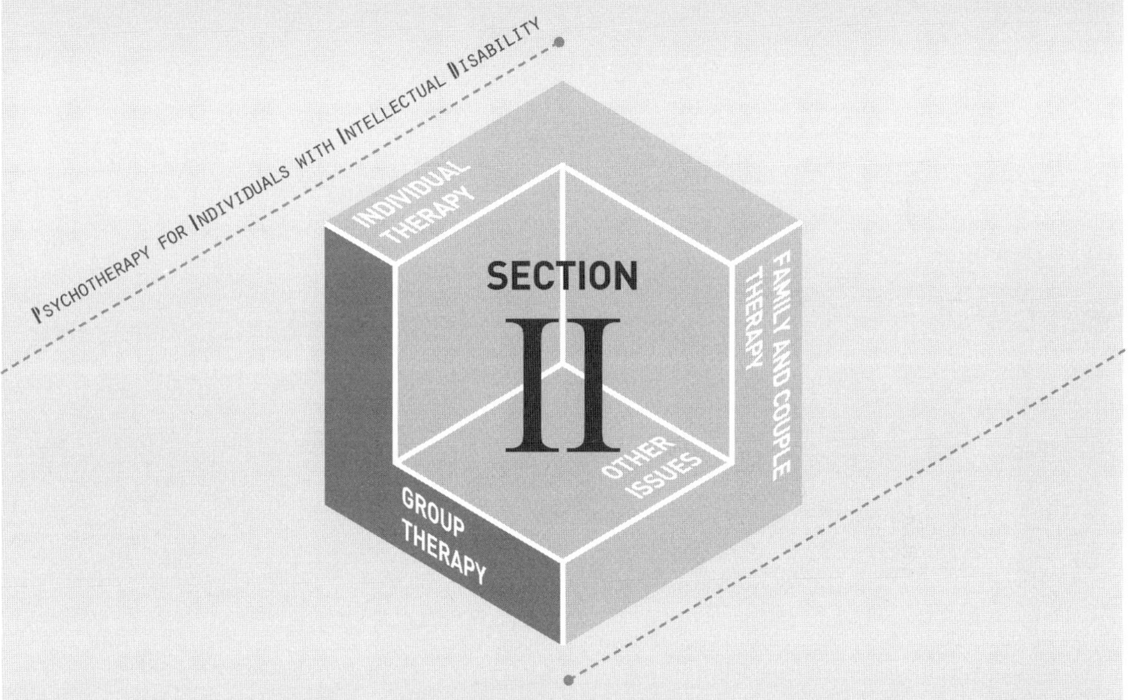
PSYCHOTHERAPY FOR INDIVIDUALS WITH INTELLECTUAL DISABILITY
INDIVIDUAL THERAPY
SECTION
II
FAMILY AND COUPLE THERAPY
OTHER ISSUES
GROUP THERAPY

집단심리치료

지적장애 트라우마 생존자의 집단상담

Nancy J. Razza, Ph.D.
Daniel J. Tomasulo, Ph.D., M.F.A.

서문

지적장애 및 발달장애 생존자 치료에 관한 문헌 고찰과 함께, 이 장에서는 트라우마 생존자 치료에서 상호적 행동모델 집단심리치료(Interactive-behavioral model of group psychotherapy: IBT)의 적용에 대해 알아볼 것이다. 성적 학대와 다른 대인관계적 트라우마를 가진 생존자들의 독특한 욕구는 그들의 안전과 신뢰를 극대화시키는 치료적 기법과 함께 상세히 논의할 것이다.

트라우마 생존자 집단심리치료 세션은 취약한 집단의 치료 효과를 강화시키는 과정과 기법에 대해 심도 있게 여기는 상담자들을 위해 자세히 설명될 것이다.

문헌 고찰

집단심리치료는 성적(sexual)인 것을 비롯한 대인관계적 폭력 형태의 생존자 치료에서부터 형성되어 왔다(Foy, Eriksson, & Trice, 2001; Herman, 1992; van der Kolk, McFarlane, & van der Hart, 1996; Young & Blake, 1999). 우리는 지적장애 성적 학대 생존자들에 대한 집단심리치료의 이점을 살펴볼 것이다. 그리고 집단심리치료의 상호적 행동모델 집단심리치료 모델(Razza & Tomasulo, 2005)의 실제 세션에 대해 자세히 설명할 것이다.

지적장애 집단심리치료의 효과에 대한 통제된 상황에서의 결과를 제시하는 연구들은 제한적이지만(트라우마와 관련이 없어도, 추가적인 정신과적 진단과 함께 진행된 연구들), 몇몇의 연구에서는 상호적 행동모델 집단심리치료 모델의 사용을 지지하고 있다(예: Blaine, 1993; Carlin, 1998; Daniels, 1998; Kirchner & Mueth, 2000; Lundrigan, 2007; Oliver-Brannon, 2000).

Foy와 동료들(2001)은 트라우마 생존자 집단심리치료의 세 가지 다른 모델의 효과에 대한 연구들을 리뷰하였다. 집단심리치료는 트라우마 생존자 치료를 위해 매우 광범위하게 사용되고 특정 집단들에게 독특한 치료적 효과가 있는 것으로 간주되기 때문에 저자들은 다양한 모델의 상대적인 이점에 대한 연구가 뒤를 이어 진행되어야 한다는 점에 주목한다. 저자들은 집단심리치료가 일반적으로 생존자들이 보이는 다른 사람과의 극심한 분리감을 해결해 줄 수 있음을 지적한다. 이에 더하자면, 지적장애인이 더 큰 사회에 연결되어 있지 않고, 우리와 다르다는 생각은 이미 고조되어 있다.

Foy와 동료들(2001)은 세 가지 집단치료 모델을 비교하였다. 지지적 모델, 심리역동 모델, 인지행동 모델인데, 이 모델들은 일반인 생존자들을 대상으로 주로 사용되었으며, 성인, 아동, 청소년 각각을 대상으로 한 연구들을 살펴보았다. 저자들은 어떤 특정 집단심리치료 모델이 다른 것에 비해 뛰어나다는 증거를 찾을 수 없었다. 그리고 각각은 사용했을 때 저마다의 이점을 가지고 있었다. 이것은 우리가 주목해야 하는 중요한 연구 결과이다. 이러한 결과는, 상담자들의 신념이나 어떤 치료 모델을 좋아하는지에 관계없이, 광범위한 메타분석 연구에서 특정 치료 모델이 다른 모델보다 주목할 만큼 효과가 크다는 것을 발견하지 못한 것을 지지한다(Asay, Lambert, Gregersen, & Goates, 2002; Wampold, 2001). 사실 그러한 증거가 주는 함의는 특정 치료 모델이 문제가 아니라 내담자들을 치료 장면에 어떻게 데려올 것인가가 가장 중요하다는 것이다. 보편적으로 성공적인 치료/상담자라는 것은 내담자가 그들의 힘을 모으는 동안, 그들이 보이는 병리적인 것들을 견디는 능력이다(Duncan, Miller, & Sparks, 2004). 우리가 지적장애 학대 생존자들과 함께 작업을 시작할 때, 우리는 각각의 내담자들이 어떠한 것들을 가지고 오는지 매우 주의를 기울여 기억해야 한다. 상호적 행동모델 집단심리치료와 같은 모델을 사용하는 것은 발생할 수 있는 건강한 변화의 환경을 창조한다. 건강한 변화는 우리가 예측하거나 가르치지 못하지만 지지해야 하고, 할 수 있는 것들과 함께 각 개인의 독특한 발전이 될 것이다.

지적장애 생존자와 함께 일하는 것과 관련된 자료의 복잡성 때문에 독자들은 Razza와 Sobsey가 학대 생존자에 대해 쓴 이 책의 장을 함께 살펴볼 것을 권한다. 그 장은 임상적 사정의 절차에 대한 개요이며, 지적장애 생존자 치료 과정을 시작함에 있어 필수적인 정보를 제공한다.

이론적 배경: 학대 생존자 집단상담 과정의 핵심 요소

안전과 비밀보장

학대 생존자 치료의 기초에 대해 설명한 6장에서 강조했듯이, 치료적 관계에서 안전감을 심어 주는 것은 성공적 치료에 있어 필수적이다. 안전감은 집단 형태로 치료를 시행할 때 매우 중요하고, 집단상담을 구성·유지할 때도 안전감을 제공하는 것은 매우 어려운 일이 될 수 있다. 우리가 새로 형성된 치료 집단의 상담자(facilitator)와 가장 처음으로 작업을 시작하려고 할 때, 이미 각 집단원들은 6장에서 자세히 설명한 것처럼 최소 한 번의 개별적 접수 회기를 가졌어야 한다. 접수 회기에서는 내담자들이 치료가 무엇인지, 그리고 어떻게 치료가 진행될 것인지에 관해 예상할 수 있게 되어야 한다.

첫 회기 시작에서, 집단상담자들은 집단에서 꼭 지켜져야 하는 두 가지 규칙에 대해 집단원들에게 명확하게 알려 줄 책임이 있다. 바로 안전과 비밀보장이다. 안전이란 집단이 모든 구성원에게 안전한 공간이어야 한다는 사실이다. 집단원은 서로에게 신체적 또는 언어적 폭력을 행사해서는 안 된다. 예를 들어, 서로를 때리거나 악담해서는 안 되고, 다른 집단원들의 전체적인 이해 수준에 적합하게 맞추어야 한다. 아무도 완벽할 것으로 예상되지 않는다는 것을 강조하는 것이 중요하다. 집단 밖에서 다른 사람들에 대한 공격적인 행동들이 집단에서 쫓겨나야 하는 원인이 되지 않는다. 사실, 집단원들이 집단으로 들어오는 것은 권유되며, 그들에게 그런 문제들이 있다면 집단에서 논의해야 한다. 그러나 다른 집단원에게 행한 폭력은, 심지어 집단 외의 시간에 일어나더라도 가해자가 집단에서 나가야 하는 결과를 낳을 수 있다. 이것이 처음에는 어떤 집단원들에게 어려운 개념일 수도 있다. 계속적으로 집단원에게 확인하고, 이런 생각을 그들이 이해한 대로 그들의 말로 재진술하도록 요청하라.

집단원들은 그들이 상담자의 말을 경청하는 것과 똑같은 수준으로 다른 사람들의 말을 경청하라고 가르침으로써 집단의 상호작용을 즉각 보여 주기 시작하라. 예를 들면, 집단원들이 안전에 대한 규칙을 이해했는지를 확인할 때, 그것을 잘 이해해서 명료하게 말할 수 있는 한 사람과 아직 혼란을 겪는 다른 한 사람을 찾으라. 그리고 명확하게 이해한 집단원에게 그렇지 못한 집단원을 보면서 설명해 줄 것을 요청하라. 각 구성원이 듣고 있다는 확신이 들면, 각 사람의 노력에 대해 고마움을 표하라. 잘 이해하지 못한 구성원이 다른 구성원으로부터 어떠한 도움을 한번 받으면, 그들의 각각의 역할에 대해 확인하게 된다.

일단 치료 집단이 잘 구성되면, 새로운 집단원에게 안전과 비밀보장에 대해 설명하는 것은 더 쉬워진다. 새로운 구성원이 들어왔을 때, 상담자는 구성원 중 누군가에게 그 규칙에 대해 설명해 줄 것을 요청할 수 있다. 이러한 방법으로 구성원들은 집단 절차에 대한 주인의식을 가질 수 있게 되며, 상담자처럼 조언자의 역할을 수행함으로써 자긍심을 얻을 수 있다. 또한 새로운 구성원은 상담자에게뿐만 아니라 다른 구성원들에게도 관심을 가지는 것 중요하다는 것을 즉각적으로 배운다.

마지막으로, 구성원들은 분노와 공격성을 혼돈하면 안 된다. 공격적인 행위는 때때로 우리가 분노를 느낄 때 하는 행동이다. 집단원들에게 화를 포함한 모든 감정이 집단에서 수용 가능하다는 것을 알게 하라. 단지, 서로에게 악담을 하거나 해칠 수가 없는 것이다. 서로에 대한 분노를 얘기하는 것이 장려된다는 것과 우리 집단에서 이런 분노를 정기적으로 다룰 수 있다는 것을 알리라. 예를 들어, 나는 때때로 "내 협동상담자인 탸냐에게 화를 느끼기도 하는데, 내가 어떻게 해야 할지 모르겠어요."라고 말한다. 그러고 나서 집단원들에게 그들의 생각을 나누도록 권장한다. 결국 우리는 협동상담자에게 할 수 있는 말에 대한 아이디어를 얻는다. 나는 내가 화났다는 것을 협동상담자에게 말할 수 있다.

분노에 대해서 논의하는 것은 생존자들에게는 때때로 어렵다. 특히 다른 집단원에게 화를 느낄 때는 더욱 어렵다. 하지만 특정 순간, 다른 구성원들과의 사이에서 종종 분노를 경험하는 일은 불가피하다. 그런 감정들과 맞닥뜨려졌을 때를 대비하여 그 감정을 수용하고, 대처하기 위해 특정 절차에 맞는 단계 설정이 사전에 필요하다. 그런 순간은 여러 번 찾아올 것이다.

비밀보장에 관해서 구성원들은 집단 안에서 이루어지는 일들에 대해 바깥에서 서로 발설하지 말아야 한다는 것을 이해해야 한다. 물론 반대의 경우로, 각각의 구성원들이 '나 몰래'(상처받은 많은 사람에게 의미 있는 단어) 뒷소문이 나는 것을 두려워할 필요는 없다. 매우 구체적으로는 집단 밖에서 다른 구성원의 이름을 말해선 안 된다는 규칙을 말함으로써 사람들에게 이 이슈가 명확해진다.

구성원들이 이해했는지를 알아보기 위해서는 다음과 같은 질문을 하는 것이 중요하다. "만약 당신의 어머니(또는 잡코치, 상사)가 집단 안에 또 누가 있는지, 그들이 어떤 이야기를 했는지를 물어본다면, 당신은 어떻게 할 것인가요?" 구성원은 다른 동료나 또래에게는 소문을 내지 말아야 한다는 생각을 가지고 있을지도 모르지만, 권위를 지닌 누군가가 물어볼 때는 어떻게 해야 할지 머뭇거릴 수 있다. 규칙을 이해하고 당사자 뒤에서 이야기하지 않는 많은 구성원은 권위 있는 누군가가 그런 질문을 할 때에도 비밀보장에 대한 정보를 알고 있으나 대답을 해야만 할 것 같다고 느낀다. 어떤 구성원에게는 이것이 권위자의 바람에 대항하여 경계를 짓는 첫 번째 경험일 수도 있다.

또 구성원들에게 명확히 해야 할 것은 자신이 원한다면 각자는 스스로에 대해서 이야기할 권리를 가진다는 점이다. 구성원들은 자신의 비밀을 숨기기 위한 수단으로 비밀보장을 받아들여서는 안 된다. 사실, 성적 학대나 근친상간은 심각한 해를 입힌다는 위협 아래, 종종 비밀을 숨기게 된다. 구성원들은 집단에 있기 위해서는 비밀을 숨겨야 한다고 결론을 내려서는 안 된다. 정확히 말해서, 비밀보장은 경계에 대한 것이다. 나의 일에 관해서는 내가 누구와 논의하고 언제 나눌지를 선택하는 것은 내 마음이다. 다른 사람들의 일에 대해서는 내가 나눌 수 있는 것이 아니다. 이것이 비밀보장의 본질이다. 20년 넘게 경미하거나 경도의 지적장애인들로 구성된 여러 팀과의 작업을 통해 다수가 이런 차이를 배울 수 있다는 것을 알게 되었다.

비밀보장의 한계를 설명할 때, 이 점과 관련하여 상담자의 역할을 명확히 하는 것은 중요하다. 살인이나 자살 또는 미성년자 학대의 위험이 있을 경우에는 비밀보장이 위반될 수 있다는 것을 설명해야 한다. 또한 상담자는 구성원들의 허락 없이는 제3자에게 정보를 제공할 수 없다는 것을 구성원들이 알도록 하는 것이 중요하다. 제3자가 정보를 요청해 올 경우, 행동 지침 첫 번째는 그 구성원들에게 알리고, 구성원과 관련된 해당 사람에게 말할 것을 구성원에게 제안하는 것이다. 이렇게 하는 것이 구성원과 그의 중요한 타인 간의 직접적인 의사소통을 도와주는 모임을 하는 동안에, 구성원에게 훨씬 더 많은 권한을 이양하고, 상담자로서 우리가 중요한 역할을 하도록 해 준다. 게다가 그 구성원이 인생에서 중요한 사람과 함께 나누기 위해 한 노력에 대해 긍정적인 코멘트를 듣는 기회를 가질 수 있다. 중요하게는, 구성원이 없는 데서 상담자와 그의 인생에서 중요한 누군가와의 사이에 대화가 있었다는 것을 알게 될 때의 불안감이나 편집증적인 느낌으로부터 보호해 준다.

1회기

새롭게 만들어진 집단의 첫 회기와 개방형 집단에 새로운 구성원으로서 첫 회기는 상당한 차이가 있다. 지적장애 생존자를 대상으로 한 새로운 치료집단을 시작하는 것은 상담자로서 직면하는 가장 어려운 직무일 수도 있다. 모든 구성원이 증상을 보이고, 적어도 어느 정도는 타인에 대해서 두려워하고 있으며, 집단상담의 과정에 대해서 아무것도 모르고 있으며, 각자 지적장애 때문에 매우 제한적인 대인관계 기술을 가지고 있는 경향이 있다. 게다가 이전 장에서 다루었던 안전과 비밀보장의 원칙에 대해서는 모두 배우지 못했다.

1회기에서는 우선적으로 구성원들이 서로를 소개하고 안전과 비밀보장의 원칙을 논의하는 데 시간을 쏟을 것이다. 구성원들의 장애 수준에 따라서 첫 번째 회기에서는 이 주제만 다룰 수도 있다. 그러나 어떤 집단은 그 원칙을 충분히 이해할 수 있을 것이며, 구성원들이 만든 규칙을 가지고 진행할 수도 있을 것이다. 어떤 경우에는 서로의 이름을 익히고, 규칙을 논의하는 것이 도움이 될 수 있다. 이런 논의를 진행하는 동안에, 상담자는 좋은 대인관계 행동을 형성해 가기 위해 가능한 모든 기회를 이용한다. 말하고 있는 구성원들과 눈이 마주치거나 다른 구성원들이 말한 것을 반복하여 돌려줄 수 있는 것과 같은 모든 노력에 대해서 말로 칭찬한다. 가능한 한, 다른 사람에 관해 이야기한다거나 바닥만 바라보고 있다거나 하는 사회적인 기술이 부족한 구성원을 언급하는 것은 피한다. 긍정적인 모델을 찾아 규칙적이면서도 상세하게 강화한다. 구성원들은 어떤 것이 효과적인지 상당히 빠르게 학습한다.

개방형 집단에서 새로운 구성원의 등장은 다른 구성원들을 자발적으로 참여시켜서 규칙을 되돌아보게 한다. 새로운 구성원이 한 명일 때 그 사람은 다른 구성원들이 서로 바라보고 이야기하는 것과 같은 바람직한 대인관계 행동에 대한 많은 모델을 볼 수 있고 또 그것을 통해서 다른 구성원처럼 하도록 동기가 부여된다. 이런 것들이 치료 집단이 형성되고 운영될 때 우리가 추천하는 것들이다. 구성원들 개인은 준비(새로운 구성원에게 희망감을 심어 줄)가 되었을 때 그들의 치료를 끝마칠(졸업할) 수 있다.

개방형 집단은 회기가 정해진 집단에 비해 많은 장점을 가진다. 회기가 정해진 집단은 대인관계 행동을 형성하는 것과 함께 시간 규칙에 대한 논의가 필요하다. 게다가 시간이 제한된 집단에서는 다른 구성원보다 경험자가 없다. 경험자는 새로운 집단원이 올 경우에, 쉽게 집단의 규범을 형성하게 할 뿐만 아니라 긴 여정을 아직 가 보지 않은 구성원들과 자신의 회복에 관해 공유할 수 있는 기회를 가진다. 경험이 더 많은 경험자는 새로운 구성원이 고통스러워하는 것을 보고, "알아요, 나도 역시 스스로를 힘들게 했어요."라고 말한다. 새로운 구성원은 희망이라는 선물을 받고, 경험자는 자부심이라는 선물을 얻게 된다. 또 경험자는 스스로의 향상을 자각하고 강화한다. 더 나아가 그는 조력자의 역할을 하고, 다른 사람을 도와줄 수 있다. 지적장애인 가운데 이런 역할을 하는 사람은 매우 드물며, 이것은 강력하게 자존감을 높일 수 있는 역할이다. 이런 점은 알코올중독 자조모임(AA)과 같은 잘 조직된 집단 프로그램에서 중요한 요소이며, 개인상담 과정에서는 없는 치료적인 요소이다.

상호적 행동모델 집단심리치료에서 사용하는 기법의 설명과 적용: 다양한 사례로 구성된 단일 회기

지적장애 생존자들과 함께 하는 상호적 행동모델 집단심리치료에서 사용되는 기법을 살펴보자. 각 회기는 오리엔테이션, 웜업(warm-up)과 나눔(sharing), 실연(enactment), 확인(affirmation)의 4개 단계로 구성된다.

살펴볼 집단은 경도의 지적장애인 여성 7명으로 구성되어 있는데, 이 중 5명은 경험자였다. 그들은 증상이 다소 감소했고, 기능 수준에서 향상을 보였다. 여섯 번째 구성원인 케일라는 두 달 동안 규칙적으로 집단에 참석하고 있음에도 불구하고 여전히 집단이 새롭다고 느낀다. 그녀는 자신이 통제할 수 없는 교통수단의 문제 때문에 한 시간 정도 지난 중간에 등장한다. 일곱 번째 구성원인 니콜은 늘 가장 먼저 집단에 참석한다.

회기의 첫 번째인 오리엔테이션 단계에서, 구성원들은 스스로를 니콜에게 소개했다. 모든 사람이 니콜을 바라보고 자신의 이름을 이야기했다. 니콜 역시 그렇게 했다. 또 다른 한 구성원이 비밀보장의 원칙에 대해 설명하기 시작했다. 상담자는 그러한 책임에 대해서 감사의 말을 전했고, 다음과 같이 말하면서 니콜을 살펴보았다. "제니가 말한 것을 어떻게 들었나요?" 구성원들이 잘 이해했는지를 확인할 때는 단지 "이해했나요?"라고 말하는 것으로는 충분하지 않다. 대신에 구성원이 이해한 바에 대해 스스로의 단어로 다시 말하도록 물어보아야 한다. 그런 다음에 구성원은 말한 사람에게 자신이 이해한 것이 맞는지를 확인한다. 이해하지 못했다면, 말한 사람은 다시 한 번 자신의 말을 전하거나, 이해한 다른 구성원이 새로운 구성원이 이해할 수 있도록 되풀이할 수 있다. 이번 회기에서 니콜이 자신이 집단의 규칙을 이해했다는 것을 보여 주기 위해 1~2번 시도하는 과정과 함께 이런 순서로 진행이 되었다.

회기의 두 번째인 웜업과 나눔 단계에서 집단원은 그날 회기에서 작업하고 싶은 것들에 대해 돌아가면서 이야기를 나누었다. 실제로 이런 것을 일컬어 '체크인(check-in)'이라고 한다. 보통 상담자는 "누가 먼저 체크인을 시작하면 좋을까요?"라고 묻는다. 구성원은 스스로 시작하고 싶다고 할 수도 있고, 구성원을 추천하기도 한다. 때때로 두 명의 구성원이 동시에 하고 싶다고 말할 수도 있다. 이런 경우에는 상담자가 두 사람이 논의하여 누가 먼저 할지 결정하라고 말한다. 대부분의 경우, 한 명이 쉽게 다른 구성원에게 기회를 양보한다. 다른 사람에게 기회를 넘겨 준 사람은 사람들에게 그런 친사회적인 행동을 확인받는다. 상담자는 잠깐 동안 행동을 멈추고, 좋은 대인관계 행동을 강조하며, 양보한 구성원이 한 행동을 알아채도록 한다. 또한 친사회적 행동을 보고 묘사할 수 있는 어떤 구성원이든 확인받을 것이다. 모든 상호작용은 대인 간 학습과 기술 발전의 기회가 되며, 모든 명백한 문제는 오히려 유용할 수 있다.

만약 두 구성원이 합의할 수 없다면, 상담자는 집단원들에게 도움을 줄 것을 요청할 수 있다. 상담자는 다른 구성원들에게 "지금 무슨 이야기하고 있는지 이해하는 사람 있나요?"라는 질문을 함으로써 논쟁을 더디게 만든다. 일단 구성원 중 누군가가 두 사람이 누가 먼저 시작할지에 대해 의견이 다르다는 것을 설명하면, 상담자는 그 이슈를 집단으로 가지고 올 수 있으며, "제니와 마사를 어떻게 돕고 어디서부터 체크인을 시작하게 하면 좋을까요?"와 같이 이야기할 수 있다. 장황한 과정이라 할지라도, 상당한 대인관계적인 성장이 일어난다. 그리고 이러한 성장은 바로 학대 생존자, 특히 지적 손상이 있는 사람들에게 필요한 것이다. 그러나 이 과정은 새로운 집단에서는 시간이 많이 걸릴 뿐이다. 왜냐하면 구성원들은 친사회적 행동에 대하여 아주 일관되게 강화를 받기 때문에, 그리고 그들이 자신의 이슈에 대하여 작업할 많은 기회를 가진다는 것을 적절한 시기에 알게 되기 때문에, 한 명의 구성원은 기꺼이 진행 중인 집단에서 다른 사람에게 양보하게 된다.

상담자가 과정을 장악하거나 직접적이거나 조직적으로 만들려는 욕구에 저항하는 것은 매우 중요하다는 것을 기억하라. 대화가 얼마나 오래 걸리든 간에, 구성원들은 아직 배우지 못한 대인관계 기술을 배우는 데 고군분투하고 있다. 만약에 상담자로서 우리가 과정에서 인내심이 부족하여 통제력을 빼앗아 버린다면, 구성원들에게 충분히 필요한 학습 기회를 빼앗는 것과 같다.

이 회기에서는 체크인이 진행됨에 따라 메리라는 이름의 심각한 외상후 스트레스 장애 증상을 가진 여성이 새로운 아르바이트를 시작한 것에 대해 이야기한다. 그녀의 증상에 대하여 누군가 질문한 이후에, 그녀는 그녀가 당한 성폭행과 관련된 악몽을 꾸어 왔다고 고백했다. 그녀는 성폭행을 당한 지 4년이 지났고 바로 그날이 다시 다가오고 있었는데, 예전에는 그 주간에 병원에 입원해 있었다. 또 다른 구성원인 던은 아들과의 다툼에 대해 이야기했는데, 그녀의 집에 잠시 머물렀고 그녀에게 '무례하게 굴었던' 남편의 형제에 대해서도 이야기했다.

더 경험이 많은 구성원들은 이 방식으로 진전된다. 상담자 중 한 명은 다른 구성원에게 각각이 그날 있었던 일에 대하여 작업하기 바라는 점을 명확히 하도록 답한다. 예를 들어, 메리의 경우 상담자는 그녀가 보다 안정적이 되고 일에 대한 인내심이 높아졌다는 것을 자각했다. 그녀의 워크숍에서 그녀의 노력과 직업 코칭에 대한 요청으로, 그녀는 지금 지역사회 안에서 아르바이트를 시작할 기회를 얻었다. 메리는 이에 대하여 행복해하지만 여전히 불안하다. 상담자는 그녀가 여전히 외상후 스트레스 장애 증상을 약간 가지고 있다는 것도 알지만, 그녀가 새로운 일에 집중하고 싶은 욕구에도 주목한다. 상담자는 첫째, 그녀는 메리가 자신이 이야기한 것을 알게 하고, 둘째, 그날의 주제에 대해 명확하게 하도록 돕는다. 상담자는 "메리, 당신은 여전히 악몽과 같은 약간의 문제를 가지고 있고 강간에 대한 기분을 느끼지만 새로운 일에도 잘 집중하고 있군요. 이는 마치 오늘 당신은 새로운 일을 하게 되었다는 기쁨에 대해 이야기하고 싶어 하면서도 걱정을 약간 하고 있다는 것처럼 들려요, 그런가요?"라고 이야기하는 것이다. 일단 메리의 체크인이 지지받고 이러한 방식으로 명확하게 되면, 상담자는 "좋은 체크인이에요, 메리. 이제 다음으로 누구의 이야기를 듣고 싶나요?"라고 말한다. 이러한 방식으로, 구성원들은 서로에 대하여, 이미 시작한 사람에 대하여, 그리고 여전히 기회가 필요한 사람에 대하여 생각하는 것을 도움 받는다.

더 새로운 집단 혹은 보다 장애가 있는 구성원들의 집단에서 상담자는 구성원들이 무엇을 말할지 정하는 데 도움을 줄 수 있는 보다 구조화된 것을 제공해야 한다는 점을 기억해야 한다. 이것은 구성원이 논의를 위한 항목을 정하도록 돕기 위해 설계된 더 심화된 질문을 함으로써 가능하다. 또한 만약 상담자가 집단원이 뭔가 중요한 이야기를 하지 못하고 있다면, 이 부분을 물어볼 수 있다. 예를 들어, 한 구성원이 한 주 동안 직장에서 질책을 받아 매우 고통스러워서 이번 주에 직장에 대한 언급을 하고 있지 않을 수 있다. 상담자는 이번 주 동안 직장에서 어떻게 지냈는지를 물어보게 된다. 만약 구성원들이 괜찮다고 이야기하고 문제가 없다 하면, 상담자는 그 이유를 물어야 한다. 호전된 게 있다면, 구성원들이 그 이유를 알게 하는 것이 중요하다. 구성원들이 호전되는 이유를 알게 하고, 좋아진 부분에서 그녀의 역할을 발견하게 하는 것도 이야기로 다뤄질 수 있다.

회기의 중심부: 실연(實演)

각각의 구성원이 체크인을 한 이후(새로운 구성원이 그녀의 체크인 주제를 설정하는 것뿐만 아니라 자신에 대하여 집단에서 약간 이야기할 시간이 주어졌을 경우를 포함), 집단에서는 어떤 구성원이 작업을 시작할지 정하게 된다. 경도의 손상을 입은 구성원으로 구성된, 보다 경험 있는 집단원들의 집단에서는 구성원들이 특별히 괴로웠던 사람이 누구인지 추천하거나 자신이 필요하다고 느끼는 때에 자원을 한다. 새로운 집단 또는 보다 심각한 손상이 있는 구성원의 집단에서 상담자는 질문을 사용하여 이 과정을 보다 진지하게 조직화할 필요가 있다.

상담자는 구성원들이 서로에 대해 느끼는 연결감의 정도에 주목하고 있어야 한다. 잘 기능하는 집단은 응집력이 있다. 구성원들은 고통에 빠진 구성원들을 돕도록 움직인다. 유사하게도, 구성원들은 그들이 필요할 때 충분히 도움을 요청할 정도로 안전하다고 느낀다. 어떤 경우에서든 우리는 집단의 과정에 대한 자각에 초점을 맞추어야 한다. 즉, 누가 누구에게 관심을 갖는지, 누가 먼저 말하게 하거나 회기를 시작하게 돕는 것과 같이 누가 리더십 있는 역할을 하는지, 체크인에 가장 나중에 선택되는 사람은 누군지에 대해서 말이다. 비록 몇몇의 구성원이 체크인 이후에 더 깊이 그들의 이슈에 대하여 이야기하려고 하더라도, 보통 한 구성원의 주제가 실연의 중심이 된다. 실연이라는 용어는 심리극 기법 사용으로 구성원의 이슈가 깊이 탐구되고 행동으로 이어지게 하는 회기의 세 번째 단계에 붙여진 이름이다. 상담자는 이 발달단계를 위해 선택된 구성원에게 다수의 다른 구성원이 자신의 이슈에 관심이 있고 그들의 지지를 받는다는 것을 확실히 느끼게 해 주어야 한다. 아무리 구성원의 체크인 이슈가 상담자에게는 중요하다 하더라도 만약 구성원들이 집단에서 잘 지지받지 못한다면, 자신의 작업은 완전히 실패했다고 느낄 것이다. 집단원뿐만 아니라 집단에게도 좋을 것이 없다.

이 회기에서 우리는 매리와 자닌이 동시에 이야기를 시작하는 것을 보게 되었다. 매리는 던이 자신의 문제를 이야기하고 싶어 한다고 제안하였다. 자닌은 본인이 직접 자신을 지명하였지만 선뜻 발표 순서를 양보했고 던이 먼저 시작해도 좋다고 하였다. 집단상담자의 진행에 의하여 매리는 던에게 먼저 이야기를 시작하고 싶은지 물어 보았다. 던은 승낙하였고 나머지 참석자들에게 괜찮은지 물어 보았으며, 모두 동의하였다.

던은 약간의 시간을 들여 아들과의 '다툼'을 묘사하였다. 던이 언급하고 있는 아들은 그녀의 작은아들인데, 매우 말이 많으며 비장애인이다. 그 아들은 13세이고 던이 자신의 사촌에게 성폭행당해서 태어났다. 던의 남편 사이에 태어난 큰아들은 던과 그녀의 남편처럼 경도 지적장애를 가지고 있다. 던과 그녀의 남편은, 대단하게도 작은아들을 자신들의 아이로 받아들여 열심히 키워 왔다.

던에 따르면 작은아들과의 '다툼'이 고통스러웠지만, 던은 관계를 잘 이어 왔다. 던은 자신의 아들들에게 건전하게 한계 설정을 하느라 매우 노력하였다. 과거에 던은 종종 '폭발'(소리를 지르거나 때로는 폭력적이 되는 것)을 피하기 위해 그 자리를 피하거나 뒤로 물러나곤 했다. 던은 아들과의 관계를 지속하는 노력에 대해 인정을 받았으며, 남편의 형제와의 문제에 대해 이야기하도록 격려를 받았다. 던은 남편의 형에 의해 조롱당했던 사례를 이야기했다. 그는 폭력적인 언어뿐만 아니라 자신의 것을 직접 치우라는 던의 요청도 매몰차게 거절했었다. 던이 이야기를 계속하는 동안, 우리는 다른 참석자들이 던의 이야기를 잘 이해하고 따르고 있는지 그리고 그들이 던이 느꼈던 감정을 이해하고 있는지를 확인하였다. 던은 이야기 할 것이 매우 많았다. 그러나 집단상담자(진행자)의 역할은 집단의 응집성을 확인하는 것이다. 이렇게 참석자들을 확인하는 것은 집단을 안전하고 치료적인 것으로 만드는 데 중요하다. 던이 남편의 형과 마주하였던 그 장면을 묘사하자, 진행자는 부드럽게 던의 이야기를 멈추게 하고 다음과 같이 이야기하였다. "던, 우리 중 누가 그때 당신이 느꼈던 감정을 잘 이해하고 있을까요?" 던이 어떤 참석자를 선택할지 주목해 볼 수 있다. 이는 던이 누구와 친밀감을 느끼고 있는지에 대한 정보가 될 수 있다. 또한, 던이 그녀의 감정을 진정으로 느끼는 참석자를 잘 선택할 수 있는지 확인하는 것이기도 하다.

던은 “정말 화가 났을 거예요!”라고 말한 자닌을 선택한다. 또 다른 참석자인 코니는 자발적으로 “상처를 받았다.”라고 덧붙였으며 던도 이에 동의하였다.

던과 집단 참여자들이 이 과정을 계속하면서, 집단상담자는 던의 남편의 행동에 대해 탐색하였다. 예상대로 던의 남편은 그의 형으로부터 그녀를 보호하지 않았다. 오히려, 그는 그의 형과 함께 ‘아무렇지도 않은 듯이’ 그냥 웃어넘기고 아내의 고통을 별것 아닌 것으로 모른 체 하였다. 던은 이미 한 번 이상 남편의 형에게 강하게 문제 제기를 하였지만, 형은 오히려 던의 남편에게서 강화를 받아서 계속 무례하게 행동하는 것으로 보였다. 던은 분명히 남편의 행동에 화가 나고 상처를 받았으며 남편의 도움을 어떻게 받아야 할지 몰라 당황하고 있다.

집단상담자는 던에게 집단에서 더블링(대역연기)를 할 수 있는지 물었다. 던은 동의하고 자신의 의자를 집단의 중심으로 약간 옮겼다. 집단상담자가 더블링을 하기 위하여 일어나서 던의 의자 뒤에 섰다. 이는 대역의 위치를 정하는 것이며, 대역이 주인공이 문제를 보는 것과 같은 방식으로 바라보고 있다는 것을 다른 사람들에게 알리는 것이다. 상담자는 마치 그녀가 던인 것처럼 1인칭으로 “나는 너무 아파요. 불공평해요. 내 남편의 형제는 나에게 무례했고(던이 사용한 말에 의하면), 내 남편은 심지어 나를 돕지도 않을 거예요.”라고 말한다. 상담자는 이게 맞는지 던에게 확인받는다. 상담자는 던에게 “이게 맞나요? 만약 아니면, 내가 이걸 고칠 수 있게 알려 줘요.”라고 말한다. 주인공(이 경우는, 던)은 정말 자신의 마음을 대역(doubling)이 제대로 표현하였는지 꼭 체크해야 한다. 지적장애인이 ‘윗사람’에게 틀렸다고 말하는 게 어렵지만, 교정해 주는 것이 도움이 된다고 강조한다. 그들은 우리에게 바로잡을 기회를 주고 있는 것이다.

다음으로, 상담자는 던에게 그 집단의 다른 구성원이 나와서 그녀를 위해 대역을 해 주기를 원하는지 묻는다. 던은 메리를 선택한다. 메리는 던의 의자 바로 뒤에 서고, 상담자 또한 메리의 옆에 선다. 메리는 던이 어떤 기분을 느끼고 있을지에 대해 생각해 보도록 상담자에게 간단하게 지도를 받는다. 메리가 "(기분이) 정말 나쁠 것 같아요."라고 말한다. 던은 그녀의 말에 동의하여 고개를 끄덕인다. 메리는 계속한다. "당신은 언제나 내가 아닌 당신의 형제 편을 들어요." (메리는 던이 남편에 대해 느끼는 감정을 표현한다.)

모든 집단원을 참여시키기 위해, 그리고 던을 위한 지지를 높이기 위해 각각의 집단원들은 차례대로 돌아가며 대역을 한다. 모든 집단원 각각이 대역을 꼭 해야 하는 것은, 대역을 하는 것은 응집력을 높이는 데 도움을 줄 수 있고, 주인공을 지지하는 것을 도울 수 있기 때문이다. 그녀가 새로운 집단원으로 들어온 이 회기에서, 이것은 집단에서 과정이 어떻게 일어나는지를 배울 수 있는 좋은 기회이다. 또한 던과 다른 집단원들은 새로운 집단원도 그들의 마음을 이야기해 줄 수 있는 누군가가 될 수 있음을 경험하게 된다. 그리고 이것은 그녀가 구성원이 될 수 있도록 도울 것이다.

대역은 가장 안전한 사이코드라마 기술이다. 새로운 집단에서 또는 특히나 이러한 집단원들과 집단 작업을 하는 것이 처음인 상담자에게, 대역은 집단원 모두가 치료 과정에서 더 잘 지내기까지 필요하다. 경험자 집단원들과 경험자인 주인공이 있는 이 집단에서, 우리는 실연을 더 깊은 단계에서 할 수 있었다. 우리는 던에게 그녀의 남편이 앉았다고 상상하도록 빈 의자를 그녀의 맞은 편에 놓아도 되는지 물어보았다. 그러고 나서 우리는 그녀가 우리의 도움을 받아서 그녀의 남편에 대한 감정의 일부를 언어화할 수 있는지 물어보았다. 상담자는 던에게 그녀가 이것을 하는 동안 집단원 한 명이 그녀의 뒤에 있기를 원하는지 물어보았고, 그녀는 다시 한 번 메리를 선택하였다. 메리는 그녀의 뒤에 섰고, 상담자는 메리의 옆에 섰다. 상담자는 던에게 빈 의자에 앉은 남편에게 그녀가 어떻게 느꼈는지를 이야기하라고 했고, 이 과정에서 그녀는 원한다면 메리 또는 우리 중 누구든지 도움을 요청할 수 있음을 공지하였다.

던은 빈 의자를 보고 말했다. "당신의 형은 나에게 무례했어요. 그는 나를

'개 같은 년'이라고 불렀고, 맥주를 마시고 부엌에 빈 병과 물건들을 어질러 놓았어요. 그는 당신의 형이에요. 당신은 그에게 나가라고 말해야 해요."

던은 메리에게 어떠한 도움도 요청하지 않았다. 그녀는 이런 식으로 몇 분을 더 지속했다. 그녀가 멈추었을 때, 상담자는 그녀에게 실연을 종결할 수 있도록 상담자들이 사용하는 일반적인 질문을 하였다. "던, 이제 당신이 남편에게 하고 싶은 마지막 말을 해 보도록 해요."라고 상담자는 말했다. 던은 의자를 바라보고 잠시 동안 앉아서 생각했다. "당신이 뭐라도 하지 않으면 나는 정말로 화가 날 거예요. 만약 당신이 그를 나가게 하지 않으면, 우리는 사라와 모두와 함께 회의를 하게 될 거예요." (그들은 관련된 사회복지사들이었다.) 상담자는 던이 말할 때 그녀가 한 말을 정확하게 똑같이 반복하였다. 그러고 나서 상담자는 던에게 "이쯤에서 그만둬도 될까요?"라고 말했다. 던은 된다고 말했고, 모두가 그들의 본래 원 모양의 자리로 돌아가서 앉았다.

실연 단계 뒤에 따르는 것은 확인(affirmation) 단계이다. 회기의 마지막 단계인 이 단계에서 각각의 집단원들은 그날 그들이 보였던 강점과 성장에 대해서 피드백을 받는다. 우리는 주인공을 '확인'해 주는 것으로부터 시작한다. 주인공이 자신을 위태로운 자리에 놓았고, 자신의 연약한 부분을 보였기 때문에 주인공이 지지적인 피드백을 받는 것은 필수적이다. 상담자는 다른 집단원들에게도 주인공을 '확인'시켜 줄 기회를 제공한다. 상담자는 긍정적인 반응을 이끌어 낼 질문을 통해서 그들을 격려한다. 예를 들면, 우리는 "코니, 당신은 오늘 던이 한 것 중 무엇이 가장 좋았나요?"라고 질문할 수 있다. 절대로 "던이 한 것에 대해서 어떻게 생각하나요?"라고 묻지 않는다. 이것은 아마도 비판적인 반응을 이끌어 낼 것이기 때문이다. 던이 집단원들과 상담자에게 '확인'을 받은 뒤에, 다른 집단원들은 던을 위해 대역을 해 주고 그녀가 작업을 할 수 있도록 안전한 공간을 만들어 준 지지에 대해 '확인'을 받는다. 여기에서 대역을 해 주지 않았거나 '확인'에 참여하지 않았던 집단원이라도 그들을 '확인'해야 함에 유의해야 한다. 그럼으로써 그들은 자신들이 주인공에게 주의집중하고 주인공이 작업을 할 수 있도록 관대하게 시간을 허락함으로써 중요한 역할을 했다는 것을 알게 된다.

주인공에게 피드백을 해 줄 때는 그가 성취한 각각의 측면들을 알려 주어야 한다. 때때로 주인공은 단순하게 그의 감정만을 표현했을 수 있다. 어떨 때는 주인공이 새로운 방식으로 문제에 접근하도록 시도했을 수 있다. 던에게 피드백을 해 줄 때 상담자는 다음의 코멘트를 하였다. "던, 당신은 오늘 많은 작업을 했어요. 당신은 아들과 가진 문제를 공유하였고, 당신이 그와 얼마나 더 잘 지낼 수 있는지 우리가 볼 수 있도록 도와주었어요. 당신은 또한 남편의 형에 관한 감정을 공유하였고, 우리가 당신이 어떤 감정을 느끼는지 이해할 수 있도록 도와주었어요. 당신은 우리가 당신을 위해 대역을 할 수 있게 해 주었고 집단의 지지를 받아들였어요. 당신은 또한 남편에게 당신의 감정을 말하는 것을 연습했어요. 당신은 심지어 문제에 대처할 계획을 떠올렸고, 남편에게 그 계획을 말하는 연습을 했어요. 참 잘했어요!" 새로운 집단원인 니콜에게 줄 피드백의 예는 다음과 같을 것이다. "니콜, 당신은 집단에 참여한 첫날인 오늘 너무나도 잘해 주었어요. 당신은 우리 모두를 만났고, 당신에 대해 약간 말해 주었어요. 당신의 아버지가 당신이 컴퓨터를 사용하지 못하도록 할 때 화가 난다는 사실을 포함해서요. 당신은 던을 위해 일어나서 대역을 해 주었고, 당신이 그녀의 감정을 이해할 수 있다는 것을 그녀가 알게 했어요. 그리고 당신은 관대하게도 던이 그녀의 문제를 작업할 기회를 가질 수 있도록 당신의 시간을 허락해 주었어요. 당신이 오늘 해 준 노력에 대해 감사해요."

'확인'해 줌에 있어서 반드시 집단 내에서의 행동과 함께, 그 집단원이 집단 내로 가지고 들어온 것에 대해서 '확인'하라. 또한 우리는 집단원들이 자신에 대한 긍정적인 감정과 그것과 연결된 긍정적인 자기생각(self-thought)을 둘 다 가지고 집단을 떠날 수 있기를 원한다. 문제행동에 대해서 말하거나 코멘트를 하지 말라. 예를 들어, 만약 어떤 집단원이 말을 하는 동안 다른 사람들을 쳐다보는 데에 전형적으로 어려움을 가지고 있는데, 말할 때 다른 집단원을 똑바로 쳐다보도록 애를 쓰고 있다면, 당신은 아마도 "코니, 당신은 오늘 시선을 마주치는 것을 아주 잘했어요. 당신이 그것을 하는 것을 기억하려고 열심히 노력하는 것이 분명했고, 당신은 정말로 발전했어요."라고 말할 것이다.

집단 과정에 관한 마지막 고려 사항은 꼭 알아 두어야 한다. 사이코드라마 기술을 사용함에 있어서 우리는 집단원에게 많은 다양한 것을 하도록 요구한다. 그들의 의자를 가운데로 옮기도록 한다거나, 빈 의자에서 말하도록 한다거나, 일어나서 누군가의 의자 뒤에 가서 서도록 하는 등. 집단원에게 이런 요구가 괜찮은지 물어보는 것은 언제나 중요하다. 누구든지 자신이 원하지 않음에도 불구하고 협조해야만 한다고 느껴서는 안 된다. 사실, 만약 어떤 집단원이 그녀가 무엇인가를 하기 원치 않는다고 말할 때, 그녀가 그렇게 말할 수 있음을 '확인'하라. 이것은 어떤 치료 집단에서든지 중요하지만, 학대 생존자 집단에게는 더욱더 그러한데, 그들은 아마도 그들이 감정을 표현하고 그에 대한 존중을 받은 경험이 없을 것이기 때문이다. 집단원이 자신이 필요할 때 "아니요."라고 말할 수 있는 것에 대해서 인정하라.

논의

상호적 행동모델 집단심리치료 집단 과정의 핵심 포인트들을 복습하자면, 집단 과정이 회기를 구성하고 회기를 구조화하는 것을 돕는 일련의 네 단계를 기술하고 있음을 알아야 한다. 이에 더하여, 우리는 친사회적인 대인관계 행동을 형성하는 긍정적인 피드백을 계속해서 사용한다. 집단원들은 자신의 정보를 공개할 압력을 받지 않는다. 그보다는 그들 자신만의 체크인 아이템을 제공하거나 그날 작업할 이슈를 제공하도록 격려를 받는다. 몇몇 집단원은 그들이 가졌던 긍정적인 경험을 보고하고 싶어 할 수 있는데, 이 또한 허용된다. 상담자의 역할은 집단원 개인이 안전하게 그들의 고통을 표현하고, 동시에 그들의 자원과 힘을 발견하고 개발할 수 있는 환경을 만들어 주는 것이다.

참고문헌

Asay, T. P., Lambert, M. J., Gregersen, A. T., & Goates, M. K. (2002). Using patient-focused research in evaluating treatment outcome in private practice. *Journal of Clinical Psychology, 58,* 1213-1225.

Blaine, C. (1993). *Interpersonal learning in short-term integrated group psychotherapy.* Unpublished master's thesis, University of Alberta, Alberta, Canada.

Carlin, M. (1998). *Death, bereavement, and grieving: A group intervention for bereaved individuals with cerebral palsy.* Unpublished doctoral dissertation, Long Island University, C.W. Post Campus.

Daniels, L. (1998). A group cognitive-behavioral and process-oriented approach to treating the social impairment and negative symptoms associated with chronic mental illness. *Journal of Psychotherapy Research and Practice, 7,* 167-176.

Duncan, B. L., Miller, S. D., & Sparks, J. A. (2004). *The heroic client: A revolutionary way to improve effectiveness through client-directed, outcome-informed therapy.* San Francisco: Jossey-Bass.

Foy, D. W., Eriksson, C. B., & Trice, G. A. (2001). Introduction to group interventions for trauma survivors. Group *Dynamics: Theory, Research and Practice, 5,* 246-251.

Herman, J. L. (1992). *Trauma and recovery.* New York: Basic Books.

Kirchner, L., & Mueth, M. (2000). Suicide in individuals with developmental disabilities. In R. Fletcher (Ed.), *Therapy approaches for persons with mental retardation* (pp. 127-150). Kingston, NY: NADD Press.

Lundrigan, M. (2007). Interactive Behavioral Therapy with intellectually disabled persons with psychiatric disorders: A pragmatic case study. Unpublished doctoral dissertation: Graduate School of Applied and Professional Psychology, Rutgers University, New Brunswick, NJ.

Oliver-Brannon, G. (2000). Counseling and psychotherapy in group treatment with the dually diagnosed (mental retardation and mental illness-MR/MI) (Doctoral dissertation, The Union Institute, 2000). *Dissertation Abstracts International,* 60(10-B), 5230.

Razza, N., & Tomasulo, D. (2005). *Healing trauma: The power of group treatment for people with intellectual disabilities.* Washington, DC: American Psychological Association.

Van der Kolk, B. A., McFarlane, A. C., & van der Hart, O. (1996). In B. A. van der Kolk, A. C. McFarlane, & L. Weisaeth (Eds.), *Traumatic stress: The effects of over-whelming experience on mind, body, and society* (pp. 182-213). New York: Guilford Press.

Wampold, B. E. (2001). *The great psychotherapy debate: Models, methods, and findings.* Hillsdale, NJ: Erlbaum.

Young, B. H., & Blake, D. D. (1999). *Group treatments for post-traumatic stress disorder.* Philadelphia: Brunner/Mazel.

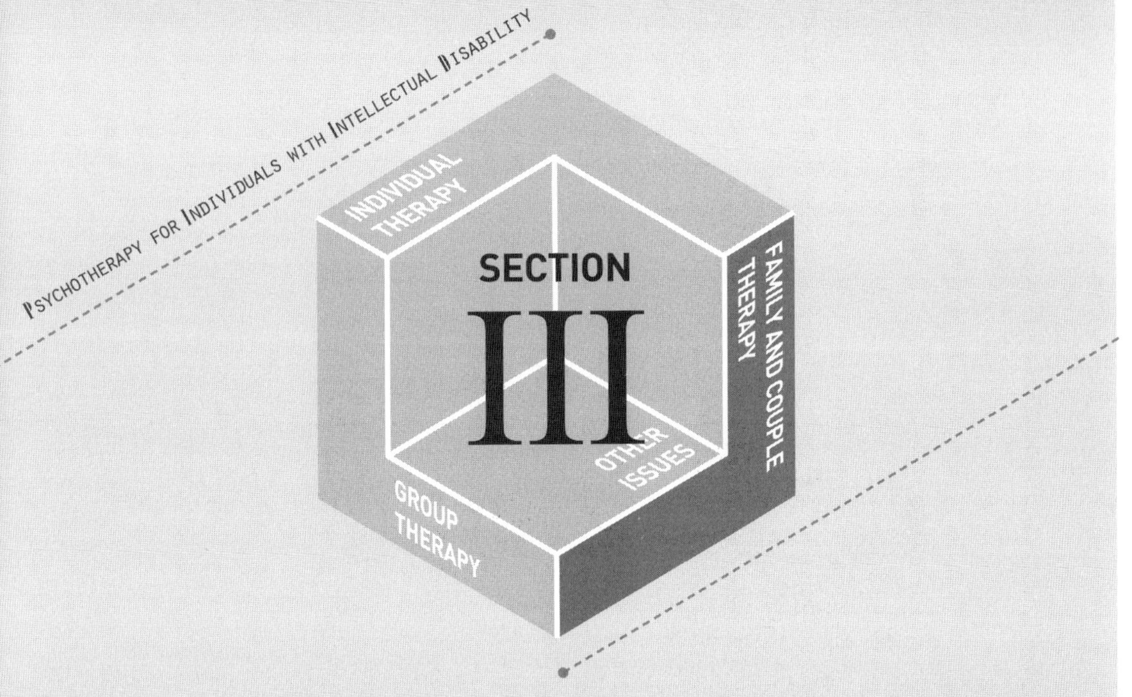
PSYCHOTHERAPY FOR INDIVIDUALS WITH INTELLECTUAL DISABILITY
INDIVIDUAL THERAPY
SECTION
III
FAMILY AND COUPLE THERAPY
OTHER ISSUES
GROUP THERAPY

가족 및 커플 심리치료

지적장애인의 보호자와 가족을 위한 생애주기별 심리치료

Judith Hill-Weld, M.S., LMFT

서문

지적장애인 및 발달장애인(ID/DD)이 정신건강에 대한 관심을 가지고 있을 때 이들은 폭넓은 중재와 지원을 통하여 혜택을 받을 수 있다. 심리치료에서의 어느 중재 방법은 이 책에서 입증되었듯이 광범위한 기법과 이론적 관점을 제공한다. 그러나 심리치료의 넓은 세계 안에서도 가족체계 이론이라는 한 이론적 관점은 다른 많은 모델과 중재를 응용할 수 있는 필터를 제공한다. 이 장에서는 지적장애인 및 발달장애인에 대하여 메타이론으로서의 가족체계 이론을 활용하는 것의 가치를 확고히 하고, 가족체계 이론을 이들에 대한 치료법으로 통합시키는 문헌들의 현황을 기술하고자 한다. 마지막으로, 가족 생애주기에서 각각 다른 단계에 있는 몇 가지 사례를 제공하고자 한다.

가족체계 이론은 가족 내 집단 및 개인 간에 존재하는 상호 영향(reciprocal

impact)에 우선순위를 둔다. 왜냐하면 지적장애인 및 발달장애인은 종종 그들의 전 생애에 걸쳐 가족들과 높은 관련성을 지속해 나가기 때문이며, 가족체계 이론은 특히 그러한 개인에 대한 치료와 관련이 있다. 뿐만 아니라 지적장애인 및 발달장애인은 종종 집단 환경(group setting)에서 살아가게 되는데, 가족체계 이론은 가족과 유사한 집단에 적용될 수 있다는 점에서 더욱 폭넓은 관련성을 보인다. Levitas와 Gilson(1999)이 언급하였듯이, "대부분의 지적장애인은 양육자(가족, 상담자, 사례관리자, 수퍼바이저, 고용자)의 영향으로 인해 그들의 지각과 행동을 변화시킬 수 있는 능력에 제한을 받는 영속적인 관계망 속에서 살아간다." 지적장애인 및 발달장애인이 독립적으로 그들의 지각과 행동을 변화시킬 수 있는 능력에 대해서는 전문가들의 의견이 분분한 반면, 이러한 영속적인 관계망 내의 가족, 상담자, 사례관리자, 수퍼바이저, 고용자 그리고 다른 이들이 개인의 삶과 선택 그리고 지각에 영향을 미친다는 사실에는 의심의 여지가 없다. 이 관점은 가족체계 이론의 주된 관심사이다. 즉, 모든 개인은 영향과 상호작용의 체계 안에서 타인과 함께 상호 의존적으로 존재하며, 체계는 개인에게 영향을 미치고 개인 역시 체계에 영향을 미친다.

이 장에서는 가족체계 이론의 역사적인 관계와 지적장애인 및 발달장애인과 살아가는 가족들에 대한 심리치료적인 처치에 대해 개관한다. 이 책을 읽어서 도움이 될 이들은, 가족체계 이론을 일상적으로 활용하고 있지만 지적장애인 및 발달장애인 내담자에게 적용하는 데에는 익숙하지 않은 상담자뿐 아니라 지적장애인 및 발달장애인과 함께 작업하는 상담자 중 아직 가족체계 이론을 활용해 보는 것의 이점을 고려해 보지 못한 이들이다.

문헌 고찰

가족체계치료의 효과성 연구

가족치료의 효과성 연구에는 어려움이 너무 많다. 연구에 참여하는 참가자 집단의 규모와 복잡성, 양식의 다양성, 개인 변인이 아닌 체계적 변화를 측정하기 위한 분투, 지나치게 광범위한 가족치료의 정의, 이 모든 것이 대규모 연구를 어렵게 만든다. 그러나 특정한 방식으로 매뉴얼화된 모델은 효과적인 것으로 평가되어 왔으며, 소수의 야심찬 연구자는 효과연구의 개관을 제공하기 위한 메타분석과 조사연구를 시도해 왔다.

1995년, Jay Lebow와 Alan Gurman은 부부 및 가족 치료를 평가하는 광범위한 연구의 요약을 끝마쳤다. 그들은 전략적 치료가 거의 평가되지 않았던 것에 반하여 구조적 가족치료는 "작지만 오랜 세월에 걸친 경험적 토대"가 있는 것으로 결론지었다(p. 36). 또한 그들은 다른 접근보다도 행동적 방법에 대하여 더욱 많은 연구가 있으며, 그렇기에 행동적 방법에 대한 효과성을 지지하는 더욱 풍부한 증거들이 있다는 점에 주목하였다. 종합적으로 연구자들은 "거의 예외 없이 치료집단에서는 통제집단을 뛰어넘는 성과를 이루었다."는 것을 밝혔다(p. 32). 연구자들은 1995년에 연구방법론의 향상으로 인하여 지난 30년 동안 효과성에 대한 전반적인 입증이 가능했을 것이라고 주장하였다.

1997년에 Sandberg와 동료들 그리고 2000년에 다시 Miller와 동료들이 특정한 장애를 다루는 데 있어서 결혼 및 가족 치료의 구체적인 접근법의 효과성 연구 현황에 대한 도표를 첨부하여 논문을 게재하였다. 행동적 가족치료가 가장 빈번하게 연구되어 왔으며, 이 접근법의 효과성이 다양한 장애와 문제에 가장 견고하게 구축되어 있는 것으로 나타났다. 하지만 그들의 연구 결과는 특정한 장애에 대하여 기능적 가족치료, 구조적 가족치료, 다중체계치료(multi-systemic treatment)가 각각 효과적일 수 있음을 강력하게 뒷받침한다는 것을 암시하였고, 이는 체계치료에 대한 근거를 강화하였다.

리즈 대학교의 Cottrell과 Boston(2002)은 체계적 가족치료의 발달을 살펴보고, 아동과 청소년에게 체계적 가족치료를 사용하는 것에 대한 경험적 근거를 분석하였다. 연구자들은 아주 잘 설계된 무선 통제 실험이 부족하다고 결론 내렸다. 한편, 품행장애, 약물남용 그리고 섭식장애의 치료로 체계적 가족치료가 효과적이라고 주장하였다. 또한 우울증과 만성적 질병에 대한 차선책으로 이 접근이 효과적이라고 주장하였다. 연구자들은 가족 내 상호작용 측정에 대한 긍정적 효과와 효과가 크지는 않지만 행동 측정에 대해서도 역시 긍정적인 효과를 보고한 이전의 메타분석 연구 결과를 기술하였다. 특히 그들은 가족치료와 행동 측정에 대한 무처치 통제집단을 비교하여 나타난 긍정적인 효과에 주목하였다. Cottrell과 Boston은 개선된 연구에 대한 필요성을 제기하였고 또한 "상담자는 체계적 관점이 다른 치료적 모델에 기여할 수 있는 부분에 대해 이미 검토하고 있어야 한다."라고 제안하였다. 체계적 치료가 중도 탈락을 줄일 수 있고, 관여도 및 내담자 만족도를 증진시킬 수 있다는 연구 결과가 있다. 그리고 체계적 중재의 긍정적 효과는 지속적이며 오히려 시간이 갈수록 증가한다는 증거도 있다.

최근 아일랜드 더블린 국립대학교(UCD)의 Alan Carr는 성인중심과 아동중심의 가족치료와 체계적 중재의 효과성에 대한 과거 분석을 갱신하였다(2009a, 2009b). 그는 검토된 증거들이 체계적 중재가 폭넓은 아동중심 중재에 효과적임을 시사하고 있음에 주목하였다(2009b). Carr는 연구 결과를 통하여 체계적 중재가 다양한 성인중점 문제에도 효과성을 입증하는 것으로 결론 내렸다. 또한 그는 더욱 최근에는 이러한 중재의 다수가 매뉴얼화되어 왔는데, 이로써 상담자들이 중재를 반복할 수 있으며 접근성이 더욱 높아지게 되었음을 언급하였다. 또한 가장 증거 기반의 체계적 중재들이 인지행동적,

구조-전략적 그리고 심리교육적인 전통 안에서 개발되어 왔다고 결론 내렸다. Carr의 문헌 연구에서 가족치료뿐 아니라 부모훈련과 같은 다른 가족기반 접근을 포함하고 있다는 점은 기억해야 할 만큼 중요하다.

지적장애인 및 발달장애인에 대한 가족체계치료의 효과성 연구

과거 연구 중 지적장애인 및 발달장애인에 대하여 모든 종류의 심리치료의 효과성을 평가하는 연구는 극소수였다. Prout와 Nowak-Drabik(2003)은 지적장애인에 대한 심리치료를 다룬 과거 30년 동안의 연구들을 검토하였다. 그들은 전문가 합의법(expert consensus review)과 소규모의 메타분석을 모두 수행하였다(문헌의 다양성과 메타분석의 요건을 충족시키는 연구의 수로 인해 소규모였음). 연구자들은 심리치료가 일반적으로 지적장애인 및 발달장애인에게 효과적이지 않으며, 역사적으로 상담과 심리치료에 대한 많은 일반 서적과 자료들이 지적장애 및 발달장애와 관련된 이슈를 설명하지 않는다는 결론을 내리고 있는 과거의 연구 내용을 다룬다. 전반적으로 그들의 검토는 지적 및 발달장애인에 대한 심리치료가 실제적으로 적당량의 변화를 가져다주며 적절하게 효과적이거나 유익하다는 점을 시사한다. Prout와 Nowak-Drabik은 그들의 분석 결과, 나이, 손상 정도, 기법 또는 이론적 접근에 따라 효과성에 중대한 영향을 받지 않는다는 점이 증명되었다고 결론을 내렸다. 그들은 집단, 행동적, 인지행동적 개입을 가장 많이 연구된 양식으로 언급했다. 그들은 예비연구 차원에서 연구의 데이터가 개인치료와 임상기반 치료를 뒷받침하고 있음을 이야기한다. Prout와 Nowak-Drabik의 리뷰에서는 가족치료에 대한 연구는 단 하나도 언급하지 않는다. (지적장애인 및 발달장애인의 치료를 주제로 한 연구에 관한 최신 정보는 이 책에 Prout가 쓴 장을 보라.)

지적장애인 및 발달장애인 가족체계치료 관련 연구문헌

부부 및 가족 치료를 공부하는 대학원생들을 위한 가족치료에 표준 교재들과 가족치료는 이제까지 장애에 대해선 피상적으로 언급하는 것 이상을 하지 않았다. 점차적으로 이러한 텍스트들은 지적장애인 및 발달장애인의 가족들을 확실히 인식하기 시작했다(예: Goldenberg & Goldenberg, 2007). 만성적인 질병 혹은 장애의 맥락에서 가족들의 필요에 관해 논의한 텍스트는 몇몇 존재하지만 지적장애인 및 발달장애인에만 특별히 초점을 맞춘 텍스트들은 존재하지 않는다. 또한 무수히 많은 저자가 장애가 가족들에게 미치는 영향, 그러한 가족들이 필요로 하는 지지와 도움의 종류 그리고 장애가 가족들에게 가져오는 보상에 대해서는 써 왔지만, 이러한 텍스트들은 거의 가족치료 또는 가족체계 이론에 대해서는 이야기하지 않는다(예: Power & Dell Orto, 2004). 지적장애인 및 발달장애인의 가족들에 대한 연구와 글은 어린아이가 있는 가족들에게 초점을 맞춰 왔으며 지적장애인 및 발달장애인을 양육하는 경험, 특정한 스트레스와 관련된 보상, 그러한 경험으로부터 기인한 역경을 견디는 힘의 발전 그리고 필요로 하는 지지를 이해하는 데 풍부한 정보를 제공해 왔다.

지적장애인 및 발달장애인을 대상으로 한 가족치료에 대한 효과성 연구는 거의 없었지만, 가족체계 이론과 장애와 가족의 삶에 대한 이론, 사례연구들, 윤리적 고려 사항 그리고 지적장애인 및 발달장애인을 위한 가족치료를 제공하기 위해 제안된 접근 혹은 모델들과의 통합을 기술한 문헌은 있다.

1988년도 조지아 주립대학교의 Martha Foster는 지적장애인 및 발달장애인의 가족들의 삶에서는 역기능이 예상된다는 관념과 이러한 가족들에게선 정서적 고통이 필연적으로 병리적으로 나타난다는 관념에 대해 도전하는 글을 썼다. 그녀는 또한 가족과 지적장애인 및 발달장애인에 대해 생각할 때 '생태계학적 틀(framework)'을 향해 발전해 나갈 것을 말했지만 대부분의 임상적 작업은 체계의 틀에서 이루어지지 않았다고 언급했다. 그녀는 또한 다음과 같이 말했다.

> 아이들에 대한 행동 수정, 부모교육 그리고 위기 개입에 더하여 이러한 가족들과 어떻게 작업할 것인가에 관한 모델들은 정말로 필요하다. 비록 가족상담자들이 변화의 과정에서 체계 구조들을 사용하는 방식의 수준이 점점 더 높아져 가지만, 장애를 가진 아이들이 있는 대부분의 가족은 가족치료를 찾지 않는다. 만약 한다고 하더라도 임상적인 서비스들은 교육 프로그램들과의 결합에서 혹은 의료 시스템을 통해서 주어지게 된다(p. 55).

Foster는 가족에서의 힘과 역량을 알아차리고, 가족의 현재 문제를 생애주기와 다세대적인 관점에서 보는 개념적인 틀을 지지하였다.

Ann Turnbull과 동료들은 발달장애인 아이가 태어나고 혹은 그러한 아이를 키우는 것과 가족 구성원들의 자존감, 통제감 그리고 의미(sense of meaning)를 향상시키는 방법을 찾는 내용을 다루는 인지적 대처(1993)에 관한 책을 한 권 썼다. 이 책의 초점은 스트레스, 대처 그리고 적응에 대해 탄력적인(resilient) 가족 패턴을 돕는 인지적 대처 기술들에 있다. 책 내용 대부분이 체계를 중시하는 상담자들(a systemic therapist)에게는 가치 있지만, 그 책은 가족체계 이론 또는 치료를 직접적으로 다루고 있진 않다.

1994년에 John S. Rolland는 그의 잘 알려진 저서 『가족, 질병, 장애: 통합적 치료 모델(Families, Illness, and Disability: An Integrative Treatment Model)』을 출간했다. 그의 책은 질병과 장애를 마주하는 가족들에 대해 다루면서 건강전문가들과 정신건강전문가들 사이의 간극을 채워 주었다. 그의 모델은 명백하게 체계 이론에 기반을 두었고, 그것은 상호작용과 맥락을 주요 개념으로 우선순위에 두었다. 그는 가족 안 그리고 가족 간 더 나아가 다른 체계와의 관계에서 교류 패턴이야말로 개인의 행동을 결정하는 데 중요하다고 주장하였다. Rolland는 특히 치료적 개입은 역기능적인 가족 패턴들을 수정하는 일에 초점을 두어야만 한다고 언급했다(p. 11). 이 영향력 있는 다른 질병과 장애에 대한 생물심리사회적 요구들, 어떤 질병이 단계에 따라 한 가정에 어떻게 영향을 미치는지, 어떻게 가정의 신념 체계가 건강과 질병을 관리하는 능력에 유의미하게 영향을 주는지에 대한 윤곽을 보여 준다. 따라서 이 모델은 일련의 삶의 주기와 질병주기 변수들의 교차 지점을 탐색한다. 비록 그가 정신지체에 대해 몇 번 언급했을지라도, 그 책은 주로 평생에 걸치고, 유전을 기반으로 하며, 초기 아동기에 시작되며 그 손상이 안정적인 형태로 유지되는 질병과 상처에 주로 초점을 맞춘다. 그는 지적장애 때문에 "가족 구성원들에게는 높은 응집성이 계속 필요로 되는데, 이는 가족 구성원들의 정상적인 발달적 전환을 저해한다."라는 점을 인정했다(p. 68).

1996년 영국 레딩 대학교의 Arlene Vetere가 지적장애인 및 발달장애에 대해 작업할 때 가족 체계의 개념들을 무시하는 것에 대해서『임상아동심리학과 정신의학(Clinical Child Psychology and Psychiatry)』에 논문을 썼다. 비록 그녀의 초점은 영국에 맞추어져 있었지만, 1996년 그녀는 지적장애인이 있는 가정의 삶에서 일어나는 대처와 적응에 대해 탐색하는 문헌들이 증가하고는 있지만 그 문헌들의 개념과 지향점이 상당히 체계적이지 않음을 지적했다. 그녀는 댈러스에 있는 Beavers 팀(1986)은 장애인이 있는 가정의 삶의 대처를 다룬 연구에서 예외를 제시했다고 느꼈다. 그녀는 그러한 가정에 대한 체계적인 사고에 있어서 Rolland의 공헌을 인정하지 않았다.

Laura Marshak, Milton Seligman과 Fran Prezant는 1999년에『장애와 가족의 생애주기(Disability and the Family Life Cycle)』라는 책을 공저했는데, 그 책은 Rolland의 이론을 포함하면서 유아기 혹은 초기 아동기에 시작된 장애에 대해 더욱 오롯이 초점을 맞추었다. Marshak, Seligman과 Prezant는 장애가 하나의 변수일 때 가족의 삶에서 보이는 단계와 주기들을 개관하였으며, 그들의 책임 상호의존성, 가족 구조와 기능의 중요성을 전제로 삼았다.

271~277페이지에 걸쳐서는 부부 및 가족 상담의 가능한 활용에 대해 묘사하고 있는데, 그 내용은 부부상담, 의학 가족상담, 행동적인 부모훈련 그리고 가족치료를 포함한다. 강조된 가족치료의 주제와 개입들은 역할(roles), 기능하기(functioning), 경계(boundaries), 갈등 정상화하기(normalizing struggling), 재구조화하기(reframing), 의사소통(communications), 삼각관계(triangulation), 통제 이슈들(control issues) 그리고 성적 기능(sexual functioning)에 대한 강조를 포함한다. 이것들은 모두 가족체계 이론에서 쉽게 찾아볼 수 있는 초점과 개입의 영역들이다.

NADD 그 자체는 1999년에 가족치료에 대해 Louis Lindebaum이 쓴 장(chapter)이 발표됨에 따라 가족체계 이론에 관한 논의에 공헌하였다(Fletcher, 1999). Lindebaum은 특히 가족치료에 대한 체계적인 접근과 그것을 발달장애인에 대한 가족치료에 통합하는 것의 가치를 다루었다. 그는 Hennicke와 Bradl(1990)의 연구를 인용하였는데, 그 연구는 발달장애인을 희생양으로 삼거나 과보호하는 경향을 가진 가족들에서 발생하는 문제의 구조적 특성에 대해 묘사하였다.

영국의 임상심리학자인 Beverly Fidell은 지적장애인을 대상으로 가족치료의 활용을 탐색하는 아주 긴 논문을 썼다(2000). 비록 그녀가 영국의 정신건강서비스가 가족체계에 대한 관심이 부족하다는 점에 초점을 맞추긴 했지만, 그녀는 이러한 이론적 관점을 그녀의 임상 장면에 활용하는 법을 묘사한다. 그녀는 또한 구조적 가족치료와 단기 가족치료 모두의 장단점에 대해 개괄하면서, 가족상담자가 지적장애인 및 발달장애인의 가족들의 삶에 대해 체계적으로 작업할 때, 관련된 체계의 복잡성이 증가한다고 결론 내리고 있다.

또한 1999년에 Nick Bouras는 가족체계 이론을 다루지 않고 지적장애에 대한 정신의학과 행동장애를 개관하는 책을 편집했다. 그러나 이 책의 2007년 최신판은 가족체계치료에 관한 몇몇 자료를 포함하고 있는데, 이는 아마도 지적장애인 및 발달장애인의 가족들의 삶에 가족체계 이론을 적용하는 것에 대한 증가하는 관심을 반영한 것으로 보인다.

2001년도에, Wilhelm Rotthaus는 Dosen과 Day의 광범위한 텍스트인『지적장애 아동과 성인의 정신장애와 행동장애 치료(Treating Mental Illness and Behavior Disorders in Children and Adults with Mental Retardation)』에서 한 장(chapter) 전체를 가족체계치료에 할애했다. 그는 결론에서 상담자들은 한쪽으로 치우치지 않도록 해야 하며, 문제의 예외적인 상황에 초점을 맞추어서 그 예외적인 상황들이 기준이 될 수 있도록 초점을 맞춰야 한다는 점을 지적했다. 그는 1980년대 이래로 체계적 접근이 독일에서 활용되어 왔음을 이야기하며 이 접근을 지적장애인 및 발달장애인을 위한 효과적인 접근으로 추천한다.

Christopher Lynch(2004)는 지적장애인 및 발달장애인을 위한 심리치료의 다양한 방법을 요약했다. 그는 간략하게 가족치료를 언급하지만, 구체적이지는 않다. 하지만 Lynch는 비록 심리치료가 일반적으로 지적장애인에게 어느 정도 효과적이라고 받아들여짐에도 불구하고 그러한 치료를 제공하는 것은 전형적인 방식으로 내담자들이 느끼는 효용성을 발전시키는 것보다 종종 내담자들이 대처 전략을 학습하기 위한 더 오랜 시간, 추후 회기(booster sessions)의 이용 가능, 더 많은 간접적인 서비스들의 사용이 필요하다.

그는 "현재의 비용 절감 환경을 고려할 때 이러한 서비스는 일반적으로 지원되지 않는다(p. 402)."라고 결론 내린다. 가족치료는 연구하기에 복잡한데(운영 차원과 효과성 면에서) 부모 단위를 분명하게 하는 것이나 결과를 측정하는 것이 자금을 모으는 요구 조건에 부합하기 쉽지 않기 때문에 가족치료에 대한 연구자금을 모으는 것이 어렵다.

Goldberg 등(2005)은 지적장애인 및 발달장애인과 그들의 가족이 함께 작업하는 것을 가족 생애주기의 전환기와 슬픔이 재현되는 시기에 초점을 맞추어 서술하고 있다. 그들의 접근방법은 기본적인 가족체계 접근방법과 가족을 참여시키는 것, 가설을 발전시키는 것, 보편성을 깨닫게 하고 가족 구성원들 간의 주제를 통합하는 것을 포함한다.

Thomas와 Ray(2006)는 한 학교상담 학술지에서 지적장애인 및 발달장애인을 포함한 '예외적인 학생들'에게 적용한 체계 이론 사용법을 서술했다. 그는 중요한 것은 관계를 향상시키고 문제 맥락을 변화시키는 것이며, 현재 겪고 있는 문제 자체를 반드시 바꿔야 할 필요는 없다고 주장한다. 그들은 세 가지의 모델을 제시한다. ① 벨린-블랭크 센터 모델(Belin-Blank Center Model), ② 구조적 전략 모델(Structural Strategic Model), ③ 상상적 포스트모던 모델(Imaginative-Post modern Model)이며, 이 모델들을 적용한 사례들을 제시한다. 벨린-블랭크 센터 모델은 포용(inclusion), 통제, 친밀함과 관련된 가족 역동에 초점을 맞춘 간략한 접근법인데, 주로 영재 아동의 가족들을 대상으로 한다. 구조적 전략 모델은 체계적인 관점에서 가족 관계 문제를 밝히는 법을 가르치며, 상담자는 연결(joining)하고 결합하는(matching) 기술을 사용하고 현재에서 작업하며, 재인식하게 하고, 가족 경계(boundaries)와 동맹을 맺으면서 작업한다. 상상적 포스트모던 모델은 이야기와 문제해결 치료의 콘셉트를 결합시킨 것으로, 사람들이 말하는 문제의 이야기를 바꾸고 문제 상황에서 해결법이 이미 명백하게 존재하고 있었음을 인식시키는 것이다.

2006년도에 Sandra Baum과 Henrik Lynggaard는 지적장애인 및 발달장애인에 대해 지속적이고 철저한 집중과 체계적 접근과 관련해 주목할 만한 책을 편집했다. 그들의 첫 번째 관심사는 영국에서의 작업이었는데, 영국에서의 체계론적 관점을 지적장애인 및 발달장애인을 치료하는 작업에서 더 넓게 적용해 보려는 움직임을 반영한 것이다. 또한 이 책의 몇몇 작가는 가족체계치료가 구체적으로 특정적으로 매뉴얼화된 모델들을 따른 것에 비해, 많은 사람은 관계와 상호작용에 대한 초점이 지적장애인 및 발달장애인을 자동적으로 병리적으로 보는 것을 떠나서 치료적 초점으로 이동한다고 말하면서 메타이론적 접근을 옹호한다. 그들은 또한 공식화가 일어나는 것을 방지하기 위해 그리고 다른 하위 체계로 구성되어 만들어진 여러 현실과 의미를 열어 두기 위해 순환적인 패턴을 규명하는 것의 중요성을 강조한다.

Milton Seligman과 Rosalyn Bengamin Darling은 그들의 저서 『일반적인 가족과 특수아동(Ordinary Families, Special Children)』(2007)에서 가족체계 이론을 그들 작업의 근본적인 기저로 사용한다. 그들은 이 중요한 콘셉트를 회복력, 사회적 지지, 발달적 과정뿐 아니라 하위 체계, 응집력(힘든 곤경에 처하는 것과 이탈), 적응력으로 설명한다. 저자들은 또한 지적장애인 및 발달장애인의 가족들이 겪을 수 있는 특별한 여러 종류의 스트레스 요인과 그것이 가족 구성원 각각에게 미치는 영향을 설명한다. 그들은 상담 개입 모델을 여러 개 설명하는데, 가족체계 개입방법을 구체적으로 이야기하고 있지는 않지만, 지적장애인 및 발달장애인의 가족 이슈를 이해하는 것을 분명히 옹호하고 있다.

Julie Ramisch와 동료들(2009)은 최근 들어 심각한 정서장애를 동반한 지적장애인 및 발달장애인의 가정에서 발생하는 심각한 정서적 병폐를 연구하고 있다. 그들은 합병증이 있는 아이들에게 나타나는 빈번하고 도전적인 행동이 양육자에게 부담감을 주고 부모와 아이 사이의 상호작용에 부정적인 패턴을 야기할 수 있다고 본다. 또한 이 연구자들은 이러한 상호작용에서의 부정적인 패턴이 부모들에게 어려운 감정과 사건들을 처리하는 데 어려움을 줌으로써 그들의 문제를 재정의하고 재구성하는 것을 힘들게 할 수 있음을 언급한다. 가능한 함의는 부정적인 상호작용 패턴을 중단시키고 문제를 재정의하고 재구성하려는 노력을 돕는 것이 문제에 대한 가족들의 대처방법을 바르게 할 수 있다는 것이다.

마지막으로, 논문 하나를 더 언급하고자 한다. Julie Ramisch와 Darrell Franklin은 『미국가족치료학회지(American Journal of Family Therapy)』(2008)에 논문을 하나 썼는데, 이 논문에서 지적장애인 및 발달장애인의 가족치료를 할 때의 윤리적 이슈를 다룬다. 연구자들은 여러 개의 중요한 이슈를 다루는데, 그중 한 가지가 이 장과 밀접하게 관련되어 있다. 연구자들은 “가족

치료의 목표는 가족이나 개인의 권리를 서로에게서 승격시키는 것이 아니고 개인의 권리와 가족의 권리가 서로 수용될 수 있는 균형을 찾는 것이다."(p. 319)라고 지적했다. 가족체계 이론은 치료 맥락에서 균형을 추구하는 것에 특별히 맞춰야 할 것이다.

이론적 기반

메타이론으로서의 가족체계 이론

가족체계 이론은 문제가 심화되는 패턴(가족에서는 증상이나 문제행동의 단계에 해당함)이나 항상성(즉, 균형 상태에 이르려고 하는 경향성)을 설명하기 위해 생물학과 공학 분야에서 발전하였다. 이 장의 문헌 고찰에서 이미 가족체계 이론의 많은 주요 개념이 언급되었지만, 가장 기초가 되는 개념들은 다음과 같다.

- 가족체계의 기능으로서의 문제행동 혹은 증상
- 가족 하위 체계에서의 상호작용의 의미 수준과 신념 패턴
- 심화(escalation)와 피드백의 순환 패턴
- 고립된 병리학보다는 관계와 상호작용에 집중
- 가족 역할과 가족 경계(boundaries)
- 개인화 정도, 불참 정도, 참여 정도, 곤경에 처한 정도

Gwyn Daniel(Vetere & Dallos, 2003, p. viii)은 체계치료는 매뉴얼화되고 반복되고 연구될 수 있고, 메타이론으로 '지식적으로 엄격한 적용 사항들을 잃지 않되, 동시에 많은 관점이 관계되고 포함되어 있는' 치료 모델(들)로 볼 수 있다고

말한다. 메타이론적 접근은 이 장의 후반부에서 실제 사례에 적용되어 있다.

개념의 역사와 치료 유형

이 장은 가족체계 이론의 역사와 몇 십 년간 이루어진 수많은 치료 모델을 완벽히 다룰 수 있을 정도로 길게 서술하거나 내용을 깊게 다룰 수는 없다. 하지만 가장 잘 알려진 모델들을 간단히 나열하는 것이 도움이 될 것이다. 구조, 전략, 간략, 밀란(Milan), 가족 구조, 해결 지향적, 여성주의, 이야기(narrative), 포스트 밀란(Post-Milan) 모델은 길게 서술되어 있으며, 가족치료를 배우는 학생들이라면 많이 들어봤을 내용일 것이다. 이러한 모델 중 몇 개는 개입방법이 매뉴얼화되어 있고 복제가 가능하다. 이 장에서는 어느 특정하게 매뉴얼화된 모델을 다루지는 않는다. 다만, 표준적인 인지행동치료와 정신역동적 접근뿐만 아니라 여기에서 언급한 많은 이론을 포함한 여러 다양한 개입 기술을 보려는 관점은 유지하면서, 가족과 개인을 보는 렌즈로서 메타이론을 보고자 한다.

가족체계 이론의 변화

개인치료의 상당 부분이 개인에게 나타나는 범위 내에서 변화가 생길 수 있도록 고안되었다. 이것이 때때로 바람직해 보이지만, 가족체계 이론에서는 개인 문제행동의 변화는 주된 목표가 아니다. 대신에 상담자는 문제가 의미하는 것이 무엇인지, 그리고 문제와 관련된 역동적인 패턴을 재구조화하려고 한다(Vetere & Dallos, 2003). 변화는 행동 수준, 인지신념 수준, 가족 구성원의 정서적 경험 수준에서 일어날 수 있지만, 성공을 좌지우지하는 것은 패턴과 의미의 변화이다. 가족체계 이론은 이 '두 번째 순서'의 변화가 개인과 가족의 친밀감, 기능, 안녕감에 장기적인 향상을 이끌어 낼 수 있다고 본다.

게다가 가족체계 이론은 변화를 만드는 것이 어렵고, 그 이유가 항상성이나 균형을 찾는 체계의 경향, 설혹 그것이 문제행동을 유지하는 것을 의미한다고 하더라도 그에 해당한다면 이를 수용한다. 가족체계 상담자들은 일반적으로 긍정적인 함축성이 이러한 경향성 때문이라고 여기며 패턴의 불균형을 찾으려는 시도를 하지 않을 것이다. 하지만 결국에는 새롭고 보다 기능적인 균형을 이루기 위해 상호작용에 변화를 주는 것이 목표이다.

이 장의 핵심적인 개념은 가족 생애주기라는 개념이다. 가족 생애주기에 대한 수많은 글이 가족의 개인적 발달주기와 연결하며 가족 구성원의 생활연령을 통한 고정되고 규준적인 과정의 단계들을 밝혀 왔다. 다른 연구자는 상실과 슬픔, 의학적 치료의 개입과 적용의 위기, 가족 구성원의 장애 판정에 대한 반응 변화의 단계를 포함하는 질병과 장애에 대한 경험에서 나타나는 발달단계와 주기를 제안하였다.

'가족'이라는 단어의 다양성이 더 명확해지면서 문화적 가치, 다세대 전통, 또는 장애 경험에 대한 고려 없이 발달적 단계나 과업의 특정한 기대를 할 수 있다는 개념은 유용하지 않다. 다시 말하면, 우리는 생애주기에 관한 훌륭한 생각을 역기능적 역동이 단순히 가족들이 건강한 방향으로 발전을 시도하다가 갇히게 되었다는 암시로서 사용해야 한다. 만약 가족이 경험하는 문제를 단지 장애 자체의 문제라기보다는 체계가 장애에 적응해 가는 문제로 재구성한다면, 우리는 지적장애 및 발달장애를 병리적인 것으로 보지 않고 그/그녀의 가치를 가족 체계의 일원으로 인정할 수 있다. (반면에 가족들이 단순히 장애 그 자체와 사는 것이 힘들기 때문에 어려움을 겪는 시기도 있다.) 때때로 가족에게 생애주기 개념을 소개하는 것은 장기적인 관점에서 봤을 때 그들의 어려움을 정상화하고 역기능에서 벗어나는 것을 도울 수 있을 것이다.

치료 기법

이 장에 제시된 사례는 가족체계 이론의 매뉴얼된 모델을 따르지 않았다. 따라서 적용 가능한 기술들의 목록은 많다. 아래의 예시들은 가족체계 관점을 통해 보는 것의 예로 제시되기보다는, 일반적인 가족체계 기법을 이용하고 인지-행동과 정신역동 접근의 기법에 근거(의존)한다. 이것은 적절한 기법을 위한 처방전이라기보다는 독자들에게 가족체계 이론의 가능한 가치와 적용을 단순하게 환기시키기 위해 고안된 유동적인 접근이다.

다음은 가족체계 이론에서 사용되는 다양한 기법이다.

- 가족의 분위기와 속도를 유지하고 맞추기
- 치료적 과제 주기
- 지시와 지시 수정을 통해 패턴 바꾸기
- 순환성(circularities)에 관한 가설 묘사하기(역자 주: 가족치료 이론에서 중요하게 사용되는 개념으로, 변화는 순환적인 것이기 때문에 지속되는 연속성 안에서 행위는 원인이 되기도 하고 결과가 되기도 한다. 이 이론에 따르면 가족 구성원은 똑같은 힘을 가지고 체계의 유지나 문제 유발에 동등하게 기여하게 된다.)
- 증상에서 비롯되는 행동 혹은 기능을 긍정적 혹은 새로운 방식으로 재구성하기
- 친숙하지 않은 과제, 위치, 규칙을 통해 체계의 균형 깨뜨리기
- 반복적으로 지속되는 전형적인 순환 제정하기
- 가족의 문제를 더 정확하고, 포괄적이고, 체계적으로 재구성하기
- 공유된 이야기를 함께 구성하기
- 구성원이 패턴 밖으로 나가 패턴을 관찰하도록 고안된 순환적 질문하기
- 반영해 주는 팀을 다양한 형태로 활용하기

- (순환적 질문이나 다른 인지적 방법을 통해) 문제 외현화하기
- 관찰과 묘사를 위한 글쓰기 과제
- 다세대의 역할과 경계를 탐색하기 위한 가계도
- 통제권과 선택권의 문제를 증가시키면서 동시에 가족 체계가 벗어나고 싶어 하는 곤경을 만드는 역설적인 과제 활용하기

아래에 제시된 사례는 개인적 외래환자 심리치료소의 개인상담자에 의해 제공되었다. 이러한 상황적 제한 때문에 반영해 주는 팀이나 다수의 상담자를 요구하는 다른 개입은 포함하지 않는다.

사례

사례 1

존과 캐시는 세 살짜리 아들인 더스틴에게 내려진 자폐스펙트럼장애 진단에 적응하고 있는 백인 부부이다. 더스틴에게는 유치원 입학이 1년 남은 4세 6개월된 형 조던이 있다. 존은 40대 후반으로 학교에서 과학을 가르쳤고, 캐시는 30대 초반으로 광고계에서 성공한 후 가정주부로 집에 있다. 존과 캐시 모두 장애나 다른 발달적 장애를 가진 가족 구성원을 가지고 있지 않다.

존과 캐시는 부부가 자폐증 개입의 세계를 다루는 것에 관심을 가졌을 때 유아기 개입 프로그램에 의해서 치료에 의뢰되었다. 개별 면담에서 캐시는 더스틴을 언어치료와 작업치료에 데려가고, 일주일에 40시간 진행하는 응용행동분석 프로그램을 찾아보고, 식이요법 개입을 탐색하면서 일 년 넘게 부부가 유아기 개입에 몰두했다고 보고했다. 하지만 그녀는 존의 무관심한 태도를 보았을 때 실망했을 뿐 아니라 강한 불안을 표현했다. 존은 더스틴의 진

단에 영향을 받았지만 가족의 경제적 부양에 더 초점을 맞춘다고 말했다. 그래서 캐시만큼 더스틴을 걱정하는 것에 관여하고 몰두할 수 없다고 말했다.

상담자는 아이들을 포함하는 가족 회기를 열어 두 부모의 스타일은 다르지만 유사하다고 볼 수 있는 개입을 관찰했다. 두 부모 모두 아이들과 능숙하게 상호작용했고, 플로어타임(floor time, 역자 주: 성인이 아이와 함께 바닥에 앉아 함께 놀이하는 치료 기법이나 양육방법) 기술을 분명하게 배웠고, 두 자녀 모두에게 맞추고 개입하려는 노력을 했다. 꽤 논리정연한 조던을 면담을 할 때 '아빠는 더스틴과 잔다.'는 것이 드러났다. 상담자가 캐시와 존에게 이에 관해 물어보았을 때 그들은 더스틴이 잠자는 것에 어려움을 겪지만 존이 침대에 함께 있다면 안정된다고 설명했다. 그래서 존은 더스틴의 밤에 돌아다니는 것과 같은 행동을 예방하기 위해 매일 밤 더스틴과 함께 잤다. 이것은 효과적으로 작용했고 존은 수면은 조금 부족했지만 캐시는 밤에 충분히 잘 수 있었다.

다음 회기에서 상담자는 공감적이고 반영적인 듣기를 통해 가족을 참여시켰다. 캐시의 불안은 꽤 압도적인 것으로 드러났고, 그녀는 개인상담자에게 의뢰되었고 의학적 평가를 받았다. 존의 양육 스타일은 무관심하고 거리를 둔 것처럼 보였지만, 더스틴과 관련된 그의 실제 행동은 꽤 헌신적이었다. 더스틴과 밤에 함께 잠을 자는 것 이외에도 그는 자폐에 관련된 책을 읽었고, 인터넷에서 식이요법 이슈를 조사했다. 그리고 일주일에 한 번씩 캐시를 양육으로부터 쉬게 함으로써 그녀만의 시간을 주려고 노력했다. 캐시는 존의 헌신을 확인하고 그에 대한 고마움을 표현할 수 있었다. 하지만 그의 낮은 정서성에 대한 그녀의 좌절은 지속되었다.

슬픔을 해소하는 것(grief resolution, 아이의 나이가 어린 가정이 새로운 진단에 직면했을 때 겪는 발달상의 공통적인 단계)과 부부 대화에 초점을 둔 치료는 계속되었다. 한 회기에서 부부에게 지출과 예산에 관한 갈등이 있다는 것이 명확해졌다. 그래서 상담자는 주 1회의 부부 업무 회의를 도입했다. 부부는 집에서 이 기법을 시행할 수 없었다. 의지가 없었고 이것이 너무 불편하다고 보고했다. 치료 과정에서 상담자는 작년에 부부가 더스틴에게 특성화된 음식을 준비하는 데 많은 돈을 사용했고, 고압실(역자 주: 정상의 대기압보다도 기압을 높일 수 있는 구획된 방. 발작 등의 신경질환을 포함하는 광범위한 임상 분야에서 사용됨)을 구입하고, 비싼 전문의에게 돈을 지불해 지금은 그들이 많은 빚을 지고 있다는 것을 발견했다. 그들은 또한 이전에도 부채가 발생한 적이 있음을 보고했고, 그들이 약 8년 전에 얼마나 과소비했고, 2년 동안 빚을 갚기 위해 엄격하게 소비를 제한했고, 빚에서 벗어났음을 보고했다. 상담자는 이 접근을 다시 사용할지를 물었고 캐시는 더스틴을 돕는 것이라면 무엇이든 필요하다고 주장했다.

가족체계 이론 관점을 통해서 상담자는 캐시가 돈과 더스틴에 관해서 과도하게 방어적이고 감정적이지만, 반면 존은 더 조용해지고 지적으로 되면서 물러난다는 점을 알아차렸다. 작동을 계속하는 체계가 고활성화와 저활성화의 양극성에 의존하는 것처럼 보였다. 캐시는 존의 철수에 대응하여 점점 커지고 더 감정적이 되었고, 존의 철수는 캐시의 불안에 대응한 것이었다. 상담자는 캐시의 불안의 일부가 어떠한 해결책도 없이 만들어진 경제적 부채에 대한 그녀의 걱정 때문이라는 가설을 세웠다. 이 역동을 다루는 것은 돈에 관해서 너무 세부적으로 이야기하지 않고 돈 문제와 관련한 대립을 피하는 것을 필요로 했다. 그러나 그러한 회피는 또한 체계 안에서의 불안과 철회를 증가시켰다.

상담자는 부부와 함께 현재의 상황에 관해서 이야기하지 않으면서 이 역동에 몰두했다. 대신에 그들의 원가족에서의 돈의 의미, 그들의 결혼에서의 돈의 이야기, 그들의 아이들이 어른으로서 그들이 돈을 어떻게 관리하기를 원하는지에 대한 전망을 탐색했다. 이 접근은 문제를 외현화하고 그들이 중단하기를 원하는 전 세대로부터 이어져 온 부실한 재정 관리의 패턴을 드러냈다.

시간이 지나면서, 존은 신용카드 돌려막기를 하면서 집안의 빚을 늘리고 있으며 신용이 떨어져 선택권이 없어질 것 같다는 고백을 했다. 그는 최소 지불해야 하는 금액이 그가 융통할 수 있는 현금을 넘어설 때 그 순간이 온다는 것을 느낀다고 했다. 그는 또한 자신이 이 문제를 캐시랑 의논하는 것을 얼마나 망설여 왔는지도 설명했는데, 이는 그가 그녀를 더스틴의 발달을 위해 헌신하는 집안의 '자폐 전담자'라고 보았고 또 그녀가 그렇게 열심히 일한 것의 보상으로 사치를 할 자격이 있다고 생각하기 때문이었다. 캐시는 그녀가 가진 것 이상으로 돈을 많이 쓰고 있다는 것을 알았지만 자신이 문제의 원인이 되는 것을 참을 수 없었고 이에 대해 생각하고 싶지 않았다고 고백했다. 부모 모두 그들이 더스틴에게 '덜 해 주는 것'에 대한 깊은 두려움이 있다고 인정했다. 그들은 돈을 쓰는 것을 '더 해 주는 것'과 동일시했고 그들이 지금까지 해 왔던 것보다 조금이라도 더스틴에게 못하는 것을 생각하는 것만으로도 겁에 질려했다.

상담자는 그녀가 본 이 가족에서 일어나는 악순환에 대해 설명했다. 그녀는 이들이 이 역동을 더 외부화해서 그들이 그에 대항해 싸우는 팀으로 뭉칠 수 있게 도왔다. 그녀는 의도적으로 더스틴에게 '더 해 주기 위해 더 돈을 쓰는 것'과 같은 역설적인 과제를 주었다. 부부는 이 과제가 그들에게 준 통제의 느낌을 경험했을 때, 돈을 덜 쓰고 덜 쓰는 것에 대해 당황하지 않는 스스로를 발견했다. 캐시는 존이 더스틴과 조던에게 돈 쓰는 것과는 별개로 얼마나 잘해 왔는지 알아차리기 시작했다. 망설이면서, 존은 지출과 거의 매주 모이는 비공식적인 '비즈니스 미팅'에 대해 밝히기 시작했다. 캐시는 그녀의 몰랐던 절약정신에 자부심을 느끼게 되었다.

자폐스펙트럼장애를 가진 어린아이를 둔 많은 부모와 같이, 캐시와 존은 그들이 최고의 효과를 내기 위해서는 더스틴에게 더 일찍, 더 강하게 개입했어야 했다는 이야기를 들었다. 그들은 또한 가능한 다양한 중재 때문에 여러 방향에서 잡아당겨졌다고 느꼈고 그들이 '충분히 좋은' 부모가 되려면 그 모든 것을 해 봐야 한다는 느낌을 받았다. 많은 자폐 아동의 부모는 이러한 압박을 경험한다. 누구도 그들 대신 어떤 것이 그들의 돈과 시간을 가장 잘 투자하는 것인지 결정해 주지 않는다. 하지만 가족의 분별력과 경제적인 안정이 방정식의 한 부분이라는 것은 분명하다. 캐시와 존에게, 그들의 역사적인 맥락에서 '더 하기 위해 돈을 더 쓰는' 역동은 파괴적이었다.

존과 캐시의 '돈 이야기'의 기원에 초점을 맞추어 시간을 좀 쓰려 하는 것은 그들이 진실을 덮기 위해 시작했던 방어와 두려움을 놓아줄 수 있게 한다. 문제의 외부화, 행동에 대한 통제를 주기 위한 중재 그리고 다세대적인 인생의 맥락에서 패턴을 마련하는 것은 그들의 의식적으로 결정을 내리는 능력에 대해 더 자신감을 갖게 해 준다. 역설적으로, 그들은 돈을 덜 쓰기 시작하면서 더스틴을 도우려는 상대방의 노력을 더 쉽게 알아차릴 수 있었다.

사례 2

그레이스는 15세 때 자폐스펙트럼장애 진단을 받은 19세의 건강한 백인 여성이다. 진단을 받기 전에 그녀는 많은 전문가를 만나 왔고 투렛 증후군, 주의력결핍 과잉행동장애, 강박장애로 진단받았다. 그녀는 평균 이하의 지능을 가지고 있었고 급함, 충동성, 지시를 따르는 데 겪는 어려움 그리고 표현 및 수용 언어의 손상 때문에 학업을 수행하는 데 어려움을 겪었다. 그녀와 그녀의 가족은 몇 년 동안 정신과 의사에게 그녀의 틱 중 가장 문제가 되었던 것, 불안, 충동성 그리고 강박사고를 줄이는 약을 받았고 성공적으로 작업해 왔다. 그녀는 매우 늦게 진단을 받아 특정한 표준적인 아동기 치료나 교육적 중재도 받지 못했기 때문에 자폐스펙트럼장애에 대해 거의 몰랐다. 그레이스는 지역 장애서비스센터의 사회복지사에 의해 치료에 의뢰되었는데, 이는 과소비, 급함과 충동성, 감정 민감도 그리고 명령하기, 폭력적으로 다른 사람을 내쫓기 또는 다른 사람의 물건을 허락 없이 팔아 버리기와 같은 행동 때문이었다. 그녀는 2년제 대학을 다녔고 상어를 좋아해서 해양생물학자가 되고 싶어 했다.

그레이스는 아버지의 집에 살았는데, 아버지가 다른 집에서 새로운 부인과 더 오래 지내게 되면서 아버지는 집에 거의 오지 않았다. 그녀의 부모님은 그녀의 청소년기에 일찍 이혼했다. 그녀의 어머니는 재혼했고, 그레이스는 남겨져서 아버지와 살았다. 그레이스는 경제적으로 그녀의 아버지에게 완전히 의존하고 있었고 그녀가 살고 있는 상황이 너무 일반적이지 않아서, 상담자는 이것이 그레이스의 문제행동에 깔린 역동에서 한 부분을 차지할 것이라고 가설을 세웠다. 기본적인 라포가 형성된 후, 상담자는 그레이스의 동의를 얻어서 그녀의 부모님을 다음 회기에 초대하였다.

그레이스의 어머니 스텔라는 55세의 건강한 시각예술가로 조각가와 재혼했다. 그녀는 이전 결혼에서 낳은 아이도 있었다. 그레이스는 이혼 후로 스텔라와 살지 않았지만 스텔라의 집에서 정기적으로 같이 저녁을 먹거나 나가서 점심을 먹거나 쇼핑을 했다. 스텔라의 현재 남편은 그레이스의 삶에 개입하지 않았다. 스텔라는 치료 전에 그레이스가 불안을 보이거나 그녀의 문제행동이 심화될 때마다 공황에 빠져서 사회복지사에게 전화하는 경향이 있었다. 그녀는 그레이스의 아버지가 더 엄격하고 일관적이지 못해서 화가 난다고 보고했다. 그녀 자신은 그레이스의 행동화로부터 자신의 물건들을 지키기 위해 자신의 집에 매우 견고한 경계를 쳐 놓고 있었다. 그녀는 그레이스의 장래 희망이 비현실적이라고 보았고 학문적인 교육과정이 그레이스에게 매우 스트레스이고 힘들 것이라고 느꼈다. 스텔라는 또 그녀 자신도 나이 든 부모님뿐만 아니라 경제적인 것과 건강에 관련된 많은 스트레스 요인을 가지고 있었다.

그레이스의 아버지 아이크는 최근에 재혼했고 이전 결혼에서의 성인 자녀가 있는 60세의 과학자였다. 아이크가 그레이스의 문제행동에 대해 반응하는 것은 종종 어딘가 수동적이고, 인지적이며 단기적이었다. 그는 그녀에게 엄격한 선을 긋기를 주저했고 그녀에게 신용카드를 주고 은행계좌에 돈을 대주었다. 그는 그녀에게 집안일을 하라고 시켰지만 그녀가 다했는지 확인하지는 않았다. 그는 그녀의 지적 능력을 존중했고 그녀가 자신의 진로 목표를 자유롭게 추구하길 바랐다. 또 종종 그 목표를 성취하기 위한 그녀의 노력에 신뢰를 표현했다. 아이크의 아내는 그레이스의 삶에 관여하고 싶어 했지만 그레이스는 그런 개입을 거부했다.

그레이스의 문제에 대한 다양한 접근이 가능하다. 상담자는 이 사례를 행동분석에 의뢰할 수도 있었다. 상담자는 심리역동치료를 해서 그녀가 그녀의 행동에 대해 통찰을 가지고 그녀의 반복된 실패와 부모님의 이혼으로 인한 심리적인 상처를 치료하게 할 수도 있었다. 상담자는 그레이스에게 그녀의 가정들과 선택에 대한 이해를 높이고 통제할 수 있게 하며 그녀의 행동화를 촉발하는 것을 알아차리게 고안된 인지치료를 할 수도 있었다. 어떤 점에서 상담자는 이 모든 접근을 사용했다. 하지만 가족체계 관점이 그레이스가 변하게 하는 데 가장 큰 기회를 주었다는 것이 드러났다.

순환적 질문과 실연과 같은 기법을 사용하고 그레이스의 부모가 행동 계획과 가족 회의를 도입하도록 돕는 반복적인 시도를 통해서 상담자는 다음과 같은 가족 역동을 밝혀냈다. 먼저, 그레이스는 먼 미래에 세계적인 스포츠 경기에 참여하고 싶은 바람이나 다음 학기에 크고 힘든 수업들을 듣는 계획과 같은 특정한 주제를 다룰 때 강박을 보인다. 부모님의 첫 번째 반응이 실망일 것이라고 믿기 때문에 그녀는 이 바람을 누구와도 의논하지 않는다. 그다음에 그녀는 계획을 성취할 만큼 충분한 돈을 갖지 못할까 봐 걱정한다. 그녀의 불안이 쌓이면 그녀는 어머니가 이야기한 대로 더 변덕스럽게 행동한다. 그러면 그녀의 어머니의 불안 역시 쌓이고, 그레이스는 이것을 알아차린 후 더 자극 받는다. 그다음 그레이스는 행동화를 보인다. 예를 들어, 그녀는 아버지의 신용카드로 매우 비싼 항공권을 구입하거나, 그녀의 부모님에게서 무언가를 훔치고 팔아 버리려 하거나, 자신이 해내지 못하고 불안정한 결정을 할까 봐 잔뜩 긴장하거나, 잠을 자지 않는다. 결국 이 행동화는 발견되었고, 스텔라는 매우 스트레스를 받고 거의 히스테리를 부리며 상담자나 사회복지사에게 전화했고, 가족 회기가 열렸다. 아이크는 심각한 걱정을 표현했고 그레이스에게 그녀가 그렇게 행동한 이유를 물어보았지만, 동시에 스텔라의 정서에 짜증난 것처럼 보이기도 했다. 그레이스는 울거나 사과하고 그녀가 실패라고 느끼는 것에 부끄러워했다. 그래서 말을 하지 않고 그녀의 원래 계획에 점점 더 집착하게 되었다. 이 사건들은 때때로 스텔라가 제시한 논리적인 결과에 아이크가 마지못해 동의하는 결과를 낳기도 했다. 하지만 보통 실행이나 마무리는 이뤄지지 않았다.

상담자는 먼저 그 가족과 함께했다. 그녀는 각 사람들이 그녀가 들어주고 보고 있다는 것을 느끼도록 했다. 또 그녀는 그들의 스트레스를 인정하고 타당화했다. 그녀는 도움이 필요한 심각한 문제가 있다고 동의했고, 이것을 인정하기 위해서 그레이스에게 충분히 안전한 환경을 제공했다. 그다음 그녀는 상황을 재구성하기 시작했다. 그녀는 그레이스가 어른스러운 의사결정의 시행착오를 통해 독립적인 어른으로서 행동하는 것을 시도했다고 기록했다. 그녀의 어머니 스텔라는 그레이스가 실패하지 않도록 보호하려고 노력했으며, 그녀의 아버지 아이크는 연민을 갖고 그레이스가 어른의 세계에 갈 수 있도록 많은 제한을 설정하지 않음으로써 그녀를 지지했다. 그들의 긍정적인 의도 덕분에 상담자는 문제를 지속시켜 온 비난의 순환고리를 끊을 수 있었다.

그리고 상담자는 그레이스가 아버지 집에서 나오는 것과 같은 변화가 두려움에도 불구하고 정말로 독립적으로 되길 원하는 것을 명확히 했다. 상담자는 가족들에게 브레인스토밍, 조사, 계획, 문제해결이 포함된 성인 의사결정의 특성에 대한 교육을 제공했다. 그녀는 그들에게 그레이스의 자신감의 고취와 더 독립적이 될 것이라는 그녀의 목표 성취에 도움이 되는 성인 의사결정 기법을 배우는 것에 참여할 것인지 물었고, 모두 동의했다.

이때쯤에 그레이스는 그녀의 새로운 자립기술(independent living skills, ILS) 전문가와 함께 좋은 작업 관계를 형성시켰다. 상담자는 그레이스와 자립기술 전문가에게 몇 회기를 제안했는데, 이것은 그녀의 부모로부터 적절하게 분리하기 위한 그레이스의 발달적인 필요를 결합한 부분적인 노력이었다. 그레이스는 이에 동의했고, 그녀의 부모 역시 그레이스가 초대하면 다시 치료로 돌아올 것에 동의했다. 상담자와 자립기술 전문가는 그레이스가 사용하도록 교육할 계획 양식을 고안했다. 그 양식은 그레이스가 원하는 어떤 것이든, 사고 싶은 것, 여행 가고 싶은 곳, 진로 그리고 공부하고 싶은 것에 대해 적는 것이었다. 양식의 다음 단계는 그레이스로 하여금 누군가(그녀의 아버지, 어머니, 자립기술 전문가, 사회복지사, 상담자)와 그녀의 계획에 대해 대화하고, 정보를 모으고, 조사하기 위해 필요한 모든 단계에 대해 함께 브레인스토밍하는 것이다. 그레이스는 모든 양식과 과정을 마치기 전에는 어떤 소비도 하지 않기를 요청받고는 승낙했다. 상담자와 자립기술 전문가는 그레이스와 함께 회기마다 낮은 단계의 목표를 여러 번에 걸쳐 복습했다. 그리고 자립기술 전문가와 그레이스는 그녀가 양식에 익숙해지고 단계를 건너뛰거나 과정을 정확하게 완료하지 않는 충동을 극복할 수 있을 때까지 양식을 사용하는 것을 주별로 함께 연습했다. 철저함, 일관성, 성공에 초점을 둔 임상 실제는 그레이스의 강박적 사고, 친숙하지 않은 것에 대한 불편함, 예측 가능한 것만을 하려는 그녀의 경향성에 호소했다. 또 그녀에게 자신감을 향상시키기 위한 성공의 경험을 반복하게 했다.

그 후 상담자는 그레이스의 허락을 받고 부모를 치료에 돌아오도록 초대했다. 그녀는 그들과 함께 양식을 살펴보았다. 그레이스가 배우고 실천했던 훌륭한 과정들에 대해 설명했다. 그리고 그들에게 그레이스가 그녀의 바람과 계획을 토의하고자 할 때, 과정을 따라 줄 것을 요청했으며 그들은 승낙했다. 상담자 또한 그레이스가 원한다면 치료 과정 안에서 토론이 열리는 것에 동의했다. 또한 상담자는 지금부터 그레이스가 원할 때 치료 회기를 하고, 매

회기에 그녀가 원하는 사람을 초대하길 추천했다. 외현화된 접근을 명백하게 사용하지 않는 이런 마지막 조치는 그레이스가 자신의 문제를 조절할 수 있고, 문제를 해결하기 위해 접근할 수 있는 한 사람으로 자신을 상상하게 했다. 상담자와 그레이스는 또한 치료 약속을 잡기 위한 신호를 정했다.

그레이스는 계획 양식에 전문가가 되었다. 그녀의 욕구는 돈과 관련이 있었고, 그녀 아버지가 대부분 금전적인 지원을 해 주었기 때문에 그녀는 항상 그녀의 생각에 대해 토의할 때 아버지를 초대했다. 그녀의 아버지는 그녀에게 연민의 마음을 갖고 있었기 때문에 처음부터 그녀를 실망시키지 않았고, 곧 그녀에게 계획에 돈을 쓰기 전에 비용을 탐색하는 것을 묻는 방법을 배웠다. 시간이 갈수록 이런 대화는 그레이스와 아버지가 젊은 성인의 책임과 특권에 대해서뿐만 아니라 아버지의 재정적인 한계에 대해서 더 진실하게 말하도록 도왔다. 또한 그레이스는 그녀의 불안이 올라오는 위기의 순간에, 사건이 터지거나 그녀의 어머니에게 도움을 청하기를 기다리기 전에, 정신과 의사나 상담자에게 도움을 구하는 것이 매우 익숙해졌다. 그녀는 그녀의 어머니와의 사회적 만남을 더 즐기는 것처럼 보였다. 그리고 그녀는 어머니가 그녀를 걱정한다는 사실을 알게 됐을 때 주기적으로 어머니를 회기에 초대했다. 그레이스는 더 이상 큰 빚을 지지 않았다. 다른 사람들의 소유물에 대한 그녀의 참견은 지속되었지만 훨씬 작고 피해가 덜한 수준이었다. 그리고 브레인스토밍에 더 합리적이고 적절한 계획으로 참여할 뿐만 아니라 계획의 과정에 참여할 때 더 성공적으로 만족을 지연시킬 수 있었다. 그녀는 격려를 하지 않으면서도, 더 순조롭게 제한을 설정하고 중요성을 부여하기 시작했다. 그리고 스텔라는 문제가 생겼을 때 그녀의 딸이 자신에게 말할 것을 믿으면서, 덜 당황하고 딸의 변화를 즐겼다.

이 가족치료 접근에는 몇 가지 주요한 구조적 문제가 있다. 그레이스는 그녀의 이혼한 부모님과 성인기로 넘어가는 과정에서 부모님의 개입과 함께 삼각 구도에 갇혀 있었다. 치료는 문제해결의 책임을 그레이스에게로 옮겼다.

반면에, 그녀의 부모님을 더 발달적으로 적절한 자원의 위치에 놓았고, 지속적으로 피드백을 주도록 했다. 게다가 여기엔 발달적인 문제도 있다. 어떻게 그레이스가 그녀의 문제행동에서 진짜로 위험한 부분을 다루면서도 독립적인 단계로 적절한 전환을 하도록 도울 것인가. 그리고 그녀의 부모로 하여금 그녀의 장애로 인해 필요한 구조와 지지를 제공하면서도 한발 물러서도록 도울 것인가.

이 사례를 가족체계 이론을 통해 보는 것은 가족 구성원의 품위를 유지하게하고, 듣고 인정하게 되며, 그 혹은 그녀의 행동 패턴을 변화시키기 위한 장을 마련하게 한다. 장애는 부모를 두렵게 할 수 있다. 왜냐하면 장애는 취약성을 내포하고 있으며, 성인기로 넘어갈 때 이런 두려움은 더 자주성을 갖게 해야 하는 것에 대한 압박과 과거의 문제가 재발하지 않을 것이란 확신이 없기 때문이다. 가족체계 이론을 사용하는 것은 그레이스의 부모님에게 숨쉴 수 있는 장소를 마련해 주고, 삼각 구도를 약화시켰다. 그리고 그레이스의 문제행동을 독립을 위한 긍정적인 행동으로 재구조화한 것은 상담자로 하여금 그녀의 실패에 대한 처벌로서의 개입보다는 그녀의 다음 단계를 능력을 만들기로 볼 수 있는 창을 제공해 주었다. 또한 이것은 그녀가 다양한 상황에 적용할 수 있는 새로운 인지능력의 레퍼토리를 개발하도록 했다.

반면, 다른 임상가가 그레이스의 문제행동에 똑같이 유용한 다른 접근방법을 쓸 수 있다. 이 사례에서 가족체계 관점은 가족의 관점과 행동을 바꿈으로써 그레이스가 더 성숙한 단계로 갈 수 있게 하였다.

사례 3

프레드리카는 그녀의 작은 가정집에서 84세의 백인 여성인 어머니 프랜시스와 살고 있는 62세 여성이다. 그녀의 아버지는 오래전에 돌아가셨다. 그러나 그녀의 여동생 주디가 그녀와 가까이 살며 그들의 생활에 밀접히 연관되어 있다. 프레드리카는 원인을 알 수 없는 경도 지적장애를 진단받았으며, 척추측만증과 관절염이 있다. 그녀는 지난 겨울에 중병을 앓았고, 거동이 불편했다. 이에 대해 그녀의 주치의는 아주 천천히 회복되지만 완치는 불가능할 것이라고 전망했다. 그는 또한 이것이 조기 노화의 퇴행성 과정의 시작이라고 말했다. 그녀의 어머니 프랜시스는 프레드리카가 높은 예민함과 고통이 더 커졌기 때문에 그녀를 위한 치료법을 찾았다. 프랜시스는 프레드리카가 그녀의 몸 상태로 인해 낙담해 있는지 궁금했다. 동시에, 프랜시스는 반점이 악화되었으며 시력이 저하되었다. 또한 그녀는 심한 관절염과 심하지 않은 정도의 만성적 고통을 야기하는 다른 의학적 문제들이 있었다.

프레드리카는 두 순간 빼고는 인생의 대부분을 그녀의 어머니와 함께 살았다. 하나는 청소년 시기에 발달장애 치료를 위한 큰 기관에 있었을 때였고, 다른 하나는 성인이 되고 시간이 꽤 지난 후 그룹홈에서 지냈던 시기이다. 그러나 그곳에서의 생활이 행복하지 않았고 어머니가 너무 그리워 다시 집으로 돌아오게 되었다. 그 청소년기의 거주 경험은 가족에게 큰 상처로 남았지만, 프레드리카가 공격적이게 되어 집에서는 감당하기 어려워졌기 때문에 지속되었다.

프레드리카와 프랜시스는 주로 청소와 관련하여 집에서 케어를 받아 왔다. 또한 일주일에 한 번씩 프레드리카가 사회적 활동에 참여할 수 있도록 같이 외출했다. 프레드리카는 일주일에 네 번씩 예술에 초점을 맞춘 프로그램에 참여해 즐겼다. 하지만 관계자가 프랜시스에게 프레드리카의 예민함이 더 늘었다고 말했다. 프레드리카는 그전까진 다른 사람에게 따뜻한 말을 하는 매우 친절하고 맑은 사람이었다. 그러나 지금 그녀는 다른 사람을 툭 치거나 소리를 지르는 등 다른 사람의 불평을 사는 행동을 자주 하며, 그녀의 감정을 설명할 때 다른 사람에 대한 비난을 일삼았다.

상담자는 초기에 프레드리카와 그녀의 우울에 대한 가능성과 가능한 치료의 방향을 탐색하기 위해 단둘이서 작업을 했다. 그러나 프레드리카는 평소와 같이 먹고 자고, 미래에 대해 희망을 갖고 있었으며, 심한 수준으로 눈물을 보이지 않았기 때문에 우울의 증상에는 충분하지 않았다. 상담자는 프레드리카가 언쟁이 시작되거나 자신에게 충분히 좋게 대하지 않았을 때 자주 그녀의 어머니를 비난한다는 사실을 알렸다. 또한 그녀는 동생이 권위적이라고 비난하였다. 프레드리카의 동의하에 상담자는 프랜시스와 주디를 상담 회기에 초대하였다. 주디는 상담 중 제멋대로이거나 강압적인 언어 혹은 행동을 보이지 않았지만 엄마와 언니가 서로를 어떻게 대하는지에 대한 자신의 의견을 표현하였고, 엄마에 대해 상당히 보호적인 태도를 취했다. 상담 회기 내에서 프랜시스는 눈물, 프레드리카에 대한 짜증 그리고 늘 그래왔듯이 프레드리카를 보살피고 싶은 마음 사이를 계속해서 오고갔다.

상담자는 이 가족이 발달적 전환점에 이르러 그들이 기존에 가지고 있던 대처 기술이 흔들리고 있는 것으로 잠정적인 가설을 세웠다. 프랜시스는 여러 힘든 노화 증상을 겪고 있었으며, 자신을 보살필 능력이 떨어졌다고 느끼고 있었다. 일반적인 발달주기에서는 이것은 프랜시스의 딸들이 엄마의 노화와 질환으로 인한 변화들을 보상해 주기 위해 엄마를 도와주려고 나서는 결과를 가져올 수 있다. 주디는 이렇게 하고 있었다. 하지만 프레드리카는 자기 자신조차 병과 노화로 문제를 겪고 있었고, 그것은 오히려 엄마 문제의 심각성을 넘어설 정도였으므로 엄마의 필요를 먼저 챙겨 드리거나 그녀의 본래 발랄하고 친절한 모습을 보이기 힘든 상황이었다. 상담자는 이러한 자신의 가설을 가족과 공유하였다. 프랜시스는 지금껏 자신이 프레드리카를 돌봐왔던 그 세월을 자신이 돌봄이 필요한 현 시기에 딸로부터 보상받지 못하는 점에 대해 분개하고 있다는 점을 인정하였다. 프랜시스는 또한 자신의 몸에서 일어나는 변화에 대해 두려워하고 있다는 점을 깨달았다. 특히 점점 쇠약해지는 시력 때문에 예전에는 대수롭지 않게 받아들였던 프레드리카의 요구사항들에 쉽게 신경질을 내고 있었다. 마지막으로, 프랜시스는 예전처럼 프레드리카를 인내와 사랑으로 대하지 못하는 자신에 대해 마음 아파했다. 이는 특히 프레드리카가 육체적으로 어려움을 겪어 내고 있을 때 더욱 심해졌다. 반면, 프레드리카는 자신의 엄마가 너무나도 극적으로 변해 매사에 무력해하는 것을 보는 것이 무섭다고 인정하였다. 그녀는 엄마가 아픈 것이 화가 난다고 하였다. 그녀는 엄마를 더 도와주지 못하는 자신에 대해서도 화가 났지만, 이것을 인정하는 것을 힘들어하였다. 주디는 노화로 인해 변해 가는 엄마에 대해 매우 보호적인 자신에 대해 인정하였고, 프레드리카의 요구와 짜증이 프랜시스에게 부당하다고 느꼈다.

생애주기 관점(life cycle perspective)이 더해진 가족체계 관점에서 보면, 이 가족은 노화와 병이 불러일으키는 두려움을 직접적으로 바라보는 대신 프레드리카를 '짜증스러운 사람'으로 희생양을 만들고 있는 역동을 보이고 있었다. 그리고 프레드리카는 실제로 짜증스러웠기 때문에 모두가 이 이야기를 믿고 있었다. 단순히 이 역동을 확인하는 것만으로도 상황의 무게감을 일시적으로 완화시켰다. 하지만 프랜시스는 곧 그녀 자신과 프레드리카를 위해 어떤 변화를 시도해야 한다는 것을 깨달았다. 주디는 자신이 '권위적이게' 보일까 봐 어떤 제안을 하는 것을 꺼렸다. 상담자는 어쩌면 프랜시스와 프레드리카 둘 다 노화로 인해 기존의 세 사람 체계가 줄 수 있는 돌봄보다 더 많은 돌봄이 필요한 것 같다고 제안하였다. 상담자는 프레드리카가 엄마를 도울 수 있는 가장 좋은 방법은, ① 먼저 자신을 위한 도움을 받을 것, ② 엄마와 함께 집안을 돌보는 것에 집중하는 것보다 같이 애정이 담긴 시간을 보내는 것에 에너지를 더욱 집중하는 것이라고 하였다. 상담사는 프레드리카가 그녀의 악화되는 건강에 대처할 수 있는 의료 스태프들이 있는 근처 노인주거시설(senior living)에서 지내면서 프랜시스와 주디를 주말에 방문하는 것을 고려해 볼 수 있다고 하였다. 프랜시스와 프레드리카는 둘 다 이 제안에 처음에는 상당히 걱정스러운 모습을 보였다. 프레드리카가 예전에 주거시설에서 지낸 경험이 있었기 때문이다. 상담자는 실험적으로 약 3개월 동안 떨어져 사는 것을 시도해 본 후 이 새로운 방식이 모두의 필요를 충족해 주는지를 평가해 보는 것을 권장하였다. 이 변화를 프레드리카가 엄마를 도울 수 있는 가장 좋은 방법에 대한 선택이라고 이야기함으로써 이 가족이 가지고 있던 트라우마의 재경험(re-traumatization)에 대한 두려움을 조금 다룰 수 있었고, 시험 기간(trial period)을 가지는 것에 동의함으로써 모두가 통제감과 선택권을 유지할 수 있도록 하였다.

프레드리카는 거주 공간을 옮긴 후에도 비난하는 대화 방식을 얼마 동안 유지하였다. 주디는 프레드리카와 엄마를 도와줄 수 있는 방법에 대해 상의함으로써 변화를 가져오려고 노력했는데, 이 방법은 프레드리카가 주디가 제멋대로인 것 같을 때에 느꼈던 두려움을 감소시켰다. 프랜시스는 죄책감을 느꼈지만 동시에 안심도 되었으며, 시력이 악화되고 있는 자신을 위해 보다 현실적인 계획을 세우기 시작했다. 프레드리카는 몸이 아플 때 여전히 일시적으로 짜증을 냈지만, 그녀의 낮 시간 활동과 양로원에서 다시 그녀의 친절하고 따뜻한 성격으로 돌아가는 모습이 관찰되었다. 몸이 힘들어질 때면 그녀는 이제 그녀를 인내심으로 돌보아 주고, 필요할 때 의료적 개입을 제공해 줄 수 있는 스태프가 있었다. 프랜시스는 프레드리카가 적절한 도움을 받고 있는 것을 보고 더욱 안심하였다.

프레드리카의 가족은 가능한 해결책을 고안해 내고 그것을 시도해 보기 위해 먼저 그들의 짜증의 의미를 재해석할 필요가 있었다. 그들의 문제를 서로를 돌보고 보호하고 싶어 하는 마음으로 재조명하는 것은 서로를 보살피는 것에 대한 그들의 방법을 조정할 수 있도록 하였다. 그 결과, 그들은 그들의 가족 체계에 돌봄을 제공해 주는 외부 사람들을 허락하여 각 사람이 가진 한계에 더욱 현실적으로 대처할 수 있게 되었다.

논의 및 결론

사례에 대한 논의

존과 캐시의 사례에서는 가족체계 관점을 통해 그들의 결혼 행복감과 재정적 안정감을 약화시키던 불안, 회피, 철회의 악순환을 인지하고 멈출 수 있었다. 던과 관련된 신념에 대한 다세대적 탐색과 더불어 자폐증 중재에 돈이 미치는 영향력에 대한 인정은 자신들의 패턴들을 관찰하고 새로운 선택을 할 수 있도록 그들을 자유롭게 하였다. 역설적인 개입은 곧 닥칠 것처럼 보인 재정적 위기 경험을 증가시켰고 체계를 더욱 불균형적으로 만들어 변화를 위한 공간을 만들었다. 결과적으로 재정적인 안정감과 부부간의 친밀감은 증가했고, 자폐증을 가진 자녀를 둔 부모로서의 의사소통과 팀워크 또한 개선되었다.

그레이스는 부모님의 이혼, 그녀의 성인기로의 진입 단계, 부모님의 진심어린 긍정적인 의도 그리고 그녀가 갖고 있는 장애의 본질의 조합으로 인해 발생한 부모님과의 삼각관계 안에 갇혀 있었다. 그녀의 문제행동을 체계의 문제로 재구조화하는 것은 그녀의 수치심을 감소시켰고, 그녀에게 상담 회기를 시작하도록 하는 역할을 맡기는 것은 그녀의 효능감을 증가시켰다. 그 다음에, 그녀의 욕구에 대해 부정적인 판단을 하지 않으면서 인지 기반의 계획 과정을 가르친 것은 그녀를 포함한 그녀 가족 모두가 바라던 그녀의 독립을 위해 필요한 기술들을 배울 수 있게 하였다. 이러한 변화들은 상호작용 패턴들이 더 이상 그녀의 문제행동을 성공적으로 유지시켜 주지 못했기 때문에 문제행동의 심각성을 감소시켰다.

프레드리카와 그녀의 엄마, 언니는 많은 가족이 힘들어하는 노화와 노년기의 의존성이 고조되는 삶의 시기를 맞이하고 있었다. 이 가족이 오랫동안 갖고 있던 각자의 역할에 대한 신념, 그리고 더 중요하게는 그 역할을 어떻게 수행할지에 대한 신념 때문에, 상담 전 그들은 짜증이 반복되고 친밀감의 욕구가 충족되지 않는 파괴적 패턴으로부터 빠져나오지 못하고 있었다. 그들의 투쟁을 자연스러운 발달적 과정의 일부분으로 재구성하고, 표현되지 않은 바람과 욕구들을 드러내며, 그 필요들을 충족시킬 수 있는 방법을 제안함으로써 물리적으로 분리되고 정서적으로 더욱 친밀해질 수 있었다.

이러한 사례들이 모두 보여 주듯, 한 가족이 상담을 효과적으로 활용하는 능력은 그들의 강점과 탄력성에 달려 있었다. 존과 캐시는 친밀했고, 결혼생활과 자녀들에 대해 헌신적이었고, 자폐증에 대해 적극적으로 배우려는 자세가 있었고, 예전에 빚을 갚아 낸 경험이 있었다. 그레이스는 이혼은 했지만 서로 주기적으로 이야기하고 그녀를 지원하기 위해 협력하려고 노력하며 그녀의 경험에 대해 깊은 공감과 연민을 느끼는 부모가 있었다. 그레이스 또한 새로운 계획 기술을 배울 수 있는 지적 능력과 독해능력, 지원팀과 적극적으로 협력하려는 태도 그리고 자신의 문제행동을 고치고 싶어 하는 강한 의지를 가지고 있었다. 프랜시스와 프레드리카는 함께 지내며 서로 돌봐 왔던 오랜 세월이 있었고, 또 가까이서 의지할 수 있는 주디라는 지원군도 있었다. 이러한 힘과 자원은 가족들로 하여금 상담을 최대한으로 활용할 수 있도록 하였고 상담자도 그러한 힘과 자원을 인정하고 그것을 기반으로 하여 자신의 영향력을 더욱 발휘할 수 있었다.

이 사례들은 기본 가족 체계를 넘어서 이를 중심으로 확장되는 체계에 대해서도 기존과 같은 체계 중심의 중재(systemic intervention)를 필요로 하는지에 대해서는 구체적으로 보여 주고 있지 않다. 가끔 이러한 중재는 상담자 개인의 능력을 넘어선 것이지만 적어도 상담자는 돌봄과 지원 체계가 지적장애인 및 발달장애인들과 그들의 가족에게 미치는 영향력을 알고 발견할 수 있어야 한다. 예컨대, 존과 캐시의 사례에서는 상담자가 자폐증 중재의 외부 체계에 대해 익숙하게 알고 있었던 점이 가설을 세우는 데에 있어 큰 역할을 하였다. 그레이스의 사례에서도 그녀의 늦은 진단 때문에 이른 개입이 없었다는 점을 상담자가 인지하고 있었기 때문에 그레이스의 장애에 비해 개인과 가족의 기술이 부족할 수 있다는 점이 드러났다.

결론

지적장애인 및 발달장애인이 가족과 함께 사는 경우에 심리치료는 지원과 문제 해결을 위한 효과적인 방법이 될 수 있다. 체계 이론은 가족을 강화할 뿐만 아니라 심리치료 중재에 대한 개인의 반응성을 높이고 중재의 성공 확률을 향상시킨다. 체계 이론은 모든 개인, 특히 지적장애인 및 발달장애인들에게 영향을 많이 미치는 상호의존성의 실체를 인정하고 그에 대해 다룬다.

체계 이론은 여러 영역에서 출현하고 다루어지고 있다. 그러나 안타깝게도 가족체계 이론을 적용한 심리치료는 종종 성과나 과정을 측정하는 문제 때문에 연구하기 어려운 것으로 여겨진다. 비경험적 연구까지 모두 포함하여 관련 자료를 살펴보면, 지적장애인 및 발달장애인 가족에 대한 가족체계 이론은 여러 가지 영역에서 다루어졌기 때문에 상당히 복잡하다는 사실을 확인할 수 있다.

지적장애인 및 발달장애인의 가족을 대상으로 가족체계 이론을 적용할 때 연구에 접근하는 가장 좋은 방법은 과정을 정확하게 드러내는 연구를 먼저 하는 것이다. 이는 측정의 방법을 더 명료하게 드러내고, 가족체계치료의 과정을 더 정확하게 묘사하는 데 도움이 될 것이다. 이러한 연구는 다양한 집단에 대해 구체적으로 구조화된 모델에 관한 연구나 더 좁은 집단에 대한 반복연구를 할 때 혹은 실험연구를 진행할 때 결과 도출에 도움이 될 것이다. 소수의 가족치료 관련 연구자가 용기를 내어 지적장애 및 발달장애를 가족치료 내에 받아들여 이러한 내담자들에 대한 연구가 축적되면 어떠한 형태의 가족에서, 어떤 장애와 어떤 문제가, 어떤 중재 모델로 가족체계 이론에서 가장 잘 다뤄질지 알 수 있다.

그 동안은 가족체계 이론을 일종의 메타이론으로서 활용하는 것이 상담자에게 지적장애인 및 발달장애인을 치료하는 데 활용할 수 있는 창의적 방법을 제공해 왔다. 지적장애 및 발달장애 내담자와 좀 더 효과적으로 작업을 하길 원하는 가족상담자들에게는 가족체계 이론이 문제를 들여다볼 수 있게 하는 일종의 대안적이고 구체적인 렌즈 혹은 필터의 역할을 할 수 있을 것이다. 지적장애인 및 발달장애인 내담자와 이미 작업을 하고 있는 상담자에게는 가족체계 이론이 내담자 삶에 존재하는 지속적인 체계(persistent web)의 관점에서 현재 문제를 개념화할 수 있는 방법을 제공할 수 있다. 이러한 관점은 다른 이론적 관점과 함께 적용되어 문제에 대한 이해를 더 풍부하게 만들고 변화의 가능성을 높일 것이다.

참고문헌

Baum, S., & Lynggaard, H. (Eds.). (2006). *Intellectual disabilities: A systemic approach.* London: Karnac.

Beavers, J., Hampson, R. B., Hulgus, Y. F., & Beavers, W. R. (1986). Coping in families with a retarded child. *Family Process, 25,* 365-378.

Bouras, N. (Ed.). (1999). *Psychiatric and behavioral disorders in developmental disabilities and mental retardation.* Cambridge: Cambridge University Press.

Bouras, N. (Ed.). (2007). *Psychiatric and behavioral disorders in intellectual and developmental disabilities.* Cambridge: Cambridge University Press.

Carr, A. (2009a). The effectiveness of family therapy and systemic interventions for adult-focused problems. *Journal of Family Therapy, 31,* 46-74.

Carr, A. (2009b). The effectiveness of family therapy and systemic interventions for child-focused problems. *Journal of Family Therapy, 31,* 3-45.

Cottrell, D., & Boston, P. (2002). Practitioner review: The effectiveness of systemic family therapy for children and adolescents. *Journal of Child Psychology and Psychiatry, 43*(5), 573-586.

Dosen, A., Leibenluft, E., & Day, K. (Eds.). (2001). *Treating mental illness and behavior disorders in children and adults with mental retardation.* Arlington, VA: American Psychiatric Publishing, Inc.

Fiddell, B. (2000). Exploring the use of family therapywith adults with a learning disability. *Journal of Family Therapy, 22,* 308-323.

Fletcher, R. J. (Ed.). (1999). *Therapy approaches for persons with mental retardation.* Kingston, NY: The NADD Press.

Foster, M. A. (1988). A systems perspective and families of handicapped children. *Journal of Family Psychology,* (September), 54-56.

Goldberg, D., Magrill, L., Hale, J., Damaskinidou, K., Paul, J., & Tham, S. (2005). Protection and loss: Working with learning-disabled adults and their families. *Journal of Family Therapy, 17,* 263-280.

Goldenberg, I., & Goldenberg, H. (2007). *Family therapy: An overview.* Belmont, CA: Brooks Cole.

Hennicke, K., & Bradl, C. (1990). Systemic family therapyand mental retardation. In A. Dosen, A. Van Gennep, & G. J. Zwanniken (Eds.), *Treatment of Mental Illness and Behavioral Disorder in the Mentally Retarded. Proceedings of the International Congress, May 3rd and May 4th, 1990. Amsterdam, the Netherlands.* Leiden, the Netherlands: Logon Publications.

Lebow, J. L., & Gurman, A. S. (1995). Research assessing couple and family therapy. *Annual Review of Psychology, 46,* 27-57.

Lindebaum, L. (1999). Family therapy supporting parents of a young adult with dual diagnosis during the transition to adulthood. In R. Fletcher (Ed.), *Therapy approaches for persons with mental retardation* (pp. 113-126). Kingston, NY: The NADD Press.

Lynch, C. (2004). Psychotherapy for persons with mental retardation. *Mental Retardation, 42*(5), 399-405.

Marshak, L. E., Seligman, M., & Prezant, F. (1999). *Disability and the family life cycle.* New York, NY: Basic Books.

Miller, R., Johnson, L., Sandberg, J. G., Stringer-Seibold, T. A., & Gfeller-Strouts, L. (2000). An addendum to the 1997 outcome research chart. *The American Journal of Family Therapy, 28,* 347-354.

Power, P. W., & Dell Orto, A. E. (2004). *Families living with chronic illness and disability.* New York: Springer Publishing Company.

Prout, H. T., & Nowak-Drabik, K. M. (2003). Psychotherapy with persons who have mental retardation: An evaluation of effectiveness. *American Journal on Mental Retardation, 108*(2), 82-93.

Ramisch, J. L., & Franklin, D. (2008). Families with a member with mental retardation and the ethical implications of therapeutic treatment by marriage and family therapists. *The American Journal of Family Therapy, 36,* 312-322.

Ramisch, J. L., Pavkov, T., Negash, S., & Wetchler, J. (2009). Parental burden among families with children having disabilities: The role of ADHD and mental health disorders. *The NADD Bulletin, 12,* 67-73.

Rolland, J. S. (1994). *Families, illness and disability: An integrative treatment model.* New York: Basic Books.

Rotthaus, W. (2001). Systemic therapy. In A. Dosen, E. Leibenluft, & K. Day (Eds.), *Treating mental illness and behavior disorders in children and adults with mental retardation* (pp. 167-180). Arlington, VA: American Psychiatric Publishing, Inc.

Sandberg, J. G., Johnson, L. N., Dermber, S. B., Gfeler-Strouts, L. L., Seibold, J. M., Stringer-Seibold, T. A., et al. (1997). Demonstrated efficacy of models of marriage and family therapy: An update of Gurman, Kniskern, and Pinsolf's chart. *The American Journal of Family Therapy, 25,* 121-137.

Seligman, M., & Darling, R. B. (2007). *Ordinary families, special children; A systems approach to childhood disability* (3rd ed.). New York: The Guilford Press.

Thomas, V., & Ray, K. (2006). Counseling exceptional individuals and their families: A systems perspective. *Professional School Counseling, 10,* 58-65.

Turnbull, A. P., Patterson, J. M., Behr, S. K., Murphy, D. L., Marquis, J. G., & Blue-Banning, M. J. (1993). *Cognitive coping, families and disability.* Baltimore: Paul H. Brookes Publishing Co.

Vetere, A. (1996). The neglect of family systems ideas and practice in services for children and young people with learning disabilities. *Clinical Child Psychology and Psychiatry, 1,* 485-488.

Vetere, A., & Dallos, R. (2003). *Working systemically with families: Formulation, intervention and evaluation.* London: Karnac.

지적장애인 커플치료: 긍정치료 모델[1)]

J. Dale Munro, M.S.W., RSW, FAAIDD

"사랑에는 치료법이 없다."

-Leonard Cohen(1988)

서문

지적장애 청소년이나 성인도 사랑을 하고, 누군가와 함께하며, 결혼을 하고 자녀를 가지는 것을 꿈꾼다. 지금과 같은 포스트모던 시대에도 결혼하고 부모가 되는 것은 청소년기에서 성인기에 이루는 두 개의 중요한 발달단계이기도 하다(May & Simpson, 2003). 하지만 지적장애인들에게 이러한 주제는 가족 구성원, 주변 전문가, 일반 대중 그리고 개인 스스로에게 불안과 혼란을 가져오거나 오해를 야기할 수 있다. 과거에는 지적장애인들이 파트너를 맞이하여 그들과 함께 살거나 결혼하는 것에 대한 저항이 있어 왔는데, 이는 장애를 유전시킬 것이라는 우려 때문이었다. 이러한 우려는 지적장애인이 법

1) 이 장은「NADD보고서」의 내용을 기반으로 확장하였음.

적으로 결혼을 하지 못하게 하거나, 불임 시술을 받게 하는 등의 형태로 드러났다(Kempton & Kahn, 1991). 그러나 과거를 돌아보면 많은 지적장애인이 결혼을 할 수 있었고, 실제로 결혼을 했고, 자녀를 낳았기 때문에 관련 서비스 제공자들의 관심을 받아 왔다(Koller, Richardson, & Katz, 1988).

1960년대 초반, 사회적 분위기가 바뀌었다. 사회는 좀 더 지적장애인들의 성생활, 사랑, 결혼에 대한 주제를 공개적으로 다루기 시작했다. 미국에서는 대통령 아래 입법 태스크포스팀이 구성되어(1963) 지적장애인의 결혼이 부정되어서는 안 된다고 강조했다. 그때 대부분의 장애인은 더 오래 살 수 있었고, 그들의 성인기는 적어도 생물학적인 관점에서 더 이상 부정될 수 없었다. 1960년대 피임법의 진보와 더불어 이루어진 성 혁명은 성이 반드시 생식만을 위한 것이 아니라는 인식을 확대시켰다. 이러한 이유로 지적장애인의 결혼이나 애정 관계를 반대하는 가장 중요한 근거 중 하나가 사라지게 되었다(May & Simpson, 2003). 또한 장애인 인구 급증을 두려워하는 우생학적 관점 역시 관련 연구에 의해 반박되었다(Cochran, 1974). 1980년대에 이르러서는 Jean Vanier 같은 영적 지도자가 지적장애인의 결혼생활이 더 성공적일 수도 있고 그렇지 않을 수도 있는 일이라고 말하며, 헌신적 관계에서의 내적인 안정성과 평화를 발견할 수 있어야 한다고 주장했다(Vanier, 1985).

그러나 안타깝게도, 상당한 사회적 진보를 이룬 오늘날에도 지적장애인 커플들이 부부상담 서비스를 받기는 어려운 실정이다. 이는 상담자들이 "그들은 상담에 적합한 내담자군이 아니다."라고 가정하는 경우가 많기 때문이다. 40여 년간 부부 및 가족상담을 한 경험을 토대로, 저자는 지적장애인 부부의 관계나 정서적 기능을 향상시키기 위한 부부상담만큼 흥미롭고 보람 있는 일은 없다고 밝히고 있다. 이 장의 목적은 지적장애인의 결혼이나 헌신적인 관계에 대한 문헌을 고찰하는 것이다. 또한 사례를 제시하고, 효과적인 커플 중재의 모델을 제시하고자 한다. '커플'은 밀접하게 관계되어 있고, 애착관계를 가지고, 서로 다른 사람과 한 쌍이 되어 있는 관계로 정의할 수 있는데, 적어도 둘 중에 한 명은 경도 혹은 중등도 수준의 지적장애가 있는 경우가 지적장애인 커플에 해당한다. '커플'은 남성이나 여성일 수도 있고 혹은 동성과의 약혼, 결혼, 동거, 혹은 서로 헌신하는 애정 관계일 수도 있다.[2)]

결혼 관련 문헌 고찰

지적장애 영역과 관련하여 가장 많이 다루어지고, 글이 작성되고, 연구가 되어 온 주제 중 하나는 결혼과 부모가 되는 것이다. 많은 연구가 방법론적으로 결함이 있기는 하지만, 연구 결과를 통해 확인된 것들은 여전히 흥미롭다. Hall(1974)은 1920년대부터의 연구 15편을 리뷰하여, 지적장애인들이 성공적인 결혼생활(별거나 이혼을 하지 않음)을 했다고 결론지을 수 있는 상당한 근거를 찾았다고 밝혔다. Bass(1964)는 1940년대부터의 연구를 리뷰하여, 지적장애인들이 직업을 가지고, 결혼을 하고, 스스로 자신의 삶을 살아갈 수 있을 수 있는 능력이 있다는 인식이 증가하고 있다고 지적하였다. 그녀는 자발적으로 임신을 하지 않고 아이를 가지지 않은 많은 사례를 제시하였다.

Andron과 Strum(1973)은 12쌍의 커플을 대상으로 연구를 수행하여, 혼자 사는 삶보다는 함께하는 삶이 훨씬 좋다고 여기는 것을 발견하였다. Mattinson(1973)은 가장 빈번하게 인용되는 연구를 수행하였다. 그녀의 연구는 두 명 모두 지적장애인이고 그중 많은 수가 이전에 보호시설에 있던 경험이 있는 36쌍의 결혼한 커플을 조사하였다. 대부분의 커플(25쌍)은 다정하고 행복하고 싱글이었을 때보다 결혼한 삶이 더 낫다고 느꼈다. 대부분 서로를 도우며 한 명이 가지고 있는 기술이 상대의 부족한 능력을 보완하는 형태

2) 이 장의 주요 초점은 아니지만 여기에 언급된 여러 상담 접근법은 종종 장애인과 부모나 형제 사이의 갈등 또는 기타 문제를 해결하는 데 도움이 된다. 즉, '부부'와 비슷한 관계에서도 도움이 될 수 있다(지원 생활환경에서 살고 있는 룸메이트 사이 또는 지적장애인과 부모 사이).

로 상호 보완적으로 협력했다("그는 읽기를 담당하고 나는 쓰기를 담당했어요."). Edgerton(1967)은 이전에 보호시설에서 생활했던 사람들의 삶에 두드러진 특징은 결혼을 한다는 것이 '달성하고 싶은 매우 의미 있는 상태'로 인식되는 점이라고 보고하였다. 연구된 48명의 개인 중 30명이 결혼하였고 그중 18명은 장애가 없는 사람과 결혼했으며 4명만이 이혼하거나 별거하였다. 대부분의 사람은 보호시설에서 생활할 때 비자발적으로 불임시술을 받게 되는 것에 대해 강한 부정적인 정서를 가졌다.

Floor, Baxter, Rosen과 Zisfein(1975)은 예전에 보호시설에서 생활했던 사람들의 결혼과 자녀에 대해 추적연구를 실시하였다. 연구자들은 최소한 자녀가 어릴 때에는 자녀들이 꽤 잘 돌봄 받고 있다는 것을 확인했다. 자주 발생하는 커플 간 문제는 한 명의 만성적인 건강문제, 안정적이지 않은 고용 상태, 돈 관리, '요구적인 친척들'로부터의 간섭 등이었다. 한 명의 배우자가 평균 지능을 가지고 있고 친척, 집주인, 고용주가 지지적일 때 결혼생활은 더 괜찮았다. 결혼한 사람들은 싱글인 사람보다 더 적은 사회적·개인적 문제(예: 법률 위반, 일 또는 알코올 관련 문제)를 보였다. 이 연구는 장애인 커플은 예산 짜기와 돈 관리에 관한 실제적인 훈련, 기초적인 성교육, 피임, 지역사회의 지지 체계가 필요하다고 결론 내렸다.

Munro(1977)는 규모가 큰 보호기관에 살고 있는 지적장애인에게 설문을 실시하였다. 시설을 떠나는 것과 관련하여 대부분의 사람은 결혼에 대해 더 배우고 싶어 하였으며 그다음으로 지역사회에서 직업을 찾는 것의 중요성을 표현했다. Ann과 Michael Craft(1979)는 25쌍의 커플을 대상으로 파일럿 연구를 실시하고 45쌍의 커플을 대상으로 더 자세한 조사를 실시하였다. 결혼은 25년까지 지속되었다. 연구 결과는 인구 전체에 비해 더 나은 결혼 '성공률'과 행복의 가능성을 보인다고 하였다.

Timmers, DuCharme과 Jacob(1981)은 설문에 응한 지적장애인의 대부분이 결혼과 자녀를 갖는 것을 원한다고 하였다. Koller와 동료들(1988)은 지적장애인의 약 절반이 '괜찮아 보이는' 결혼생활 중이라고 밝혔다. Kempton과 Kahn(1991)은 결혼한 지적장애인 커플은 장애가 없는 커플과 동일한 이혼율을 가지며, 독신보다는 결혼을 선호한다고 하였다. 연구자들은 지적장애인들을 위한 지역사회 통합이 일반적으로 직업과 주거 공간에 한정되어 정의되고 있지만 통합은 우정과 사랑을 고려하는 것까지 확장될 필요가 있다고 주장하였다.

무엇이 커플을 함께하게 하는가

물질주의와 개인주의의 만연과 전통적인 사회시설 및 지지 체계의 몰락으로 인해 현대 사회는 종종 소외 및 외로움과 결부된다(Keefe, 1984). 이러한 외로움은 매우 자주 거절, 고립, 방임, 경제적 결핍, 사회에서의 소외감을 경험하는 장애인들에게 특히 강렬할 수 있다. 지적장애인을 포함하여 누구든지 가깝고 친밀한 관계, 특별한 사람과의 헌신적인 관계를 맺기를 갈망한다. 이러한 사람들의 대부분은 함께 사는 것에 대한 환상을 가진다. 또 누군가는 웅장한 결혼식, 큰 피로연, 결혼 선물, 관심의 중심이 되는 것, '자신의 것이라고 할 수 있는 누군가'를 갖는 것을 꿈꾼다. 일반적으로 별거율과 이혼율이 높고 많은 사람이 동거를 선택함에도 불구하고, 우리 사회는 여전히 결혼을 우리의 성역할의 대표적인 표현이라고 여길 뿐 아니라 부모가 되는 것과 성적인 표현에 있어서 온전히 수용 가능한 수단으로 여긴다(Bidgood, 1975). 최근 게이와 레즈비언 공동체에서 법적으로 인정되는 결혼에 대한 강력한 옹호가 이러한 생각을 더욱 지지한다.

장애가 있든 없든, 많은 사람에게 결혼은 삶에서 가장 중요한 발달단계이다. 결혼은 성인기에 진입했다는 인정이자 성관계가 가능한 사람이라는 확인이며, 사회의 문화적 구성원이 되는 것을 의미한다(Bernardo, 1981). 또한 일반 대중을 대상으로 한 몇몇 연구는 결혼한 삶이 한 사람의 전반적인 웰빙과 심리적 건강에 기여하고 결혼한 사람들이 더 오래 살고 더 나은 정신건강을 보이며 삶의 질이 더 낫다고 제안한다(Waite & Gallagher, 1981). 지적장애인들에게 결혼은 때로 더 충분하고 만족스러운 우정, 확장된 사회적 지지 체계, 사회적으로 용인되는 성적 표현의 통로를 제공한다. 친밀한 애정 관계는 '충격 흡수제'와 같은 역할을 함으로써 당황스러움, 실망 그리고 다른 사람의 무례함에 대처할 수 있게 돕는다. 연구는 장애인들의 향상된 사회적 지지가 삶의 질 향상 및 정신건강과 정적 상관이 있음을 보여 준다(Lunsky & Neely, 2002).

장애가 있든 없든 사람들은 대개 이타적이고 강인하며, 그들의 부모 같은 또는 갖고 싶었던 '좋은 부모'가 되어 줄 배우자를 고른다는 것을 주목할 필요가 있다. 사람들은 흔히 무의식적으로 원가족을 재현하거나 전혀 반대되는 배우자를 고르는 경향이 있다(Satir, 1967). 성적 혹은 생물학적 매력과 (좋든 나쁘든) 공유된 경험이 더 깊은 유대감을 가져온다(Toufexis, 1993). 이러한 요소들을 통칭하여 '케미(chemistry)'라고 부른다. 다른 모든 커플이 그렇지만 특히 장애인 커플은 파트너가 서로의 약점이나 취약한 부분을 보완한다(예: 시각장애인은 돈 관리를 잘할 수 있고, 시각장애가 없는 사람은 운전을 할 수 있다). 어떤 사람들은 공동으로 지출하고 각자의 장애연금을 합해서 더 나은 삶의 질을 누릴 수 있다(Mattinson, 1970). 이러한 공유와 상호 보완적인 지원은 커플을 더 단단하게 하고 더 연결되며 자립적일 수 있게 한다.

'긍정적 지지-커플치료' 모델

앞서 강조한 것처럼 지적장애인 커플이 성공적인 애정 관계를 가질 수 있다는 것이 많은 연구를 통해 제시되었다. 하지만 놀랍게도 장애를 가진 커플을 위한 임상적 중재를 다룬 문헌은 거의 존재하지 않는다. 가족과 더불어 커플들도 자신들을 도울 수 있는 상담자를 찾는 데 어려움을 보고한다. 이러한 점을 고려하여 저자는 커플의 복잡성과 그들의 지지 체계를 고려하는 전략을 포함하고 있는 기존의 치료적 접근들로부터 다수의 훌륭한 요소들을 결합하여 중재 모델을 개발하였다. 저자는 이것을 '긍정적 지지-커플치료(Positive Support-Couple Therapy: PSCT)' 모델이라고 명명했다. 이 모델은 커플, 대가족, 서비스 체계 간의 협력에 대한 필요가 큰 곳에 특히 도움이 된다. 이러한 수준의 협력은 일반적으로 지적장애인 커플이 성공적인 관계를 유지하는 데 필요하다. 저자는 이 모델을 제안함으로써 지역사회의 상담자들이 지적장애인 커플을 돕는 데 보다 적극적일 수 있는 강력한 사례를 만들고자 하였다.

치료적 입장: 무조건적 긍정성

긍정적 지지-커플치료 모델은 '강점기반 사회복지(strength-based social work) 관점'(Russo, 1999; Saleeby, 1992), '긍정심리학'(Seligman & Csikszentmihalyi, 2000), '무조건적인 구성주의 매개치료(unconditionally constructive mediation)' (Munro, 1997)의 다양한 요소를 통합한다. 이 모델은 지적장애인 커플, 그들의 가족, 서비스 체계 간에 효과적인 협력 관계를 쌓기 위한 긍정적인 기반을 제공한다. 현실적인 문제들이 무시되는 것은 아니다. 하지만 이 관점은 커플과 그들의 삶에서 중요한 사람들에게 무엇이 잘못되었는지보다 무엇이 올바른지에 초점을 맞춘다. 과거의 트라우마, 거절, 외면으로부터 커플 탄력성 자원의 풍부성(resourcefulness), 회복력이 강조된다. 또한 긍정적 지지-커플치료 모델은 통합 커플치료에서 아이디어를 얻어서 인지행동 전략, 지지, 공감, 비폭력 계약(no-violence contract), 바뀔 수 없는 파트너의 성격에 대한 수용을 강조한다(Jacobson & Christensen, 1996). 긍정적 지지-커플치료 모델에 기여한 또 다른 이론은 대안적이고, 임파워링 이야기를 활용한 사회 정의와 해방에 초점을 맞추는 이야기치료(Narrative Therapy)이다(White, 1995). 이는 대인관계 소통 향상을 위해 하나의 결합된 사회 체계적 바탕을 강조하는 전통적 커플치료 방법을 활용한다(Satir, 1967).

치료의 성공에는 상담자의 끈기, 높은 에너지, 흔들리지 않는 낙천성, 융통성, 지역사회 지원에 대한 지식, 설득력 그리고 때로는 적은 소득으로도 만족할 수 있는 능력이 상당 부분 기여한다. 인터뷰와 면담은 '지금-여기'에 초점이 맞춰져야 한다. 상담자는 이미 커플 언어의 일부로 쓰이는 단어와 구문을 더 단순하고 확고하게 사용해야 한다. 그리고 전문용어를 피해서 말해야 한다.

상담자는 내담자들이 약속 시간보다 너무 일찍 왔거나 늦을 때에도 인내하는 모습과 이해하는 태도를 보여야 한다. 왜냐하면 정확한 시간을 요구하는 것은 어떤 사람들에게는 매우 어려운 일이기 때문이다. 또한 커플의 옷차림, 위생, 에티켓이 항상 '멋진 중산층의 기준'에 걸맞지 않을 수 있다. 그러나 이러한 모습이 그들의 사랑이 가짜이거나 서로 가까워지고 행복해지려는 욕구를 의미하지 않는 것은 아니다.

커플과 일할 때, 상담자는 긍정적인 관계와 작업 동맹을 형성하는 데 출발점이 될 수 있는 가벼운 대화, 공감적 경청, 유머 감각, 커피 함께 마시기의 힘에 대하여 인식해야 한다. 왜냐하면 그들은 자주 사회적 편견과 거부에 직면할 때가 많아 인정을 추구하는 경향이 있기 때문이다. 따라서 상담자는 치료의 실제 결과로서 커플들이 자기주장적 및 임파워먼트되며, 공동체 통합과 그들의 꿈과 자유 추구를 보장할 수 있도록 시도해야 한다.

커플상담자의 네 가지 역할

상담자는 상담자로서의 역할과 전문적으로 시간을 관리하고 커플들과 그들의 주변인들을 효과적으로 조력할 수 있도록 하는 긍정적 지지-커플치료 모델을 사용한다.

① 커플상담자는 자문자로서, 다른 커플상담자, 지역사회 기관, 성직자 또는 가족 대표들에게 임상적 조언이나 공식적인 교육적인 발표회를 가질 수 있다. 이는 커플과 관련하여 직접적인 참여와 헌신을 가장 적게 요구한다.

② 상담자는 커플–가족, 커플–기관 또는 기관–가족 사이의 복잡한 분쟁을 해결할 수 있도록 돕기 위해 중요한 인물들을 만나는 공정한 제삼자, 즉 외부 중재자로서의 역할을 수행할 수 있다(Munro, 1997).

③ 상담자는 공통치료를 계약하는 전통적인 커플상담자와 같이 커플과 직접적으로 일할 수 있다. 인지적인 한계가 있는 사람의 자기보고는 다소 잘못된 방향으로 나아갈 수 있으므로, 긍정적 지지–커플치료 모델은 파트너를 잘 아는 지역 기관의 스태프가 공동상담자로 함께할 수 있도록 요청하는 것을 특징으로 한다. 이는 치료에서 무엇을 배우는지 모니터할 수 있게 하며, 배운 것을 상담실 밖에서 일반화시킬 수 있도록 하여 커플 관계, 대처 기술, 일상의 삶을 긍정적이고 실제적으로 변화시키는 데 기여한다. 예를 들어, 한 사례에서 공동상담자는 파트너의 불만에 대해 후속 조치하면서 커플들의 집과 방의 모든 곳에 새들의 배설물과 발자국이 나 있는 것을 발견하였다. 이는 중요한 상담 이슈가 되었고 결국에는 문제를 해결하는 것이 궁극적으로 커플들의 정서적이고 발달적인 성장에 중요하였다.

④ 때때로 커플상담자는 커플 중 한 사람에게 개인상담을 제공하거나 관계에 영향을 미치는 심각한 문제를 갖고 있는 경우(예: 과거 트라우마, 성 문제, 물질남용, 심각한 분노 또는 애도 문제) 다른 임상 전문가에게 의뢰할 수 있다.

커플, 대가족, 서비스 체계 평가

긍정적 지지-커플치료 모델을 활용하여 의뢰하는 것은 커플, 전문가, 성직자, 가족들에게 환영받는다. 사정(assessment) 과정은 보통 첫 인터뷰 약속을 정하기 위한 전화에서부터 시작한다. 커플과 가족의 호감도, 협력 가능성, 기관과 전문가와 접촉하는 커플의 성향 등의 정보를 얻을 수 있다. 아주 초기부터 상담자는 공감과 민감성, 지식을 가지고 있는 사람으로서 자신을 드러내고, 희망과 동정을 보여 줘야 한다.

사정의 방법이 대부분 커플상담자에 의하여 활용되어 이루어지는 반면, 긍정적 지지-커플치료 모델은 지적장애인을 위한 몇 가지 차별점을 제안한다. 예를 들어, 커플을 평가하기 위한 방법으로 상담자는 때때로 커플의 일상의 삶 가운데 있는 '외부인(outsiders)'에게 그들을 어떻게 도울지 알기 위하여 대가족과 지원 기관을 만날 수 있도록 허락을 요청한다는 것이다. 몇몇 가족 구성원(특히 부모 또는 성인 형제)은 과잉 통제, 과잉 간섭, 심지어 방해 활동이라 할 정도로 커플들에게 막강한 영향력을 행사할 수도 있다(Munro, 2007). 또한 지적장애인 남녀는 성적 학대에 더 취약하고(Barger, Wacker, Macy, & Parish, 2009; Randall, Parrila, & Sobsey, 2000) 여성들은 더 가정 학대를 당하기가 쉬워(Welner, 1999), 상담자는 사정 과정에서 이러한 가능성에 민감해야 한다. 각 파트너의 철저한 생리심리사회적 역사(과거의 연애 경력과 상담 성과에 대한 지식을 포함하여)를 수집하는 것이 추천된다.

인터뷰 중에는 커플과 가족 역동, 가족 역할 명료화 그리고 경계선의 효과성, 문제해결적 · 의사결정 패턴, 안전감, 거주와 재정적 안정성, 가정불화와 과거 문제 및 현재 커플과 대가족의 정신과 질환을 포함한 건강에 대하여 세심한 주의를 기울여야 한다. 상담자는 무슨 말인지뿐만 아니라 사람들이 정말 하려는 말이 무엇인지(즉, 비언어적 메타 커뮤니케이션) '3번째 귀(third ear)'로 들어야 한다. 그 과정을 통하여 상담자와 공동상담자는 파트너와 그들의 대부분의 지적장애인 커플은 지속적이고 행복하고 만족스러운 관계를 가질 수 있다. 또 그렇지 않을 이들도 있다. 무엇이 성공적인 커플 관계에 기여하는 것일까? Billingsley 등(2005)은 50년 동안 일반인들의 성공적인 결혼 기준과 관련된 커플 연구를 살펴보았다.

연구 결과와 저자의 임상적 경험을 결합하여 아래에 무엇이 성공적인 관계를 구성하는지에 대한 체크리스트를 제시하였다. 사정하기를 원하는 특정 커플을 상상하라. 아래 제시된 요인에 그들을 비교하라. 표시가 많을수록 더 행복하고, 더 안정적이며, 더 성공적인 관계를 하는 것으로 해석할 수 있다.

_____ ✓ 커플 폭력, 과잉 통제 또는 파트너를 위협하는 행동이 없다.

_____ ✓ 파트너 둘 다 그들의 관계를 '특별하다'고 여긴다.

_____ ✓ 관계에 대하여 헌신, 충성심, 지속성이 있다.

_____ ✓ 성적 정조과 관련하여 같은 가치관을 갖고 있다.

_____ ✓ 사랑, 애정, 친밀함을 언어적 · 신체적으로 잘 표현한다.

_____ ✓ 성적 관계의 유형, 빈도에 대한 서로의 기대를 공유한다.

_____ ✓ 좋은 커플 팀워크와 문제해결력을 갖고 있다.

_____ ✓ 기질과 성격에 있어 서로 양립이 가능하다.

_____ ✓ 정신건강 염려가 없거나 성공적으로 대처할 수 있다.

_____ ✓ 임신, 피임, 가족계획에 대하여 서로 합의하고 있다.

_____ ✓ 관심사, 활동, 개인적 가치관이 유사하다.

_____ ✓ 서로의 파트너와 분리되어 관심과 활동을 유지할 수 있다.

_____ ✓ 서로에게 긍정적이고 인정과 칭찬을 표현한다.

_____ ✓ 안정적이며 지지적인 가족과 친구 관계를 갖고 있다.

_____ ✓ 필요할 때 지원해 주는 적절한 기관과 전문가를 갖고 있다.

_____ ✓ 그들은 '베스트 프렌드'이자 좋은 동료이다.

_____ ✓ 서로 각자의 종교적 신념을 존중해 준다.

_____ ✓ 안정적인 수입과 잘 관리된 재정을 가지고 있다.

_____ ✓ 결혼 또는 동거하기 전에 어느 정도(약 3년 정도) 연애 기간을 가졌다.

_____ ✓ 어려운 시기를 견딜 수 있도록 하는 '스파크' 또는 '케미'를 갖고 있다.

_____ ✓ 갈등을 잘 해결하고 분노 조절 기술을 가지고 있다.

_____ ✓ 특별한 날(예: 생일, 기념일, 종교적인 이벤트)을 축하하는 것을 좋아한다.

_____ ✓ 좋은 양육 기술을 가지고 있으며 아이들과 함께 있는 것을 좋아한다.

_____ ✓ 집안일, 양육 등 가사를 분담한다.

_____ ✓ 상대방의 약점과 취약성을 서로 보완한다.

_____ ✓ 가족들과 다른 사람이 강하게 나오거나 거절할 때 효과적으로 저항할 수 있다.

_____ ✓ 필요시에 상담이나 가족 기관, 정신건강 치료를 기꺼이 받으러 간다.

_____ ✓ 술 또는 약물을 남용하지 않는다.

_____ ✓ 도박, 인터넷, 비디오게임에 중독되지 않았다.

_____ ✓ 소음, 기물 파손, 위생 문제로 퇴거당한 적이 없다.

_____ ✓ 거의 대부분의 일상을 즐겁게 함께한다.

[그림 11-1] 커플 평가: '성공적' 관계를 위한 체크리스트

삶에 있는 중요한 사람들의 문화적 또는 종교적 배경에 민감할 수 있다.

커플과 대가족의 초기 사정 인터뷰는 가족사진 앨범을 활용하는 것에 초점을 두면 유용하다. 이는 토론을 위한 촉매제가 되며 상담자에게 어떻게 커플과 대가족이 서로 관련되는지 알 수 있게 하는데 커플과 대가족의 견고함, 응집력, 보살핌, 상호 지지의 영역과 커플이 얼마나 가족과 지역사회에 잘 통합되는지 기록해야 한다. 상담자는 공동상담자의 도움을 받아 커플에게 도움을 주는 기관의 태도, 접근성, 필요한 서비스의 가능성 수준을 평가해야 한다.

조력 과정을 통하여, 상담자는 커플에게 중요한 개입 결과와 조화를 이루어야 한다("우리가 같이 작업하고 난 뒤에 어떠한 결과가 일어났으면 좋겠나요?"). 커플과 그들의 가족, 지원 체계에 대한 세심한 분석 이후에는 상담자는 현재 커플의 어려움을 일으키는 요인과 무엇이 이를 해결하는 데 도움을 줄 수 있을지에 대한 작업 가설(이는 개입 과정을 통하여 계속 수정 · 보완될 것임)을 발전시켜 나가야 한다. 또한 임상적 정보를 모으고 커플의 역사와 현재 상황을 비교함으로써 일반적 관점에서 커플이 '성공적'인 관계를 위한 가능성이 얼마나 되는지 추정할 수 있다([그림 11-1] 참조).

커플, 대가족 그리고 지원 시스템

지적장애인들에게는 종종 매우 깊게 관여하는 가족들이 있고, 이들은 크게 의존할 수 있는 대상이 되기 때문에 관심을 가지고 있는 친척들과 독립된 세션을 진행하는 것은 커플을 돕는 데에 있어 중요한 치료적인 과정 중 일부이다. 커플의 부모, 형제 또는 자매 그리고 조부모는 커플과 그들이 서로에게 얼마나 적합한지에 대하여 매우 강한(때때로 잘못된) 의견을 가지고 있을 수 있다. 그들이 사귀는 것이 좋을지, 동거를 하는 것이 좋을지, 결혼을 하거나 아이를 가지는 것이 좋을지. 가족들은 유언장과 자산 설계, 예산과 금전적 관리, 살림, 위생, 적절한 음식 준비 및 보존, 파트너의 신체건강 또는 파트너의 유전적인 문제 관련 경향성(예: 다운증후군이 조기 치매로 이어지는 경우)에 대하여도 염려할 수 있다. 가족들은 파트너 중 한 사람이 성적으로 '문란'하거나 '위험성이 큰 행동'(예: 스트립 클럽을 다니거나, 피임을 하지 않고 성관계를 하는 것)을 하거나 범죄적 또는 학대적인 경향을 지니고 있을지에 대해서도 걱정할 수 있다.

상담자는 유머, 솔직함, 응원 그리고 간단한 영감을 주거나 동기부여를 할 수 있는 말들을 커플, 그들의 가족과 지원 시스템의 대표들의 불안과 방어를 줄이는 데에 전략적으로 사용할 수 있어야 한다(때에 맞게, 적절하게). 또한 가족 대표들에게는 상담자와 기관으로부터 커플에 관한 다섯 가지 중요한 질문에 대해 솔직한 피드백을 제공하고 안심을 시켜 줄 수 있어야 한다. ① 성인인 내 자녀(친척)는 이 관계에서 신체적으로 그리고 정서적으로 안전한가? ② 성인인 내 자녀(친척)는 이 파트너와 진정 행복한가? ③ 금전적인 관리, 일상생활 그리고 건강에 대한 요구는 잘 충족되고 있는가? ④ 원치 않는 임신을 막을 수 있는 신뢰할 만한 피임약이 준비되어 있는가? ⑤ 그들은 기관으로부터 충분하고 적절한 지원을 받고 있는가?

만약 커플이 서비스 또는 도움을 받는 데 있어 동시에 심각한 문제를 겪고 있다면 상담자와 공동상담자는 커플에게 조력자를 연결시켜 주거나 가족과 같이 중요한 사람 또는 지역 기관을 통하여 특별한 '커플중심 설계(couple-centered planning)'를 위한 모임을 계획할 수도 있다. 이러한 모임은 실질적인 문제들을 의논하기 위하여 정기적으로(예: 4~8주 간격) 몇 달간 또는 필요에 따라 그보다 훨씬 오랜 기간 진행된다. 모임을 계획하는 것은 관계망을 넓히고, 정보를 교환하거나 중심에 있는 사람들 간의 소통을 돕고, 표현하기 어려운 깊은 곳에 자리 잡고 있는 근심을 나눌 수 있는 창의적인 문제해결 방식을 장려한다. 커플을 위한 의료서비스 및 기관과 '필수적' 지원(예: 주거, 육아, 확실한 교통수단, 직업, 예산 등)을 발전시킬 수 있는 지지가 필요하다. [그림 11-2]는 다함께 커플의 삶을 크게 발전시킬 수 있는 커플중심 설계 모임을

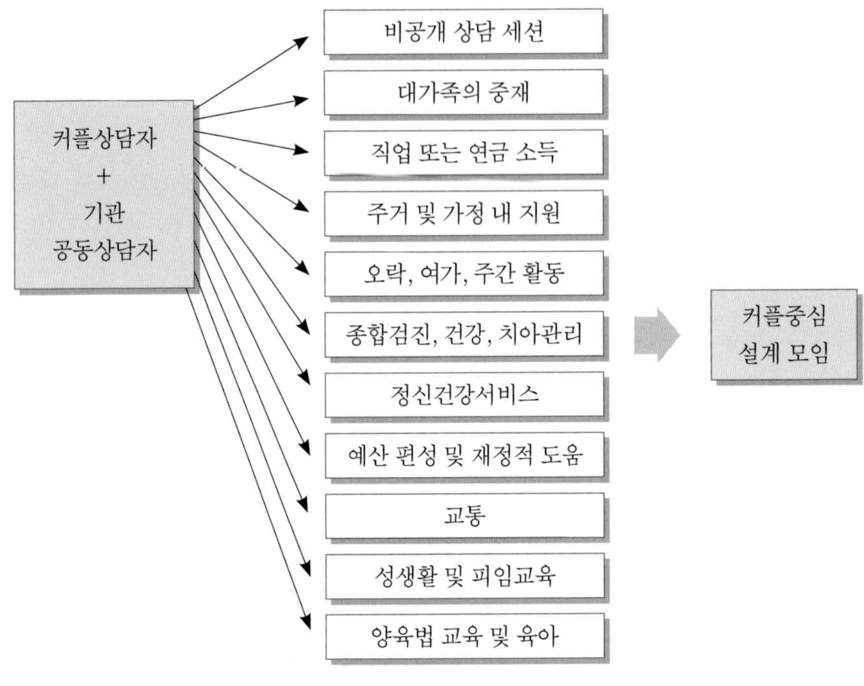

[그림 11-2] 커플 지원하기: 개입의 핵심

포함한 '개입의 핵심' 중 몇 가지를 요약한 것이다.

지적장애인 커플들의 삶을 발전시키는 데 있어 극적인 효과를 가져올 수 있는 의료, 기관 또는 '필수적인' 개입에는 여러 가지가 있다. 정기적인 '커플중심 설계 모임' 또한 전체적인 설계와 지지 과정을 강화시킬 수 있다.

윤리, 자기결정과 의사결정

자기결정의 원칙은 지적장애인의 의사결정과 관련된 거의 모든 문제로 엮인 언제나 존재하는 윤리적인 틀을 뜻한다(Munro, 1982). 장애를 가진 이들은 관계를 맺거나 성적인 행위와 관련된 결정을 내릴 때 상담자, 기관의 전문가 또는 가족 구성원들에게 빈번하게 도움을 요청한다. 그렇지 않을 때에는 커플이 일방적으로 위험하고 정보가 불충분해 보이거나, 겉으로 무책임하게 보이는 정서적으로 유해한 결정을 내리기도 한다. 고전적인 예는, 알코올 또는 불법 약물을 남용하는 경우, 위험하거나 무방비 상태에서의 성관계, 파트너에 대한 지나친 권력 또는 폭력 행사, 아동 방치 및 학대, 자살행위 또는 위험한 관심을 끄는 행동을 보이는 것, 스트립 클럽 또는 폰섹스(남녀가 전화로 성적인 대화를 주고받는 일)에 과도한 시간과 돈을 쏟는 것, 지나친 소음, 기물 파손, 또는 위생 신고로 인하여 주거 지역에서 쫓겨남, 또는 만성적으로 돈을 탕진하거나 심각한 재정적 위기에 처하는 경우이다.

[그림 11-3]은 지적장애인 커플을 상담하거나 지원할 때, 파트너 중 한 사람 또는 두 사람 모두의 행동 중 해롭거나 위험한 선택은 없었는지 윤리적인 관점에서 살펴볼 필요가 있다. 지적장애인들도 (우리 모두와 마찬가지로) 잘못된 결정을 내리고, 실수를 통해서 배우고, '선택과 위험의 존엄성(dignity of risk)'(Perske, 1972)을 경험할 권리가 있다. 그러나 개인의 자기결정 권리와 자유는 법, 다른 이들에게 미칠 영향 그리고 합리적인 사회적 규범에 대하여 책임감을 가지려는 의지 및 능력과 동시에 고려되어야 한다(Thiroux, 2004). 책

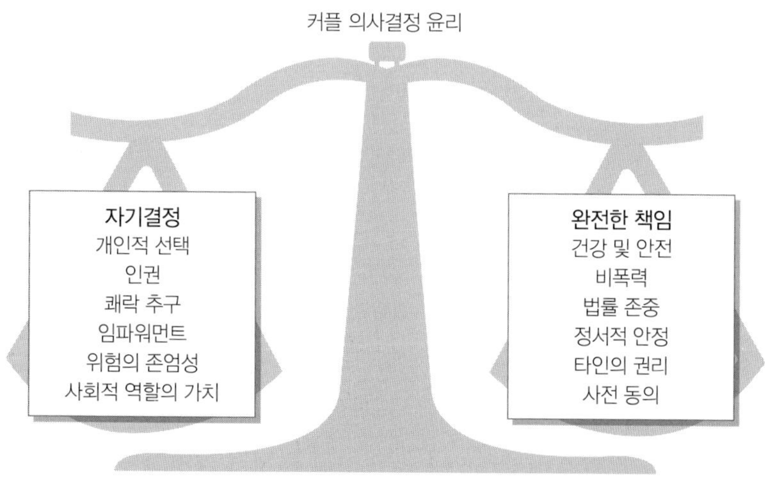

[그림 11-3] 커플 의사결정: 권리와 책임의 균형

임 없는 권리를 강조하는 것은 위험하고, 사회적으로 부적절하며 유해한 선택을 하도록 내버려 두는 핑계가 될 뿐이다. 윤리적으로 '적절한 선은 어디까지인가?' 하는 문제는 모든 전문가, 기관 대표 그리고 가족 구성원들이 반드시 각자 매일 고민해 보아야 할 것이나.

지적장애인에게 자기결정권은 반드시 보호되어야 하는 필수적인 원칙이다. 그러나 원하는 것은 무엇이든지 해도 되는 완전한 자유를 뜻하는 것은 아니어야 한다. 위험하거나, 정서적으로 유해하거나 법에 위반되는 결정을 내리면 어떻게 될까?

윤리적 차원에서 말하자면, '진정한' 자유는 스스로의 행동에 대해 책임감을 수용하는 법을 배우고 성숙하고 사회적으로 적절한 방식으로 행동할 때에 발달하게 된다. 학대 또는 지나친 권력 남용, 심각한 건강상의 위험, 아동 방치 및 학대 또는 파트너 중 한 명 또는 둘 다 '자신 또는 타인에게 해'를 끼치려고 할 때, 전문가, 가족 또는 법적 권한을 가진 이들의 개입이 필요할 수도 있다.

상담이나 도움을 받으려 하는 개인이나 커플이 상담 과정 중에 결정해야 하는 영역 중 하나는 그들에게 가장 적합한 관계 형태를 선택하는 것이다. 지적장애인 커플을 만나는 상담자와 기관 담당자는 상담이나 지원을 시작할 때 결혼과 동거가 모든 사람에게 동일하게 적용되는 것은 아니라는 것을 인식해야 한다. 긍정적 지지-커플치료 모델은 커플이 그들의 필요와 바람에 맞는 가장 적합한 관계를 결정하도록 돕는 데 주안점을 둔다(종종 이러한 커플은 대가족이나 지원 담당자에게 의뢰된다). 이러한 의사결정은 종종 커플 중 한 명 혹은 둘 다 심각한 신체적 혹은 정신적 건강문제가 있는지, 의사소통 능력 정도, 파트너에게 수동적인지 혹은 자연스러운 자기주장적인지, 혹은 파트너를 학대하거나 강압적인 경우 등 지적장애의 정도에 영향을 받는다.

반드시 다루어야 할 윤리적 이슈는 커플 각각이 가깝고, 친밀하고, 종종 성적 관계를 맺을 것인지에 대해서 동의할지에 대해서 결정하는 것이다. 이를 명확히 하도록 돕기 위해서 긍정적 지지-커플치료 모델은 국립장애인연구소

(YAI/National Institute for People with Disabilities Network, 2004)와 Taverner와 Demarco(2006)가 개발한 '성적 합의 결정에 대한 정책(Policy for Determining Sexual Consent)'에 의거한 지침을 사용한다. 기관 담당자, 전문가, 가족들은 민감하게 균형 있는 행동을 보여 줘야 하는데, 성적 표현이나 관계에 대해 선택할 권리가 있다는 것을 확신해야 하며 상대방의 안전과 안녕을 보장하기 위해 노력해야 한다. 지적장애인 개인이나 커플을 만났을 때 선택할 수 있는 관계 옵션은 다음과 같다.

- 매우 만족스러운, 플라토닉 사랑 관계는 친구보다는 좀 더 특별한 사람과의 관계를 포함한다(예: 남자 친구 혹은 여자 친구).
- 장기간 성적이고 친밀한 관계 그러나 따로 사는 것은 깊은 관계의 커플이 원하는 것일 수도 있다. 커플 중 한 명 혹은 모두 신뢰, 자율성, 통제, 과거 트라우마 혹은 버려짐의 공포와 관련된 매우 뿌리 깊은(deep-seated) 문제를 가지고 있을 경우에 해당된다.
- 결혼 혹은 법적 혼인 관계(자녀가 있거나 없을 경우)가 보다 독립적이고 유능한 커플에게 잘 맞을 수 있다.
- 별거 혹은 이혼은 커플의 불화, 학대 혹은 잔혹한 가족 간섭이 있는 경우에 가장 적합한 선택일 수 있다.
- 때때로 상상의 친구를 가지거나 어떤 사람(유명인 등)과의 관계에 대해 환상을 가지는 경우는 오히려 꽤 건강한 것이며 삶에 활기를 줄 수 있다. 극단적인 경우를 제외하고는 이런 경우가 정신병을 반영하는 것은 아니지만 외로움, 고립 혹은 생생한 상상으로 인한 반응일 수 있다. 간혹 다운증후군에게서 발견된다고 보고한다(Hurley, 2008).

개체로서 의미 있는 삶을 보낸다는 것은 개인에게 유일하게 혹은 최고의 대안이 될 수 있다. 관계를 유지하거나 깊은 관계의 파트너를 찾는 것은 항상

가능한 일이 아니다. 때때로 전문가는 개인이 프레임을 바꿔 싱글로서의 삶을 받아들이도록 하고 이것이 우리 사회에서 사람들에게 꽤 긍정적이고 공평한 것이라는 점을 인식하도록 돕는 것이 필요하다. 파트너가 가능하지 않을 때, 자위(masturbation)가 즐거운 성적인 대안이라는 점을 권장할 수 있다(Hingsburger, 1995; Hingsburger & Haar, 2000). 지적장애인의 의미 있고 건강한 삶을 위해 섹스토이(sex toy)를 사용하는 법을 전문적으로 컨설팅해 주는 성인용품점들이 있다(예: Cory Silverberg, info@comeasyouare.com). 또한 기관에서는 싱글인 사람을 위해 파트너 부재에 대한 보상을 위한 사회적 지지 네트워크를 확장할 수 있도록 돕는 데 주안점을 두거나 지적장애인에게 그들과 연결될 수 있는 친구나 파트너를 소개해 주는 Soulful Encounters(www.soulfulencounters.com)와 같은 서비스를 제공해 줄 수 있다.

동성애에 대한 개입

일반적인 것처럼, 지적장애인의 사랑이 이성과만 이루어지는 것은 아니다. 최근에 전문가들은 지원을 요청하거나 지원을 받고 있는 커플이 광범위한 성적 표현의 스펙트럼을 보인다고 보고한다. 파트너들은 동성이 아닌 것(straight)뿐만 아니라 게이, 레즈비언, 양성애자, 트랜스젠터 혹은 성 정체성에 대한 비확인자(GLBTQ)일 수 있다. GLBTQ 중 많은 사람이 그들의 성 정체성과 과거의 관계의 직접적인 결과로 성적 학대, 차별, 따돌림 등을 받은 이력들을 보고한다. 영국의 최근 연구는 GLBTQ인 지적장애인의 정서적이고 성적인 건강이 그들을 지원하는 서비스들의 실패로 인해서 위태롭게 되고 있음을 강조하고 있다(Abbott & Howarth, 2005, 2007).

빌과 고드의 사례를 고려해 보면, 이 두 사람은 경도 지적장애인이며, 지난 6년 동안 서로 깊은 관계로 함께 살아왔다. 그들은 과거 학교의 권위자와 기관 시스템에서 경험한 상처로 인해서 상담을 받는 것에 대해서 매우 조심스러워했다. 그러나 결국 그들은 "우리는 점점 통제할 수 없을 정도로 심하게 싸우고 있어요."라면서 스스로 상담을 신청했다. 이 커플을 치료하면서 상담자는 GLBTQ를 수용하는 심리치료 접근을 사용하여 대안적 삶의 방식으로 교정하려 하지 않았다. 대안적 방식은 사회적 기관, 법과 관습 안에서 이성을 사귈 권리를 인식하게 하는 것으로 종종 이러한 방식은 GLBTQ인 사람들에게 수치심을 주게 되는 결과로 이끈다. 커플에게 그러한 지역사회 지원 서비스나 자원에 대한 정보를 제공할 수 있다. 상담자들은 성애 혐오(covert homophobia)에 대한 자기 자신의 생각이 어떠한지 지속적으로 점검하는 것이 필요하다(Kort, 2008). 빌과 고드의 경우에는 30주 넘게 12회기의 개인상담이 진행되었다. 상담자는 '멈춤, 생각하기 및 계속하기(Stop, Think and Go)'의 분노와 질투 조절 전략을 사용하였고, 커플 각자가 좀 더 자기주장적일 수 있도록 돕는 데 주안점을 두고 감정을 명명하고 잘 조절하는 법을 배워 나갈 수 있도록 했다.

그들을 도운 다른 접근은 빌의 게이 성향과 고드와의 관계를 계속 반대해 온 빌의 가족들과 함께 한 3회기의 중재 회기를 제공한 것이다. 이 회기에서는 빌의 가족들(특히 아버지와 형)이 빌을 보다 긍정적이고 건강하게 인식하고 받아들일 수 있도록 돕는 데 중요한 시간이 되었다. 이 회기 이후에, 처음으로 빌과 고드는 가족들과 함께 만나서 어울리게 되었다. 그리고 이러한 노력으로 이 커플이 좀 더 레저를 즐기고 사회적 네트워크를 구성하도록 확장시키게끔 만들게 되었고, 지적장애 GLBTQ 사람들을 위한 토론토의 그리핀 센터(Griffin Centre)의 sprOUT 프로그램에 참여할 수 있도록 했다(www.griffin-centre.org). 이러한 전략은 빌과 고드의 갈등을 줄이는 데 도움이 되었고, 전반적인 삶의 질과 서로 의사소통하는 능력이 향상되도록 하였다. 그들은 함께 더 즐기게 되었고, 고립감을 덜 느끼고 서로의 사랑을 더 확인하기 시작했다.

폭력적이고 학대적인 관계

지적장애인 커플들이 서로 행복하고 평안하고 사랑하는 관계를 맺음에도 불구하고, 학대와 폭력 같은 공포스러운 관계를 맺는 경우가 있다. 밀드레드와 잭의 사례를 살펴보자. 그들은 19년 전에 결혼을 했고, 바로 기관으로부터 해고가 되었다. 밀드레드(지적장애 경계)는 초기 아동기 때 학대당한 경험이 있고 심각한 정신건강 문제를 가지고 있다. 그들의 관계는 조용하고 정말 사랑했던 시기가 있었으나 밀드레드가 경찰을 부를 정도로 심각하게 폭력적인 관계로 변질되었다. 세 가지 사건으로, 법원은 잭의 학대에 대한 판결을 내려, 가해자를 위한 지역의 분노 조절 상담 프로그램에 참여하고 개인상담도 받아야 함을 선고했다. 불행하게도, 잭(매우 걱정이 많고 인색한 남자)은 이러한 회기로도 별로 나아지지 않았다.

밀드레드와 잭 사이의 분노는 폭력적인 정서의 두드러진 변화와 밀드레드의 폭음뿐만 아니라 그들의 돈을 다루는 무능력과 과소비에 의해서 촉발되었다. 여러 경우에 기관 담당자는 예산보조금을 제공해 주려고 노력했다. 커플상담도 제공되었지만, 그들은 잘 참여하지 않았다. 그리고 담당자가 접촉하려고 할 때, 그들은 점점 조심하게 되고 방문이나 전화 시 대답하는 것도 거절했다. 밀드레드는 장애인 연금을 받았고, 잭은 지역의 식료품점에서 풀타임으로 일을 했다. 밀드레드는 직장에서 일을 계속한 것은 아니지만, 잭이 일하고 집에 와서 피곤하고 그녀와 더 이상 말하고 싶어 하지 않고 함께하려고 하지 않을 때 무시당한(slighted) 느낌을 받았다. 그들의 논쟁은 그들이 더 함께 시간을 보낼수록 점점 더 악화되는 것처럼 보였다. 밀드레드는 잭이 돈을 어떻게 쓰는지, 시간을 어떻게 보내는지, 그리고 그들 사이의 빚이 얼마나 눈덩이처럼 불어나는지에 대해서 매우 의심하게 되었다. 약 1년 뒤, 그들은 밀드레드가 소리치고 잭을 때리기 시작했고, 잭도 몇 분 동안 맞은 후 다시 치는 상황이 되었다. 둘 다 멍들고 피가 난 채로, 밀드레드는 경찰을 불렀다. 잭은 다시 경찰에 체포되고 지난 3년 동안 4번이나 감옥에 가게 되었다. 페미니스트한 조직으로서 경찰은 이런 경우에 항상 남자를 체포하는 지침이 있다는 것을 설명했다.

최근에 판사는 잭에게 책을 하나 주었다. 판사는 잭에게 밀드레드에게서 완전히 격리되거나 정말 감옥에 수감될 것을 선고했다. 지역사회에 있는 서비스 기관들이 서로 연계를 하였다. 지역 정신건강 기관에서는 밀드레드의 상황을 모니터링할 예정이었다. 그녀의 약물치료, 재무 관리, 상담 등을 도우며, 그녀가 사회 활동과 정신과 치료 약속에 참석하는지를 확인하기로 했었다. 발달적 서비스 기관(developmental service agency)은 잭을 돕는 것에 동의했으며, 그가 아파트를 구하고, 다른 식료품 가게에서 일하기를 시작하며(밀드레드에게는 알리지 않고), 가게 부채를 줄이고, 법원 명령 상담에 가는 것을 도왔다.

그 후로 2년간, 밀드레드는 자신에게 지원되고 있는 정신건강 및 지원 서비스의 대부분을 거절하였다. 잭은 여전히 숨기는 것이 많았고 마지못해 상담에 참석하고 있었다. 그는 밀드레드가 그의 친척들에게 전화해서 그가 지금 어디에 살고 있는지 알아내려고 하고, 쉼 없이 그의 재결합을 위해 가능한 모든 것을 하고 있다는 것에 대해 지속적으로 불평하였다. 상담자는 지속적이고 단호하게 잭에게 만약 잭이 밀드레드와 재결합을 한다면, 감옥과 같은 생활이 더 길어질 수도 있다는 것을 상기시켜 주었다. 이렇게 상담자가 명확하게 제시한 결과, 잭은 '판사가 나에게 진짜 가혹하게 결정할 수도 있다.'는 사실을 이해하고 받아들였다. 그는 밀드레드가 자신을 찾을 것에 대해 불안해하기 시작했으나, 그의 마음속 깊은 곳에는 그녀를 다시 만나고 싶어 하는 바람이 있다. 상담자들은 잭에게 당신과 밀드레드 사이에 분명한 경계가 있어야 한다고 반복적으로 설명했다. 그리고 잭은 그녀로부터 거리를 두는 것을 꽤 잘 수행했고 그의 사회적 지지 네트워크를 확장하였다.

최근, 잭은 미리 알리지 않고 갑작스럽게 상담자 사무실에 나타났다. 그는 울고 있었다. 그는 밀드레드가 죽은 채 발견되었다는 것(명백히 자연사임)을 방금 알게 되었다고 설명했다. 비극적이게도, 여러 의미에서 그가 정말로 사랑했던 단 한 여자가 그렇게 떠났다. 애도상담이 잭에게 제공되었다. 그러나 그는 이후 어떤 회기에도 나다니지 않았다. 슬프게도, 도와주기 매우 어려운 커플들은 존재한다.

양육할 것인가, 하지 않을 것인가? 그것이 문제로다!

긍정적 지지-커플치료 모델은 심각하게 임신을 고려하는 커플의 임신 여부를 결정하는 데 영향을 미치지는 못한다. 부모가 되려는 욕구는 지난 20년간 개인의 권리로 더 분명하게 인정받고 있다(May & Simpson, 2003). 이러한 의견은 능숙한 부모나 미숙한 부모는 장애인 집단에만 있는 것이 아니며, 어느 집단에나 존재한다는 가정에 기인한다. 연구들에서는 많은 지적장애 부모가 적절한 훈련과 지원을 받는다면, 양육 기술을 배울 수 있고 수용할 만한 아이 돌봄을 제공할 수 있다는 것을 밝혀 왔다(Aunos & Feldman, 2007).

지적장애인 커플들은 결혼상담을 할 때 그 전에 이미 이들이 아이를 갖지 않기로 결정하고 나서 결혼상담을 하는 경우가 많다(Craft & Craft, 1979). 그러나 부모가 되는 것에 대한 이슈로 상담실을 찾는 커플이 있다면, 그들에게 임신과 양육에 따르는 책임, 어려움 그리고 적절한 양육에 요구되는 기술들에 대해 충분히 알려 줘야 한다. 산아 제한과 가족 계획에 관한 내용들 역시 설명되어야 하며, 지원받을 수 있는 의료진 혹는 공중보건 간호사에 관해서도 알려 주어야 한다. 적절한 양육을 하기 위해 상당한 지원을 필요로 하는 커플들에 대해서는 상담자가 그 커플들의 부모(잠재적 조부모들)와 (커플의 허가 하에) 면담을 하는 것이 윤리적이 필요하다. 다른 가족 구성원들과 이들을 지원할 수 있는 기관들은 그들이 실제적으로 얼마나 지원할 수 있고, 또 그들이 도움을 필요로 하는지에 대해 확인하고 결정해야 한다. 지적장애인을 둔 이들의 가족(특히 잠재적 조부모들)은 이미 자신의 자녀 한 명 또는 파트너 모두를 지원하는 것에 대해 지쳐 있는 경우가 많다. 그들은 새로 생겨날 아이와 그들의 부모를 동시에 양육해야 하는 부담에 직면해 있고 이것은 어마어마한 어려움이 될 수 있다(Parr-Paulson, 1998).

이런 상황에서의 아동이 방치되거나 남용된다는 의심이 들면, 전문가들은 필히 아동보호기관에 알려야 한다. 커플은 아동 학대나 방임이 일어날 경우, 아동보호기관으로 아동이 인계될 수 있다는 사실을 가능한 임신 전에 알고 있어야 한다. 아이를 원하는 커플들은 아마도 여전히 다른 사람의 시선에 상관없이 아이를 가질 것이다. 결국 만약 커플이 일방적으로 임신을 하게 된다면, 전문가들과 기관들은 적절한 양육을 위한 가능한 한 모든 것을 해야 한다.

결혼 준비

긍정적 지지-커플치료 모델에서는 결혼을 고려하는 지적장애인 커플은 사전에 준비를 해야 한다고 말한다. 일반적으로, 초기에 불안을 잘 겪어 낸 후에야 비로소 결혼에 대한 동기나 만족도가 높아지는 경향이 있다. 지적장애인을 다루어 본 커플상담자들은 이러한 서비스를 직접 제공하거나 다른 상담자, 교육자, 기관, 성직자, 혹은 이와 비슷한 일을 하는 믿을 만한 집단에게 이러한 서비스에 대한 교육을 실시할 수도 있다.

혼전/결혼 준비와 결혼교육에 대한 두 가지 접근은 전통적으로 지적장애인들에게 사용되어 왔으며, 때때로 다른 것들과 결합되어 사용되기도 했다(Bernardo, 1981).

① 개인-결합 혼전상담(Individual-Conjoint Premarital counseling)은 지정 장애 커플에게 가장 흔한 접근법이다. 이 방법은 개인 그리고 커플 상담 회기가 결합되어 사용된다. 이 접근은 본 저자와 지적장애인 커플들에

게 가장 빈번하게 사용되는 방법이다.

② 결혼 준비 집단(Group Marriage preparations) 역시 가능할 수 있다. 구체적인 주제 위주로 일련의 세션들이 구조화되어 있는 이러한 집단들은 종종 믿을 만한 지역사회 또는 어떤 기관을 통해서 이뤄질 수 있다. 집단적 접근은 지적장애인을 가진 개인들에게 친밀함을 줄 수 있을지는 모르나 가치가 없다. 특히 만약 집단이 평균 수준의 지적 능력을 가진 사람들이 지적장애인들보다 경제적 · 언어적 · 지적으로 뛰어난 사람들과 함께 구성되었다면 더욱더 그렇다. 만약 이미 잘 알고 있거나 그들에게 익숙한 지지자인 신뢰성 있는 집단 또는 기관에서 제공된 '결혼 준비'는 문제가 적을 것이고, 종종 그것이 매우 잘 받아들여질 것이다. 때론 역할놀이, 예술적 작업들(예: 「결혼의 모습은 어떠할 것인가」라는 대학 잡지의 사진을 만드는 것 등), 연사 초청, 숙제가 유용할 것이다 (Hartman & Hynes, 1975).

성적-긍정적 언어(sexuality-positive language)와 매우 구체적이고 실용적인 논의거리를 활용하는 혼전 상담과 교육은 도움이 될 것이다. 논의된 주제는 재미있어야 하고, 결혼에 있어 개인의 책임에 대한 준비도, 성과 관련된 교육과 논의, 가족 계획과 양육자의 책임, 필요한 소득과 재정 관리, 커플 의사결정과 노동의 분배, 갈등 관리, 명명화된 감정(label feeling)의 학습, 자기주장과 스트레스 관리, 집안일 가사노동, 개인 청결과 위생의 이슈, 건강, 다이어트, 식사 준비, 냉장보관, 함께 또는 각자 하는 레저 활동이 포함되어야 한다.

개인상담: 커플상담자들이 알아야 하는 것!

지적장애인 커플들과 함께 작업한 경험이 많은 상담자들은 시스템적 편견을 가지고 있는 것처럼 보인다. 상담자들이 '기능 수준이 낮을 거야.' 혹은 '상담에 적합한 내담자가 가진 통찰이 없을 거야.'라고 잘못 생각하는 것을 흔하게 볼 수 있다. 그러나 많은 중간 수준 혹은 경도 수준의 지적장애 성인들이 기능을 하지 못할 것이라는 것은 전혀 사실과 무관하다.

개인커플 상담은 긍정적 지지–커플치료 모델에 있어 중요한 부분이다. 치료는 일반적으로 단기적이고, 활동중심(action-oriented)으로, 2~4주 간격으로 6~12회기 정도를 하는 것으로 계획된다. 때때로 필요에 따라 '추수 모임(booster session)'을 추후에 넣기도 한다. 가끔 장기치료가 필요할 수도 있다. 선입견을 가진 상담자들은 지적장애인들이 '통찰', 즉 이해를 통한 행동의 변화에 영향을 주는 것이 없을 것이라 가정한다. 사실 많은 성인은 그들의 심리역동과 행동에 대한 통찰의 결과로 그들의 행동이나 인지 패턴을 의식적으로 바꾸는 힘을 가지고 있다. 최소한 기초적이고 실제적인 수준에서는 말이다. 어떤 사람은 평가된 지적 기능 이상으로 지혜, 직관, 언어와 기억 기술을 가지고 있다. 이러한 커플들은 종종 신선하게 보일 정도로 정직하고 도움을 받아들일 동기를 가지고 있다.

치료적 경청과 임상적 기록과 함께하는 개인 회기들은 커플들이 가지고 있는 그들의 관계가 특별하고 중요하다는 생각을 강화할 수 있다. 지적장애인들은 때로 무시당했던, 거절당했던, 또는 다른 사람들에게 심각하게 받아들여지지 않았던 경험을 가지고 있을 수 있기 때문에, 누군가 진심으로 들어준다는 것(적극적 혹은 공감적 경청)은 강력한 치료적 도구가 될 수 있다. 커플은 의사소통, 자기주장, 문제해결, 대처 기술을 증가시킬 수 있다. 파트너와의 더 나은 팀워크와 응집력을 개발하고, 마음속 깊은 상처나 오해를 해결하고, 그 외의 추가적인 연습을 통해 명료화, 명명화(labelling), 강렬한 감정의 소통(channelling intense feeling)과 같은 기술에 익숙해질 수 있다.

지적장애인 커플들은 너무 격식을 차리고, 현학적이며, 잘난 체하고, 심각한 상담자를 신뢰하지 않는 경향이 있다. 내담자들을 '사로잡는' 상담자들의 원리는 다음과 같다. '회기를 긍정적이고 재미있게 만들라. 그러면 절반의 성공을 거둔 것이다!' 대부분의 지적장애인은 유머 감각이 뛰어나고 배우는 것을 즐기지만, 그들의 용어가 있거나 때론 그 속도가 느리다. 이를 염두에 두고, 다음의 전략(때로는 기존의 상담방법에서 능숙하게 수정됨)은 도움이 될 수 있다.

① 인터뷰는 보통 상담자의 사무실과 같은 사적인 공간에서 이루어져야 한다. 지적장애인들은 기억하거나 일정을 맞추는 것에 어려움이 있을 수 있어, 미리 커플을 불러서 다음 회기를 상기시켜 주는 것이 현명하다. 때로는 커플들이 회기를 위해서 상담자를 자신의 아파트나 집으로 오라고 요청할 수 있다. 이는 많은 지원 기관이 보통 이런 방식으로 서비스를 제공하기 때문이다. 만약 해당 커플이 심각한 신체적인 어려움이나 이동에 어려움이 있을 경우에 상담자들은 이렇게 할 수도 있다. 그러나 상담자의 사무실로 오라는 의지를 보여 주는 것은 커플들이 도움을 받아들이는 동기에 대해 일반적인 단서를 제공하여 매일의 일상적인 루틴에서 벗어날 수 있고, 또 집에서의 산만함을 피할 수 있다.

② 지적장애인과 인터뷰할 때에는, 임상적인 느낌과 조언의 빈번한 반복과 더불어 그들이 이해한 것을 확인하기 위해 들은 것을 반복하도록 요청하는 것이 필요하다. 여전히 혼란스러워하는 경우에는, 상담자가 더 천천히, 명확하게, 더 간결한 태도로 말하고, 눈 맞춤을 요구해야 한다. 왜냐하면 지적장애인들의 학습에 대한 일반화는 회기 사이에(특히, 처음에) 사라질 수 있기 때문이다. 각 인터뷰를 시작하기 전에 이전 회기 내용을 다시 한 번 검토하는 것이 유용하다. 시간이 지남에 따라, 정보가 계속 되풀이됨에 따라 메시지가 개인에게 유지될 수 있다.

③ 구조화되고, 구체적이고, 더 지시적인 인지-행동 상담 전략(Burns, 1980; Jacobson & Christensen, 1996)의 특성은 지적장애인 커플들과 작업하는 데 특히 더 잘 맞는 것처럼 보인다. '인지적 왜곡'은 '당신이 생각

하는 방식이 당신을 속이고 있다.'는 식으로 단순하게 설명할 수 있다. 이완과 훈련의 결합된 행동 리허설이나 역할 놀이가 특히 효과적일 수 있고, 재미있는 학습도구일 수 있다. 커플들은 파트너와 함께 상호작용 기술을 향상시키는 방식을 반복할 수 있고(예: 적절한 성 관련 향상), 불안을 야기하는 상황을 다루는 것을 배울 수 있으며(예: 친척 만나기, 게이 커플은 그들의 가족에게 '커밍아웃' 하기), 또는 지배적인 친척이나 친구들을 대처하기 위한 자기주장 전략을 연습할 수 있다.

④ 분노, 질투, 갈등을 더 잘 다루게 되는 것은 한 사람 혹은 파트너 모두 혹은 대가족이 흔히 요청하는 치료 결과이다. 긍정적 지지-커플치료 모델은 파트너 중 한 사람이 극심한 학대나 구타를 당하는 경우에 커플치료를 중단한다는 여성주의적인 신념을 지지한다. 그러나 적은 수준의 폭력(예: 위협, 강압, 구타가 따르지 않는 신체적인 공격성)은 보통 커플을 함께 다루는 것이 가치 있다(Jacobson & Christensen, 1996; Nichols & Swartz, 2004). [그림 11-4]에서 보는 것과 같이, 파트너들은 분노와 질투를 관리하는 데 '신호등: 멈춤/생각하기/계속하기(Spotlight: STOP/THINK/GO) 접근'과 같은 간단하지만, 효과적인 전략을 배울 수 있다. 또한 커플들은 신체적 폭력과 욕설을 사용하지 않고, '지금 여기서'(예전에 상처받은 것이 아니라)에 초점을 맞춰, '공정한 다툼을 위한 규칙'(Bach & Wynden, 1968)을 구체화하는 것을 배울 수 있다.

⑤ 재구성(reframing)은 덜 감정적이고, 더 건설적이며, 이성적인 방식으로 커플들이 다시 생각하고, 그들의 사고를 변화시키고, 사람과 상황에 대해서 재해석하도록 배우는 데 사용할 수 있다. 예를 들어, 어떤 남성은 그의 아내가 당뇨병 진단을 받은 후에, 그의 '바보 같고, 지능이 낮은' 아내에게 평소와 달리 적대적이 되었다. 상담을 진행하는 동안 상담자는 이 문제에 대해 그들이 함께 운동하고, 식단에 주의하고, 스스로를 더 잘 돌볼 수 있게 되는 계기가 되기 때문에 당뇨가 '사실은 장점'

분노와 질투는 지적장애인 커플들 간의 관계 역동에 지속적으로 손상을 줄 수 있다. 매우 도움이 되는 한 가지 전략은 '신호등: 멈춤/생각하기/계속하기 접근'이다. 먼저, 파트너 혹은 커플들에게 아래와 같은 가시화된 신호등 그림이 주어진다. 그리고 나서 상담자는 1단계에서 6단계에서 설명하는 과정을 거치면서 개인과 커플들을 돕는다. 커플들은 이 전략이 배우기 쉽고 매우 도움이 된다는 것을 알게 된다.

1단계

파트너 혹은 커플이 화가 나거나 질투가 날 때의 시간, 상황, 감정과 다른 사인(sign)을 알아차리도록 도우라.

2단계

몸의 긴장에 초점을 맞추어서, 화나거나 질투할 때 어떤 모습인지 거울을 보고 연습하거나 역할놀이(예: 먼저 주먹 쥐기, 얼굴 표정 등)를 하라.

3단계

이완되었을 때는 어떤 모습인지 거울을 보고 연습하거나 역할놀이(예: 봉제 인형처럼 느슨해지기 등)를 하라.

4단계

신호와 함께 신호등을 시각화해 달라고 파트너와 커플에게 요청하라[멈춤(빨간색), 생각하기(호박색) 및 계속하기(녹색)].

5단계

화나 질투가 고조화될 때 인지적인 단서로서 '멈춤 및 생각하기' 단어를 파트너와 커플에게 가르치라. 나쁜 결과가 발생할 것이고 침착함이 필요하다.

6단계

'계속하기'란 의미는 파트너로부터 자신을 물리적으로 떨어뜨리고, 대안 활동(예: 사적인 공간으로 들어가거나, 에너지를 얻기 위한 산책하기)을 하거나 또는 다양한 휴식방법을 사용하는 것이다.

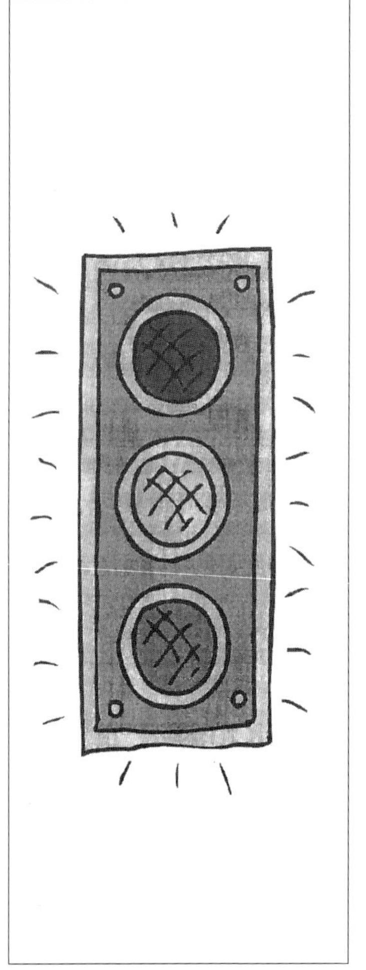

Peggy Corrigan-Dench와 Valerie Price에게 감사의 말씀을 드립니다.

[그림 11-4] 분노와 질투: '멈춤, 생각하기 및 계속하기 접근'

이라고 제안하면서 재구성하였다. 여러 회기를 진행하면서 몇 번의 재구성을 한 후, 커플들은 이 설명을 받아들이고, 몸무게를 줄이고, 긴장이 사라지고, 그들의 애정이 다시 돌아오게 되었다. 또 다른 회기에서 커플은 그들이 '끔찍한 부모님'라는 것에 대해서 계속해서 이야기했다. 사실상, 이러한 사람들은 그들의 자녀에 대해서 모든 가능한 아동 관련 지원을 하고 있는 매우 헌신적이고, 사랑이 있고, 동기가 높은 부모들이었다. 상담자의 재구성은 그들의 양육능력이 자녀에 대해 매우 긍정적이고, 다정하고, 그들의 성장을 향상시키는 것으로 자랑스럽게 재해석하도록 도와주었다.

⑥ 성관계에 만족하는 것은 커플의 화합을 위해 중요한 측면이다. 그러나 Koller 등(1998)은 성적인 어려움이 지적장애인 커플들에게 흔한 문제라고 보고하였다. 때때로 다음과 같은 도구를 사용하는 방법에 대한 사회-성적 지식을 측정하는 것은 도움이 될 것이다. 성교육 또는 상담을 하기 전에 관련 검사인 SSKATT-R을 할 수 있다(Griffiths & Lunsky, 2003). ① 남용 방지, ② 성, 친밀성, 관계, ③ 안전한 성, 에이즈, 건강과 위생과 관련된 이슈에 대한 커플교육이 상담의 중요한 측면일 수 있다(Champagne & Walker-Hirsh, 1993). 어떤 커플들은 역기능적인 성과 관련하여 고군분투하고 있어서, 즐거움을 높이고, 긴장을 줄이고, 친밀감을 향상시키기 위해 도움이 필요할 수 있다. 감각 중심의 초점 연습은 가르치기에 꽤 단순할 수 있다(Masters & Johnson, 1970). 이러한 접근이 성적인 교류를 해야 한다는 행위에 대한 압박 없이도, 초반에 '안아주기 회기'에서 천천히 편안하고도 즐거운 기회를 만드는 것을 강조하여 즐거움을 주고받으면서 커플의 친밀감을 크게 향상시킬 수 있다. 성적인 교류가 필수가 아니라면 일종의 '보험(sexual insurance)'으로서 자위행위를 추천할 수도 있다(Hingsburger, 1995; Hingsburger & Haar, 2000). 발기부전의 문제를 경험하는 지적장애인 남성들을 위해서는 때때로 비

아그라와 같은 약이 처방되기도 한다. 커플들은 애정을 과시하도록 서로에게 행동적인 요청을 하도록 종종 배운다(예: "안아주세요.").

⑦ Mattinson(1973)은 대부분의 지적장애인 커플이 서로의 약점을 서로 보충하는 기술과 같은 상보성을 기반으로 하여 기능한다는 점에 주목했다. 상담자들은 커플들이 서로의 약점이나 욕구(정서적 · 신체적 한계를 명심하고)를 더 잘 보완할 수 있는 특정한 방식을 발견하는 것을 도울 수 있다. 예를 들어, 언어능력에 심각한 어려움을 겪는 남자에게는 그를 이해하는 특별한 능력이 있는 그의 아내를 그의 통역자로 활용하도록 권장되었다. 대신에, 아내는 자주 병원에 가는 일을 매우 불안해하는데 여기에 남편에게 함께 가 달라고 요청한다. 다른 사례에서는 신체적인 어려움이 있는 여성은 문맹인 남편을 위해 글을 읽고 쓰도록 하고 남편은 그녀를 위해 심부름을 하고, 그녀를 먹이고 씻길 수 있다.

⑧ 건강한 경계 설정(Minuchin, 1974)은 대부분의 지적장애인 커플들이 쉽게 이해할 수 있는 전략이다. 경계를 강화하기 위한 전략에는 의사소통 원칙(예: 한 번에 한 사람씩 이야기하기)을 정하기, 친척들에게 덜 간섭히도록 주장하기(예: 그들을 비하하는 친척의 방문을 거절하기) 또는 수동적인 여성에게 그녀를 지배하려는 파트너 사이에 좀 더 거리를 두도록 장려하기(예: 친구와 한 주에 한 번 외식하기)가 포함된다. 다른 한편으로, 경계를 느슨하게 하는 것은 소외된 커플에게 더 외출하게 하고(예: 저렴한 데이트나 휴가, 헬스장 가기), 서로 다른 흥미를 추구하거나 사회적 네트워크를 증가시키는 것(예: 장애인 올림픽 볼링에 참가하거나 지적장애인 권익 증진 단체에 가는 것)을 '허락해 주는 것'을 포함할 수 있다. 이에 더하여 서클 프로그램(CIRCLES Program)은 커플이 적절한 수준의 친밀감을 형성하고 다양한 사람과 그들의 삶 속에서 사회적인 거리를 형성하는 데 유용한 도구가 될 수 있다(Champagne & Walker-Hirsh, 1993).

⑨ 읽고 쓰기를 할 수 없는 커플을 위하여, 상담자는 창의적이고 실용적인

접근으로 유연한 태도를 지닐 필요가 있다. 한 커플은 (상담자의 도움으로) 가사로 설명하는 실용적인 대처 전략으로 노래를 만들었다. 각 회기의 가장 마지막 부분에서, 상담자는 커플과 노래를 같이 불러서(아주 즐겁게) 커플들에게 특정한 대처 기술을 상기시켜 주었다(필요할 때는 전략/노래를 업데이트하고 개선시키면서). 심각한 의사소통 결함을 가진 사람들에게는 보완 의사소통 장치 또는 시각적 도구(예: 그림이나 상징 체계)가 특정한 기술(예: 위생, 기본적인 요리, 예의, 분노 관리, 대중교통 일정 이해)을 향상시키기 위해 사용될 수 있다. 핵심은 창조적이고 재미있어야 한다는 것이다.

⑩ 독서치료(치료적인 통찰과 기술을 가르치는 '숙제'로서 자기계발서를 이용하는 것)는 일반적인 상담 장면에서 아주 흔하다. 그러나 대부분의 지적장애인은 읽기 기술이 부족하거나 전혀 읽을 수 없기 때문에 책은 종종 치료적인 도구로서 간과되기도 한다. 그럼에도 불구하고 긍정적 지지-커플치료 모델은 종종 교수도구로 수정된 방식으로 책을 이용한다. 예를 들어, 상담자는 자기계발서의 핵심 구절을 크게 읽거나 요약하거나 또는 더 쉬운 영어로 구절을 간단하게 만들 수 있다. 예를 들어, 『다섯 가지 사랑의 언어(The Five Love Languages)』는 일반적인 치료 실천에 사용되는 책인데(Chapman, 2004), 이 책은 보다 간단한 언어로 '옮겨질' 수 있으며, 커플은 기술된 실천적인 아이디어를 얻을 수 있다.

⑪ 적절할 때, 상담자는 한 명 혹은 두 파트너에게 정신과적 자문 또는 향정신성 약물에 대해 의사를 만나는 것이 유용하다고 제안할 수 있다. 이것은 궁극적으로 커플 관계를 굉장히 향상시킬 수 있다(Carver et al., 1987). 또 다른 경우에, 특히 더 복잡성을 가진 개인이 심리학자를 만나는 것은 한 명 혹은 양쪽 파트너의 근본적인 성격, 학습, 심리적 장애에 대한 더 많은 이해를 제공하기 위한 심리진단적인 평가를 제공하기 때문에 치료가 강화될 수 있다.

개입 모델에 대한 실제 사례

마거릿(33)은 다운증후군이며, 존(35)은 경도 지적장애인이다. 그들은 최근 결혼하는 것에 대해 진지하게 이야기를 시작했으며 함께하는 데 상당한 시간을 보내고 있다. 마거릿의 어머니인 스미스 부인은 지적장애를 전문으로 하는 임상 사회복지사에게 연락하여 마거릿과 존의 커플상담을 요청했다. 스미스 부인은 그들이 지역사회 내의 모든 다른 상담 프로그램과 임상가들을 거절했다고 설명했다. 스미스 부인은 그녀의 남편이 존의 '분노 이슈'에 대해 걱정하고 있다고 말했다. 이 점을 기억하고 사회복지사는 존과 마거릿에게 개인상담에 오는 것에 대해 연락했다. 마거릿은 처음 회기에 매우 오고 싶어 했으나, 존은 다소 꺼렸다("내가 문제가 있다고?").

처음 세 번의 커플 회기 동안(그 시간 동안은 커플과 친분이 있는 대리자인 공동상담자와 함께했는데), 마거릿은 존의 분노를 두려워하지 않았고, 그들은 서로의 한계를 보완하고 있다는 것이 명확해졌다(예를 들어, 존은 읽을 수 있었고, 마거릿은 친구를 보다 쉽게 사귈 수 있었다). 상담 결과로 그들에게 가장 중요한 것은 결혼을 하는 것이었다. 그들은 이미 아이를 원하지 않는다고 결심했고, (어머니의 그리고 공공 공중보건 지원으로) 그들이 안전하게 피임을 할 수 있었다. 장애연금을 받기 때문에 그들은 지원되는 직장에서 한 주에 몇 시간만 일하면 되었다. 존은 그가 짜증을 잘 내고 자주 잠을 못 자는 것을 인정하였으며, 마거릿의 아버지가 자신을 '무례하고 사람을 쥐고 흔드는' 것 같다고 말했다. 그러한 대화는 마거릿을 화나게 만들었다.

이러한 초반의 회기 이후에, 상담자는 마거릿의 부모님을 만나는 회기를 마련했다. 스미스는 존에 대한 극도의 적대감을 표현했다. 스미스는 존이 항상 그의 가족을 모욕하고 무시했으며 그 이유는 오직 결혼을 위해서라고 말했다. "그놈과 그놈 가족은 우리가 잘 산다는 걸 알아요." 사실 존은 그의 가족과 거의 연락을 하지 않았다. 보다 놀라운 것은 마거릿이 '다소 문란'했고, '존은 그녀를 문제에서 벗어나게 해 줄 꽤 괜찮은 사람처럼 보였기 때문에' 스미스 부인이 가장 먼저 커플을 서로 소개해 주었다는 것이다.

그 이후 곧 상담자는 마거릿의 남자 형제이자 경찰관으로 근무하는 스티브에게 전화를 받았다. 스티브는 만약 상담자와 공동상담자가 커플을 계속 만날 경우 그들을 고소하겠다고 협박했다. 이 시점에서 상담자는 스미스 부인에게 연락했고, 그녀와 개인적인 회기를 진행했다. 상담자는 스미스 부인의 남편과 스티브가 '분노 이슈'를 가지고 있는 것 같다고 설명했고, 이 상황이 신속히 개선될 필요가 있으며, 그렇지 않으면 존과 마거릿의 관계가 (행복할 가능성이 있지만) 지속되지 못할 수도 있다고 언급했다. 그는 남편과 아들에게 '물러서라'고 지시하도록 스미스 부인에게 요청했으며, 다양한 수완을 발휘하여, 그녀는 그들로 하여금 반대의 강도를 낮추게 할 수 있었다.

상담자와 공동상담자는 다시 존과 마거릿을 만났다. 그들은 존의 우울함이 걱정스러운 상태이며, 결혼이 성공적이려면 그의 장래 장인에 대한 인식을 바꾸어야 한다고 결론을 내렸다. 존은 정말로 결혼을 원하고 있었다. 커플에 대한 6번의 추가 회기가 진행되었고 상담자는 존이 스미스에 대한 인식을 '아주 관심 많고 보호하려고 하는 아버지'로 재구성하도록 도왔다. 존은 (역할놀이를 통해) (이전에 기술된) 스미스 씨와 스티브 주변에 있을 때 '분노 조절 전략 멈추기/생각하기/방법 찾기'를 배웠다. 상담자는 존이 정신과적 자문을 받도록 격려했으며, 그곳에서 그가 만성의, 낮은 정도의 우울('우울증')로 고통받고 있다고 진단받고, 약물을 처방받았다. 이것은 그의 기분과 수면 패턴에 눈에 띄는 향상을 가져왔다.

이어지는 회기에서는 관계 기술과 가능한 결혼 준비(성생활, 재정 관리, 친구와 친척들 관리)를 하는 데 초점을 맞추었다. 상담자와 공동상담자는 커플이 결혼식을 1년 미루도록 설득했고, 그 결과 현재의 문제가 보다 완전히 해결될 수 있었다. 또한 그때까지 그들은 3년을 꽉 채운 기간을 잠시 기다렸다.

("Monro의 3년 법칙!"으로 커플이 결혼을 서두르지 않도록 촉진시켰고, 먼저 정말로 서로를 알아 가게 되었다.) 동시에, 상담자와 공동상담자는 마거릿의 부모와 두 번의 기회 동안 만나서 스미스가 서서히 존에 대해서 '마거릿을 위해 정말 잘된 일이다.'라고 재구성하도록 도왔다. 공동상담자는 몇 번의 '내담자중심 기획 모임'을 조직하였고, 그 모임에서 다른 지지 사항에 대한 논의가 이루어졌다(예를 들어, 커플을 지지하는 그룹과 함께 하는 결혼 준비 수업, 레저 활동을 따로 또 같이 하는 것, 존의 추가 수입을 위한 고용 시간을 늘리는 것이다).

약 일 년 후, 존과 마거릿은 사랑스러운 결혼식을 올렸다. 스미스 씨는 자랑스럽게 그의 딸의 손을 잡고 결혼식장에 걸어 들어갔고, 나이아가라 폭포로 가는 신혼여행의 비용을 부담하기까지 했다. 상담자는 존과 마거릿의 사례를 지역 커플상담자를 위한 훈련 세미나의 지적장애인 커플의 참여를 촉진하기 위한 실습에서 사용하였다. 10년 후에도 존과 마거릿은 여전히 행복하게 결혼생활을 하고 있었다. 그들은 아주 즐거워했고, 일 년에 한두 번씩 상담자를 불러서 문제를 유발할 수 있는 문제에 대하여 '추수 상담'을 가졌다.

결론

사회적 · 경제적 그리고 지적 약점에도 불구하고, 연구자와 일화적인 증거(Schwier, 1994)는 지적장애인 커플의 사랑 관계와 결혼에 대하여 일반적인 사람들과 같이 행복하고 의미 있는 것일 수 있다고 제시한다. 처음에는 놀랍게 들릴지라도, 많은 점에서 대부분의 지적장애인 커플의 사례는 사실상 일반적인 커플에게 삶에 대한 교훈을 제공할 수 있다. 예를 들면, 이러한 커플은 다른 사람들에게 관계의 행복이란 종종 물질주의와 외부 모습에 대한 기대를 낮추는 것을 기반으로 하고 있다는 점을 알릴 수 있다. 좋은 동료 관계를 발견하고 한 사람의 삶을 다른 사람과 단순히 공유한다는 것, 충성스러움과 부드러움을 증명하는 것, 아름다움은 진실로 보는 이의 눈에 달려 있음을 인식하는 것 그리고 즐거움은 언제나 헌신적 관계의 첫 번째 원칙이라는 것을 상기시켜 주는 것이다.

전문적인 학술연구에서 여전히 지적장애인 커플 관계, 결혼 그리고 양육에 대한 이해에 관한 것이 주를 이루고 있다. 이 영역에서 잘 설계된 연구가 필요한데, 이것은 약 40년 전에 벌써 제기된 것이다(Katz, 1968). 또한 지적장애인 커플치료에 대한 접근방법, 전략, 모델을 다루는 임상문헌이 필요하며, 상담자들도 사각지대에 있는 지적장애인을 위한 확장된 상담서비스를 제공할 필요가 있다.

참고문헌

Abbott, D., & Howarth, J. (2007). Still off-limits? Staff views on supporting gay, lesbian and bisexual people with intellectual disabilities to develop sexual and intimate relationships. *Journal of Applied Research in Intellectual Disabilities, 20*, 116-126.

Abbott, D., & Howarth, J. (2005). *Secret loves, hidden lives? Exploring issues for people with learning disabilities who are gay, lesbian or bisexual.* Bristol: The Policy Press.

Andron, L., & Sturm, M. L. (1973). Is 'I do' in the repertoire of the retarded? A study of the functioning of mentally retarded couples. *Mental Retardation, 11*, 31-34.

Aunos, M., & Feldman, M. (2007). Parenting by people with intellectual disabilities. In I. Brown & M. Percy (Eds.), *A comprehensive guide to intellectual & developmental disabilities* (pp. 595-605). Baltimore, Brookes.

Bach, G. R., & Wyden, P. (1968). *The intimate enemy: How to fight fair in love and marriage.* New York: Avon.

Barger, E., Wacker, J., Macy, R., & Parish, S. (2009). Sexual assault prevention for women with intellectual disabilities: A critical review of the evidence. *Intellectual and Developmental Disabilities, 47,* 249-262.

Bass, M. S. (1964). Marriage for the mental deficient. *Mental Retardation, 2,* 198-202.

Bernardo, M. L. (1981). Premarital counseling and the couple with disabilities: A review and recommendations. *Rehabilitation Literature, 42,* 213-217.

Bidgood, F. E. (1975). Sexuality and the handicapped. *The Journal for Special Educators of the Mentally Retarded, 11,* 199-203.

Burns, D. D. (1980). *Feeling good: The new mood therapy.* New York: Avon.

Carver, C. M., Waring, E. M., Chamberlaine, C. H., McCrank, E. W., Stalker, C. A., & Fry, R. (1987). Detection of depression in couples in conflict. *Canada's Mental Health, 35,* 2-5.

Champagne, M. P., & Walker-Hirsch, L. (1993). *Circles I. Intimacy & relationships. II. Stop abuse. III. AIDS: Safer ways.* Santa Barbara: James Stanfield.

Chapman, G. (2004). *The five love languages: How to express heartfelt commitment to your mate.* Chicago: Northfield Publishing.

Craft, A., & Craft, M. (1979). *Handicapped married couples.* London: Routledge & Kegan Paul.

Cochran, B. (1974). Conception, coercion and control: Symposium on reproductive rights of the mental retarded. *Hospital & Community Psychiatry, 25,* 283-293.

Edgerton, R. B. (1967). *The cloak of competence: Stigma in the lives of the mentally retarded.* Berkeley: University of California Press.

Floor, L., Baxter, D., Rosen, M., & Zisfein, L. (1975). A survey of marriages among previously institutionalized retardates. *Mental Retardation, 13,* 33-37.

Griffiths, D. M., & Lunsky, Y. (2003). *SSKAAT-R: Socio-sexual Knowledge and Attitudes Assessment Tool-Revised.* Wood Dale, Illinois: Stoelting.

Hall, J. E. (1974). Sexual Behavior. In J. Wortis (Ed.), *Mental retardation and developmental disabilities: An annual review* (pp. 178-212). New York: Brunner/Mazel.

Hartman, S. S., & Hyynes, J. (1975). Marriage education for mentally retarded adults. *Social Casework, 56,* 280-284.

Hingsburger, D. (1995). *Hand made love: A guide to teaching about male masturbation through understanding and video.* Newmarket, Ontario: Diverse City PRess.

Hingsburger, D., & Haar, S. (2000). *Finger tips: Teaching women with disabilities about masturbation through understanding and video.* Eastman, Quebec: Diverse City Press.

Hurley, A. (2008, November). *Diagnosis and treatment of psychotic disorders in intellectual disabilities.* Paper presented at the 25th Annual Conference of the National Association for the Dually Diagnosed, Niagara Falls, Canada.

Jacobson, N., & Christensen, A. (1996). *Integrative couple therapy.* New York: Norton.

Katz, E. (1968). *The retarded adult in the community.* Springfield: Thomas.

Keefe, T. (1984). Alienation and social work practice. *Social Casework, 65,* 145-153.

Kempton, W., & Kahn, E. (1991). Sexuality and people with intellectual disabilities: A historical perspective. *Sexuality and Disability, 9,* 93-111.

Koller, H., Richardson, S. A., & Katz, M. (1988). Marriage in a Young adult mentally retarded population. *Journal of Mental Deficiency Research, 32,* 93-102.

Kort, J. (2008). *Gay affirmative therapy for the straight clinician.* New York, Norton.

Lunsky, Y., & Neely, L. C. (2002). Extra-individual sources of social support as described by adults with mild intellectual disabilities. *Mental Retardation, 40,* 269-277.

Masters, W. H., & Johnson, V. E. (1970). *Human sexual inadequacy.* Boston: Little, Brown.

Mattinson, J. (1973). Marriage and mental handicap. In F. F. de la Cruz (Ed.), *Human sexuality and the mentally retarded* (pp. 169-185). New York: Brunner/Mazel.

May, D., & Simpson, M. K. (2003). The parent trap: Marriage, parenthood and adulthood for people with intellectual disabilities. *Critical Social Policy, 23,*

286-296.

Minuchin, S. (1974). *Families and family therapy*. Cambridge: Harvard University Press.

Munro, J. D. (1977). Attitudes of institutionalized retardates toward living in the community. *The Social Worker/Le Travailleur Social, 45,* 130-136.

Munro, J. D. (1982). Developmentally disabled individuals. In S. A. Yelaja (Ed.), *Ethical issues in social work* (pp. 156-182). Springfield: Charles C. Thomas.

Munro, J. D. (1997). Using unconditionally constructive mediation to resolve family-system disputes related to persons with disabilities. *Families in Society, 78,* 609-616.

Munro, J. D. (2007). A positive intervention model for understanding, helping and coping with "challenging" families. In I. Brown & M. Percy (Eds.), *A comprehensive guide to intellectual and developmental disabilities* (pp. 24, 373-382). Baltimore: Brookes.

Nichols, M. P., & Schwartz, R. C. (2004). *Family therapy: Concepts and methods* (6th ed.). Boston: Pearson.

Parr-Paulson, M. (1998, Fall). On marriage and mental retardation. *HARC Today*. [Greater Hartford Association for Retarded Citizens].

Perske, R. (1972). The dignity of risk and the mentally retarded. *Mental Retardation, 10,* 24-26.

President's Panel on Mental Retardation. (1963). *Report of the Task Force on Law*. Washington: U.S. Government Printing Office.

Randall, W., Parrila, R., & Sobsey, D. (2000). Gender, disability status and risk for sexual abuse in children. *Journal of Developmental Disability, 7,* 1-15.

Russo, R. J. (1999). Applying a strengths-based practice approach in working with people with developmental disabilities and their families. *Families in Society, 80,* 25-33.

Saleeby, D. (1992). *The strength perspective in social work practice*. New York: Basic Books.

Satir, V. (1967). *Conjoint family therapy: A guide to theory and technique.* Palo Alto, CA: Science and Behavior Books.

Seligman, M. E. P., & Csikszentmihalyi, M. (2000). Positive psychology: An introduction. *American Psychologist, 55,* 5-14.

Schwier, K. M. (1994). *Couples with intellectual disabilities talk about living & loving.* New York: Woodbine.

Taverner, W. J., & DeMarco, C. (2006). *Verbal Informed Sexual Consent Assessment Tool.* Easton, PA: Center for Family Life Education.

Thiroux, J. P. (2004). *Ethics: Theory and practice.* Upper Saddle River, NJ: Prentice Hall.

Timmers, R. L., DuCharme, P., & Jacob, G. (1981). Sexual Knowledge, attitudes and behaviors of developmentally disabled adults living in a normalized apartment setting. *Sexuality and Disability, 4,* 27-39.

Toufexis, A. (1993, February 13). The right chemistry: Evolutionary roots, brain imprints, biological secretions. That's the story of love. *Time, 141,* 39-41.

Vanier, J. (1985). *Man and woman he made them.* Toronto: Anglican Book Centre.

Waite, L. J., & Gallagher, M. (1981). *The case for marriage: Why married people are happier, healthier and better off financially.* New York: Broadway Books.

Walker, P. W. (1977). Premarital counseling for the developmentally disabled. *Social Casework, 58,* 475-479.

Welner, S. L. (1999). Contraceptive choices for women with disabilities. *Sexuality and Disability, 17,* 209-214.

White, M. (1995). *Re-authoring lives: Interviews and essays.* Adelaide, Australia: Dulwich Centre Publications.

YAI (2004). *Relationship and sexuality policy: The YAI policy for determining sexual consent.* New York: National Institute for People with Disabilities.

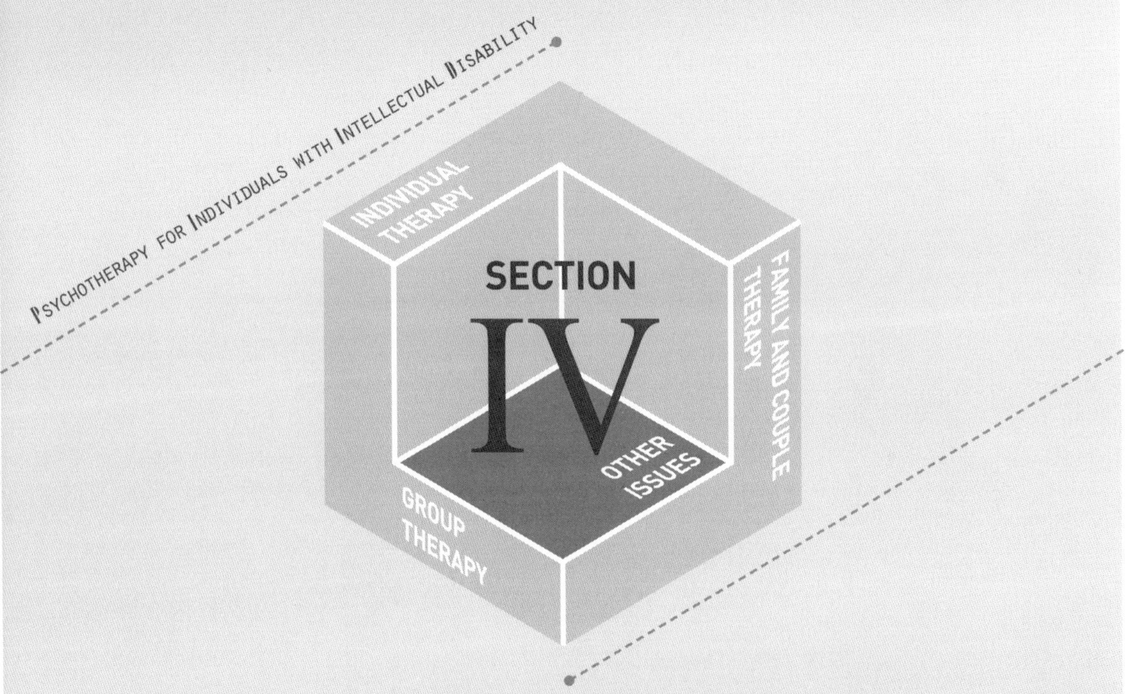
PSYCHOTHERAPY FOR INDIVIDUALS WITH INTELLECTUAL DISABILITY
INDIVIDUAL THERAPY
SECTION
IV
FAMILY AND COUPLE THERAPY
OTHER ISSUES
GROUP THERAPY

다양한 쟁점

지적장애인 심리치료의 효과성[1)]

H. Thompson Prout, Ph.D.
Brooke K. Browning, M.S.

서문

심리치료의 효과성은 정신건강 연구자들과 전문가들 사이에서 오랫동안 논쟁의 이슈가 되어 왔다. 광범위한 정신장애를 치료하기 위해 향정신성 약물의 활용이 증가하면서, 약물을 넘어선 효과를 제공하는 치료법 또는 약물처방의 효과를 향상시키기 위한 치료법을 확인하기 위한 압력이 높아졌다. 심리치료 성과연구는 이러한 논쟁의 초점이 되었다.

심리치료의 효과를 살펴본 초기의 연구들은 그다지 긍정적이지 않았다. Eysenck(1952)는 대부분 신경증적이었던 것으로 기술된 성인들을 대상으로

1) 많은 문헌에서 정신지체라는 용어를 사용함에도 불구하고, 이 장에서는 지적장애라는 용어를 직접인용 없이 사용할 것이다.

한 심리치료의 효과에 대해서 고전적이면서도 논란의 여지가 있는 보고서를 출간하였다. 그는 성인을 대상으로 한 수많은 심리치료들을 살펴보았고, 치료로 인해 나아진 사람들의 수가 치료 없이 나아진 것을 경험한 사람들의 수와 대체로 다르지 않다고 결론을 내렸다. 즉, '자연적 치유'였다는 것이다. 그는 각 집단의 대략 2/3 정도가 나아졌다는 것을 발견했고, 신경증을 가진 성인들을 대상으로 한 심리치료에서 그 당시의 성과연구들이 증거가 희박하다는 종합적인 결론을 내리는 데 이르렀다. Eysenck(1965)는 후속 보고서를 출간하였고, Rachman(1971)은『심리치료의 효과(The Effects of Psychotherapy)』라는 책을 출판하였는데, 두 가지는 모두 치료적인 개입의 효과성에 대해 의문을 제기한다. Levitt(1957, 1963, 1971)은 아동을 대상으로 한 심리치료의 효과성을 평가하는 데 있어서 유사한 접근을 활용했고, 치료의 종결과 추수 치료 때 치료를 받은 아이들과 치료를 받지 않은 아이들 간에 실질적인 결과의 차이가 없다는 것을 발견하였다. 따라서 1970년대 중반에 이루어진 주요 연구 보고서들은 심리치료가 치료를 받지 않은 것에 비해 일반적으로 효과가 나타나지는 않았다는 입장이다. 그런데 흥미롭게도 1950년대에서 1970년대 사이는 다양한 치료적인 입장(예: 내담자중심치료, 합리적 정서치료, 현실치료, 게슈탈트)이 급격하게 발전하게 되는 시기이다.

심리치료의 논란은 Smith와 Glass(1977, 1980)의 심리치료 성과연구의 메타분석 연구가 출간되면서 극적으로 변하게 된다. 메타분석은 특정한 효과크기로 치료를 받은 개인과 치료는 받지 않은 개인을 비교하는, 근본적으로 양적인 문헌 연구 방법이다. 이 연구는 전반적인 '나아진' 경향 또는 '나아지지 않은' 경향보다는 더 특정한 변화를 조사한다는 점에서 Eysenck와 Levitt의 접근과는 차이가 있다. Smith와 Glass는 광범위한 치료 유형들에 걸쳐서 심리치료가 중간 정도의 효과성이 있다는 것을 밝힐 수 있었다. 메타분석은 심리치료의 효과성을 평가하는 데 있어서 이제는 표준적인 방법이 되었다. 중요한 것은 메타분석이 이제는 교육학, 심리학, 의학을 포함하는 많은 학과

목에서 활용된다는 것이다. Smith와 Glass의 메타분석은 그 이후로 수없이 많은 분석을 낳았다. 이러한 분석들을 요약해서 설명하는 것은 이 장의 범위를 벗어나는 것이지만, 현재 우세한 견해는 일반적으로 심리치료가 적어도 중간 정도 효과가 있다고 보인다는 것이다.

이 장의 목적은 지적장애인에 대한 심리치료 성과 연구의 현 상황에 대한 개관을 제공하는 것이다. 약간만 언급해 보자면, 이 분야는 일반인에 대한 다른 성과연구들만큼 관심을 받은 적이 없었다. 이 장은 네 가지 영역에 초점을 맞출 것이다. ① 심리치료 연구에 있어서 일반적인 이슈들 그리고 지적장애인과 함께 작업하는 전문가들과 이슈들과의 관련성, ② 지적장애인을 대상으로 한 심리치료의 효과성에 관한 몇몇 출간된 보고서의 검토, ③ 지난 약 10년간(즉, 대략 1998년부터) 출간된 지적장애인에 대한 심리치료 연구들에 관한 검토, ④ 같은 시기에 지적장애인에 대한 심리치료에 초점을 맞춘 논문들에 대한 검토. 선행연구에서 다루어지지 않은 1998년 이전 연구와 논문과 같은 몇몇 경우에는 이를 검토에 포함시켰다.

심리치료 연구의 쟁점

심리치료로 인해 내담자가 나아졌는지 그렇지 않았는지에 대해 조사한 효과성 검토 이후로 심리치료 연구는 매우 복잡하게 되었다. 이제 더 정교한 연구 설계, 치료 설명서, 연구 참여자와 치료 대상 정의, 치료 요소들을 상세하게 기술하려는 시도들이 연구의 중심이 되었다. 지적장애인에 대한 연구를 조사하는 데 있어서 많은 이슈가 관련되어 있다.

심리치료의 정의

이 장의 목적을 위하여, 시도한 개입이 특정한 기준을 만족시키는 한 우리는 '상담(counseling)'과 '심리치료(psychotherapy)' 사이에 구별을 짓지 않을 것이다. Prout와 Nowak-Drabik(2003)은 그들의 보고서에서 Meltzoff와 Kornreich(1970)의 심리치료 정의를 사용하였다. 그 특정한 정의는 다른 심리치료 연구에서도 오랫동안 사용되어 왔다(예: Smith & Glass, 1977, 1980). 그 정의는 다음과 같은 많은 요소를 포함하고 있다.

- 확립된 심리학 이론 및 원리로부터 도출된 심리학적 기법을 면대면 상황에서 계획적이고 직접적으로 활용한다.
- 심리상담자 또는 상담자는 수련과 경험을 통하여 기법을 이해하고 적용하기에 충분한 자격요건을 갖추고 있다.
- 심리치료(상담)의 목적은 개인의 특성, 즉 감정, 가치, 태도, 행동 등을 수정할 수 있도록 조력하는 데 있다.
- 심리치료는 교사 또는 특수교육 보조원(paraprofessional)이 주로 진행한 중재(예: 행동 수정, 교실 중재, 면담)를 포함하지는 않는다.
- 심리치료는 상기 기준을 충족시키는 '상담' 또는 '수련'이라고 불리는 개입을 포함한다.

이러한 심리치료의 정의는 지적장애 분야의 전문가에게 무엇이 심리치료에 포함되지 않는지를 알려 준다는 점에서 중요하다. 지적장애인에 대한 중재는 행동수정 또는 응용행동분석이 주를 이루어 왔다. 대부분의 사례에서 이러한 중재는 심리치료에 포함되지 않는다. 게다가 정신건강 관련 분야에서 석사 이상의 학위(advanced degree)를 소지하고 있지 않은 사람이 수행한 중재는 이 정의에 부합하지 않는다. 설령 그들이 '상담자'라는 직함을 지니고 있다고 할지라도 말이다. 다양한 휴먼서비스 환경에서 '상담자'는 종종 치료 전문가(care professional)의 역할을 직접 수행한다. 그들 전문가 다수가 매우 효과적이고 직접적인 중재를 수행한다고 해도 이러한 중재는 연구의 관점에서는 심리치료에 속하지 않는다.

효과 vs. 효과성

'효과'와 '효과성'이라는 용어는 종종 함께 사용된다. 하지만 이 용어들은 각기 다른 구인으로 구성된다(Chorpita, 2003). 효과성(efficacy)은 주로 더욱 통제된 상황 내에서 특정한 기법이 특정한 문제에 대해 긍정적인 영향력을 지니고 있음을 나타낼 때 사용된다. 효과(effectiveness)는 치료의 타당도에 대한 측면을 포함하는데, 이는 다음과 같은 질문들을 뜻한다. 치료는 다른 환경에서도 일반화될 수 있는가? 처치는 실현이 가능한가? 수반되는 비용은 예상되는 효과 및 결과에 견주어 합리적인가? '효과성'은 치료가 작동하는지에 대한 증거의 첫 번째 수준이다. '효과'의 측면은 임상 실제에서 더욱 중요해지고 있다. 지적장애 분야에서 치료를 다양한 환경에 일반화하기에는 '효과'를 보는 것이 중요하다. 경험적으로 지지된 치료(EST's)에 대해서는 이 장의 뒷부분에서 다룰 것이다. '효과'는 곧 일반인에게 효과성이 있고 실질적인 것으로 나타났던 치료가 지적장애인에게도 마찬가지로 효과적인지에 대한 쟁점이 된다.

상담자 특성

보편적인 심리치료 연구 문헌은 매우 다양한 상담자의 특성을 연구해 왔다. 연구들은 나이, 성별, 상담 경력, 이론적 지향 등을 조사해 왔다. 지적장애 분야에서 아마 주된 요인은 지적장애인을 대상으로 작업한 상담 경력일 것이다. 지적장애인과의 상담에 대해서는 이 변인을 비롯하여 다른 상담자 특성 변인들이 면밀하게 연구되지 않았다.

내담자 특성

심리치료 효과에 대한 연구들은 다수의 내담자 또는 환자의 특성에 대해 유사한 분석 결과를 제시하였다. 연구 및 문헌들은 관례대로 나이, 아동 및 청소년 대 성인, 특정한 진단명, 내담자가 상담을 받는 환경, 장애의 경중도(level of disturbance) 등을 조사해 왔다. 일반적으로, 지적장애인에 대한 심리치료 성과를 다루는 문헌은 나이, 환경, 지적장애의 정도를 상세하게 기술한다. 특정 진단명은 지적장애인의 정신장애를 진단할 때의 몇 가지 쟁점(예: 진단의 그림자화, diagnostic overshadowing[2])의 맥락 안에서 바라보아야 한다. 상대적으로 최근의 『진단 매뉴얼－지적장애: 지적장애인의 정신장애 진단 편람(Diagnostic Manual-Intellectual Disability: A Textbook Diagnosis of Mental Disorders in Persons with Intellectual Disability)』(Fletcher, Loschen, Stabrakaki, & First, 2007)은 치료를 촉진시킬 뿐 아니라 성과 연구에서 진단을 더욱 선명하게 만든다는 점에서 연구를 향상시킬 수 있어야 한다.

성과 측정

지적장애 분야에는 일반인의 심리치료를 연구하는 연구자들이 활용 가능한 성격 및 사회정서적 측정도구의 범위가 여전히 제한적이다. 지적장애인을 위해 개발된 많은 척도가 있어 왔다(예: 정서 문제 척도: 자기보고식 문항 및

2) 역자 주: 장애인의 병적 상태의 발견과 치료가 잘 이루어지지 않아 건강에 부정적인 영향을 미치게 되는 경우를 뜻함. 특히 지적장애인은 장애에 가려 진단이 제대로 이루어지지 않는 경우가 많음.

행동평정척도, Prout, & Strohmer, 1991; Reiss 척도, Reiss, 1988; 지적장애인을 위한 정신병리 측정도구, J. L., Matson, Kazdin, & Senatore, 1984). 하지만 많은 연구는 지적장애인에 대한 활용을 고려하지 않은 채 측정도구를 선정한다. 이는 용어의 측면과 결과 측정치의 오차분산을 증가시킨다는 점에서 연구의 전반적인 타당성에 영향을 끼친다.

연구설계

중재연구의 다른 영역에서, 지적장애인에 대한 심리치료 효과 연구들은 사례연구, 단일대상 설계(n=1), 사전–사후 설계, 통제집단 설계 등 다양한 설계방법을 활용하여 왔다. 문헌 연구를 한 많은 연구자(예: Prout, Nowak-Drabik, 2003)는 지적장애인에 대한 연구가 가장 엄격한 방식의 연구방법론을 활용하지는 않는 경향이 있음을 지적하였다.

증거기반 치료

미국심리학회의 12번 분과(임상심리학) 특별팀이 1995년 경험적으로 입증된 치료에 대한 초기 보고서를 발표한 이래로, 특정 질환을 치료하는 데 효과적이거나 효과적으로 보일 수 있는 치료법을 확립하는 데 초점이 맞추어졌다(Chambless & Hollon, 1998). 12번 분과 웹사이트(www.div12.org 그리고 www.PsychologicalTreatments.org)는 다양한 수준의 경험적 지원에 도달한 치료목록을 보여 주고 있다. 해당 목록에는 심리치료의 정의를 충족시키는 치료와 다른 유형의 심리적 개입을 나타내는 치료가 모두 포함된다[예: 응용행동분석, 바이오피드백(biofeedback)].

경험적으로 입증된 치료법(Empirically Supported Treatment: EST)의 정의는 처치집단이 무처치 통제집단, 대안적 처치집단 혹은 플라시보와 비교하여 치료 효과가 통계적으로 유의성을 보였는지를 고려하며, 해당 연구가 무작위 통제 처치, 통제된 단일 사례 실험 혹은 기타 동등 설계를 적절하게 실행하였는지에 대해서도 고려한다. 보다 강력히 입증된 연구는 하나 이상의 독립적인 연구 환경에서 더 큰 표본 크기 및 효과성 입증을 통해 나타난다. 연구에는 치료 매뉴얼이 있어야 하거나 반복 연구를 위해 개입에 대한 자세한 설명을 제공해야 하며, 집단이나 포함 기준 및 임상문제에 대한 구체적이고 신뢰로운 설명을 제공해야 한다. 또한 연구에는 신뢰할 수 있고 유효한 결과 측정 및 적절한 데이터 분석이 포함되어야 한다. 처치는 세 가지 수준의 지원으로 지정되는데 효력이 있을 가능성이 있거나, 효과적이거나, 또는 효과적이며 구체적인 수준으로 살펴볼 수 있다. 12번 분과 목록은 겸손하거나 강력하게 연구의 효과를 입증하는 것으로 사용된다.

지적장애인의 심리치료에서 현재, 경험적으로 입증된 치료법의 지정을 충족시키는 치료법은 없는 것으로 나타났다. 이 장을 쓰는 시점에 12번 분과 웹사이트(www.PsychologicalTreatments.org)를 열람하면, 연구 효과를 입증하는 특정장애에 대한 60가지 이상의 치료법이 나와 있다. 그러나 다양한 심리치료적 처치를 지원하기 위해 인용된 연구들은 지적장애인에 대해서는 거의 언급하지 않고 있다. 지적장애인 전문가에게 있어서의 중요한 점은 지적장애인에게 치료가 합리적으로 일반화 또는 적용될 수 있는지의 여부이다.

치료 동맹

치료 동맹은 치료결과에 영향을 미치는 심리치료상 대인관계 과정의 다양한 상호작용을 일컫는다(Elvins & Green, 2008). 치료 동맹은 치료결과에 영향을 미치는 구조화되거나 매뉴얼로 명시된 치료 절차와는 독립적이고 평행하게 이루어지는 것으로 간주된다. 동맹은 라포, 공감, 내담자 및 상담자의 헌신, 치료적 유대감와 같은 구조를 포함한다(Elvins & Green의 리뷰 참조). 지난 몇 년 동안 치료동맹이 연구자들로부터 많은 주목을 받았지만, 지적장애 연구에 관한 관심은 거의 없었다.

리뷰들에 대한 개관

Nezu와 Nezu(1994)는 지적장애인의 외래환자 치료(outpatient settings)에서 심리치료를 심리적 문제를 지닌 내담자에게 제공하는 서비스의 대안으로 고려해야 한다고 제안했던 관련 연구들을 살펴보았다. 그 당시에 연구의 맥락에서 검증되고 조사되었던 전략들은 매우 제한되었다. 지난 십 년 동안, 지적장애인을 위한 상담과 심리치료에 관한 리뷰가 몇 편 이루어졌는데, 이러한 리뷰들은 다음을 포함한다.

Prout와 Nowak-Drabik(2003)

이 Prout와 Nowak-Drabik(2003)의 리뷰는 아마도 1998년 이전에 수행된 연구들을 다룬 문헌에 대해 가장 광범위하고 체계적인 리뷰를 제공한다. Prout와 Nowak-Drabik은 이 장의 앞에서 자세하게 소개되었던, Meltzoff와 Kornreich(1970)의 정의에 따른 심리치료의 정의를 만족하는 연구를 확인하기 위하여 1968년부터 1998년까지의 문헌들을 조사하였다. 그들은 문헌들에 대한 폭넓은 관점을 취하고자 했기에 통제집단 설계, 사전-사후 설계, 단일대상연구 설계 그리고 사례연구들을 대상 문헌에 포함하였다. 그들은 해당 기간에 이루어진 심리치료 관련 92편의 연구를 찾아냈다. 여기에는 학술지 논문과 학위논문 모두가 포함된다.

그 당시의 논문들은 다양한 보고와 연구를 포함하고 있었기 때문에, 수집된 모든 연구를 대상으로 표준적인 메타분석을 적용하는 것은 가능하지 않았다. 게다가 당시의 논문들은 엄격하게 이루어지지 않았다. 이를 고려하여, 그들은 찾아낸 연구들을 평가하기 위해 전문가 합의를 통한 평정 방식을 사용하였다. 성과연구에 적용된 연구방법론에 대해 충분한 경력을 지닌 세 명의 전문가로 구성된 패널이 성과/결과/결론과 전반적인 효과/유용성의 측면에서 각 연구를 평가하였다. 성과는 변하지 않음(어떤 측정치에서도 변화 없음), 최소한의 변화(1/3 혹은 그 이하의 측정치들에서 변화), 어느 정도 변화(1/3~2/3의 측정치들에서 변화), 상당한 변화(측정치의 2/3 이상에서 변화) 그리고 뚜렷한 변화(모든 측정치에서 변화)가 1에서 5점 척도로 평정되었다. 효과성 역시, 효과 없음, 최소한의 효과, 어느 정도의 효과, 상당한 효과, 뚜렷한 효과가 1점에서 5점 척도로 평정되었다. 이 과정들은 신뢰도 확인 과정을 포함하였고, 평정자들 사이에 합의에 도달하거나 불일치를 해결하는 과정을 포함하였다. 저자는 전문가 합의 과정에서 어느 정도 주관성이 개입되고 광범위한 연구방법론들(예: 통제집단 설계와 사례연구를 비교하는 것)을 제한점으로 언급하였다. 그럼에도 불구하고 합의적 접근은 문헌들에 대한 체계적인 리뷰를 할 수 있게 했다. 몇몇의 연구(N=9)만이 메타분석에 요구되는 데이터들을 가지고 있었기에 소규모의 메타분석을 실시하였다

Prout와 Nowak-Drabik의 연구 결과, 변화와 효과성에 대한 전체 평정 결과는 중간(moderate change) 이상의 효과를 보였다고 밝혔다. 연구(사례 수가 최소 10개)가 충분한 수만큼 있을 때 연구에 기술된 변인들을 비교해 볼 수 있다. 그 결과들 중에는 다음과 같은 것들이 있다.

- 출판된 연구들은 성과와 효과성 모두에서 높은 평정 결과를 보였다.
- 개인상담은 성과와 효과성 모두에서 높은 평정 결과를 보였다.
- 임상기반(vs. 지역사회 혹은 시설) 치료들은 효과성에서 높은 평정 결과를 보였다.
- 행동적 치료는 성과와 효과성 모두에서 높은 평정 결과를 보였다.

다른 비교 결과, 내담자의 연령, 지적장애 수준 혹은 설계의 종류에 따른 유의미한 차이는 보이지 않았다. 9개의 연구를 대상으로 한 메타분석은 1.01의 전체 효과 크기를 도출했다. 1.01의 효과 크기는 매우 큰 효과 크기로 해석된다(Cohen, 1992). 다시 말하지만, 이것은 아주 적은 수의 연구를 대상으로 한 메타분석이었기 때문에, 연구자들은 분석한 연구들의 근거가 미흡하다는 결론을 내렸다. 많은 수의 연구가 N=1이거나 사례연구들이었고, 통제집단 설계가 있는 연구는 정말 거의 없었으며, 처치 매뉴얼은 거의 아무런 쓸모가 없었고, 처치의 충실성 문제를 다룬 연구는 거의 없고, 성과 데이터, 특히 사례연구의 성과 데이터는 모호하게 기술되거나 생략되어 있었다.

연구자들에 의해 언급된 다양한 주의점에도 불구하고 Prout와 Nowak-Drabik은 지적장애인을 위한 심리치료가 어느 정도 유용성이 있고 효과적이라는 생각을 지지하였다. 이 결론은 앞서 살펴본 Nezu와 Nezu(1994)의 관찰 결과와 일치한다. 더 나아가 Prout와 Nowak-Drabik은 심리치료가 지적장애인을 위한 치료와 서비스 계획에 더 자주 포함되어야 하며 지역사회기관 담당자는 이러한 소비자들에게 상담과 심리치료 서비스를 제공하는 데 있어서 더 개방되어야 한다고 결론지었다.

Prout와 Nowak-Drabik이 알아낸 점과 내린 결론들은 일부 사람에게는 수용되지 못했고 약간의 논란을 유발시켰다. Sturmey(2005)는 '정신지체를 가진 사람들을 대상으로 한 심리치료에 반대하며'라는 글을 썼는데, 그 글에서 그는 해당 연구의 전문가 합의 방법론의 측면뿐만 아니라 그 연구의 메타분석에 대해 비판했다. 그의 연구 결과에 대한 해석은 분석 결과가 행동적인 중재를 지지했다는 것이었다. Sturmey는 또한 정신역동적인 관점과 잘 수행된 효과성 연구의 부족에 대해 비판적이었다. 그는 연구가 잠재적으로 유해한 효과를 측정하는 것에 대한 기반이 전혀 없을 뿐만 아니라 효과성 혹은 비효과성을 결론지을 수 있는 아무런 과학적인 근거가 없다고 결론 내렸다. 그는 행동적 접근이 지적장애인을 위해 선호되는 치료의 선택지로 남아 있어야 한다고 결론지었다(주의: 정신치료에 대한 '행동적' 연구들은 Prout와 Nowak-Drabik의 분석을 위한 정신치료의 연구 정의를 충족한다). 몇몇 교수는 Sturmey의 분석과 비평에 비판을 하였다. Beail(2005)과 Taylor(2005)는 행동적 중재의 근거 기반에 몇몇 제한점이 있고, 행동적 중재에 대한 문헌 기반들이 문제, 상황 그리고 지적장애인들이 가지고 있는 중요한 주제들을 충분하게 다루고 있지 않다고 주장했다. Hurley(2005)는 또한 행동적 접근이 문제의 전반적인 내용을 완전히 다루지 않는다고 언급했으며 더 나아가 Sturmey의 심리치료에 대한 정의에는 몇 가지 결점이 있다고 기술하였다. Hurley는 심리치료를 지적장애인에게 정신의학적으로 치료할 때 '필수적인 도구'로 묘사하며, 경도 지적장애인에게 서비스를 제공하는 자신의 인지행동상담자로서의 경험을 언급하였다. King(2005)은 지적장애인을 대상으로 한 심리치료의 효과성을 밝히는 근거를 찾아내는 과정에서 전문가들이 '안타까움(compassion)'을 가지고 나아가야 한다고 제안한다. 당연하게도, Sturmey(2006a)는 이러한 비판들에 대하여 반론하였다.

이 장의 첫 번째 저자는 Prout와 Nowak-Drabik의 연구 결과 찬반 논쟁이 일어났다는 것을 다소 흥미롭게 바라본다. 논란을 더 부추기지 않고, 저자는 그러한 반응 중 일부가 심리치료라는 단어와 관련된 의미론과 심리치료가 특정 이론적인 관점에 국한되어 해석되는 것과 관련이 있어 보였다고 느낀다. '심리치료'는 넓고 다양한 범위의 기술들과 전략들과 관련되어 있다. 흥미롭게도, Sturmey(2006a)는 Prout와 Nowak-Drabik의 분석을 정신역동적 심리치료에 대해 지지적이라고 이해했다. 명백하게, 그 연구에 대한 그와 같은 해석적 기반은 어느 정도 주관적일 수 있다. 지적장애인을 위한 서비스의 제공에 있어서 현재 심리치료를 지지하는 충분한 증거가 있다고 결론 내리는 것은 지나친 것이 아니라고 보인다. 나는 또한 소비자들에게 서비스를 제공한다고 결정하기에 앞서서 확실한 증거를 반드시 기다려야만 하는 것은 아니라는 King의 견해에 대해서도 동의한다. 1950년대부터 1970년대 초까지 전문가들이 Eysenck(1952, 1965), Rachman(1971), Levitt(1957, 1963, 1971)의 결론을 따랐다면, 상담과 심리치료 영역은 명확한 효과성 증거의 부족 때문에 완전히 정체되었을 것이다. 계속되는 연구는 더 명확한 결론을 위한 더 강력한 연구 기반을 제공해 줄 것을 희망한다.

Butz, Bowling과 Bliss(2000)

Butz, Bowling과 Bliss(2000)는 30년 이상 동안의 문헌들을 리뷰했다. 다른 이들이 언급했던 것처럼, 그들도 이루어진 연구가 미흡하다는 것을 알게 되었고, 이것이 지적정애인은 심리치료가 효과적이지 않다는 많은 일반적인 정신건강 실무자의 관점을 유지하는 데 공헌해 왔다고 느꼈다. 더욱이 Butz와 동료들은 진단적 뒤덮기(방해: overshadowing) 현상과 정신질환을 무시하는 것에 대해 언급하였다. 그들은 또한 지적장애와 정신건강서비스 전달 체계를 분리해서 이야기했다. 그들의 견해는 지적장애인에게 심리치료 서비스를 제공하는 것을 가로막는 많은 방해물에 대해 상세히 서술하였다. 하지만 그들은 이러한 심리치료 서비스 효과를 지지하는 문헌들을 매우 강조하였다. 그들은 그러한 문헌들은 최소 30년 그리고 어떤 경우에는 60년 이상으로 더 거슬러 올라간다고 말한다.

심리치료 효과를 다룬 기존 연구 문헌들이 비록 단순한 기술적 묘사와 질적 연구 특성을 지니게 되어 평가 절하되어 왔지만, 여전히 이 문헌들에서는 지적장애 심리치료 분야의 장벽을 낮추기 위하여 연구가 지속되어야 할 것을 주장했다.

Whitehouse, Tudway, Look과 Kroese(2006)

Whitehouse와 동료들(2006)은 인지행동치료와 정신분석치료에 적용된 개인 심리치료 기법의 적합화(적응)를 주장하였다. 이들은 10편의 인지행동치료와 정신분석치료 연구들을 개관하면서 이 논문들에서 보고된 적응적 심리치료 기법의 유형과 빈도에 관심을 가지고 연구하였다. 적응적 기법이란 상담 기법의 단순화(주제 복잡성 낮추기, 짧은 척킹, 단축된 회기), 언어적 적합화(쉬운 어휘, 짧은 대화, 단순한 단어 사용), 언어적 대화 대신 활동하기(과제 활동, 그림 그리기), 발달 수준에 맞는 다양한 교구/기구 사용(게임 등), 지시적 형태(시각적 단서 사용, 목표에 대한 직접적이고 구체적 명세화), 양육자의 직접적 개입(가족 혹은 지원 인력 활용), 높은 유연성(발달 수준에 맞도록), 전이/역전이 다루기(애착 반응을 조절하기, 심리적 경계 세우기), 장애/재활상의 이슈 다루기(치료 과정에서 장애 이슈 다루기, 긍정적 자기상 세우기) 등을 말한다. 그들의 개관에 따르면, 유연성 적합화가 인지행동치료에서, 전이/역전이 다루기가 정신분석치료에서 가장 빈번하게 사용된 적응 기법으로 나타났다. 지시적 그리고 단순화 적합화는 인지행동치료에서 더 자주 쓰는 기법이었다. 정신분석치료에서는 양육자의 참여가 더 빈번하였다. 장애/재활상의 이슈 다루기는 두 치료접근에서 잘 나타나지 않는 적합화 기법으로 보고되었다. 연구자들은 이론적으로 다른 두 치료접근의 성격에 따라 당연히 다른 적합화 기법이 각 치료접근에 반영되었다는 것을 확인하였다. 이들의 연구 개관에서는 또한 많은 적합화 기법뿐만 아니라 심리 치료의 다양한 측면들이 제대로 묘사되지 않았다고 보고하였다. 더구나, 많은 연구가 단일 사례 보고서였다. Whitehouse와 동료들은 이러한 치료기법 적합화가 보다 긍정적인 성과를 이끌어 내는지에 대하여 직접적인 언급은 하지 않았다. 다만, 앞으로 후속 연구에서 적합화에 대하여 보다 상세하게 기술하고 상담 성과에 대한 기여를 확인하도록 제언하였다.

Willner(2005)

Willner는 이론적 접근 방식 및 성과 대 과정 변수에 따라 기존 연구들을 개관하였다. 정신분석 연구물에 대한 개관에 따르면 이 접근이 단기 및 연장된 기간 치료에서 모두 효과가 있는 것으로 나타났다. 그는 감정(정서)에 초점을 맞추어 개인적 관심을 기울이는 것에 어느 정도 일반적인 효과가 있는 것으로 추정하였다.

또한 Willner는 인지행동 접근이 일반적인 정신건강 임상가들 사이에서 주요한 이론적 접근이라고 보았고, 인지 기술(예: 문제해결, 자기지시, 자기관리 전략)이 향상되는 것을 강조하는 것을 포함한 다양한 기술에 대해서 리뷰했다. 두 개의 접근 모두 어느 정도로 유효했으나 Willner는 효과적으로 '인지적' 관점에서 개입할 수 있는 도구인 언어적 측면을 고려할 필요성을 강조했다. 그러나 관계 이슈와 같은 과정 변인이 결과에 영향을 미칠 수 있기 때문에 향후 과제로서 제안하였다. Willner는 여러 경도 지적장애인이 심리치료 과정에 참여할 수 있다고 결론 내렸다. Willner는 또한 몇몇 순수 행동주의적 관점이 경도 지적장애인들에게 나타난 일련의 문제를 밝히지 못할 수 있다고 주의를 주었다. 그는 행동주의적 관점이 중증 지적장애인들(즉, 중도, 최중도 장애)에게는 유일한 방법이라는 것을 확인하였다.

Sturmey(2004, 2006)

Sturmey는 두 개의 개관연구(2004, 2006)를 통해 행동치료와 인지치료 사이에 차이점이 있으며 많은 치료법이 인지치료라고 잘못 이름 붙여졌고 실제로 행동치료로 보인다는 것을 밝혔다. 2004년도 연구에서 Sturmey는 지적장애인들과 관련한 부족한 점들을 묘사했고 이러한 결핍이 효과적인 인지치료에 장애가 된다고 인정했다. 그리고 더 나아가 공격성, 화 등과 같이 인지와 정신병리가 인과적으로 연결됨을 입증하는 적절한 증거가 없다고 결론 내렸다. Sturmey가 효과성에 대해서는 몇 가지 언급을 했음에도 불구하고, 그는 개입할 때 인지주의적 관점이 여러 구성요소를 가진 많은 치료 패키지처럼 다른 구성요소들과 분리하지 못한다고 보았다. 잘 구성된 실험연구가 부재하여 특정 효과를 더 나아가 설명하는 것이 어려웠다. 2006년에 Sturmey는 개입의 명칭과 행동치료에 적용되는 잘못된 설명에 계속 의문을 가졌고, 인지치료의 효과성이 입증되지 않았다는 의견을 다시 반복했다. 더 나아가 그는 다음과 같이 언급했다. "윤리적인 선행 의무는 지적장애인을 포함한 사람들이 잘 알려진 효과적인 치료를 받아야 한다는 것이다. 이러한 효과적인 치료는 응용행동분석에 근거하고 있다."(p. 115) 개인은 일반화된 관념의 타당성에 쉽게 의문을 제기할 수 있다.

우리는 정신역동 치료가 전체적으로 연구 문헌들이 약하다는 Sturmey의 의견에 동의한다. Sturmey의 이야기는 대부분 계속적으로 잘못 인식된 정신역동치료의 정의에 근거하고 있다. 하지만 행동치료와 인지치료적 관점을 이론적 관점에서 비교하는 분석이 필요하다. 분명하게도, '인지행동'치료는 행동주의와 인지주의의 구성요소를 모두 포함하는 치료법으로 표현된다. 이는 행동치료진흥협회(Association for Advancement of Behavior Therapies)가 2005년도에 인지행동치료진흥협회(Association for Advancement of Behavior and Cognitive Therapies)로 명칭을 바꾼 것을 통해서도 알 수 있다. Prout, Chard, Nowak-Drabik과 Johnson(2005)은 지적장애인들을 위한 심리치료는 임상 진료와 연구를 위해 경험에 근거한 치료법으로 발전해야 한다는 필요성을 주장했다. 그들은 매뉴얼화된 개입방법의 필요성을 언급했다. 매뉴얼화된 치료법은 무슨 개입인지를 밝힐 필요가 없다. 만약 치료에서 이완훈련(Sturmey, 2004에 따르면 행동주의 개입방법)과 인지치료적 개입, 양쪽의 치료법이 포함된 치료가 매뉴얼에 적절히 기술되어 있다면 치료의 '적합한' 이름은 필요하지 않게 된다. 솔직히 이 부분에 대해서는 많은 진전이 이뤄지지 않았고 추후 연구가 진행될 필요성이 있다는 것으로 결론 내릴 수밖에 없다.

요약

심리치료가 광범위한 정의를 사용함에도 불구하고, 이 리뷰연구는 지적장애인들에게 심리치료가 어느 정도의 효과가 있다는 것을 일반적으로 지지하는 것으로 보인다. 치료, 변인, 기술에 대한 세부적으로 내용이 기술되고, 보다 엄격한 연구가 필요하다. 또한 향후 연구 과제로 성공적인 치료에 영향을 주는 '요인'(예: 적용법, 과정 변인)에 대한 설명이 필요할 것이다.

출판된 연구

연구자들은 다양한 이슈를 치료하고 많은 기술을 향상시키기 위해 지적장애인들을 위한 심리치료 사용에 대해 평가를 계속해 왔다. 정신역동치료(Beail, Kellett, Newman, & Warden, 2007; Beail, Warden, Morsely, & Newman, 2005), 집단치료(Crowley, Rose, Smith, Hobster, & Ansell, 2008; Hays, Murphy, Langdon, Rose, & Reed, 2007; Peckham, Howlett, & Corbett, 2007; McCabe, McGillivray, & Newton, 2006; Lindsay, Olley, Baillie, & Smith, 1999), 인지행동치료(Murphy, Powell, Guzman, & Hays, 2007; Taylor, Novaco, Gillmer, Robertson, & Thorne, 2005; King, Langcaster, Wynne, Nettleton, & Davis, 1999), 행동치료(Sterkenburg, Janssen, & Schuengel, 2008)는 지적장애인들을 치료하는 치료법들이다. 이러한 치료법이 지적장애인들에게 효과적이라고 기술되었지만 어느 기법이 가장 적절한지, 누가 치료 회기를 시행해야 하는지, 또한 아동, 청소년, 성인들에 대한 연구 결과 등 많은 질문에 대해서는 아직 확실하지 않은 상태로 남아 있다. 치료법으로부터 어느 개인에게 효과가 있을지, 가장 효과

적인 기법이 무엇인지를 아는 것은 중요하다. 어느 프로그램이 지적장애인에게 효과적인지를 아는 것은 특정한 개입방법을 평가할 때 아주 중요한 정보이다.

지적장애 아동과 성인을 대상으로 한 심리치료에 관한 이런 질문에 답하기 위해 지난 10년간 지적장애인 심리치료 중재를 평가한 간행물을 선택했다. 저자는 각각의 연구를 아동과 청소년 혹은 성인을 위한 심리치료 서비스로 평가하여 분류하였다.

지적장애 아동과 청소년

지적장애 아동과 청소년을 위한 치료를 평가한 연구들은 특별한 개입(intervention)을 이용했다. 예를 들어, Sterkenburg와 동료들(2008)은 심각한 문제행동(예: 자해행동, 공격, 분열)을 감소시키기 위한 애착기반 행동치료의 사용을 평가했다. 6명의 참가자는 심각한 지적장애와 시각장애를 가지고 있었으며, 애착기반 행동수정치료(Attachment-based Behavior Modification Treatment)는 각 내담자의 주거 환경에서 실시되었다. 연구자들은 개입 전과 후에 도전적 행동을 측정하기 위해서 표준화된 측정도구를 사용했다. 추가적으로 전문적인 보호자가 12개월 동안 매 시간 도전적 행동의 빈도를 기록했다. 데이터 분석을 위해서 하루 동안의 도전적 행동의 총합은 매주의 평균 점수로 집계되었다. 6개 각각의 사례 결과가 평균 효과 크기로 집계되었다. 이것은 행동수정 기간 동안에 애착상담자가 적응적인 행동을 활성화시키는데 있어서 유의미하게 더 효과적임을 보여 주었다. 주거 환경에서의 도전적 행동 역시 개입 기간에 감소했다. 이 연구에 따르면, 애착기반 행동치료는 심각한 지적장애 아동의 적응적 행동을 증가시키기 위한 효과적 치료가 될 수 있다(Sterkenburg et al., 2008).

청소년 성범죄자를 위한 인지행동 집단치료는 성범죄, 범죄 상황에서의 문제해결, 범죄에 동반되는 행동과 일상을 분석과 관련된 잘못된 사고를 변화시키는 것에 초점을 맞춘다(Lindsay et al., 1999). 연구자들은 4년 동안 참가자들이 추가적인 성범죄를 저지르는지를 추적했다. 집단 회기들은 다양한 상황에서의 적절한 행동을 가르치는 것에 초점을 두었다. 또한 문제가 되는 인지를 참가자 개인의 논리적 분석에서 나온 적절하게 사회화된 생각으로 교체하는 것에 주력했다. 4명의 청소년이 치료에 긍정적으로 반응했고, 성범죄에 대한 그들의 태도를 변화시켰다. 4명 중 3명이 6개월까지 범죄를 부인했다. 하지만 결국에 범죄에 대한 책임을 받아들였다. 이 연구의 한 가지 제한점은 아동 대상 범죄에 대한 태도를 평가하는 측정도구의 신뢰도와 타당도가 확립되지 않았다는 것이다. 하지만 연구에 참여한 참가자들 중 어느 누구도 인지적 행동치료를 받고 3년 혹은 4년(참가자에 따라서) 후에 또 다른 성범죄를 저지르지 않았다.

또 다른 연구는 지적장애와 정신의학적 질병을 가진 10세 소년에 대한 이미지 트레이닝 치료(Imagery Rehearsal Treatment: IRT)의 영향을 조사하였다(Peirce, 2006). IRT는 내담자가 깨어 있는 동안에 악몽의 결말을 변화시키도록 도움을 주었는데, 그렇게 함으로써 결말이 더 이상 불편한 것이 아니게 된다. 5번의 IRT 후, 내담자는 개입 전에 매일 밤 악몽을 꾸던 것에 비하여 평균적으로 2주일에 한 번씩 악몽을 꾸었다. 비록 연구 수에 있어서는 제한적이지만 이 연구들은 몇몇의 지적장애 아동과 청소년을 치료하는 데 있어서 심리치료가 효과적임을 보여 주었다. 지적장애 아동과 청소년을 위한 심리치료의 종합적인 효과성을 결정하기 위해서는 큰 표본 크기와 다양한 인구를 포함하는 통제연구가 필요하다.

지적장애 성인

지적장애 성인을 위한 심리치료의 사용을 평가하는 문헌 기초 연구들은 아동과 청소년을 위한 연구들보다는 더 잘 확립되어 있다. 연구의 대부분은 분노와 공격성 감소나 집단치료 개입의 효과성을 조사했다.

지적장애인들의 공통된 특징은 분노와 공격성을 보인다는 것이다(Willner, Brace, & Phillips, 2005). King과 동료들(1999)은 11명의 경도 지적장애 성인을 위한 인지-행동적 분노 관리하기 프로그램의 효과를 평가했다. 결과는 참가자들의 분노 조절과 자존감이 향상되었음을 보여 주었다. 보호자 보고에 따르면, 바람직하지 않은 행동 측정에 있어서 치료 전과 후에 유의미한 감소가 있었다. 연구자들은 높은 수준의 양육자 개입이 분노 조절의 향상에 큰 기여를 한다고 제안하였다. 이 연구의 한계점은 통제집단이 없다는 것이다.

세 명의 연구자들이 분노 관리 치료를 평가하기 위해서 통제연구를 수행하였다(Taylor et al., 2005; Willner, Brace, & Phillips, 2005; Lindsay et al., 2004). Lindsay와 동료들(2004)은 통제집단을 구성하기 위해 대기자 명단을 사용했다. 참가자들은 20회기의 분노 관리 치료를 받았다. 분노의 자기성찰 일지는 치료 후 두 집단 사이에서 보고된 분노의 의미 있는 감소를 보여 주었다. 게다가 치료 후 공격적인 사건의 발생 빈도가 치료 집단과 통제집단 사이에서 유의미한 차이를 보였다. 분노 관리 치료를 받은 사람들은 모든 측정치에서의 향상을 보였고, 통제집단 참가자들은 평가에서 어떤 향상도 보이지 않았다. 재범의 수, 중대한 공격적인 사건 그리고 연구 측정치들은 분노 관리 치료의 효과성을 증명한다(Lindsay et al., 2004).

Taylor와 동료들(2005)은 보호시설의 어른들을 위한 인지-행동적 분노 치료의 사용을 연구했다. 분노 치료 집단은 18회기의 개인치료를 받았다. 일상적인 치료를 받은 통제집단과 치료 집단은 접수면접, 치료 전과 후, 4개월 후 추수 회기에서 평가를 받았다. 치료 집단은 통제집단에 비해서 상당히 낮은 분노 점수를 자기보고 했다. 그리고 이러한 결과는 4개월 후 추수 회기까지 유지되었다. 결과는 또한 분노 치료에 대한 반응성이 높은 IQ 집단의 결과가 아님을 보여 주었다. 스태프가 평가한 분노는 유의미한 결과를 만들어 내지 않았다. 하지만 치료 후 참가자들은 신체적 폭력과 공격성 사건을 감소시켰다.

지금까지 논의된 연구들은 참가자들의 분노를 평가하기 위해 스태프나 양육자에게 의존했다. 이러한 측정도구들은 참가자들이 보이는 공격적인 행동이나 분노에 초점을 맞춘다. Willner, Brace와 Phillips(2005)는 지적장애인이 사용하는 분노 다루기 기술을 확인하기 위해서 분노 대처 기술 프로파일(Profile of Anger Coping Skills: PACS)을 사용했다. 주간보호 서비스 프로그램에 참석하고 있는 17명의 성인이 이 연구에 참가했다. 치료 집단과 통제집단은 분노의 수준과 능력에서 유사했다. 치료 기간에 참가자들은 2명의 주간서비스(day service) 스태프가 운영하는 12번의 치료 회기에 참석했다. 주간서비스 스태프들은 임상심리학자에 의해서 훈련받고 감독받았다. 회기에서 다루어진 주제는 분노를 유발하는 계기, 분노의 심리적 행동적 구성요소 그리고 화나게 하는 상황을 다루기 위한 행동적 · 인지적 전략을 포함한다(Willner et al., 2005). 연구 결과는 치료 집단에서 분노의 비율이 상당히 감소되었고, 6개월 후 추수 회기까지 이것이 유지되었음을 보여 준다. 또 분노 대처 기술 프로파일 데이터는 치료 집단에서 분노 다루기 기술이 상당히 증가했음을 보여 준다. 이 통제연구는 인지-행동적 분노 개입의 효과성을 입증한다.

다른 많은 연구자는 심리적 고통의 감소, 정신병에 대한 지식의 증가, 자존감과 대인관계 기능의 향상 그리고 우울 수준의 감소와 같은 다양한 결과를 만들기 위한 심리치료의 사용을 연구했다. 지적장애인에 대한 정신역동 심리치료 효과에 대한 자연적 연구(naturalistic exploratory study) 결과는 이 치료 방법이 심리적 고통을 상당히 감소시키고 대인관계 기능을 향상시킬 수 있음을 보여 준다(Beail et al., 2005). 앞으로는 지적장애인들에 대한 정신역동 심리치료의 이점에 대한 통제연구가 더 필요하다. Beail과 동료들(2007)은 지적장애인 참가자 세 집단의 결과와 공존하는 심리적 문제를 조사하고 비교하기 위한 자연적 연구를 수행했다. 결과적으로, 연구자들은 지적장애인을 대상으로 한 심리치료에서 투여량 효과(the does-effect relationship)가 명백한지를 연구했다. 8명의 참가자는 8회기의 치료를 받았고, 5명의 참가자는 16회기의 치료를, 8명의 참가자는 24회기 이상의 개입을 받았다. 통계적 유의도와 효과 크기 둘 다 각각의 치료 집단에서 개입의 긍정적인 효과를 보여 주었다. 결과는 또한 8회기 치료에서도 참가자는 투여량 효과를 지지하는 동일한 이익을 얻었음을 암시했다. 이 연구는 단지 지적장애인을 위한 정신역동 심리치료에서의 투여량 효과에 대한 예비적 증거일 뿐이다(Beail et al., 2007).

양적 연구에서 Newman과 Beail(2005)은 지적장애인 내담자들이 회기 내에서와 회기를 지나면서 충분히 잘 소화해 내는지, 수준 변화를 보여 주는지를 실험했다. 잘 받아들이고 수용하는 과정(assimilation tracks)은 심리치료 동안 문제가 되는 경험에 대한 내담자들의 이해에 따라 변화했다. 연구자들은 자원한 연구팀으로 하여금 심리적 문제의 치료를 의뢰받은 지적장애 성인들을 위해서 회기에서 8개의 심리치료 기록지를 평가하도록 훈련시켰다.

많은 참가자가 회기 초반에는 배운 것을 잘 소화해 내지 못하지만 회기 후반으로 갈수록 높은 수준으로 이해하고 받아들인다는 것이 회기 결과에 드러난다. 회기 자료를 통해 회기를 지나면서 통계적으로 유의하게 이해 수준이 높아진다는 것을 볼 수 있다. 지적장애 성인이 정말 심리치료를 통해 그들의 문제 상황을 다룰 해결책을 배우고 소화한다는 것이 결과로 증명된다(Newman & Beail, 2005).

네 연구자들은 지적장애 성인을 위한 집단상담의 효과를 검증하는 연구를 하였다. 집단 세팅은 참가자들이 그들의 문제를 탐색하고 새로운 대처 기술을 익히기에 안전한 환경을 제공한다. 성적 학대 피해 여성을 위한 집단상담의 파일럿 연구에서 치료는 성 지식을 제공하고 트라우마와 우울을 줄이는 데에 성공적이었다(Peckham, Howlett, & Corbett, 2007). 이 집단상담에서는 성적 학대 피해 여성을 위한 집단상담과 이 여성들의 보호자를 위한 교육지원 집단이 함께 이루어졌다. 여섯 명 중 다섯 명의 집단원이 추수 평가(집단이 끝나고 12~15주 후에 이루어진)에서 신뢰할 만하고 임상적으로 유의하게 트라우마 수준에 변화가 있었다. 자존감은 의미 있게 증진되지 않았고 문제행동도 유의하게 줄지 않았지만, 이는 표본이 작기 때문일 수 있다(Peckham et al., 2007). 전반적으로 내담자들은 트라우마 수준을 줄이고 집단 응집력을 얻는다는 점에서 집단상담을 통해 도움을 받는다.

다른 인지행동적인 집단은 우울증과 경도 혹은 중도의 지적장애 성인을 대상으로 했다(McCabe, McGillivray, & Newton, 2006). 34명의 집단원이 중재 프로그램을 마쳤고 여기에는 15명의 통제집단이 있었다. 모든 집단원이 집단에 참가하기 충분한 언어능력을 가지고 있었고 통제집단과 치료 집단에 임의로 배정되었다. 치료 전에 두 집단에는 눈에 띄는 차이가 없었지만 사후평가 결과에서는 유의하게 우울 수준이 낮아졌고 사회적으로 자신을 비교 평가한 점수는 높아졌으며 부정적인 자동적 사고의 빈도도 유의한 수준으로 감소했다. 통제집단과 비교했을 때, 집단상담을 받은 실험 참가자들은 우울 증상을 줄이고 다른 사람들과 비교해서 스스로를 더 긍정적으로 평가하는 데에 의미 있는 발전을 이뤘다.

성적 학대행동을 보이는 지적장애인 남성을 위한 집단 인지행동치료를 평가하기 위해 연구자들은 이런 집단치료에 참가한 16명을 인터뷰하였다(Hays et al., 2007). 참가자의 의견과 집단 인지행동치료를 받은 후의 생각을 듣기 위해 반구조화된 인터뷰를 하였다. 대부분의 참가자(75%)는 집단이 성적인 이슈를 다뤘고 집단을 통해 자신들이 무언가 잘못했다는 것을 인정하거나 '성적 문제'가 있다는 것을 알게 되었다고 기억했다. 많은 참가자(69%)가 다른 남성 집단에도 참가하고 싶다고 보고했다. 이 연구는 집단원의 시각에서 치료의 유용한 면을 탐색하는 데에 도움이 되었다. 하지만 치료의 효과를 측정하지는 못했다.

다른 집단은 방화행동을 보이는 지적장애인에 초점을 맞춘 집단이었다(Taylor, Thorne, Robertson, & Avery, 2002). 14명의 성인(8명의 남성과 6명의 여성)이 상습적인 방화 인지행동치료 프로그램에 참가했다. 그들은 불을 지르는 것의 위험과 비용에 대해 교육받고 그들이 불을 피울 때의 인지, 감정, 행동을 분석받았다. 또 방화행동의 긍정적인 결과와 부정적인 결과를 평가했다. 사전검사와 사후검사 결과는 이들의 방화행동과 관련된 태도와 흥미가 의미 있게 개선되었다는 것을 보여 준다. 추가적으로 참가자들의 분노 성향과 자존감도 나아졌다.

요약

전반적으로 지적장애인을 위한 심리치료의 효과성에 관한 연구는 긍정적인 결과를 보고한다. 아동과 성인 모두 여러 상황적 조건을 다루기 위한 심리치료적 개입으로 도움을 받을 수 있다. 연구들에 따르면 개인상담과 집단상담 모두 효과적이다. 또 중재하면서 ABA 기술을 상담적 맥락에 적용할 수 있다. 인지적인 접근과 더 정서적인 접근들 모두 어느 정도 효과가 있었다. 심리치료의 '중재적인' 도움이라는 개념을 여기서도 찾을 수 있다.

학위논문

어떤 사람들은 메타분석과 이미 출판된 연구물에 과도하게 의존하는 리뷰 연구를 비판한다. '출판된' 연구는 보통 의미 있는 결과를 보여 줬기 때문에 출판된 것이다. 그렇기 때문에 종종 효과 크기가 더 크다고 잘못 생각하게 되고 실제 치료의 효과성을 과대평가하게 된다. 이는 '출판' 오류라고 불리는데, 중요하지 않은 연구는 한켠으로 치워지고 출판되지 않아서 메타분석에서 제외되는 현상을 말한다(Howell & Shields, 2008). McLeod와 Weisz(2004)는 청년을 대상으로 한 심리치료의 결과에 대한 학위논문들을 분석하면서 이 문제를 제기했다. 그들은 일반적으로 학위논문은 잘 짜여져 있고 여러 단계의 평가(즉, 위원회의 평가)를 포함하고 결과에 상관없이 완성되어 있다(즉, 학위논문으로서 출판됨)고 말한다. 학위논문이 어쩌면 더 '객관적인' 연구를 대표할지도 모른다. 그러므로 우리는 학위논문을 따로 다루겠다.

아동과 청소년

지적장애 아동과 청소년을 대상으로 한 심리치료에 관한 학위논문은 제한되어 있다. 한 연구에서 연구자는 6~46세의 참가자들을 대상으로 하였다. 연구의 목적은 감각통합치료의 효과와 자해행동과 자기자극 행동을 줄이는 기능적 의사소통 훈련의 효과를 검증하는 것이었다(Hill, 1996). 19명의 참가자 모두 최중도 지적장애인이었다. 감각통합치료를 한 후에 21개의 표적행동 중 17개가 줄어들었다. 하지만 이 중 8개만이 통계적으로 유의한 수준이었다. 그럼에도 감각통합치료는 최중도 지적장애인의 자해행동과 자기자극 행동을 줄이는 데에 효과적인 것으로 보인다.

한 참가자만 대상으로 하는 연구도 있었는데, 연구자는 다운증후군과 중등도 지적장애로 진단받은 8세 여자아이를 대상으로 사회기술 훈련 절차의 효과를 검증하려 했다(Quintana, 2005). 사회기술 프로그램은 어떤 과제에서 주어진 것 이외의 부적절한 반응을 하는 것을 표적으로 했다. 연구 결과는 사회기술 프로그램과 과제 외 행동의 감소 간에 관계가 있음을 보여 준다. 종합적인 효과성을 보기 위해 더 많은 참가자를 대상으로 이 프로그램을 다시 해 보아야 할 것이다.

성인

여러 연구가 지적장애 성인에게 심리치료가 갖는 효과성을 검증했다. 18세에서 60세의 성인을 대상으로 부적절한 성적 행동을 다루기 위해 한 집단치료를 살펴본 연구에서, 치료 집단은 인간의 성에 대한 학문적 정보를 배웠다(Daly, 1997). 16회기의 집단치료 프로그램은 사회 기술, 성, 분노 조절, 인지적 재구조화와 재발 방지를 주제로 했다. 다른 집단치료 중재는 발달장애 성인의 자기결정에 현실치료가 갖는 효과를 검증했다. 참가자들은 여섯 회기의 집단에 참가했고 치료집단과 통제집단 모두 사전검사와 사후검사로 자기결정 척도에 응답했다. 현실치료를 통해 자기조절, 자율성 그리고 전체적인 자기결정 변수들에서 사전검사와 사후검사에서 통계적으로 유의한 차이가 있었다. 연구자들은 집단 현실 상담이 발달장애인의 자기결정에 관한 요인들에 도움이 된다고 결론 내렸다(Lawrence, 2003). 연구자가 수용전념치료(ACT)를 조사한 다른 특정한 연구도 있었다. 연구 결과에 따르면, 지적장애 성인을 대상으로 한 집단상담이 그들을 더 기능하게 하고 정신병리를 줄이고 심리적인 유연성을 키우고 가치 있는 일에 쓰이는 더 많은 시간을 쓰게 했다. ACT 처치에 포함된 원리가 지적장애와 정신건강 문제가 있는 사람들을 도울 수 있다(Pankey, 2009).

네 번째 학위논문은 집단상담에서의 통합 이슈를 다룬다(Blaine, 2003). 4명의 발달장애인과 4명의 일반인이 함께 집단상담에 참여했다. 간편증상검사지(Brief Symptom Inventory: BSI)와 Target Goals로 결과를 측정했다. 하지만 발달장애 여부가 차이였다. 이 연구 결과는 발달장애인이 치료로부터 도움을 받을 수 있고 일반인과 집단치료를 통해 통합될 수 있다는 것을 가리킨다. 다른 심리치료 집단의 효과 검증은 이중진단을 받은 성인에게도 집단상담이 효과적일 수 있다는 사실을 알아냈다(Oliver-Brannon, 2000). 집단상담은 합리적 정서상담과 인간중심 상담을 포함한다. 단일 사례분석은 치료 집단에서 목표행동의 감소, 문제해결 기술의 학습 그리고 직장과 일상의 커뮤니티로 복귀하는 것을 입증했다. 다른 집단의 참여자들은 집단 회기에 참여하지 않았고, 이런 집단원들에게는 부적응적인 목표행동의 유의미한 감소가 나타나지 않았다. 집단은 집단원끼리 서로 경험과 지식을 나누는 환경을 만드는 것에 도움을 준다.

다른 연구자들은 지적장애 성인들에게 이완 기술을 가르치는 접근법에 대해 검증했다. Goodrich(1993)는 모든 수준의 지적장애 성인에게 부적응적인 행동을 대처하는 방식으로 이완을 사용하는 것을 평가했다. 각 수준의 4명의 지적장애인이 이완훈련 회기에 참여했다. 매일 측정하는 부적응적 행동이 기초선에서 추수 회기까지 줄어들었다. 주간 회기에서 측정 시간의 지속성, 연구에서 부적응적인 행동의 횟수를 세는 정확성, 행동 관리 프로그램의 변화와 같은 연구 방법론적인 주제는 결과를 일반화하기 전에 반복 연구되어야 한다. Miller(2007)는 점진적 근육이완법이 불안을 줄이는 데 효과적인지 확인하기 위한 개입을 시행했다. 3명의 경도 지적장애인 참가자들은 30~45분 동안 진행되는 회기에서 점진적 근육이완법을 배웠다. 점진적 근육이완법의 습득과 불안의 감소의 유의미한 직접 상관이 모든 참가자에게서 나타났다. 1개월 후에 있었던 추수 회기에서도 점진적 근육이완법의 유지와 불안 감소의 지속이 나타났다. 지적장애 성인의 시(詩) 치료에 대한 효과성 검토에서 Campbell(2007)은 시 치료가 효과적인 대안 치료임을 밝혔다. 24명의 참가자를 두 개의 집단에 무선 할당하였다. 한 집단은 시치료 집단에, 한 집단은 통제집단에 배정하였다. 정신병리(psychopathology) 집단, 자존감 집단 그리고 대인관계 문제 집단을 측정한 것이 개입의 효과성 평가에 사용되었다. 자존감이 향상된 것만큼 대인관계 문제와 정신병리로 인한 고통이 크게 감소하는 것으로 보였다.

지적장애와 다른 정신의학적 장애로 이중진단을 받은 내담자를 위한 다른 개입은 삶의 질을 향상시키는 데 목표를 둔다. 60명의 참가자가 각 30명씩 처치집단과 통제집단에 배정되었다. 처치집단은 상호작용 행동치료(Interactive Behavior Therapy: IBT) 기법을 처치 받았다. 상호작용 행동치료 기법을 이용해 자존감과 사회 기술을 키우는 것이 이중진단을 받은 개인의 삶의 질을 향상시키는 데 효과적이었다. 삶의 질이 향상되는 것의 변인에는 대인관계/재산/지역사회 통합, 임파워먼트/독립심, 유능성/생산성 그리고 전체적으로 개인 삶에 대한 만족의 정도가 포함되어 있다(Sharp, 2005).

요약

지적장애인 대한 정신병리 연구논문에서는 지적장애인의 심리치료 효과를 지지한다. 논문은 더 '객관적인' 연구 기반을 대표할 수 있다. 지적장애 성인에 대한 심리치료 효과를 가진 연구는 더 많이 이루어졌다.

함의 및 연구 방향

이 선행연구 고찰에서는 앞으로의 연구를 위한 많은 시사점을 제공한다.

- 지적장애인에 대한 충분한 표본이 있도록 잘 설계된 심리치료 연구는 부족한 실성이다. 특히 효과성의 기준을 세우는 데 대표적인 무작위 대조 실험(Randomized Controlled Trials: RCT's)에서 더 그렇다. 연구는 구조화된 치료 등 더 구체적 치료 개입, 더 좋은 결과 척도 그리고 더 명확한 지적장애인 인구의 진단 범주를 통해 발전한다. 정확하게 말하면, 무작위 대조 실험이 더 필요하다.
- 엄격하지 못한 연구 기반에도 불구하고, 포괄적으로 정의했을 때 심리치료의 전체적인 결과는 적어도 적절한 효과를 보였다. 문헌 해석에 어느 정도 주관적인 면이 있다는 것과 다른 결론을 내릴 수 있다는 점을 인정한다.
- 연구가 발전될수록, 효과적이고 성공적인 개입의 '구성요소'에 더 많은 주의가 요구된다. 심리치료의 적용과 치료 동맹과 같은 심리치료에 영

향을 주는 과정 변인에 더 훌륭하고 명확한 설명서가 요구된다.

- 아동 · 청소년 분야에 더 많은 연구가 필요하다. 공립학교에서 아동 · 청소년의 수를 고려하면 이에 대한 효과성 연구가 필요하다.

참고문헌

Beail, N. (2005). Evidence base for behavioral interventions. *Mental Retardation, 43,* 442-445.

Beail, N., Kellett, S., Newman, D. W., & Warden, S. (2007). The dose-effect relationship in psychodynamic psychotherapy with people with intellectual disabilities. *Journal of Applied Research in Intellectual Disabilities, 20,* 448-454.

Beail, N., Warden, S., Morsley, K., & Newman, D. (2005). Naturalistic evaluation of the effectiveness of psychodynamic psychotherapy with adults with intellectual disabilities. *Journal of Applied Research in Intellectual Disabilities, 18,* 245-251.

Blaine, C. J. (1995). Interpersonal learning in short-term integrated group psychotherapy (Doctoral dissertation, University of Alberta, Canada, 1993). *Dissertation Abstracts International, 33,* 22.

Butz, M. R., Bowling, J. B., & Bliss, C. A. (2000). Psychotherapy with the mentally retarded: A review of the literature and the implications. *Professional Psychology: Research and Practice, 31,* 42-47.

Campbell, L. (2007). Poetry therapy for adults with developmental disabilities (Doctoral dissertation, University of Rochester, 2007). *Dissertation Abstracts International, 67,* 7366.

Chambless, D. L., & Hollon, S. D. (1998). Defining empirically supported therapies. *Journal of Consulting and Clinical Psychology, 66,* 7-18.

Chorpita, B. F. The frontier of evidence-based practice. In A. E. Kazdin & J. R. Weisz, *Evidence-based psychotherapies for children and adolescents* (pp. 42-59). New York: Guilford Press.

Cohen, J. (1992). A power primer. *Psychological Bulletin, 112,* 155-159.

Crowley, V., Rose, J., Smith, J., Hobster, K., & Ansell, E. (2008). Psycho-educational groups for people with a dual diagnosis of psychosis and mild intellectual disability: A preliminary study. *Journal of Intellectual Disabilities, 12,* 25-39.

Daly, M. A. (1997). Group therapy to address inappropriate sexual behavior in a male population with developmental disabilities (Doctoral dissertation, Cleveland State University, 1997). *Dissertation Abstracts International, 58,* 2669.

Elvins, R., & Green, J. The conceptualization and measurement of therapeutic alliance: An empirical review. *Clinical Psychology Review, 28,* 1167-1187.

Eysenck, H. J. (1952). The effects of psychotherapy: An evaluation. *Journal of Consulting Psychology, 16,* 319-324.

Eysenck, H. J. (1952). The effects of psychotherapy. *Journal of Psychology, 1,* 97-118.

Fletcher, R. J., Loschen, E., Stavrakaki, C., & First, M. (Eds.). (2007). *Diagnostic Manual-Intellectual Disability: A textbook of diagnosis of mental disorders in persons with intellectual disability.* Kingston, NY: NADD Press.

Goodrich, D. M. (1993). Behavioral relaxation training with mentally retarded persons: Relaxation acquisition, relaxation as a coping skill, and generality and maintenance of effects (Doctoral dissertation, The University of Texas at Austin, 1992). *Dissertation Abstracts International, 53,* 3848.

Hays, S. J., Murphy, G. H., Langdon, P. E., Rose, D., & Reed, T. (2007). Group treatment for men with intellectual disability and sexually abusive behavior: Service user views. *Journal of Intellectual and Developmental Disability, 32*(2), 106-116.

Hill, C. (1996). Treating self-injurious and self-stimulatory behaviors with sensory integration: A comparison with communication training (Doctoral dissertation, California School of Professional Psychology Fresno, 1995). *Dissertation Abstracts International, 57,* 698.

Howell, R. T., & Shields, A. L. (2008). The file drawer problem in reliability generalization: A strategy to compute a fail-safe N with reliability coefficients. *Educational and Psychological Measurement, 68,* 120-128.

Hurley, A. D. (2005). Psychotherapy is an essential tool in the treatment of psychiatric disorders for people with mental retardation. *Mental Retardation, 43,* 445-448.

King, N., Lancaster, N., Wynne, G., Nettleton, N., & Davis, R. (1999). Cognitive-behavioral anger management training for adults with mild intellectual disability. *Scandinavian Journal of Behavior Therapy, 28,* 19-22.

King, R. (2005). Proceeding with compassion while awaiting the evidence: Psychotherapy and individuals with mental retardation. *Mental Retardation, 43,* 448-450.

Lawrence, D. H. (2003). The effects of reality therapy group counseling on the self determination of persons with developmental disabilities (Doctoral dissertation, Wayne State University, 2003). *Dissertation Abstracts International, 64,* 811.

Levitt, E. E. (1957). The results of psychotherapy with children: An evaluation. *Journal of Consulting Psychology, 21,* 186-189.

Levitt, E. E. (1963). The results of psychotherapy with children: A further evaluation. *Behavior Research and Therapy, 60,* 326-329.

Levitt, E. E. (1971). Research of psychotherapy with children. In A. E. Bergin & S. L. Garfield (Eds.), *Handbook of psychotherapy and behavior change* (pp. 474-493). New York: Wiley.

Lindsay, W. R., Allan, R., Parry, C., Macleod, F., Cottrell, J., Overend, H., & Smith, A. W. (2004). Anger and aggression in people with intellectual disabilities: Treatment and follow-up of consecutive referrals and a waiting list comparison. *Clinical Psychology and Psychotherapy, 11,* 255-264.

Lindsay, W. R., Olley, S., Baillie, N., & Smith, A. H. W. (1999). Treatment of adolescent sex offenders with intellectual disabilities. *Mental Retardation, 37*(3), 201-211.

Matson, J. L., Kazdin, A. E., & Senatore, V. (1984). Psychometric properties of the

Psychopathology Instrument for Mentally Retarded Adults. *Applied Research in Mental Retardation, 5,* 81-89.

McCabe, M. P., McGillivray, J. A., & Newton, D. C. (2006). Effectiveness of treatment-programmes for depression among adults with mild/moderate intellectual disability. *Journal of Intellectual Disability Research, 50*(4), 239-247.

McLeod, B. D., & Weisz, J. R. (2004). Using dissertations to examine potential bias in child and adolescent clinical trials. *Journal of Consulting and Clinical Psychology, 72,* 235-251.

Metzloff, J., & Kornreich, M. (1970). *Research in psychotherapy.* New York: Atherton.

Miller, M. L. (2007). Teaching relaxation skills to adults with intellectual disability and generalized anxiety disorder (Doctoral dissertation, University of Wyoming, 2007). *Dissertation Abstracts International, 68,* 8405.

Murphy, G., Powell, S., Guzman, A. M., & Hays, S. J. (2007). Cognitive-behavioral treatment for men with intellectual disabilities and sexually abusive behavior: A pilot study. *Journal of Intellectual Disability Research, 51,* 902-912.

Newman, D. W., & Beail, N. (2005). Analysis of assimilation during psychotherapy with people who have mental retardation. *American Journal on Mental Retardation, 110*(5), 359-365.

Nezu, C. M., & Nezu, A. M. (1994). Outpatient psychotherapy for adults with mental retardation and concomitant psychopathology: Research and clinical imperatives. *Journal of Consulting and Clinical Psychology, 62,* 34-42.

Oliver-Brannon, G. (2000). Counseling and psychotherapy in group treatment with the dually diagnosed (mental retardation and mental illness) (Doctoral dissertation, The Union Institute, 1999). *Dissertation Abstracts International, 60,* 5230.

Pankey, J. (2009). Acceptance and commitment therapy with dually diagnosed individuals (Doctoral dissertation, University of Nevada, 2008). *Dissertation Abstracts International, 69,* 7922.

Peckham, N. G., Howlett, S., & Corbett, A. (2007). Evaluating a survivors group pilot for a women with significant intellectual disabilities who have been sexually abused. *Journal of Applied Research in Intellectual Disabilities, 20*(4), 308-322.

Peirce, J. T. (2006). Efficacy of imagery rehearsal treatment related to specialized populations: A case study and brief report. *Dreaming, 16*(4), 280-285.

Prout, H. T., Chard, K. M., Nowak-Drabik, K. M., & Johnson, D. M. (2000). Determining the effectiveness of psychotherapy with persons with mental retardation: The need to move toward empirically based treatment. *NADD Bulletin, 8,* 3-9.

Prout, H. T., & Nowak-Drabik, K. M. (2003). Psychotherapy with persons with mental retardation: An evaluation of effectiveness. *American Journal on Mental Retardation, 108,* 82-93.

Prout, H. T., & Strohmer, D. C. (1991). *The Emotional Problems Scales.* Lutz, FL: Psychological Assessment Resources.

Quintana, A. (2005). Efficacy of a social skills training procedure used on a child having moderate mental retardation (Doctoral dissertation, The University of Texas-PanAmerican, 2004). *Dissertation Abstracts International, 43,* 663.

Rachman, S. (1971). *The effects of psychotherapy.* Oxford: Pergamon Press.

Reiss, S. (1988). *Reiss Screen for Maladaptive Behavior.* Columbus: IDS Publishing.

Sharp, D. L. (2005). The effect of self-esteem and social skills building on individuals with a dual diagnosis using interactive behavior therapy (Doctoral dissertation, Alliant International University Fresno, 2005). *Dissertation Abstracts International, 66,* 1736.

Smith, M. L., & Glass, G. V. (1977). Meta-analysis of psychotherapy outcome studies. *American Psychologist, 32,* 752-760.

Smith, M. L., & Glass, G. V. (1980). *The benefits of psychotherapy.* Baltimore: Johns Hopkins University Press.

Sterkenburg, P. S., Janssen, C. G. C., & Schuengel, C. (2008). The effect of an attachment-based behavior therapy for children with visual and severe intellectual disabilities. *Journal of Applied Research in Intellectual Disabilities,*

21(2), 126-135.

Sturmey, P. (2004). Cognitive therapywith people with intellectual disabilities. *Clinical Psychology and Psychotherapy, 11,* 222-232.

Sturmey, P. (2005). Against psychotherapy with people who have mental retardation. *Mental Retardation, 43,* 55-57.

Sturmey, P. (2006a). Against psychotherapy with people who have mental retardation: In response to the responses. *Mental Retardation, 44,* 71-74.

Sturmey, P. (2006b). On some recent claims for the efficacy of cognitive therapy for people with intellectual disabilities. *Journal of Applied Research in Intellectual Disabilities, 19,* 109-117.

Taylor, J. (2005). In support of psychotherapy for people who have mental retardation. *Mental Retardation, 43,* 450-453.

Taylor, J. L., Novaco, R. W., Gillmer, B. T., Robertson, A., & Thorne, I. (2005). Individual cognitive-behavioural anger treatment for people with mild-borderline intellectual disabilities and histories of aggression: A controlled trial. *British Journal of Clinical Psychology, 44,* 367-382.

Taylor, J. L., Thorne, I., Robertson, A., & Avery, G. (2002). Evaluation of a group intervention for convicted arsonists with mild and borderline intellectual disabilities. *Criminal Behaviour and Mental Health, 12,* 282-293.

Whitehouse, R. M., Tudway, J. A., Look, R., & Kroese, B. S. (2006). Adapting individual psychotherapy for adults with intellectual disabilities: A comparative review of cognitive-behavioural and psychodynamic literature. *Journal of Applied Research in Intellectual Disabilities, 19,* 55-65.

Willner, P. (2005). The effectiveness of psychotherapeutic interventions for people with learning disabilities: A critical review. *Journal of Intellectual Disability Research, 49,* 73-85.

Willner, P., Brace, N., & Phillips, J. (2005). Assessment of anger coping skills in individuals with intellectual disabilities. *Journal of Intellectual Disability Research, 49*(5), 329-339.

지적장애인 상담의 윤리적 쟁점

Dick Sobsey, Ed.D.

서문

이 장에서는 상담 관계, 가장 구체적으로는 심리치료와 관련된 일반적인 윤리 원칙을 제시하고, 발달장애인의 상담에 어떻게 적용할 수 있는지 설명한다. 일반적인 상담이나 심리치료의 윤리에 관해서는 많이 출판되어 왔으나, 지적장애인 및 발달장애인 상담 장면에서의 윤리에 관해서는 그렇지 않다. 이런 양적 차이에 안타까운 측면이 많이 있지만 또한 의미 있는 질문을 제시한다. 즉, 지적장애인과 일반인을 상담하는 것 사이에는 어떤 윤리적인 차이가 있는가?

이 장을 쓰면서, 나는 원리에는 차이가 없고 단지 적용에서 미세한 차이만이 있다고 생각한다. 따라서 이 장은 윤리 담론의 분리된 영역을 만들어 내는 것이 아니라 통합된 개념의 상담 윤리가 지적장애인 내담자와의 작업 장면에서도 적용될 수 있는 방법에 초점이 있다.

'심리치료(psychotherapy)'와 '상담(counseling)'이라는 용어는 이 장에서 특별한 의미를 갖고 쓰인다. 여기에서 심리치료는 심리문제의 처치를 위한 넓은 영역의 심리적 · 행동적 기법을 칭한다. 접미사로서의 치료에는 치유와 회복을 의도한다는 의미가 포함되어 있다. 여기에서 상담이라는 용어는 더 포괄적이다. 심리치료와 같은 양식과 기법을 사용할 수 있지만, 문제의 치료에 초점이 맞춰지지 않을 수도 있다. 그것의 목적은 늘 무언가를 고치는 것이 아니다. 이것은 간단하게, 지지와 적응에 사용된다. 예를 들어, 상담은 지적장애인의 삶이나 진로에 관련된 중요한 결정을 내리는 데 도움을 줄 수 있다. 그것은 치료가 필요하거나 병리적이지 않은 일이다. 그러므로 이 장에서는 상담이라는 용어를 좀 더 포괄적인 과정으로, 심리치료라는 용어는 좀 더 구체적으로 실제에 적용하여 엄격하게 사용할 것이다

이 장의 나머지 부분은 세 부분으로 나뉜다. 첫 번째 부분에서는 상담 윤리에 대한 접근 방식을 간략하게 검토하고, 다음 부분에서는 지적장애인을 위한 상담에 그 접근 방식을 구체적으로 적용하여 사례를 제공하며, 마지막 부분에서는 추가적인 논의를 간략하게 제공한다.

상담 윤리

'윤리(ethics)'라는 용어는, ① 도덕적으로 올바르고 수용되는 것으로 간주되는 것을 기반으로 한 행동을 이끄는 가치와 원칙, ② 도덕적으로 선호되는 행동 방침을 결정하는 과정에 모두 적용된다. 가치와 원칙은 의사결정을 위한 기본 틀을 제공한다. 많은 경우, '옳은' 행동은 자명하기 때문에 윤리적 결정을 쉽게 할 수 있다. 우리는 무엇이 옳고 그른지 알고 있고, 그들 사이에서 선택을 한다. 어떤 경우에는 '올바른' 행동 방침을 분별하기가 더 어렵고, 경

우에 따라서는 '올바른' 행동 방침이라는 것이 아예 없을 수도 있다. 그런 경우, 우리는 여러 나쁜 대안으로 보이는 것들 중에서 선택을 해야만 한다. 쉬운 결정이든 어려운 결정이든 모두 윤리에 의해 내려질 수 있지만, 윤리의 역할은 어려운 결정을 내릴 때 더 명확하다. 어려운 결정 앞에서 우리는 의식적으로 관련된 윤리적 문제를 신중히 고려하게 되기 때문이다.

상담 윤리에는 여러 가지 접근법이 있다. 이러한 접근법은 상호 배타적이지 않으며, 상당 부분 중복된다. 여기에는 몇 가지의 중요한 접근법에 대한 간단한 설명이 제시되어 있다.

덕 윤리

덕 윤리는 개인의 특성이나 자질에 근거하며, 여기에서 그 개인은 상담자를 뜻한다. 윤리에 대한 이러한 접근 방식은 윤리적 결과에 사람의 성품이 어떠한 외부의 원칙이나 규칙보다 더 중요하다는 가정을 두고 있다. 이 틀에서는 상담자는 상담자의 이상적인 덕목을 보여 줄 때 윤리적이라고 판단될 수 있다. 여기에는 모든 사람에게 적용되는 보편적인 덕목(universal virtues) 혹은 상담자에게만 유일하게 적용되거나 주로 상담자에게 적용되는 구체적인 덕목(specific virtues)이 포함될 수 있다. 물론 보편적인 덕목이 상담자에게 매우 구체적으로 적용될 수도 있다.

이상적인 덕목은 문화적으로 결정되는 경향이 있으며, 상담학파에 따라 다른 이상적인 덕목이 강조될 수 있다. 하지만 보편적으로 인정받고 있는 상담자 덕목은 신중(prudence), 진실성(integrity), 존중(respect) 및 자비심(benevolence)을 포함한다(Altmaier, 2008). 신중한 상담자는 법과 전문가 윤리강령을 준수함으로써 상담서비스를 계획하고 제공하는 데에 세심하게 주의를 기울이고 사려 깊게 행동한다. 진실성을 갖춘 상담자는 정직하고 일관성이 있다. 존중하는 상담자는 모든 내담자의 본질적인 존엄성을 인정하고 가치 있는 개인으로 대한다. 자비로운 상담자는 내담자와 다른 사람들을 위해 선한 일을 하려고 지속적으로 노력한다.

공리주의 윤리

공리주의 윤리는 '최대 다수를 위한 최대 행복'의 개념에 근거한다. 공리주의는 과정이나 개인의 미덕보다는 결과나 성과에 중점을 둔다(Truscott & Crook, 2004). 윤리적인 상담자는 세상의 고통을 줄이고 행복을 증가시키는 역할을 한다. 심리치료는 내담자의 고통을 줄이려고 노력하고, 모든 심리상담은 내담자의 행복을 증진시키기 위해 노력한다. 행복 추구는 상담자에게 매우 적합해 보이는 간단한 접근처럼 보일 수 있지만, 일부 상황에서는 부적절한 것으로 비판받을 수도 있다. 예를 들어, 내담자에게 거짓말을 하는 것이 진실을 말하는 것보다 내담자를 더 행복하게 만든다고 해도 그것이 더 윤리적이라고 할 수 있을까? 또한 최대 다수를 위한 최대 행복의 원칙은 어떤 경우에는 상담자가 자신의 내담자에게 가장 좋은 것에 집중하기보다 다른 사람들의 복지에 더 많은 관심을 기울여야 함을 의미한다. 이러한 접근은 극단적인 경우에 정당화될 수도 있겠지만, 일반적으로 상담자는 자신의 내담자에게 우선적일 의무가 있다.

원칙기반 윤리

아마 가장 자주 논의되는 윤리 접근법은 원칙기반 윤리일 것이다. 이 접근법은 윤리적 행동에 대한 몇 가지 기본 규칙이나 원칙을 제시하고 있다. 전형적으로 이는 무해성(nonmaleficence), 선행(beneficence), 자율성(autonomy), 정의(justice), 사회적인 책임(social responsibility) 및 진실성(integrity)을 포함한다. 무해성의 원칙은 내담자에게 해를 끼치는 것을 피하는 것을 의미한다. 선행의 원칙은 다른 사람들의 이익을 위해 행동하는 것을 말한다. 자율성의 원칙에 의하면 상담자는 내담자가 자신의 삶을 통제하고 스스로 결정할 수 있도록 허용하고 격려해야 한다. 정의는 상담자가 공정하게 행동할 것을 요구한다. 사회적 책임은 우리가 내담자에게 끼치는 영향뿐만 아니라 광범위한 사회적 결과 또한 고려해야 함을 강조한다. 진실성은 정직함, 내적 일관성 그리고 문화적 규범, 전문가 실무기준 및 법에 대한 존중을 요구한다. 이러한 원칙들은 덕 윤리에 열거된 속성과 상당히 중복되지만, 한 가지 중요한 차이점은 이러한 원칙들은 개인의 덕목보다는 모두가 따를 수 있는 외적 규칙으로 간주된다는 점이다.

관계 윤리

관계 윤리는 다양한 역할을 하는 개인들 간의 존중 관계를 형성하고 유지하는 과정을 반영하여 도덕적 행동을 도출해 낸다(Bergum & Dossetor, 2009). 여기에는 상담자와 그의 내담자, 내담자와 그의 삶에서 중요한 타인들, 이론가와 상담자 그리고 그 외 환경 내의 다른 관계자들을 포함한다.

절충주의 윤리 강령

앞서 논의한 윤리 접근법들은 모두 윤리적 행동을 살펴보고 이해하는 데 유용한 틀을 제공한다. 어떤 경우에는 접근법이 서로 충돌하기도 한다. 예를 들어, 덕 윤리는 내담자가 진실의 결과로 고통스럽더라도 상담자는 내담자에게 전적으로 정직해야 한다고 주장한다. 실용적 윤리는 정직성보다 내담자의 고통을 막는 게 중요하다고 말하고 있다. 그러나 대부분의 경우 이러한 다양한 접근 방식은 중복되는 전제를 기반으로 유사한 결론을 내린다. 또한 전문 상담자가 실제로 의존하는 대부분의 윤리 강령(예: American Psychological Association, 2002; National Association of Social Workers, 1999)은 이러한 접근법 중 하나에 정확히 맞지 않으며, 이러한 접근 방식 모두에 적용될 수 있는 몇 가지 요소를 포함한다.

상담자를 위한 전문가 윤리적 행동 강령은 광범위하며 오랜 역사를 가지고 있다. 예를 들어, 미국심리학회(American Psychological Association)는 1952년에 처음 윤리 강령을 채택하고, 2002년까지 9번의 주요 개정안을 발표한 바 있다. 이 강령의 모든 조항은 발달장애인 내담자와 작업할 때에도 적용될 수 있다. 이 장은 이러한 강령의 상대적으로 적은 수의 요소들이 발달장애인을 대상으로 한 상담에 적용될 수 있는 방법에 중점을 두고 있다. 각 논점은 전문가 강령에서 간략하게 발췌된 내용과 함께 소개된다.

내담자에 대한 존중

심리 전문가는 모든 사람의 존엄성과 가치, 개인의 사생활, 비밀보장 및 자결권에 대한 권리를 존중한다. 심리 전문가는 취약성 때문에 자율적인 의사결정을 하지 못하는 개인이나 공동체의 권리와 복지를 보호하기 위해 특별한 보호책(safeguards)이 필요할 수도 있다는 것을 인지하고 있다. 심리 전문가는 나이, 성별, 성 정체성, 인종, 민족성, 문화, 출신 국가, 종교, 성적 취향, 장애, 언어 및 사회경제적 지위를 기반으로 한 문화적·개인적 및 역할의 차이점을 인지하고 존중하며, 각 집단의 구성원들과 작업할 시

> 이러한 요소들을 고려한다. 심리 전문가는 그러한 요인에 기초한 편견의 영향을 없애기 위해 노력하며, 그러한 편견을 기반으로 하는 다른 사람의 활동에 고의적으로 참여하거나 그러한 활동을 용납하지 않는다(American Psychological Association, 2002).
>
> 사회복지사는 내담자와의 혹은 내담자에 대한 서면 또는 구두 의사소통을 할 때에 경멸적인 언어를 사용하지 않아야 한다. 사회복지사는 내담자와의 혹은 내담자에 대한 모든 의사소통에서 정확하고 존중하는 언어를 사용해야 한다(National Association of Social Workers, 1999).

내담자에 대한 존중은 상담자에게 가장 자명한 윤리적 의무 중 하나이지만, 준수하기 가장 어려운 의무이기도 하다. 특히 발달장애인 내담자들을 상대할 때에는 더욱 그러하다. 우리는 모두 존중을 표방하고 이를 위해 노력하고 있지만, 태도라는 것는 문화적으로 전염되며 우리 문화에 속한 그 누구도 이러한 문화적으로 고질적인 편견으로부터 자유롭지 않다는 것을 인식하는 것이 중요하다. 여기에는 장애인들과 그들을 옹호하는 사람들이 포함된다. 상담자는 내담자의 존중을 지속적으로 노력하여 이루어 나가는 과정으로 생각해야 하고, 자신의 행동과 감정을 계속해서 돌아볼 필요가 있다. 우리는 사용하는 말을 통해 말하는 그 사람이 가지고 있는 태도를 짐작해볼 수 있으므로, 존중하는 말을 사용하는 것이 중요하다. 그럼에도 불구하고, 상대에 대한 진정한 존중은 신중한 말하기로 대체될 수 없다. 실제로, 정확한 단어를 사용하지만, 상대방에 대한 존중을 담고 있지 못한 방식으로 말을 하는 사람이나, 혹은 반대로 부정확하게 말을 하지만 상대방에 대한 진정한 존중을 담고 이야기하는 사람을 만날 수 있다.

사람이라는 단어를 먼저 표현하는(person-first) 방식은 일반적으로 전문적인 소통의 표준으로 받아들여진다. 예를 들어, 우리는 대개 '지적으로 장애가 있는 사람(intellectually disabled person)'보다는 '지적장애인(person with an intellectual disability)'이라는 표현으로 더 자주 사용한다. 물론 이러한 언어적 습관이 완곡하고, 덜 직접적으로, 장애를 무겁지 않게 표현하는 것이라는 주장은 항상 있어 왔다. 사람이라는 단어를 먼저 사용하는 언어적 표현의 의도는 개인의 장애를 덜 강조하고 다른 특성을 강조하기 위함이다. 물론 이러한 의도를 들으면 두 가지 의문이 생긴다. ① 장애는 반드시 덜 강조되어야만 하는 어떤 것인가? ② 개인이 실제로 자신의 장애를 스스로가 자랑스러워할 만한 정체성의 한 부분으로 여기고, 이를 강조하길 선택하는 것이 불가능한가? 이 질문에 답을 하기가 쉽지 않지만, 이러한 질문은 상담 분야에서 중요한 의미를 가진다. 발달장애는 개인의 삶에 직간접적 방식으로 중대한 영향을 미친다. 따라서 장애는 그들의 삶의 중요한 부분이자, 정체성의 핵심적인 부분이 된다. 삶의 이러한 부분을 부정하거나 덜 중요한 것으로 취급하는 것은, 그들 스스로가 자신에 대해서 긍정적으로 생각할 수 있는 것을 방해한다. 그럼에도 불구하고 전문가들 간의 대화에서는 사람이라는 단어를 장애라는 단어보다 먼저 사용하는 표현이 상대에 대한 존중을 표현하는 단어 사용이라고 받아들이고 있다.

내담자 및 가족 구성원과의 직접적인 대화에서는 단어의 사용이 그들 각각의 선택을 고려하여 개별화될 필요가 있다. 예를 들어, '지체된(retarded)'이라는 표현에 전혀 문제가 없다고 생각하거나 혹은 그것이 낙인을 부여하지 않는다고 주장하는 사람이 있을 수 있다. 어떤 의미에서는 이것이 사실일 수 있다. 그러나 이 용어는 상당히 많은 부정적인 개념을 포함하고 있고, 그것을 사용하였을 때 많은 이가 상처를 받았던 일들이 있어 왔다. 이 용어가 아무리 정확한 의미를 담고 있든 간에, 내담자나 혹은 다른 사람에게 상처를 줄 수 있다는 사실만으로도 이 용어를 사용하지 않는 충분한 이유가 된다.

장애 관련 용어를 사용하는 것과 관련된 또 다른 이슈는 바로 관련성의 수준이다. Erving Goffman은 장애를 지칭하는 용어의 사용이 특성과의 관련성 수준과 무관한 경우에도 사용되며, 이럴 때 장애라는 말 자체가 그 사람을 표현하는 유일하고 중요한 표현이 된다고 지적한다. 지적장애가 현재 당장 다루어야 하는 문제와 관련이 있는 것이라면, 지적장애는 언급되어야만 한다. 그렇지 않다면 이는 무시되어야 한다. 예를 들어, 만약 누군가가 다음과 같이 말했다고 가정해 보자. "그녀는 그녀의 남동생의 후견인으로 지목되었는데, 그는 지적장애인이야." 우리는 이 말을 통해 지적장애가 후견인을 선임하는 것과 관련이 있음을 알 수 있다. 그렇지만 누군가는 또 이렇게 말할 수 있다. "그녀는 그녀의 남동생보다 두 살 많은데, 그녀의 남동생은 지적장애인이야." 여기서는 왜 남동생의 지적장애를 언급하는지를 이해하기 어렵다.

마지막으로, 낙인을 찍지 않는 방식으로 용어를 사용하기 위해서는 '자폐로 인한 고통' 혹은 '발달장애로 인한 고통'과 같은 평가적 언어 사용을 피해야 한다. 우리가 수술 후 만성 고통 증후군의 결과로 인한 고통을 언급하는 것과 같이, 그것을 지칭하려고 의도한 경우에는 예외가 될 수 있다.

사회적 정의

사회복지사는 사회적 부정의에 도전한다. 사회복지사는 사회적 변화를 추구한다. 특히 취약하며 억압받는 사람들의 측면에서 그러하다. 사회복지사의 노력은 주로 가난, 고용, 차별 그리고 사회 정의와 관련된 다른 여러 가지 이슈에 초점이 맞추어져 있다. 이러한 활동은 사회적 억압과 문화적·민족적 다양성에 대한 민감성을 높이게 된다(National Association of Social Workers, 1999).

상담자들은 그들의 잠재적 편견이나 능력, 전문성의 한계가 부당한 일을 초래하지 않도록 하기 위해 합리적 판단과 경계를 하려고 한다(American Psychological Association, 2002).

윤리적 상담자는 사회 정의, 특히 발달장애인 내담자와 같이 취약한 개인을 치료할 때 사회 정의를 위해 노력한다. 어떤 경우에는 상담자가 내담자를 대변하여 주장하는 역할을 맡아야 할 때도 있거나 혹은 그 역할을 담당할 수 있는 사람을 만나야 할 수도 있다. 예를 들어, 상담자는 그룹홈에서 다른 내담자에게 반복적으로 학대를 당하는 내담자에게 외상 치료를 해 주어야 할 수도 있다. 이 내담자는 더 안전한 곳으로 옮길 만한 여력이 없을 수도 있고, 현재 거주지에서 내담자를 보호하기 위해 추가적으로 할 수 있는 조치가 없을 수도 있다. 이러한 경우, 이 끔찍한 상황에 대해 내담자의 기분이 조금 나아지게끔 돕는 수준의 일은 오히려 비윤리적인 것일 수 있다. 불공정한 상황을 바로잡기 위한 적극적인 일을 해야 한다.

물론 지나치게 적극적으로 내담자의 상황을 대변하거나 내담자를 보호하기 위한 조치를 취하는 것은 상담 관계에 영향을 미칠 수 있다. 특히 만약 내담자를 위한 행동의 목표가 내담자로 하여금 상담에 더 이상 오지 못하게 할 수도 있을 경우에 그러하다. 이러한 경우에는, 상담자가 내담자를 위해 노력해 줄 수 있는 다른 자원을 찾아 줌으로써 딜레마를 해결할 수 있다. 적절한 조치를 취할 때 상담자는 지속적으로 상담에 주의를 집중할 수 있다. 만약에 내담자를 도울 수 있는 다른 자원이 없을 경우에는 상담자 스스로 그 역할을 맡는 바를 고려해야 할 필요가 있다.

내담자에 대한 헌신, 이익이나 이중관계에서 오는 갈등

사회복지사의 가장 중요한 임무는 내담자의 안녕감을 증진하는 것이다. 일반적으로 내담자의 이익이 우선된다. 그러나 사회복지사는 사회적 이익이나 특정 법적 규제 등을 이유로 내담자의 이익만을 우선적으로 고려할 수 없는 경우가 생기며, 내담자는 이에 대해 상담자의 충고를 받아야만 한다(National Association of Social Workers, 1999).

상담자는 다중관계를 맺는 것을 금하고 있는데, 이는 다중관계를 맺을 경우, 이러한 관계가 상담의 목적, 상담자의 유능성 그리고 치료 장면에서의 수행을 방해하기 때문이다. 혹은 전문적 관계를 맺어야 할 상대에게 해를 끼치거나 착취를 하는 위험성이 있을 수도 있다(American Psychological Association, 2002).

상담자는 핵심적인 윤리적 질문에 대해 심도 있게 들여다 봐야 한다. '누가 나의 내담자인가?' 이러한 질문에 대한 답은 간단할 수 있다. 하지만 발달장애인을 상담하는 경우에는 상황이 종종 복잡해지기도 한다. 이러한 질문에 답을 하기 위해서는 다른 관련된 질문도 던져 볼 필요가 있다. 내담자가 상담에 참여하도록 하는 결정은 누가 내리는가? 누가 상담료를 지불하는가? 누가 상담의 목표나 상담에서 다루어져야 할 문제에 대해 이야기하는가? 누구의 이익을 위해 이루어져야 하는가?

제3자가 상담을 요청한 경우

상담자(psychologist)가 제3자의 요구에 의해 한 개인이나 집단에 상담을 제공하기로 결정했다면, 상담자는 상담을 시작하기 전에, 내담자와 관련된 모든 기관 및 조직 간 관계의 속성을 명확히 할 필요가 있다. 여기에는 상담자의 역할을 명확히 하는 것 또한 포함된다. 누가 내담자이며, 어떠한 서비스나 정보가 상담을 통해 전달될 것이며, 비밀보장의 한계는 어디까지인지도 명확히 해야 한다(American Psychological Association, 2002).

발달장애인의 경우 그들의 가족이나 혹은 사회복지 담당자 등에 의해 상담이 의뢰되는 경우가 많다. 또한 지적장애인이 수동적으로 상담에 임하거나 혹은 상담 자체를 거부하는 경우도 생긴다. 심각한 지적장애인 내담자 중 일부는 혼자서 상담의 목표를 이해하기 어려워할 수도 있다. 이런 경우에는 상담의 목표를 내담자가 아닌 상담 의뢰자에게 명확하게 알려야 할 수 있다. 상담의 목표를 알리는 것은 내담자에게 상당히 도움이 된다. 예를 들어, 그룹홈에 함께 거주하는 거주자를 힘들게 하거나, 기관의 일정을 방해하는 내담자의 '문제적 행동'을 다뤄 달라는 요구를 받을 수 있다. 이런 경우에는 상당한 윤리적 문제를 포함하고 있을 수 있다.

내담자와 가족 혹은 기관의 요구가 처음에는 동일했다고 할지라도, 상담 과정에 시간이 흐르면서 바뀔 수도 있다. Koocher와 Keith-Spiegel(2008)은 학교에 소속되어 학생들의 욕구를 평가한 상담자의 예를 들고 있다. "만약 특수교육 예산에 압박이 있을 경우, 관리자인 Rigor 박사는 평가를 짧게 진행하고, 보고 절차를 줄이며, 추가적 서비스나 평가를 제안하는 일을 줄이도록 한다……."(p. 502) 물론 Rigor 박사는 그의 고용인이나 재정적 어려움이 서비스를 제한하는 것에 대한 책임을 가지고 있다. 그럼에도 불구하고 서비스가 필요한 상황인데도 줄이는 것은 윤리적으로 정당화될 수 없다. 게다가 유효한 요구가 없다는 핑계는 추가적으로 문제를 일으킬 수 있으며, 충족되지 않는 요구에 대해 문서화해 두는 것이 추후에 서비스를 확장시킬 때 오히려 중요할 수 있다.

앞의 예시가 평가와 관련되는 반면, 이와 유사한 갈등은 제3자에 의해 계약된 심리치료 서비스에서 종종 발생한다. 서비스를 위해 돈을 낸 사람은 간단하고 기간이 정해져 있는 치료에 관심이 있겠지만, 이는 어떤 사례에만 매우 적합하고 다른 사례에는 그렇지 않을 수 있다. 기간을 한정하는 것에 내담자는 크게 관심이 없을지라도, 상담자는 치료의 기간을 제한하는 데 압박을 받을 수 있다.

또한 윤리적인 상담자는 심리치료나 상담이 내담자에게 중요한 이득을 주는지와 내담자가 참여하기를 바라는지에 대해 결정해야 한다. 대부분의 경우 내담자에게 오는 이득은 직접적이어야 한다. 일부의 경우, 간접적인 이득은 정당화될 수 있지만 이러한 사례들은 조심스럽게 조사되어야 한다. 간접적인 이득이란 다른 사람에게 이익이 되는 내담자의 이득을 의미한다. 예를 들면, 한 내담자는 교회 예배 시간에 소리를 지르는 행동을 없애기 위해 의뢰될 수 있다. 일반적으로, 내담자는 자신의 소리 지르는 행위가 없애야 할 문제라고 여기지 않고 더 조용히 하는 것이 그녀의 삶의 질의 향상에 어떻게 직접적으로 도움이 되는지 알 수 없다. 그러나 거기에는 간접적인 이득이 있다. 만약 그녀는 교회를 매우 좋아하지만 신도들이 그녀가 소리 지르는 것이 너무 방해가 되어 그녀를 교회에 못 나오게 한다면 신도들을 위해 상황을 나아지게 만드는 것이 내담자를 위해 더 나은 결과를 가져오므로 그녀는 간접적인 이득을 취한다고 할 수 있다. 이러한 간접적인 이득에 대해 논의하는 것은 행동이 사회적 맥락에서 발생되지만 평가를 하기 위험하거나 어려운 경우에 이루어질 수 있다.

여러 요인 간의 균형이 요구되는 일이기 때문에 간적접인 이익을 기반으로 한 정당성을 신중하게 따져 보는 것은 분명히 필요하다. 다른 사람의 요구가 타당한가? 앞선 예에서 우리는 내담자가 소리를 지르는 것이 지속적이고 매우 시끄러운지, 아니면 가끔이고 조용한 편인지 알 필요가 있다. 내담자의 간접적인 이득이 행동을 바꾸는 것을 정당화할 만큼 충분히 큰가? 우리는 우리의 예시 속의 내담자가 교회에 출석을 금지당하거나 방해가 적은 다른 활동으로 옮기게 되었을 때 정말로 충격받을 것인지 알고 싶을 수 있다. 마지막으로, 행동을 바꾸기 위한 치료가 얼마나 침습적(intrusive)인 것인가? 단순히 내담자가 소리 지르는 행동을 지속하는 것이 교회에 출석을 금지당하는 결과를 가져올 것이라는 것을 이해시키도록 돕는 것이 행동을 변화시킬 것인가, 아니면 더 침습적 치료가 요구되는가?

만약 내담자가 상담적 관계를 시작하고자 하지 않는다면 그 사람이 참여를 원하는지를 결정하는 것이 필수적이다. 대부분의 발달장애인 내담자는 치료의 성격이 혐오적이거나 침해적이지 않은 상담 또는 치료적 관계에 관심을 보인다. 상담이나 치료를 피하거나 도망가는 패턴을 지속적으로 보이는 내담자에게는 일반적으로 치료를 지속하는 것이 요구되어서는 안 된다. 명확한 예외는 법원 명령 치료일 것이지만 유죄 판결을 받은 범죄자일지라도 치료를 거절할 권리가 있다는 것을 기억하는 것은 중요하다. 지적장애인 내담자도 어느 방식으로든 거절을 명확하게 표현한다면 일반적으로 동일한 권리를 가져야 한다.

중증의 지적장애인이 치료와 관련된 결정을 내리는 것이 어렵다면 논의가 필요한데 그를 대신해 결정을 내리기 위한 보호자나 의사결정 보조자가 임명되어야 한다. 이러한 대리자에 의한 동의 결정은, ① 권리의 보장, ② 승인, ③ 갈등의 세 가지 범주에서 고려될 수 있다.

권리의 보장에 있어 치료에 대한 내담자의 동의는 타당도와 신뢰도의 문제가 있다. 보호자가 치료의 적절성에 대해 동의하고 내담자가 해야 할 것을 독립적으로 선택하도록 법적 합의를 제공할 수 있다. 일반적인 상황에서 이는 윤리적인 이슈를 거의 일으키지 않는다.

승인(assent)에 있어서 내담자는 치료에 대한 동의 또는 거부를 나타내지 않는다. 이의 제기에 대한 증거가 없는, 수용이 수동적인 상황일지라도 보호자 또는 대리 결정권자는 동의를 제공하며 내담자는 치료를 수용한다. 이러한 상황에서 상담자는 내담자가 무엇을 원하는지 결정할 의무가 있지만 어떤 경우에는 이것이 절대 완전히 명확하지 않을 수 있다. 이러한 상황에서 내담자의 승인과 보호자의 동의는 보통 치료가 높은 수준의 위험성을 보이거나 대리 결정권자의 이익과 커다란 잠재적 갈등이 있지 않는 한 충분하다고 사료된다.

갈등(conflict)에 있어 내담자는 어떻게 해서든 치료를 거절하고자 하지만 대리 결정권자는 치료를 동의하거나 요청할 수 있다. 이러한 상황은 내담자가 스스로 결정을 내릴 수 없다는 간단한 결론으로 무시되거나 기각될 수 없는 심각한 윤리적 이슈를 가져온다. 윤리적 문제에 더하여서 이러한 상황은 이 장에서 다룰 범위를 넘어서는 법적 문제를 가져온다. 법적인 안내나 법정의 개입이 이러한 문제를 해결하는 데 필요할 수 있다. 만약 보호자가 이전에 의료 결정을 내린 적이 있어도, 이것이 내담자가 모든 상황에서 치료를 거부할 권리를 자동적으로 제거하는 것은 아니다.

이러한 갈등은 윤리적 원칙의 상대적 장점을 평가하는 것으로 볼 수 있다. 자율권(내담자가 스스로 결정을 내릴 권리), 선의(치료에 의해 내담자의 삶이 더 나아질 가능성), 무해성(원하지 않는 내담자를 치료하는 것이 해가 될 가능성). 비자발적인 치료를 윤리적으로 정당화하기 위해서는 내담자가 합리적인 결정을 내릴 능력이 부족하다고 판단하는 이유 외에도 치료가 매우 실질적인 이익을 창출하거나 매우 심각한 손해를 입히지 않을 수없는 강력한 사례가 있어야 한다.

갈등은 상담자가 가족이나 다른 집단과 일할 때 또한 발생할 수 있다.

> 심리상담자가 관계가 있는 여러 사람(예: 배우자, 중요한 타자, 부모, 자녀)에게 서비스를 제공하는 것에 동의할 때 초반부터 다음에 대해 명확히 하기 위해 합리적인 조치를 취해야 한다. ① 그 사람이 내담자/환자인지, ② 심리상담자가 각 사람과 맺을 관계. 이러한 확인은 심리상담자의 역할과 제공되는 서비스나 획득된 정보의 사용 가능성을 포함한다(American Psychology Association, 2002).
>
> 사회복지사가 서로 관계가 있는 두 명 이상의 사람들(예: 부부, 가족)에게 서비스를 제공할 때, 사회복지사는 모든 사람과 함께 어떤 개인이 고객(client)으로 간주되는지 명확히 해야 한다(National Association of Social Workers, 1999).
>
> 심리상담자들이 집단 환경에서 여러 사람에게 서비스를 제공할 때, 그들은 처음에는 모든 당사자의 역할과 책임 및 기밀 유지의 한계를 설명한다(American Psychological Association, 2002).

발달장애인의 가족 구성원을 포함한 가족치료는 매우 효과적일 수 있으며 발달장애인 내담자 중 한 명 이상 포함하는 집단상담 또한 많은 경우에 효과적이다. 하지만 누가 내담자이고 아닌지에 대한 명확한 결정 없이는 윤리적 문제가 일어날 가능성이 있다. 또한 이러한 결정은 심리치료나 상담의 목표를 설정하는 데에도 필수적이다. 예를 들어, 만약 전체 단위 가족이 내담자라면 목표는 가족 전체에 영향을 미치는 것이어야 한다.

어떤 경우에는 범죄자와 그의 희생자를 포함하는 내담자 집단과 협력하는 것이 유용할 수 있지만 이해 상충의 가능성이 크다. 이러한 잠재성이 충분히 다루어지지 않으면 한 명의 상담자가 양쪽과 윤리적으로 작업하는 것은 불가능할 수 있다.

서비스의 종결

(a) 사회복지사는 제공하는 서비스와 관계가 더 이상 필요하지 않거나 더 이상 고객의 필요나 관심에 부합되지 않을 때 고객과의 서비스 및 전문적인 관계를 종료해야 한다.

(b) 사회복지사는 여전히 서비스가 필요한 고객을 포기하지 않기 위해 합당한 조치를 취해야 한다. 사회복지사는 비정상적인 상황에서만 서비스를 급히 철회해야 하며 상황의 모든 요인을 신중히 고려하고 가능한 부작용을 최소화하도록 주의해야 한다(National Association of Social Workers, 1999).

(c) 내담자/환자 또는 제3자 지불인의 행동으로 인해 못하게 되는 경우를 제외하고는, 종결 전에 심리상담자는 사전상담 서비스를 제공하고 적절한 대체서비스 제공자를 제안한다(American Psychological Association, 2002).

발달장애인과의 상담관계의 종결은 특히 어려울 수 있다(Mansell & Sobsey, 2001). 서비스 종결의 잠재적인 어려움은 여러 가지 원인에 기인한다. 내담자는 시간 제한적 관계의 특성을 이해하지 못할 수도 있다. 대부분의 발달장애인은 고립된 삶을 살며 어떠한 형태의 돌봄 받는 관계에 필사적으로 매달리려고 할 수 있다. 그 내담자는 상담 관계와 우정 사이의 차이를 이해하지 못할 수 있다. 이러한 요소들은 서비스가 종결되었을 때 버려졌다는 깊은 정서를 가져올 수 있다.

종결과 관련된 문제를 예방하는 것이 불가능할 수 있지만 윤리적인 상담자는 내담자와 관계의 본질을 확실하게 하기 위한 초기의 단계를 거친다. 심리상담자들이 집단 환경에서 여러 사람에게 서비스를 제공할 때, 그들은 처음에는 모든 당사자의 역할과 책임 및 비밀보장의 한계를 설명한다.

정상화, 위험 감수의 존엄성과 연령대에 맞는 활동

APA(American Psychological Association)와 NASW(National Association of Social Workers)에서 전문가 윤리 조항을 만들었지만, 지적장애 및 발달장애와 관련된 문제들을 직접적으로 언급하지 않고 있다. 숙고할 가치가 있는 몇몇 윤리적 원칙들이 발달장애 분야에서 나타났다.

이 책에서 정상화(normalization)는 발달장애인이 최대 실행 가능 한도에서 일상 활동이나 교류, 삶의 양식을 가능하게 접근하는 것을 의미한다(예: Wolfensberger, 1972). 이는 종종 두 번째 부분으로 이어지는데, 신체적 · 사회적 환경의 정상화가 정상적인 행동을 초래할 것을 의미한다. 일반적인 치료(normal treatment)가 정상적인 행동(normal behavior)에 기여한다는 것은 일반적인 사실이지만, 윤리적인 원칙은 필요하지 않다. 이는 어떤 것을 달리해야 하는 설득력 있는 이유가 있지 않으면 발달장애인 내담자를 다른 사람과 동일하게 대해야 한다는 것을 의미한다. 어떤 것을 달리해야 하는 설득력 있는 이유가 있다면 일반적인 치료와의 차이점을 최소한으로 해야 한다. 원칙은 중요한 윤리적 토대를 제공할 뿐 아니라 한계도 지니고 있다. 예를 들어, 정상화 원칙은 합법적인 요구나 보호를 소홀히 하는 구실로 사용되어서는 안 된다.

정상화 원칙을 구체적으로 적용한 한 가지는 연령에 걸맞는 활동에 대한 윤리적 요구이다. 발달장애 성인의 경우 어린아이와 같이 행동하기를 요구받거나 격려받지 않도록 하며, 정상적인 환경의 범위 안에서 연령대에 맞는 활동에 참여해야 한다(Brown et al., 1979). 이 원칙은 내담자의 최선의 이익이 무엇인지에 대하여 숙고하게 하는 중요한 시작점이 된다. 그러나 몇 가지 한계점도 있다. 첫째, 일반인의 경우에도 때때로 어린애 같은 활동에 참여한다는 점이다. 고등교육을 받은 외과 의사, 엔지니어, 교수도 주요한 사회적 의미가 없이 넥타이를 매고 만화를 시청하는 것으로 알려져 있다. 발달장애인에게도 유사한 자유가 허락되어야 한다. 둘째, 연령에 부적절한 행동을 제한하는 것에 초점을 맞추기보다는 연령대 맞춤 행동을 발달시키는 것에 초점을 맞춰야 한다는 것이다. 내담자의 선택의 자유를 제한하는 데 이 원칙을 사용하는 것은 윤리적인 방어를 어렵게 한다. 나이에 걸맞는 행동을 더 할 수 있도록 새로운 가능성에 열어 두는 것은 윤리적인 어려움을 일으키지 않는다.

위험 감수의 존엄성(dignity of risk)은 또 하나의 귀중한 윤리적 원칙이다. 가족과 기관이 내담자의 안전에 너무 초점을 맞추면, 보다 풍성하고 충만한 삶을 살 기회를 부정할 가능성이 있다. 위험 감수의 존엄성 원칙은 지적장애인이 보다 충만한 삶을 살아갈 수 있도록 하기 위해 합리적인 위험을 감수하도록 수용하는 것을 의미한다(Perske, 1972). 이 원칙은 합리적인 위험을 지시하지만, 개인적인 안전의 완전한 포기를 지시하는 것이 아니다. 윤리적인 상담자는 내담자와 관련된 다른 모든 사람들의 위험 감수의 존엄성을 지원할 때 위험과 보상 사이의 적절한 균형에 대하여 숙고해야 한다.

결론

이 장은 지적장애인 내담자를 상담하거나 심리치료를 할 때의 다양한 윤리적 쟁점에 대하여 다루었다. 윤리적인 이슈에 대한 몇 가지 일반적인 원칙을 제공하고 일부를 다뤘지만, 전부를 다룬 것은 아니다. 이 중 의문은 제기하지만 답하기 어려운 것도 있었다. 내담자와 상황의 구체적인 특성을 기반으로 하여 원칙에서 균형을 찾아 개인적으로 답을 얻어야 할 것이다.

윤리적 의사결정은 단순하지 않다. 옳고 그른 것의 구별이 분명하고 확실하다면 숙고할 필요가 없다. 무엇이 옳고 무엇이 그른지 단순히 선택하면 된다. 그러나 현실에서는 그 구별이 명확하지가 않다. 때때로 결정은 어떤 면에서 '틀린 것'으로 보이는 두 가지 행동 사이에 있는 것처럼 보인다. 윤리적인 상담가는 내담자의 요구에 가장 잘 부합하는 균형을 유지하고 신중하게 생각할 것을 약속할 수 있다.

참고문헌

American Psychological Association. (2002). Ethical Principles of Psychologists and Code of Conduct. Retreived from http://www.apa.org/ethics/code2002.html on 20 August 2009.

Altmaier, E. M. (2008). Virtue ethics. In F. T. L. Leong (Ed.), *Encyclopedia of counseling* (vol. 1, pp. 442-443). Thousand Oaks, CA: Sage.

Bergum, V., & Dossetor, J. (2005). *Relational ethics.* Hagerstown, MD: University Publishing Group.

Brown, L., Branston, M. B., Hamre-Nietupski, S. Pumpian, I., Certo, N., & Gruenwald, L. (1979). A strategy for developing chronological-age-appropriate and functional curriculum content for severely handicapped adolescents and young adults.

Journal of Special Education, 13, 81-90.

Fisher, C. B. (2003). *Decoding the ethics code: A practical guide for psychologists.* Thousand Oaks, CA: Sage.

Koocher, G. P., & Keith-Speigel, P. (2008). *Ethics in psychology and mental health professions* (3rd ed). New York: Oxford University Press.

Mansell, S., & Sobsey, D. (2001). *Counseling people with developmental disabilities who have been sexually abused.* Kingston, NY: NADD Press.

National Association of Social Workers. (1999). Code of Ethics. Retrieved from http://www.socialworkers.org/pubs/code/code.asp on 20 August 2009.

Perske, R. (1972). The dignity of risk. In W. Wolfensberger (Ed.), *Normalization: The principle of normalization in human services.* (pp. 194-200). Toronto, ON: National Institute on Mental Retardation.

Sobsey, D., & Truscott, D. (2008). Ethical considerations in the treatment of chronic pain. In S. Rashiq, D. Schopflocher, P. Taenzer, & E. Jonsson (Eds.), *Chronic pain: A health policy perspective* (pp. 51-57). Weinheim, Germany: WILEY-VCH berlag GmbH & Co.

Truscott, D., & Crook, K. (2004). *Ethics for the practice of psychology in Canada.* Edmonton: University of Alberta Press.

Wolfensberger, W. (1972). *The normalization principle in human services.* Toronto: National Institute on Mental Retardation.

지적장애인 상담을 위한 인턴 훈련하기: 기본 상담기술 발달과 중다이론 접근

Gerald M. Drucker, Ph.D.

서문

이 장에서 나는 지적장애인과 일하는 심리치료 인턴을 훈련하는 접근법에 대하여 설명하려고 한다. 이는 이들과 상담했던 개인적인 경험, 이론 및 다양한 자료, 심리치료 연구 결과와 내 심리상담자, 수퍼바이저, 동료, 인턴, 내담자로부터 받은 가르침을 반영하고 있다.

지적장애인과 작업하는 인턴을 훈련하는 것에 있어 나의 목표는 교육적인 책무성과 더불어, 공동체에 있는 다른 사람들과 동일한 수준으로 지적장애인 및 발달장애인에게 정신건강서비스와 심리치료에 접근할 수 있는 기회를 넓히는 것이다. 나는 다른 사람들이 그들의 공동체에서 같은 일을 하도록 격려하고 싶다. 나는 이것이 수퍼바이저, 인턴, 지역사회, 지적장애인, 적절하게 치료받지 못하고 있는 정신건강 및 삶의 문제를 지닌 내담자들에게 유익하다고 믿는다.

기본 상담기술 익히기

사실대로 말하면, 지적인 수준을 감안하면, 지적장애인과의 심리치료 과정과 심리치료 인턴을 수퍼비전하는 것은 별반 다르지 않다. 내담자의 지적 능력, 교육 수준, 인지 양식은 상담자에 의하여 조정되고 일치시킬 필요가 있다. IQ 70(5 가감)이 지적장애 진단 절단점인 것 자체가 대체적으로 임의적이며, 때에 따라서 10을 더 높거나 낮게 정할 수 있다(실제로, 나는 기능적 측면에서 그 정도 범위를 생각하고 있지만 여전히 10 범위도 임의적이기는 하다). (중증 지적장애 또는 다른 장애인의 경우 상담을 통해 도움을 받을 수 없다는 뜻은 아니다.) 반면, 메타분석을 이용한 현대 상담의 결과에 대한 연구를 보면 내담자 변인과 추가적인 치료적 요인들은 상담 결과 변화에 따라 달라지지만(Asay & Lambert, 1999; Wampold, 2001), 상담자가 통제할 수 있는 상담 결과에서 가장 중요한 한 가지 변인은 이론적 지향, 개입 활용, 내담자 집단에 관계 없이 상담자가 내담자와 관계를 구축해 나가는 것, 바로 작업 동맹이다. Norcross(2010)와 다른 연구자들(Duncan, Miller, Wampold, & Hubble, 2010 참조)은 이것이 여러 차례의 반복적인 실험을 통해 경험적으로 검증된 사실이며 오랜 기간 실행되어 온 상담 결과 연구의 주안점이라고 고려하였다. 긍정적인 작업 동맹은 상담 결과를 예측할 수 있는 가장 좋은 예측변수이다(Horvath & Symonds, 1991; Martin, Garske, & Davis, 2000; Shirk & karver, 2003; Orlinski, Ronnestad, & Willutzki, 2004; Norcross, 2010; Duncan, Miller, & Sparks, 2004: Duncan, Miller, Wampold, & Hubble, 2010 참조). 연구에서 판결이 난 것은 분명하다. 즉, 상담의 효과는 관계 안에 있다. 상담 대가들의 상담 이론(행동주의, 인지행동주의, 인간중심, 실존주의, 게슈탈트, 정신역동, 가족체계 등)에 따른 상담 시연 영상을 보면 가장 주목할 만한 것은 그들이 내담자와 맺는 관계와 협력의 탁월함이며 그것은 내담자가 그 또는 그녀의 삶에서 무슨 일이 일어나고 있는지 기꺼이 드러내고 나아지게 하기 위해 상담자와 함께 참여하려는 노력인 것이다. 그래서 내 관점에서는 상담 수련생들에게 내담자들과 강한 작업 동맹을 형성하도록 돕는 것이 상담자 또는 그들의 수퍼바이저가 어떠한 이론과 개입을 선택하든 어떠한 내담자 집단을 접하든 간에 상담자들이 내담자와 성공적으로 상담을 하기 위한 핵심적인 기술이다. 긍정적인 작업 동맹을 형성하기 위한 능력은 중요하고 상담 결과에서 가장 중요하고 이론적 지향과 집단에 관계없이 사용될 수 있는 일반적인 기술이다. 지적장애인과 상담을 하는 상담 수련생에게도 다른 이들의 경우와 마찬가지로 역량을 키우는 핵심이 될 수 있다.

성공적인 작업 동맹은 상담자가 내담자의 세계 안에 들어갈 수 있는 능력에 달려 있다. 상담자가 평범하게 일을 하는 사람 또는 경미한 지적장애인과 말하는 것과 높은 영향력을 지닌 전문가에게 말하는 것은 달라야 한다. 상담자가 좋은 작업 동맹을 구축하려면 내담자의 정서적인 상태에 맞게 대화를 적응시키고, 지적 수용능력, 나이, 사회경제적 지위, 인종, 기분, 에너지 수준, 언어, 비유에 적합한 내담자의 언어로 말할 수 있어야 한다.

참고문헌에 보면 그 과정을 조율(attunement)이라 하고 양육자는 신생아나 아기들의 신호, 기분, 정서 상태, 요구를 인식하고 효과적으로 대응하여 아기들이 생물학적으로나 심리학적으로 자율적인 통제가 가능하도록 돕는다. 이것은 상담에서 작업 동맹의 개념을 나타내는 유용한 비유로 Schore(1994, 2003, 2006), Siegel(1999)과 다른 연구자들이 작업 동맹이 어떻게 형성되고 왜 치료적인 효과를 지니는지를 설명하기 위해 사용하였다. Schore는 공감적 이해를 바탕으로 조율이 된 상담자는 “내담자의 불안정한 내적 상태를 상호적으로 조절한다.”라고 하였다(Schore, 2006, p. 8). 이것은 내담자 또는 환자가 학습하여 스스로에게 적용할 수 있도록 돕는다.

물론 상담자의 첫 번째 주요 작업은 내담자가 자신의 이야기를 말할 수 있도록 그들의 관심사, 치료를 원하는 이유, 문제 및 강점, 목표 및 꿈에 대해 주의 깊게 경청함으로써 대화를 격려할 수 있다. 적극적으로 주의 깊게 듣는 것이 핵심이다. Norcross(2010)은 치료적 관계가 성공적인 심리치료에서 가장 두드러진 공통적 요소라는 것을 보여 주는 수많은 연구에 대한 리뷰를 하였고 다음과 같은 훌륭한 인용구를 사용하였다.

"듣는 것은 거룩한 침묵을 창조한다. 사람들에게 관대하게 귀를 기울이면 종종 그들은 처음으로 자신의 진실의 소리를 직접 들을 수 있게 된다. 그리고 더욱 깊게 들어 보면 당신도 모든 사람에게서 당신 자신을 알 수 있다." (Rachel Remen, *Kitchen Table Wisdom*에서 인용)

이것을 하는 동안, 효과적인 상담자는 표현된 감정을 경계하고 그들에게 초점을 맞추어 이야기의 감정적인 내용을 반영하고 명료화한다. 심리치료의 과정 중에 내담자를 교육하고, 그들에게 풍부한 존엄성과 그 거리를 부여하고, 그들 자신의 시간과 방식으로 스스로를 개방할 수 있다는 것을 존중하고, 그들이 자신의 미래를 향상시키기 위해 상담자와 협업하고 노력할 수 있는 그들의 능력에 대한 신뢰를 전달하고, 그들이 목표를 달성할 수 있다는 희망을 북돋워 주는 것이 좋은 작업 동맹의 핵심이다. 관찰된 내담자의 강점을 발견하고 그에 대해 논의하는 것은 작업 동맹과 개입 선택에 도움이 될 수 있다. 최근 연구에 따르면, 내담자의 신념과 변화 이론을 이해하고 존중하는 것은 치료에도 적용이 될 수 있다(Duncan, Miller, & Sparks, 2004 참조). 내담자에게 도움이 될 수 있는 다른 변화의 이론과 개입을 소개하고 협력적인 방법으로 활용하는 것도 포함될 수 있다. 이 중 어느 것도, 상담자가 지적장애인의 지적 수준에 맞게 언어를 조절하고 대화의 속도가 지연될 수 있다는 것을 수용하기만 한다면 다를 것이 없다. 그저 내담자는 자신의 이야기를 말하는 데 있어 더 많은 격려와 도움이 필요할 뿐이다. 다른 특수 집단에 관한 논문을 간략히 살펴보는 것도 유용할 수 있다. 예를 들어, 아동심리치료와 관련된 논문 또는 책의 경우 아동이 이해할 수 있는 언어와 비유를 치료 중에 사용하기를 제안하였는데, 이는 아동의 동기를 보호하면서도 아동에게 유익한 치료적인 효과를 내기 위함이다. 종종 최소한 초반에 상담자는 문제와 해결에 중점을 두기 전에 심리치료 시간이 흥미롭고 재미있을 수 있도록 할 필요가 있다. 심리치료의 문화 간 비교 연구를 보면 상담자가 문화에 맞추어 언어와 태도를 맞출 수 있도록 하기를 강조한다. 상담자가 문화에 대한 지식과 또는 상담자의 문화에 대해 배우려는 의지는 협력적인 관계를 촉진시킨다. 요구되는 것은 내담자의 세계와 사회적인 맥락, 즉 내담자의 관점에서 이해를 달성하는 것이다. 지적장애인(또는 모든 내담자)과 일하는 사람들에게 중요한 것은 다음과 같다. 내담자가 심리치료에 오는 이유와 현재의 삶의 상황과 그 안에 희망, 꿈, 두려움을 충분히 이해할 수 있도록 그들의 언어로 말하는 것이다. 나는 인턴이 진정한 호기심을 갖고 내담자의 인생 이야기에 접근할 수 있기를 장려하고 있다. 상담자와 심리치료 상황에 편안해질 수 있는 시간을 내담자에게 제공할 필요가 있기 때문에 이를 위해 도움을 주고 설명을 해야 하는 것이다. 모든 내담자, 특히 치료에 대한 동기 부여에 대해 직접 배우기 전까지는 의심스러워하는 사람들과 마찬가지로, 상담자가 내담자에게 흥미롭고 즐겁고 재미있는 시간을 만들어 줄 수 있다면 정말 큰 도움이 된다. 치료를 내담자에게 제공하기 위한 수단이 내담자와의 관계의 핵심이기 때문에 개인적으로 내담자의 관심을 끌 수 있어야 한다. 내담자의 관심 주제에 대해 내담자가 이끄는 대로 따라가는 것은 항상 좋은 생각이고 특히 처음에 중요하다. 그들이 무엇을 좋아하는지, 그들이 어떻게 시간을 보내는지 그리고 그들의 특별한 관심사가 무엇인지 발견하는 것이 그 일부가 될 수 있다. 나는 초심 상담자 시절에 본 내담자를 기억한다. 그의 주요 관심 주제는 이전 일요일에 본 축구 경기에 대해 아주 자세하게 말하는 것이었다. 당시에(지금까지도) 나는 이 과정이 치료적이라는 것에 대한 확신이 없었다. 나는 그가 누구와 함께 그것을 보았는지, 그 사람과의 관계에 대해 훨씬 더 관심이 많아 물어보곤 했다. 그러나 그의 초점은 경기에 대해 자세한 내용을 반복적으로 설명하는 것이었다. 나는 심지어 그 경기에 대한 이야기가 정말 나와 하고 싶은 것이 맞는지 물었고 그는 그렇다고 했다. 그는 이런 경우가 많았고 나는 그의 사회복지사가 그가 직장에서 사람들과 더 많이 눈을 마주치고 전보다 더 행복하고 반응이 좋아졌다는 말을 듣기 전까지는 이 치료가 효과가 전혀 없다고 확신하고 있었다. 그의 사회복지사는 내가 그를 계속 만나도록 격려해 주었다. 지금까지도 나는 무엇이 도움이 되었는지 잘 모르겠다. 끝이 없는 그의 축구 경기에 대한 설명, 흥미, 아니면 좀 더 관련성이 높아 보이는 다른 주제로 대화의 방향을 틀었던 그 모든 것이. 그러나 심리치료 과정에서 내담자가 얻은 명백한 이득은 그가 상담자와 소통하고자 하는 방식을 존중받았던 것에 있다고 확신한다.

모든 사람과 함께하는 모든 형태의 심리치료에서 상담자는 내담자 자신이 원하는 만큼 수정하고 명백하도록 할 수 있는 공간을 제공하기 위해서 상담자가 생각하는 것이 곧 내담자가 말하는 것과 일치하는지, 상담자가 정확히 이해하고 있는 것인지에 대해 반드시 되짚어 보아야 한다. 지적장애인과 다문화 아동과 일할 때도 마찬가지이다. 사실, 이 상호적 반영과 명료화의 과정은 모두 좋은 의사소통을 위한 기본이나, 특히 심리치료적 과정에서 매우 중요하다. 좋은 의사소통에 방해가 될 때, 지적인 것, 언어적인 것 혹은 문화적인 것인지 간에, 반영과 명료화는 중요하다. 이는 상담자가 의사소통을 시도해서 이해한 내용을 내담자에게 확인해 달라고 요청하는 것뿐만 아니라 명확한 의사소통을 위해서도 특히 중요하다. 예를 들어, 심한 감정 기복(mood swing)과 정서 불안정(emotional lability) 때문에 의뢰된 경도 지적장애의 중년 여성이 오늘 아침에 예약을 하러 와서 주 후반에 시작하는 직업 훈련에 대한 긴장과 불안을 표현하였다. 그녀는 인생의 목표가 직업을 갖는 것, 자기 소유의 아파트를 가지는 것이라고 처음으로 말했다. 이후의 대화가 아래에 제시되어 있다.

내담자: 목요일에 있을 직업훈련이 많이 걱정돼요.

상담자: 기분이 어떤가요?

내담자: 매우 긴장이 되네요.

상담자(정상화한 후 명료화): 새로운 시작에 대해 긴장을 느끼는 것은 매우 정상적인 것 같아요. 당신이 갔을 때 무슨 일이 생길 것 같아 무서운가요?

내담자(명료화): 아무것도 할 수 없을 것 같아요. 그리고 그들이 나를 해고할 거예요.

상담자(반영): 그 말은 당신은 당신 스스로에게 잘할 수 없을 거라고 말하는 것이군요?

내담자: 네.

상담자(내담자가 특정 프로그램 내에서의 어떠한 요청도 수행할 수 있다는 것을 직접 재확인한 후에, 노인 돌보미 서비스를 제공한 것, 케어 센터의 주방에서 보조를 한 것을 포함하여 그녀의 이전에 거둔 모든 성취를 상기시키면서 그녀의 불안에 대한 인지적 전략을 제시함): 그러면 이후에 당신이 어떻게 할지에 대해 두려움이 느껴진다면, 당신이 이전에 주방에서 얼마나 일을 잘했으며 양육자로서는 얼마나 잘 했는지 스스로 떠올리세요. 그리고 스스로에게 나는 할 수 있다고 말해 주세요. 노인들을 돌보는 것보다 더 힘든 일이 있지는 않을 거예요. 그리고 당신은 그것을 정말 잘 했고요.

내담자: 알겠어요.

상담자(내담자가 그 개입에 대해서 이해를 했는지 확인): 나중에 나는 못할 것 같다는 두려움이 들 때, 당신은 어떻게 해야 하죠?

내담자: 먼저 심호흡을 하고(그녀는 불안을 경감시키는 이완 기법을 이전에 생각해 왔다) 그리고 '나는 할 수 있어.'라고 말해요.

상담자: 그거예요!

지적장애인에 대한 심리치료 인턴 업무는 지적장애인들을 대상으로 구체적인 전문기술과 지식을 개발시켜 가면서 모든 상황에 적용 가능한 일반적인 기술을 확고히 배울 수 있다. 초보 심리상담자들이 배움을 시작하기에 매우 훌륭한 장소이다.

지적장애인 내담자를 치료하는 인턴 훈련에서 얻는 이점

경도 지적장애인 내담자는 초보 상담자에게 독특한 이점을 주곤 한다. 물론 어떤 개인을 치료하고자 할 때 그 개인이 속한 집단의 어떠한 특성이라도 일반화하는 것은 잘못된 일이므로 독자들은 이러한 사실을 마음에 새겨 두길 바라는 바이다. 상담자가 특정 개인을 상담할 때 섣불리 일반화하는 것은 위험한 일이다. 특정한 집단의 특성, 진단, 성격 등을 염두에 두는 것은 개인을 이해하는 데 있어 유용한 도구가 되나, 이를 너무 독단적이거나 광범위하게 적용해서는 안 되며, 지금 현재 상담자 앞에 앉아 있는 개인이나 가족이 항상 우선시되어야 한다. 이를 명심하며, 지적장애인 내담자와 상담하는 인턴을 훈련하는 데 있어 첫 번째 이점은 심리치료가 다소 느리게 진행된다는 것이다. '느리게 배우는 사람'이라는 완곡한 표현을 사용하는 데는 이유가 있으며, 심리치료는 그 자체가 배우는 과정이다. 특히 치료가 느리게 진행되고, 초기에 내담자와의 관계에 집중하고 발전시켜야 한다는 것은 초보 상담자와 그의 수퍼바이저에게는 많은 이점이 있다. 인턴은 순발력 있게 빠르게 사고할 필요가 없으며, 내담자가 말하고자 하는 바를 생각하고 이해하는 데 시간을 더 들일 수 있으며, 반응할 때 시간이 더 걸려도 되고, 내담자의 반응을 판단할 시간이 더 많고, 수퍼바이저와 상의하여 조언과 가이드를 받을 시간이 더 많이 있다. 이 외에도 이점은 얼마든지 있다.

편견과 차별을 겪은 다른 어떠한 소수집단과 같이, 지적장애인들은 인간으로서 진지하게 수용되고 가치롭게 인정받지 못했다. 이들은 모든 소수집단의 사람들이 우리 문화에서 너무 자주 겪는 같은 종류의 차별과 기회 박탈을 경험했다. 어떠한 면에 있어서는 지적장애인이 겪는 법적 그리고 인간 권리에 대한 도전은 유색인종이 받는 차별보다도 아마도 훨씬 더 광범위하며, 치명적이고 일반적일 것이다. 왜냐하면 이는 단지 우리 문화에 널리 퍼져 있는 지적 쇼비니즘(chauvinism)과 다른 능력을 가진 사람들을 향한 차별로 인해 여전히 너무나도 인정받지 못하기 때문이다. 심리치료를 받았던 지적장애 아동과 성인 내담자들은 트라우마를 가지게 되거나 분리, 차별, 놀림, 사회적 고립을 겪으며 상처를 받았다. 그 결과로, 이들은 다른 박해당하고 억압된 소수집단들과 비슷한 점이 많다. 정체성, 불신, 공포, 낮은 자존감, 나약한 감정, 다름, 권리박탈, 절망, 박해, 편집증은 이러한 모집단에 주로 나타나며, 이런 특성들에 예민하게 되면서 발달된 다른 많은 강점과 함께 이 그룹을 특징짓는다. 타 소수집단과 다른 큰 특징은 지적장애인들은 다른 소수집단이 갖는 강점인 매우 긴밀하게 지내는 친척들이나 독특한 문화적 정체성이 없다는 점이다. 이들이 말하는 바를 누군가가 주의 깊게 들어주었던 일은 거의 없으며, 이들의 내적인 삶, 생각, 지각, 감정이 존중받고 인정받거나, 이들의 강점이 알려지거나 인정받았던 적도 없다. 대부분의 사람은 다른 사람의 인정을 받을 때 이를 가치 있게 여기지만, 모든 면에서 그 가치가 인정받지 못한 사람들에게는 중요한 사람으로 대우받는 것은 특히 더욱 의미가 있게 마련이다. 어떤 상담자에게 그것은 새로운 경험일 것이다. 그것은 무엇보다도 작업 동맹을 구축하고 치료를 지속할 수 있게 해 주는 동기를 증가시킬 것이며 그들의 삶을 개선할 수 있도록 배움을 줄 것이다. 많은 사람에게 있어 상담자가 이러한 역할을 한다는 것은 상담자가 이러한 일들을 내담자를 대신해서 먼저 시범을 보인 다음 내담자의 자기존중감을 향상시키고 이러한 일들이 필요하다는 것을 스스로가 알게 한 다음에 자신의 필요, 감정, 지각, 열망과 문제를 받아들이게 하는 것이다. 자신의 강점을 다른 사람이 알아주고

용기를 준다는 것은 엄청난 도움이 될 것이며, 이는 모든 내담자에게도 적용된다. 지적장애는 그 사람이 감정적으로, 도덕적으로, 영적으로 장애를 가지고 있다는 의미는 아니며 이러한 강점을 내담자가 삶에서 알아차린다는 것은 도움이 되며 때로는 상담자에게 영감을 주는 일이기도 하다. 어떤 이에게는 이런 지지적인 심리치료가 치료를 하는 데 있어 큰 부분을 차지하기도 한다. 마치 Carl Rogers가 그의 중요한 저서『내담자중심 심리치료(client centered psychotherapy)』(1951)에서 주장했듯이 이는 증상을 감소시키는 좋은 방법이며, 향상된 대처법과 자기통제와 동시에 개인 성취를 탄탄하게 하는 것이다.

지적장애인과 일하는 인턴에게 이득이 되는 다른 특성은 그들은 일반적으로 타인에게 의존적이었으며, 그 어떠한 사람들보다도 순종(compliance)을 강요당해 왔다는 것이다. 이러한 점은 치료에 있어 방해가 될 수 있다. 초보 심리상담자는 특히 치료가 진행되는 동안 상담자로서 아직 자신이 없고 부족하다고 생각한다. (적어도 그들이 이렇게 느끼기를 바라는 것이 너무 강한 자신감은 어떤 상담자에게라도 위험하며 특히 초보일 경우에는 더더욱 그렇다.) 초보자는 보통 지적장애인 내담자에게 위협과 도전을 덜 받지만 동시에 자신도 없고 자신이 아직 부족하다고 생각한다. 내담자와 초보 상담자는 모두 새롭고 도전적인 시간에 조심스럽고 느리게 진행한다. 이는 인턴이 진행하는 수퍼비전과 심리치료의 평행 과정(parallel process)의 한 예이다. 내담자와 인턴 모두는 상담자와 수퍼바이저에 비해 '한 단계 낮은' 위치에 있다. 인턴 상담자가 처음 하는 일은 내담자와 개인 간의 안전한 심리적 거리를 만들어 내담자의 삶에 실제 어떤 일이 일어나고 있는지와 심리치료와 상담자에 대한 내담자의 생각, 감정 및 질문을 모두 드러나게 하는 것이다. 이러한 일은 수퍼비전 관계에서도 그대로 투영되며 마치 인턴이 내담자에 하듯이 수퍼바이저는 인턴에게 이러한 같은 일을 해서 인턴의 내담자와의 진정한 경험을 스스로 드러나게 하고 인턴의 치료에 대한 인상, 생각, 감정, 의구심, 질문 등을 수퍼바이저에게 전달할 수 있도록 한다. 상담자가 내담자 자신의 문제나 방해 요소를 인턴에게 좀 더 수월하고 편하게 자신의 삶의 경험을 드러낼 수 있도록 촉진하듯이, 수퍼바이저는 인턴에게 인턴 자신의 전문성을 위해 똑같이 해야 한다. 수퍼바이저와 인턴 모두는 작업 동맹이 있어야 하며 수퍼바이저는 평행과정에서 인턴과의 수퍼비전의 관계 안에서 이러한 것이 어떻게 이루어져야 하는지를 잘 설립해야 한다.

일반적으로 인턴이 치료 과정에서 내담자와 있었던 경험을 수퍼바이저에게 이야기하는 것이 내담자가 인턴에게 이야기하는 것보다는 쉬운 일이다. 내담자와 인턴 둘 다 자신은 낮은 지위에 있다고 생각하는 동안, 수퍼바이저는 수퍼바이저로서 인턴을 평가하는 책무에서 벗어나서, 미래 동료로서 인턴을 대하면서, 교사, 멘토, 컨설턴트로서 인턴과의 협력 관계를 구축할 수 있다. 여기서 인턴은 상대적으로 심리적으로 건강해야 한다. 왜냐하면 지적장애인은 보통 보다 의존적이고 보다 순종할 것을 요구받았고, 더 많은 편견, 차별, 경시, 심한 외상을 경험해 왔기 때문에, 많은 이유에 대해 말하는 것을 주저하거나 두려워할 수 있다. 여기에는 수치심의 감정, 상담자가 실망하는 것을 원하지 않거나 거절, 놀림이나 다른 무시를 받을 것에 대한 두려움도 포함될 수 있다. 그들은 보다 '예(yes)'라고 하며, 상담자에게 동의를 하는 경향이 있거나, 상담자를 기쁘게 만드는 대답을 꾸며 내거나, 단순히 아무 이야기도 안 할 수 있다. 어떤 인턴은 수퍼바이저와의 관계에서 이와 같은 어려움(obstacle)에 대한 무력함(incompetence)을 표현할 수 있으며, 수퍼바이저는 인턴에게 충고를 하고, 인턴이 수퍼바이저와 개방적이고 솔직한 대화를 통해 이를 극복할 수 있도록 도와줄 수 있다. 이뿐만 아니라 수퍼바이저는 인턴에게 심리치료 장면에서 이 같은 상황이 유사하게 발생할 때, 어떻게 할 수 있는지에 대해서 모델링해 줄 수 있다. 그러나 지적장애인을 치료하는 과정에서 발생하는 이런 행동들에 대한 만연한(pervasive) '낮은 지위에 있다고 느끼는 감정'을 극복하는 것은 매우 어려운 일이고, 이러한 상황이 더 자주 발생할 수 있다. 치료 과정에서 이러한 감정을 극복할 수 있도록 돕는 단계에서

"저는 당신을 위해 일하고 있습니다." "당신이 이곳의 주인(boss)입니다." "저는 당신이 제게 말씀하는 것을 확실하게 이해하고 싶습니다."와 "혹시 제가 실수하거나 잘못할 경우 저에게 말씀해 주십시오."를 표현하는 것을 포함한다. 낮은 지위에 있다고 느끼는 사람과 작업할 때, 치료 과정에서 권위를 덜 내세우고 평등한 관계에서, 내담자의 리드를 기꺼이 수용하는 모습을 보임으로써 내담자가 보다 주도하고 책임감을 느끼도록 도울 수 있다. 또한 이러한 내담자의 역량강화(empowerment) 과정을 이후의 수퍼비전 관계에서 투영해 보면서(mirrored), 인턴은 점점 경험을 통해 할 수 있게 되고 수퍼바이저를 신뢰하게 된다. 또한 지적장애인은 의뢰된 다른 사람들에 비해 전형적으로 치료 과정에 대한 안내를 잘 받지 못한다. 어리거나 문화적으로 다르거나, 교육받지 못한 내담자들처럼, 그들에게 심리치료가 무엇이며, 어떤 과정으로 이루어지는지, 경계, 한계의 측면에 대한 룰은 무엇인지, 기대되는 것은 무엇인지, 그리고 사회적 관계와 어떻게 다른지에 대한 더 자세한 교육이 제공되어야 한다. 이러한 교육적 작업은 모든 내담자들에게 이루어져야 하며, 지적장애인을 위해서는 더 시간을 할애해야 하고, 더 자세하게 설명을 하고 다시 반복해서 설명해 주는 것이 필요하다. 이렇게 해야 하는 여러 가지 이유가 있다. 첫째, 지적장애인은 개념을 이해하기 위한 단순한 언어가 필요하기 때문에, 인턴은 그들이 훈련과정에서 배운 언어를 그대로 사용하기보다, 그들이 설명할 개념을 잘 이해하고 소화하여 쉬운 언어로 제시하는 것이 요청된다. 또한 지적장애인은 더 많은 반복을 해 줘야 하고 구체적인 예를 사용하여 다양한 방식으로 계속 설명해 주고, 그들이 이해하는 척하는 게 아니라 정말 이해했는지를 확인하기 위해서 다시 설명해 달라고 하거나 구체적인 예를 다시 들어 보도록 하는 등 다양한 방법으로 이해했는지를 체크하는 것이 필요하다. 물론 이 모든 과정은 내담자에게 잘난 체하거나 부적절감을 주지 않도록 진행되어야 한다. 그들의 필요를 먼저 채워 줘야 하지만, 이러한 정보가 적합한 것인지에 대해서 이야기할 수 있도록 해야 한다.

인턴이 항상 그들 자신만의 스타일을 찾고 그들의 언어를 사용하도록 장려하는 동안, 수퍼바이저는 유사한 상황에서 사용하기에 유용한 단계, 기법, 개입, 이론적 관점, 내담자에 관한 다른 관점들이 무엇인지를 공유할 수 있다. 인턴은 종종 자신이 공감이 되고 편안하게 느끼는 것을 자유롭게 사용할 수 있다. 이것은 인턴에게 전적으로 자율성이 있다는 것을 의미하는 것이 아니다. 수퍼바이저가 법적으로, 윤리적으로 인턴의 행동과 치료 과정에 책임이 있기 때문에, 수퍼바이저는 확실한 경계, 규칙, 수련의 기본이 무엇인지를 확실하게 알아야 한다. 인턴은 내담자가 편안하고 인내할 수 있는 수준에서뿐만 아니라 수퍼바이저의 감독하에서 수련을 받아야 한다. 이렇게 지적장애인을 존중해 주는 것은 인턴과 수퍼바이저에게 추가적인 이점을 갖도록 한다. 모든 장면에서나 모든 내담자에게 해당되는 것은 아니지만, 심리치료에 의뢰된 지적장애인 내담자의 대부분이 전형적으로 '사회적 안전망(safety net)'을 갖고 있다. 그들은 대개 그들에 대한 배경 정보를 알려 주거나 추가적으로 의뢰할 수 있는 사회복지사나 서비스 코디네이터를 가지고 있다. 많은 지적장애인은 지속적인 지원을 받고 안전할 수 있도록 감독이 이루어지는 세팅에서 살고 있으며, 때로는 이런 것들이 그들 자신에게 문제가 될 때도 있지만, 치료 과정은 항상 선택, 자기결정과 자기 자신에 대한 생각, 이러한 내담자가 살고 있는 보편적이지 않는 감독 환경의 질을 향상시키도록 돕는다. 이러한 과정이 인턴과 수퍼바이저에게 도전이 되면서도, 인턴에게 다른 기관과 지역사회 내 지원 체계에 대해서 배우고 이들과 함께 일할 수 있는 기회가 될 수 있다.

주요 정신질환으로 의뢰된 지적장애인은 종종 정신과 의사와 응급 상황을 위한 전화상담 지원을 받고 있을 수 있다. 만약 그렇지 않다면 사회복지사가 이러한 사항을 지원하고 안전망과 정보 수준을 추가적으로 늘려서 제공하게 된다. 감사하게도, 수련 과정에 있는 인턴에게는 복잡하지 않은 우울증이나 불안, 혹은 종종 삶의 전환에 부차적인 문제로 의뢰된 지적장애인인 경우가 많다. 또한 지적장애인이 일반 사람들보다 정신건강 문제의 발생이 더 많고 심리치료 서비스에 대한 요구가 많기 때문에, 수퍼바이저가 의뢰된 사례 중에서 인턴의 심리치료 역량 수준에 맞는 사례를 선택할 수 있다. 이러한 측면은 수퍼바이저와 인턴이 대부분의 시간 동안 편안한 수준에서 훈련할 수 있도록 해 주며, 인턴에게 '차근차근 배우도록(to learn to walk before they run)' 해 준다.

마지막으로, 지적장애인을 경험하는 상담 인턴십은 종종 미리 파악하기 어려운 요구도 접하게 될 뿐만 아니라 지적장애인을 지원하는 데 필요한 기술, 지식, 친근함, 적극적 의지를 가진 심리상담자를 양성할 수 있다. 이뿐만 아니라 정신건강 기관과 지적장애인 서비스 간의 연계를 마련해 줄 수 있다.

수퍼비전 관계 형성 및 인턴 선발

수퍼바이저와 수퍼바이지 성격 관련 다수의 실험연구를 Leddick과 Dye(1987)가 종합적으로 검토하였고, 수퍼비전 관련 연구 또한 다수 존재한다. 이 장에서 수퍼비전 관련 문헌을 상세히 살펴보지는 않겠지만 선행연구의 중요한 점과 참고문헌을 제시할 것이다. 이와 함께 추가적으로 읽기 좋은 책이 Watkins의 『심리치료 수퍼비전 편람(Handbook of Psychotherapy Supervision)』(1997)이다. 멘토링과 수퍼비전의 형태는 다양한 분야와 전문 영역에서 오래전부터 존재했다. 예를 들어, 중세 길드에 가입하기 위해서는 오랜 견습(apprenticeship) 기간이 필요했고, 아직도 다수의 업계에서 견습 과정을 요구하고 있으며(예: 배관공, 전기공), 건강 전문가들은 거의 모두가 초기에 인턴이나 훈련생으로 수련받는 과정이 필수적이다. 다른 전문 영역이나 업계에서처럼, 임상심리와 심리치료에서의 인턴십과 수퍼비전은 여러 가지 목적으로 실시된다. 인턴이 자율적인 전문가가 될 수 있도록 실습교육을 제공하는 역할에 더하여, 실습 기간에 내담자를 위해 위험을 최소화하고, 인턴이 편안함과 자신감을 더 많이 느낄 수 있도록 돕는 치료적 안전 장치 역할(clinical container)을 한다. 또한 수퍼바이저는 해당 직업으로의 입문을 점검하는 역할(gate keeper)을 수행하고, 모든 수퍼비전은 평가적 요소를 포함한다. 이처럼 힘의 불균형이 존재하기 때문에 수퍼비전 관계에서의 기대, 구조, 과정 및 한계점을 분명하게 이해하고 계약서로 문서화하는 것이 필요하다(샘플 계약서는 http://www.cfalen-der.com/super.pdf, http://www.psychboard.ca.gov/applicants/sup-agreement.pdf에서 다운받을 수 있음).

심리치료 수퍼비전은 정신분석가인 Sigmund Freud로부터 시작되었다. 심리치료 이론에 따른 수퍼비전 모델이 다수 존재한다. 예를 들어, 가장 영향력 있는 정신역동 수퍼비전 모델 중 하나는 Ekstein과 Wallerstein(1972)이 개발하였다. 이 모델에서 수퍼비전의 목표 중 하나는 인턴으로서의 역량강화, 유능감, 자율성에 대한 감정을 증진시켜 인턴의 불안을 줄이는 것이다. Ekstein과 Wallerstein은 초기에 수퍼비전 과정은 수퍼바이저의 교육적 측면뿐 아니라 치료 관계의 다양한 측면을 점검하는 평행 과정의 개념을 분명하게 제시하였다. 수퍼바이저는 원칙적으로 교육자로서, 위에서 언급한 수퍼바이지와 협력적인 작업 동맹 혹은 학습 동맹을 맺어야 하며, 이때 수퍼바이저는 인턴에게 치료적 자세를 모델링해 주면서 치료 관계에서 작업 동맹을 맺고 유지시킬 수 있는 많은 기법과 기술을 적극적으로 사용할 수 있다. 치료 관계의 역동이 수퍼비전 관계에서도 드러나기 때문에 수퍼바이저는 개방적이고 솔직한 대화를 통해 인턴의 실제 상담 경험을 점검하면서 그 가운데에 어떤 어려움이 있는지를 구체화하는 것이 필요하다. 또한 수퍼바이저는 그 과정에서 인턴이 심리치료 과정에서 배워야 할 치료 과정과 자세를 모델링해 줄 수 있다. 이 과정에서 인턴이 다루어야 할 자신의 개인적인 이슈가 확인된다. 그러나 심리치료에서 내담자만이 성공적인 관계에서의 장애물이 아니듯이, 수퍼바이지도 유일한 장애물은 아니다. 문화에 따라, 자기의존성과 독립성에 높은 가치를 부여하기도 하고, 그 결과 도움이 필요한 사람을 얕보는 경향이 있다. 인턴과 내담자 모두 자기의존적이거나 독립적이지 않고, 상담자나 수퍼바이저에 따라 우리 자신과 타인에 대한 그런 무례한 태도에 주의해야 한다. 예를 들어, 인턴을 무시하는 수퍼바이저는 신체장애를 가진 사람들을 비하하는 것과 유사하게 '나는 현명하고, 당신은 아니다.' 또는 '나는 라이센스가 있지만, 당신은 그렇지 않다.'라는 생각을 보이면서 허가받지 않은 개인을 두고, 전문가 단체(community)에 불만을 가질지도 모른다. 유사하게도, 인턴에게서 부적절하거나, 도전받는다고 느끼는 수퍼바이저는 '전문가' 입장으로 보상하려고 할 수도 있는데, 그것은 작업 동맹이나 도움이 '학습 동맹'을 형성하는 좋은 모델이 아니며, 인턴의 호기심, 진정성, 능력을 감소시킨다.

유능한 심리상담자는 특히 새로운 내담자처럼, 수많은 알 수 없는 미지의 것들(unknowns)을 늘 다룬다. 이런 알 수 없는 미지의 것들을 확인하고, 잠정적인 답을 찾기 위해 고군분투하고, 가설을 검증하고, 끌어내어 공개될 수 있는 새로운 정보에 가능성을 열어 두어, 새로운 정보를 바탕으로 의견과 아이디어를 수정하는 것은 심리치료 과정의 기본이다. 그것은 또한 심리상담자에게 스트레스의 가장 큰 원인 중 하나이다. 수퍼바이저는 이런 과정을 존중하고, 인턴과 함께 이것을 다루며 논의하고, 수퍼비전 관계에서 이 문제를 다루는 방법에 대해 적극적으로 시범을 보일 필요가 있다. 관련된 모든 사람은 자신이 모르는 것에 대해 공개하고 토론해야 하며 중요하지만 항상 잠정적인 답변으로 이어질 수 있는 정직한 질문을 해야 한다.

내담자 중심의 수퍼비전 모델은 Carl Rogers의 작업에 기초하고 있으며, 치료 시간 내에, 진정으로 공감하고, 인턴이 말하는 것에 대해 매우 수용적인 태도로 따듯하고도 단순하게 돌려주는 내담자 중심의 심리상담자와 매우 유사하게 수퍼바이저가 행동할 것을 강조한다. 그러나 이것은 조사했던 내담자들이 선호하는 것과는 다소 다른 만큼 교육적으로 부족해 보일 수 있는데, 인턴은 높은 수준의 수용과 지지가 필요하다는 것을 강조하는 것 이외에도, 내담자중심 학파(client-centered school)는 중요한 혁신을 주장했다. 인턴들은 수퍼바이저에게 치료 회기를 녹화하여 제공하도록 요구받고, 또 그것을 함께 살펴본다. 이런 기술은 생생하고 상호작용적인 수퍼비전으로 가족체계 학파(family systems schools)의 수퍼비전에서 도입되었으며, 현재는 수퍼비전 과정에서 매우 유용한 도구이다. 인턴은 상담자로서 자신의 내담자에 대한 스스로의 행동에 대해서 직접적이고도 객관적인 피드백을 받고, 자신의 강점과 기술뿐만 아니라 실수와 함께 놓친 기회를 관찰할 수 있는데, 이런 것들은 그러한 객관적인 피드백 없이는 회상되거나 논의될 수 없을 것이다. 내 자신의 수퍼비전 초기의 무능함을 인식하고 직면하면서, 수년 전에 나 자신의 수퍼비전을 통해 이러한 것들이 유용하다는 것을 알게 되었다. 내가 이것에 주목했을 때, 나의 수퍼바이저는 나에게 에둘러서 안심시키며, "20년 후에는 저절로 될 것이다."라고 했다(그가 맞았고, 그것이 내가 즉시 더 나은 시도를 할 수 있도록 동기를 부여했다). 녹음 또는 녹화된 회기는 그것이 자기성찰(때로는 심리치료의 목표인)을 촉진하도록 돕는, 수퍼비전 경험에서 강력한 학습도구로 남아 있다. 치료에 악영향을 미치지 않도록 신중하게 선택하여, 내담자로부터 서면 동의를 받아야 한다. 지적장애인 내담자와 함께할 때는 그들이 그렇게 하는 것이 정말 편한지를 확실하게 할 필요가 있으며, 강압적으로 느끼지 않도록 해야 한다.

Albert Ellis, Donald Meichenbaum과 다른 사람들에 의해 지지되는 인지행동 모델의 수퍼비전은 치료 개입만큼이나 지시적이고 논리적이다. 즉, 수퍼바이저는 지시적인 전문가이며, 치료 기술은 행동적으로 정의되고, 수퍼바이저는 정의를 내리고 가르치는 데 책임이 있으며, 인턴은 능숙하게 될 때까지 연습할 책임이 있고, 수퍼바이저는 인턴의 기술을 평가하고 지시적인 피드백을 준다(Ellis, 1991).

가족체계모델(family systems models)의 수퍼비전에서는 치료 회기 동안에 비디오테이프를 사용하여 생생하고 적극적인 수퍼비전을 하는 것에 추가하여, 인턴과 수퍼바이저가 공동상담자가 되어 함께하는 회기가 있는데, 경계(boundaries), 동맹(alliances), 하위 체계(sub-systems) 그리고 역동(dynamics), 원가족으로부터의 영향력이라는 용어를 사용하여 살아 있는 체계로서 가족이 상호작용하는 방식에 초점을 맞춘다. 수퍼비전에서는 가족상담자가 가족과 함께하고, 상호작용하며, 변화를 만들기 위해 중재하는 방식에 초점을 둔다.

수퍼비전의 발달론적 모델은 인턴의 개인적인 성장 과정에 초점을 두고, 수퍼바이저는 점진적으로 용기를 주고, 인턴이 더욱더 유능해지면 더 많은 자율성을 허락한다(Loganbill, Hardy, & Delworth, 1982; Stoltenberg & Delworth, 1988). 역할 관점 모델(role perspective model; Bernard, 1997; Stenack & Dye, 1982))은 유능한 전문가로서 인턴의 발달 과정에서 특정 시기에 인턴이 배워야하거나 다루어야 하는 것에 따라 수퍼바이저가 취할 수 있는 다양한 역할(교사, 상담자, 컨설턴트)을 강조한다.

Neufeldt 등(1997)은 수련생이 수퍼비전에서 가치를 두는 것이 무엇인지를 조사하고, 관련 선행연구를 검토하였는데, 특히 Leddick과 Dye(1987)의 수련생의 기대와 선호에 관한 문헌 검토가 있다. 이 발견들의 합은 상식처럼 보이고, 수퍼바이지로서, 또 이후에 수퍼바이저로서의 내 경험에 비춰 볼 때, 안면 타당도가 높아 보인다. 수련생들은 수퍼비전 초기에는 좀 더 구조적이고 지시적인 수퍼비전, 교훈적인 가르침 그리고 유인물을 제공하는 것에 감사하고, 나중에는 유능감과 자신감이 증가하면서 협력적인 안내자로 변화한다. 그들은 공감적이고, 따뜻하고, 진정성 있고, 상냥하고, 유연하며, 임상적 개입에 대한 직접적인 피드백을 제공하고, 수퍼비전 중에 임상적인 기술을 모델링하고, 임상적인 도전과 해결책에 대해 자기공개를 하는 수퍼바이저를 선호한다. 수련생들이 무엇이 그들에게 좋은 건지를 안다는 가정하에, 그들은 어떤 시점에서든 그들의 필요에 부응하는 좋은 작업과 학습 동맹을 만드는 자질을 지적하는 것처럼 보인다. 더 나아가서 심리치료 결과 연구와 유사하게 수퍼비전에서 동맹의 질이 그 관계의 성공을 상당 부분 결정한다고 제안한다. 위에서 언급한 모든 수퍼비전의 모델은 적시에 사용하고, 수퍼바이저의 스타일에 맞게 통합될 때 유용하다.

지적장애인(그리고 그들의 가족)을 돕는 인턴이든 아니든 간에, 인턴 지원자가 갖추어야 할 여러 가지 자질이 있다. 다시 이 주제에 대해서 많은 문헌이 있다. 심리학 박사후 과정 및 인턴십 센터 협회(Association of Psychology Postdoctoral and Internship Centers: APPIC)는 기초 역량, 기본 임상 및 개인 기술 그리고 훈련되고 형성될 수 있는 개인 역동의 목록을 인용한다. 또한 웹사이트에서 온라인으로 볼 수 있는 가장 포괄적이고 표준화된 평가도구, 양식 및 리소스 중 하나를 제공한다(http://www.appic.org/training/7_1_training_subject_rev_1_08.htm#Supervision). Frame과 Stevens-Smith(1995)는 개방성, 유연성, 긍정적 태도, 협력, 개인적 책임 수용 의지, 자신의 감정을 적절하고 효과적으로 표현하는 것을 포함하여 다양한 인턴의 자질을 밝히고 있다. 인턴에게서 내가 찾는 것은 훌륭한 사회적 기술과 판단, 다양한 사람을 받아들이고 연결할 수 있는 능력, 진정한 호기심, 다른 사람들에 대한 관심과 감사, 훌륭한 듣기와 관찰 기술이 포함된다. 특히 중요한 것은 얼굴 표정, 신체 언어 및 기타 비언어적 단서와 의사소통을 읽음으로써 다른 사람에게 세심하고 감정적으로 적응할 수 있는 능력과 함께 진정한 방법으로 인정하고, 공감하고, 배우고, 연민(compassionate)할 수 있는 능력이다. 또 인턴에게 중요한 것은 자기관찰 능력과 심리치료 과정과 관련되는 스스로의 반응과 이슈에 접촉할 수 있는 능력이다. 이러한 관점에서, 인턴에게는 비교적 심리적으로 건강한 것이 중요하다. 만약 인턴이 스스로의 심리치료 경험이 있다면 또한 매우 도움이 된다. 그렇지 않다면 권장되어야 한다. 그것이 인턴이 스스로의 문제 영역이나 이슈와 스스로에 대한 이해를 할 수 있도록 할 뿐만 아니라 심리치료 시간 동안에 '다른 입장'에 있는 것이 어떤 경험인지를 알게 한다. 나에게 선택권이 있다면, 모든 심리상담자가 이런 경험을 하기를 요구할 것이다. 내 개인적으로 심리치료 예술을 배우는 가장 좋은 방법 가운데 하나가 그것을 직접 경험하는 것이다. 이런 것들이 앞서 논의했듯이, (유능한 수퍼바이저는 자신의 인턴의 발달을 돕기 위해 심리치료적 과정에 반영하고 있긴 하지만), 발달단계인 심리상담자들에게 훈련이나 수퍼비전만으로 충분히 전달하지 못하는 교훈을 준다.

『내담자중심 심리치료』(1951)와 이후 저서에서, Rogers는 성공적인 심리치료를 위한 필수적인 세 가지 특징을 가정한다. 그는 이 세 가지를 무조건적 긍정적 수용(unconditional positive regard), 공감(accurate empathy), 일치(congruence)라고 불렀다.

Rogers는 공감을 "다른 사람의 내적 준거 틀을 정확하게, 그리고 그 의미와 더불어 정서적인 요소까지 마치 자신이 그 사람인 것처럼 지각할 수 있는, 그러나 '그것이 내담자의 것임을 잊지 않는' 상태"(1959, pp. 210-211)라고 정의하였다. 나는 이것을 '내담자에 대한 당신의 지식과 내담자가 당신에게 말하는 것에 근거하여 내담자가 당신과 어떻게 다를지 고려하면서도, 당신이 만약 내담자의 입장이라면 당신은 어떠했을지 상상해 보는 것'이라고 표현하고 싶다. Rogers는 '일치'를 통해 상담자의 진실한 태도와 감정이 상담자가 내담자에게 표현하는 것을 정확히 반영한다고 말했다. 다시 말하면, 상담자는 진짜인 것이다. 로저스는 물론 이러한 자질에 대해 더 자세히 서술하였는데, 관심 있는 독자는 그 책을 더 참고하라. 로저스는 이러한 자질만으로도 치료적인 변화를 이끌어 내는 데 충분하다고 믿었다. 내 개인적인 느낌으로는 이러한 자질들이 상담 인턴들이 개발시켜야 할 기본적인 기술인 것 같다. 앞서 이야기했듯이 서로 다른 심리치료 접근을 사용하는 다양한 상담 대가의 영상을 보면 이러한 자질들은 이론적인 경계를 넘나드는 차원의 것으로 보이고 작업 동맹의 기초를 형성하는데, 많은 심리치료 연구를 보면 이는 긍정적인 상담 성과를 내는 데 있어서 필수적이다. 상담 인턴이 이 능력을 가지는 것은 필수적이다. 그 능력은 개발될 수 있는 것이지만, 전제 조건이 되는 기술들과 태도들의 많은 부분은 인턴에게 이미 존재하고 있어야 한다. 다행히도,

이 분야에서 일함에 있어서 자기선택(self-selection) 과정이 있는 것 같고, 많은 인턴이 기본적으로 필요한 대인관계 기술과 자질들을 가지고 오는 것 같다. 나는 인턴들의 기반 지식과 훈련을 평가할 수 있는데, 그것들은 광범위한 이론적인 접근과 개입, DSM-IV/DM-ID와 일반적인 진단 과정, APA 윤리, 필요 요건을 보고하는 아동 학대/보호 대상 성인(역자 주: dependent adult, 노인은 아니지만 일반적인 활동을 수행하거나 그들의 권리를 지키는 것에 있어서 도움이 필요한 성인 또는 24시간 동안 병원에서 치료 받는 성인), 비밀보장과 다른 법적인 이슈들, 실습 기준, 그 외 인턴에게 필요한 기반 지식을 형성하는 다른 이슈들과 관련된 것이다. 이와 관련하여 그들의 훈련 프로그램에 어떠한 것이라도 교육적으로 결핍이 있다면, 개별 지도나 개인적인 연구를 위한 프로그램에 배정하기, 그것을 교육하는 강의를 계속 수강하기를 통해 다루어질 수 있다. 그러나 다른 사람을 정확하게 평가하는 데 필요한 사회적 기술이나 사회적 판단을 갖추도록 하는 것, 다른 사람을 읽는 것, 그리고 다른 사람의 수준에 맞추어 그 사람과 연결감을 갖는 것과 같은 것들은 내가 인턴과 함께 보내는 일이 년 동안에는 만들 수 없다. 이러한 능력이 직업적인 커리어를 쌓아 나가는 과정에서 성장한다고 나는 생각하지만, 우리가 상담을 배우기 위해서는 전제 조건으로서 일정 수준의 훈련을 쌓고 와야 하는 것처럼 이러한 능력들도 전제 조건으로서 갖추고 와야 한다. 나는 지금 심리치료 인턴들에게 성격검사의 풀 배터리를 시행해야 한다고 제안하고 있는 것이 아니다(비록 누군가는 그렇게 해 왔지만). 나는 다양한 성격 유형을 가진 인턴들, 예를 들면 내향적인 상담자와 외향적인 상담자와 같이 하나의 차원에서 서로 다른 인턴들을 수퍼비전해 왔는데, 그 과정에서 내가 받았던 인상과 나의 믿음은 상담에 가장 적합한 '어떤 성격'이란 없다는 것이다. Kitzrow(2001)는 수퍼바이저들의 상호작용 유형과 학습 유형을 분석하기 위해 MBTI(Myer Briggs Type Indicator, 성격 유형을 네 가지 차원에서 보는 검사, 즉 내향형 vs. 외향형, 감각형 vs. 직관형, 감정형 vs. 사고형, 판단형 vs. 인식형)를 활용했는데, 이를 통해 각각의 유형의 강점과 약점을 확인하였다. 수퍼바이저들이 성격 유형에 따라 서로 다른 유형을 가지고 있듯이 인턴들도 그러했다. Watkins(1997)는 다른 차원들과 더불어 인턴들의 애착 이론/애착 유형을 수퍼비전의 관계를 이해하는 데 적용하였다. 각각의 인턴은 자신이 누구이고 자신에게 가장 맞는 것이 무엇인지에 따라 상담자가 되기 위한 그들만의 유형을 개발시켜야 했는데, 이는 각각의 수퍼바이저–수퍼바이지 쌍이 그들에게 맞는 수퍼비전 상호작용 유형을 찾아야 하는 것과 같았다. 수퍼비전에서의 '학습 동맹(learning alliance)'의 형성은 상담에서의 '작업 동맹'과 흐름을 같이하였는데, 각각의 한 쌍 내에서 수퍼바이저든 상담자든 리더인 입장이 그 자신만의 유형을 만들 책임이 있었고 인턴 또는 내담자의 성격에 먼저 접근할 책임이 있었기 때문이다. 심리치료 접근과 유형은 내담자가 누구인지뿐만 아니라 인턴이 누구인지와 일치해야만 하고, 각각의 인턴은 내담자와의 협력에 있어서 그리고 수퍼바이저와의 수퍼비전에 있어서 작업 동맹을 형성하기 위해서, 그리고 인턴 자신이 효과적으로 사용할 수 있는 이론적인 접근과 개입을 활용하기 위해서 방법을 찾아야 할 것이다. 심리치료 인턴들은 그들이 누구인지에 따라 그리고 그들의 훈련 프로그램에 따라 서로 다른 심리치료 이론적 접근에 끌리게 된다. (물론 수퍼바이저는 자신이 정통한 이론적 접근에서만 수퍼비전을 할 수 있을 것이다. 그리고 이것은 인턴 선발에서 고려되어야 할 부분이다.)

아래에 서술한 성과연구는 하나의 심리치료 접근을 다른 심리치료 접근과 비교하였는데, 이 연구는 '우월한' 어떤 하나의 이론적 접근이란 없다는 것을 계속해서 보여 준다. 내가 직접 경험한 바로는 어떠한 이론적 접근을 기반으로 한 개입이든 내담자와 그리고 내담자가 보이는 문제와 매치되도록 선택되었다면 유용할 수 있다. 중요한 것은 선택한 접근을 시도하고 적용한 것이 내담자에게 어떻게 느껴졌는지에 대해 그리고 그 효과에 대해 내담자로부터 피드백을 이끌어 내는 것이다. 그리고 내담자의 감정, 편안한 수준, 성공감을 경험한 정도에 매치되는 이론적 접근을 계속 유지하는 것이다. 상담자가 좋은 작업 동맹을 형성하기 위해 필요한 기술과 더불어서 '여러 가지 기술과 기능(large tool belt)'을 가지고 있어야 하는 것은 의무이다. 이러한 치료적인 과정은 수퍼비전에서도 유사하게 반영된다. 인턴의 훈련에 대한, 각각의 내담자들이 호소하는 문제에 대한, 인턴이 내담자와 작업하면서 했던 경험에 대한 인턴의 피드백을 기반으로 수퍼바이저는 인턴이 자신의 이론적인 접근을 확장시키도록, 그리고 다양한 유형의 개입을 고려하도록 제안할 수 있다. 이러한 것들은 수퍼바이저가 가르칠 수도 있고 교육적인 워크숍을 통해서도 배울 수 있다. 인턴이 그들의 내담자들과 심리치료의 과정에 관해서 체크해야 하고 내담자의 피드백을 통해 안내를 받아야 하는 것처럼, 수퍼바이저도 인턴의 아이디어를 이끌어 낼 필요가 있고, 자신이 시도하고 활용한 개입에 대한 인턴의 감정을 이끌어 낼 필요가 있다. 수퍼비전은 인턴이 내담자를 돕는 방법을 찾도록 도와주는 데에 초점이 맞추어진 협력적인 과정이다. 수퍼비전이든 상담이든 각각의 수준에서 무엇이 도움이 되고 무엇이 방해가 되는지에 대해서 피드백을 이끌어 냄으로써 실제적인 기술을 기르는 것은 중요하다. 가장 충실히 해야 할 부분은 특정한 수퍼비전 접근이나 특정한 심리치료 접근이 아니라 지금 현재 상담이나 수퍼비전이 어떻게 이루어지고 있는지에 대한 피드백을 기반으로 하여 인턴이나 내담자에게 도움이 되도록 하는 것이다. Duncan, Miller와 Sparks(2007)는 '근거기반 치료(evidence based practice)'의 우월함과 매뉴얼화된 개입의 장점에 의문을 제기하는 방대한 양의 성과 연구들을 검토하면서 그 대신에 '실천기반 근거(practice based evidence)' 즉, 치료의 가이드로서 내담자의 피드백을 활용할 것을 이 연구와 다른 출판물들에서 주장하였다. 그들은 서면으로 된 피드백을 주장하였고 그것의 효과성에 관한 증거를 인용하였지만, 내 경험상으로 좋은 심리상담자와 수퍼바이저들은 끊임없이 피드백을 이끌어 내고, 피드백의 안내를 받는다. 이것은 유연성과 넓은 지식을 필요로 한다.

우리가 내담자들의 강점을 인지하고 그에 대해 언급하고, 내담자의 어려움을 극복하는 것을 돕기 위해 그 강점들을 활용하는 방법을 찾는 것이 필수적인 것처럼, 인턴에게 이렇게 하는 것 또한 중요하다. 수퍼바이저들에게는 인턴이 수행한 심리치료의 과정과 관련하여 내담자의 웰빙에 대한 책임도 있지만, 인턴의 교육과 역량을 넓히고 심화키는 것에 대한 책임도 있다.

실습생의 현장 실습 기법은 구체적으로 다루어질 필요가 있다. 나는 나의 개인적인 상담 현장에서 인턴들을 두었던 적도 있고(캘리포니아 법에 따르면 그들은 나의 고용인이어야 했다), 내가 일하는 기관에서 인턴들을 두었던 적도 있는데(그들은 기관이나 현장의 고용인이거나 자원봉사 실습생이었다), 그들은 상담 훈련이 필요했고 자격 획득을 위해 수퍼비전을 받는 요건이 필요했다. 나는 기관 세팅에서의 수퍼비전을 대단히 선호했는데, 왜냐하면 이 경우 이중관계의 문제가 덜했기 때문이었다(고용인인 인턴과 함께 사업을 운영해야 하는 일이 없으므로). 그러나 많은 유능한 심리상담자는 그들이 마음에 드는 방식으로 이것을 해결할 수 있다. 어떠한 경우에서든 나는 인턴에게 적어도 일 년을 헌신할 것을 요구했는데, 주로 내담자의 복지를 위한 것이었고 또한 수퍼비전의 과정이 적어도 그 정도의 시간이 들기 때문이었다. 서면으로 계약 문서를 작성하는 것은 도움이 되었는데, 여기에는 의무와 책임 그리고 기대에 관한 명확한 설명뿐만이 아니라 만약에 수퍼비전이 효과가 없다고 느껴지거나 수퍼바이저와 인턴의 조화가 잘 맞지 않는다고 보인다면 수퍼바이저나 인턴이 관계를 끝낼 수 있는 첫 2~3개월의 유예 기간이 있다는 것에 관한 이해도 포함되어 있었다. 이것은 신중한 인턴 선정의 필요성을 강조하였는데, 이것이 의뢰된 내담자에게(또한 인턴과 수퍼바이저에게도) 어려울 수 있고 피해야 할 필요가 있기 때문이었다. 인턴과 수퍼바이저 모두에게 있어서 인턴이 취득하려고 하는 자격증의 종류[캘리포니아에서는 이것이 심리학자/Psychologist, 결혼 및 가족 상담자/Marriage and Family Therapist, 임상 사회복지사/Licensed Clinical Social Worker(LCSW)와 같은 것이다], 또한 학업적 요건과 자격 요건에 필요한 수퍼비전 시간과 관련해서 주에서 정하는 법에 대해 명확히 하는 것은 중요하다. 그들은 또한 APA나 다른 관련 전문 조직(AAMFT나 NASW와 같은)에서 수퍼비전과 관련하여 정한 윤리 규정에 대해 명확히 해야 한다. 수퍼비전은 여러모로 심리치료와 고려할 점이나 경계가 같은데, 따라서 전문적인 책임에 있어서 똑같이 중요하므로 간과되어서는 안 된다. 캘리포니아에서는 인턴에게 법적으로 매주 최소 한 시간 이상의 직접적인 면대면 수퍼비전이나 업무 시간의 10% 중 어느 쪽이든 수퍼비전을 받을 것을 요구하고 있는데, 어느 쪽이든 더 많은 쪽을 요구하고 있다. 이것은 매우 최소한의 요건이고, 보통은 더 많은 시간을 필요로 하며, 특히 수련의 첫 몇 달은 그렇다. 다행스럽게도, 지역사회에서 실습을 하는 인턴들은 많은 수의 사례를 배정받지 않지만, 각각의 사례에 대해 수퍼바이저와 충분히 논의할 만한 여건이 된다면 내담자 수를 점차 늘려 갈 수 있다.

다중이론 접근과 치료 계획 개발에 대한 근거

자연스럽게 나는 대학원 과정을 통해 대부분의 주요 이론의 관점을 배울 수 있었다. 대학원에서 나는 꽤 여러 해 동안 성격이론에 대한 강의를 하였고, 그러한 경험은 내가 다양한 이론적 관점을 이해하고 내면화하는 데 도움을 주었다. 심리 발달에 대한 이론을 과학으로 보고, 그것을 다른 과학적 훈련과 비교하는 작업을 통해 나는 다양한 이론적 관점을 사용하는 것은 성숙한 과학의 한 가지 징표라고 확신하게 되었다. 역사적으로 볼 때, 심리학 전반적으로, 그중에서도 특히 심리치료는 제 역할을 하지 못하는 이론적인 언쟁과 겉보기에 서로 대립되는 관점에 대한 토론에 많은 시간을 허비해 왔다. 그러나 이러한 불화는 신경과학, 아동 발달, 애착, 심리치료 결과 그리고 다른 영역에 대한 연구에서 새로운 정보가 이론적인 체계로 통합되도록 함으로써 보다 협력적인 통합의 길을 열어 준 듯하다. 결국 심리치료적인 이론과 접근은 종종 비슷한 현상을 다른 은유를 사용하여 다른 언어로 묘사하는 모델 혹은 은유이다. 심리치료 결과에 대한 연구는, 특히 메타분석적인 연구와 한 가지 심리치료 유형을 다른 심리치료 유형과 비교하는 연구에서는 이론적 접근을 달리함에 따른 효과성의 차이가 거의 발견되지 않는다. 이러한 많은 연구의 결론은 심리치료 작업이 어떤 이론적인 접근을 사용하는지와 관련 없이 효과가 있다는 것이다. 이것은 여러 해 동안 서로 다른 사람들과 진단에 대하여 반복적으로 연구한 강력한 결과이다(Asay & Lambert, 1999; Wampold, 2001, 2010; Brown Dreis, & Nace, 1999; Elkin et al., 1989; Godley, Jones Funk, Ives, & Passetti, 2004; Luborsky, Singer, & Luborsky, 1975; Rosensweig, 1936; Shadish & Baldwin, 2002; Wampold et al., 1997; 그리고 최근 요약된 리뷰는 Duncan, Miller, & Spartks, 1997 참조; 보다 긴 리뷰는 Hubble, Duncan, & Miller, 1999 참조; Uncan, Miller & Sparks, 2004; Duncan, Millder, Wampold, & Hubble, 2010). 내담자와 상담자의 관계 변수는 변수 중 많은 부분을 설명하는 것처럼 보이며, 이전에 언급된 것처럼 치료적인 성공을 보다 더 예측하는 것처럼 보인다. 동시에, 치료 공동체(psychotherapeutic community)에서는 내담자가 누구이고 내담자가 제시하는 문제가 무엇이며 삶의 상황은 어떠한지를 기반으로 하며, 서로 다른 이론적 접근과 개입들에서 효과적이라고 입증된 도구들을 최선 혹은 차선의 개입방법으로 선택하고 내담자의 피드백과 반응을 기반으로 하여 그 접근이나 개입을 혼합하고 연결시켜 사용하는 구조적인 절충적 접근(structured eclectic approach)에 대한 타당성 논의가 부각되고 있다.

심리치료는 명백하게 또는 암시적으로라도 항상 성격 이론에 의지한다. 이는 어떤 심리치료적인 개입이더라도 그것이 생물학적・환경적(예: 행동적, 가족체계), 인지적, 심리역동적, 애착 이론, 그것이 개인차와 증상의 발현에 기반을 둔 것 중 어느 것이더라도 행동의 이론을 암시하기 때문이다.

정신의학 분야 대인관계 이론의 창시자인 Harry Stack Sullivan(Sullivan, 1953)은 인간은 사회적 존재라는 점에 초점을 두고 성격은 사회적 관계에서 관찰되는 것이라고 볼 때(대부분의 정신과 의사가 단순히 약 처방하는 것 이상의 치료를 했을 때를 생각해 보면), 그는 "우리는 다른 어느 것이 아니라 바로 사람이다."라고 말했다. 심리치료에 의뢰된 내담자는 그들이 지적장애든 아니든, 명확하게 많은 수준에서 기능을 하든 아니든(몇 가지만 예를 들면, 생물학적으로, 행동적으로, 인지적으로, 정서적으로 그리고 사회적으로). '사람이 먼저이다'. 그들은 각각의 수준에서 기능하는 사람으로 대우받을 필요가 있는데, 그건 다시 말하면 그들이 전인적인 존재로 대우받는 게 우선이라는 이야기이다. Arnold Lazurus의 중다양식치료(Multi Modal Therapy, 1989)는 바로 그것을 하도록 시도하는 심리치료에 대한 체계적 접근으로 개발된 것이다. 많은 심리상담자가 구조적으로 절충적인 접근을 사용하며, 이론적으로 한 이론만 지향하는 사람보다 그 수가 많아 보인다. 결과에 관한 연구는 앞에 언급된 것처럼 모두 동등한 결과를 보여 주는 것 같지만, 내 생각은 Lazurus의 생각과 유사해서 기능의 모든 수준과 심리치료에 대한 접근이 고려될 필요가 있으며, 도움이 되는 것은 무엇이든 논의될 필요가 있다.

내담자의 배경에 대한 정보와 사회생활력(social history)이 이해되어야 하고, 심리치료가 설명되며, 증상을 알고 있어야 하며, 목표가 합의되고, 작업동맹이 주요하게 고려되면서 구축되고 계속 유지되어야 한다(앞에서 상세하게 설명했던 것처럼 이것은 치료적일 수 있고, 치료적이어야만 하며, 때때로 치료적 작업의 대부분을 차지한다). 일단 이것이 성취되면, 심리치료의 로드맵인 치료계획이 고려될 필요가 있다.

다른 이론적 그리고 진단적 '렌즈'를 통해 내담자 바라보기

심리치료는 예술이며, 예술은 이론에 기반을 두고, 과학은 확신이 필요하기 때문에, 심리상담자(그리고 인턴의 수퍼바이저)는 종종 알려지지 않은 많은 것과 씨름을 하게 된다. 이 내담자는 뭔가에 해당한다면 DSM(DSM IV/DM-ID)의 어디에 해당되는가? 명확한 진단은 그 자체로 존재하는가? (많은 내담자는 전형적이지 않으며, 하나 혹은 몇 가지 진단 범주에 딱 들어맞지 않는 것처럼 보인다.) 가능한 한 가장 짧은 시간 내에 무엇이 가장 증상을 감소하도록 촉진할 것인가? 어느 구체적인 개입이 내담자의 현재 상태에서 강하게 제안되는 게 있는가? 내담자가 할 수 있다고 생각되는 것은 무엇인가? 예를 들면, 정신증, 우울증, 불안 그리고 ADHD는 특히 심각할 경우 정신과 약물을 통해 상당히 완화되며, 이러한 선택지는 내담자와 그의 양육자와 함께 논의되어야 한다. 관련된 모든 사람인 내담자, 인턴 그리고 수퍼바이저는 명확한 진단이 내려질 수 있고 내려진 진단을 치료하는 데 강한 경험적 증거를 가진 심리치료적 접근이 활용되되, 그것이 성과연구에서 명확히 밝혀진 것처럼 우선적인 고려 사항이 되어야 하는 작업 동맹을 위협하지 않을 때에 보다 확고한 기반을 갖게 된다. 우울과 불안에 대한 행동적 그리고 인지적 개입들은 만약 내담자가 그것들을 활용할 의향이 있다면 종종 도움이 될 수 있다. 외상후 스트레스 장애는 또 다른 흔한 문제인데, 안구운동 민감소실 및 재처리 치료(EMDR)나 다른 인지행동적 접근을 이용하면 종종 도움을 받을 수 있다. 내담사가 자신의 가족 또는 배우자와 상당한 갈등을 경험하고 있고 이것이 내담자의 고통에 주요한 역할을 하는 것처럼 보인다면, 가족 또는 커플 치료는 종종 추구해야 할 좋은 선택지가 될 수 있다. 이것은 개인치료에서 부가적인 부분에 해당되거나 선택적인 부분으로서 인턴과 수퍼바이저가 가족 또는 커플을 같이 볼 수 있는 기회를 줄 수 있다. 이것은 관련한 모든 문제에 대한 훌륭한 배움의 기회가 될 수 있으며, 가장 효과적으로 이러한 종류로 제시된 문제를 해결할 수 있다. 이 모든 것은 내담자, 즉 내담자의 강점, 목표, 목표에 도달하는 방법에 대한 신념, 내담자와 심리상담자가 만들고 유지하는 관계의 질에 달려 있다.

치료 계획을 개발하는 것은 내담자와 인턴 그리고 수퍼바이저의 협력적인 노력이다. 특정한 내담자에 대하여 인턴과 함께 가능한 치료 계획을 논의하는 데 있어서, 나는 인턴의 민감성, 훈련 그리고 내담자에 대한 경험을 파악한 후, 가장 먼저 인턴에게 진단적으로 그리고 치료적으로 어떻게 사례를 개념화하는지 묻는다. 나는 내가 이러한 이슈에 어떻게 접근할 것인지, 그리고 내가 유사한 상황에서 느낀 것이 도움이 되었던 것을 공유할 것이다. 주요한 관심사는 내담자의 안녕이기 때문에 인턴의 역량과 내담자 상황의 심각성에 따라서 수퍼바이저가 때때로 꽤 지시적이 되는 상황이 포함된다. 수퍼바이저는 내담자와 인턴에 대한 책임이 있다. 진단적 개념화(diagnostic formulation)와 치료 계획이 무엇이든 도착하면, 수퍼바이저는 이론적 또는 진단적 스펙트럼에서 주어진 개념화와 중재의 적합성이 어디쯤 있는지 공유할 교육적인 책임도 갖는다. 이 특정한 내담자에 대하여 어떻게 다른 상담자들이 어떻게 생각하고 접근할 것인지에 대한 것뿐만 아니라 반대 의견으로 인한 논쟁과 이와 관련된 경험적 증거에 대해 논의되어야 한다. 나는 인턴이 많은 증거, 정보, 생각과 '도구'를 사용하면서 자신만의 심리치료를 개발하여 지식적인 전문가로 성장하는 것을 원한다. 개념화와 치료가 무엇이든 이러한 협력적 관계에 도달하면, 인턴은 위안을 받은 정도와 효과성에 관하여 내담자의 피드백을 활용하여 가설의 적절성을 적극적으로 시험해 보도록 격려받는다. 작업 동맹을 유지하는 것이 최우선이나, 내담자와 그에게 관련된 도움이 되는 무언가를 발견하는 것이 핵심이다. 내담자에 대해 이러한 방식으로 생각해 보는 것이 치료 과정에 도움이 되는가? 내담자와 인턴이 치료 과정에 대해 어떻게 느끼는가? 증상의 완화 또는 행동적인 변화가 있는가? 새로운 정보가 치료 과정에서 새로운 정보가 노출되는 것처럼 그것이 현재의 어떤 개념화 또는 개입에 도전의식을 북돋는가? 주어진 접근이 내담자에 의해 거절당하거나 비효과적으로 보이거나 부가적인 문제를 유발할 때는 다른 것을 시도해 볼 때이다. 진단적인 개념화와 이론적 접근을 내담자와 내담자가 이끄는 삶, 그리고 내담자가 가기를 원하는 삶을 이해하는 다른 '렌즈'로 사용하도록 고려하는 것은 도움이 된다. 진단적인 또는 이론적인 '렌즈'는 내담자를 돕는 데 매우 유용하다. 이러한 다양한 시각은 우리로 하여금 열망과 목표를 지닌 한 전인적 인간에 대하여 더 나은 그림을 그릴 수 있도록 도와준다. 개인의 학습과 트라우마 역사의 관점에서, 타인에 의해 비추어지는 관계, 사회적 지지, 강점 자원, 스트레스 자원, 행동 패턴 그리고 좋아하거나 싫어하는 것, 사랑하거나 혐오하는 대상, 주거 방식, 일상생활에서의 패턴은 모두 중요하게 고려할 필요가 있다. 앞서 언급했듯이 특히 중요한 점은 변화에 대한 내담자의 생각과 그 변화가 일어났을 때 내담자의 삶이 어떻게 될지에 대해 이해하는 것이다. 모든 내담자에게, 특히 지적장애인 내담자들에게 가장 핵심적인 고려 사항은 더 나은 미래를 위한 그들 자신의 꿈과 희망이다(이것이야말로 바로 그들의 목표이다!). 많은 지적장애인은 그들의 희망과 꿈을 자세히 설명하지 않으며 그 꿈을 격려받지도 않는다. 많은 이가 그들 자신에게 가능한 선택지를 알지 못하며, 이러한 가능성에 대해 교육받아야만 한다. 그들이 느끼는 자신에 대한 감정과 그들의 장애는 강하게 작용한다. 많은 이가 암묵적으로 또는 명시적으로 혼자 사는 것, 데이트, 직업을 가지는 일 또는 선택하는 일과 같은 것들에 대해 할 수 없다는 얘기를 듣는다. 감사하게도 이런 일은 점점 드물어지고 있으나 여전히 일상적이다. 특히 오랫동안 그들의 가족과 함께 살아온 나이가 많은 내담자들이 그렇다. 이러한 상황에서 가족은 교육받을 필요가 있으며, 또한 변화될 수 있도록 도움을 받음으로써 상담자 및 내담자와 목적이 맞지 않을 수 있다. 내담자들, 특히 지적장애인 내담자들은 그들이 그들 자신에게 더 나은 미래에 대하여 작업하고 있다는 것과 그들의 증상과 문제가 그들의 존재를 규정하는 것이라기보다는 단지 이러한 목표의 장애물일 뿐이라는 점을 느낄 필요가 있다. 모든 진단, 이론적 공식화 그리고 고려되거나 활용되는 개입들은 다른 무엇보다도 중요한 내담자가 지각하는 목표를 위해 이루어져야 한다. 이러한 이유로 유연하며, 학습에 개방적이고, 상담 및 심리치료에 다양한 접근을 시도하는 인턴을 찾는 것이 중요하다.

성공에 대한 평가와 상담종결

내담자의 목표에 도달하기 위한 진전에 대하여 내담자에게 피드백을 받는 일은 중요하다. 나는 스스로가 그렇게 하고 있듯이 인턴들도 마찬가지로 상담이 진전됨에 따라 상담목표에 대한 내담자의 피드백을 받도록 독려한다. 몇몇 내담자는 초반 회기에서 도움을 청하거나 변화를 보이기도 하므로 초기의 몇 회기가 지난 뒤에 피드백을 받도록 하라. 현재의 문제가 해결되고 내담자가 목표를 성취한다면 종결에 대해 의논할 때이다. 진전이 나타나지 않을 때, 내담자가 상담에 대한 흥미를 잃은 것처럼 보일 때 또는 약속에 나타나지 않는 횟수가 늘어날 때에도 역시 종결을 의논할 필요가 있다. 많은 지적장애인 내담자는 거절에 매우 민감하며, 상담을 종결하는 것은 상담자와 내담자 상호 간에 합의된 결정에 따라 이루어지는 것이 좋다. 어떤 내담자들은 약속을 점진적으로 2주에 한 번씩 또는 한 달에 한 번씩으로 줄이며 차츰차츰 종결에 이르는 것을 선호하며 그렇게 할 때에 편안함을 느낀다. 어떤 내담자들은 만약 그들 자신이 정말로 원한다면 다시 상담을 받을 수 있다는 것을 아는 상태에서 신속하게 종결하는 것을 편하게 여긴다. 또한 어떤 내담자들은 어떠한 진전도 나타나지 않는 상황에서 약물 복용 또는 다른 접근 방식이나 다른 상담자로의 교체와 같은 대안적인 중재 전략이 의논될 필요가 있음에도 불구하고 계속 상담에 오고자 하는 강렬한 소망을 보인다. 이러한 경우에 나는 인턴들이 자신들 스스로가 가장 잘 안다고 생각하기보다는 내담자들의 얘기와 그들이 원하는 것에 대해 귀를 기울이도록 독려한다.

결론

수퍼비전에 대해 기술한 다른 저자들과 마찬가지로, 나 역시 상담 및 심리치료에 대한 나의 접근 방식을 다루지 않고서 수퍼비전의 대상에 대해 논한다는 것은 불가능함을 깨달았다. 상담 및 심리치료는 다양성이 공존하는 분야이며, 나와는 전혀 다른 방식으로 상담 실제에 임하는 상담자들이 많이 있음을 알고 있다. 우리 모두가 치료적 접근에 있어서 다양성을 포용해야 하며, 작업동맹이 없는 경우를 제외하고 내담자들이 인정받고 존중받는 한 이러한 접근들을 비교하는 성과연구에서 모든 접근이 효과가 있다는 점을 인정한다면, 내가 생각하기에 이러한 다양성은 문제가 되지 않는다. 나는 지적장애인과 작업을 하는 모든 숙련된 상담자에게 인턴을 두라고 권하고 싶다. 나는 그 일이 여러 면에서 무척 보람 있는 일임을 알게 되었으며 대부분에게 마찬가지리라고 생각한다. 지역사회 내의 당신의 동료가 전문적 상담 실제의 기초를 배우고 경험하며 희망적으로 독자적인 전문성을 개발하도록 돕는다는 점과, 지적장애인의 정신건강에 대한 책무감 이외에도, 이 일은 개인적으로 또는 전문성 차원에서 보람 있는 일일 것이다. 수퍼비전 장면에서 수퍼바이저는 다른 누군가에게 가르치려는 시도를 한 뒤에야 스스로가 얼마나 많이 배웠는지, 그리고 아마도 이를 분명하게 드러낼 기회가 많지 않았음을 비로소 알게 될 것이다. 또한 당신이 모르는 것 또는 확신할 수 없는 것이 드러나게 될 것이며, 그런 부분들을 인턴과 진솔하게 의논함으로써 양쪽 다 배움의 경험을 할 수 있게 된다. 특히 당신이 운이 좋아서 뛰어난 인턴과 함께할 수 있게 된다면 당신은 그로부터 정말 많은 것을 배울 수 있다. 더 많은 지적장애인들에게 서비스를 제공하는 정신건강전문가들, 특히 상담자들에 대한 필요는 분명 존재한다. 만약 역학자들이 주장하는 추정치가 대략적으로나마 맞다면, 많은 지적장애인은 치료를 받지 못한 상태로 살아가고 있으며, 그들을 지원하는 가족 구성원 및 다른 이들은 말할 것도 없으며 그들은 그들이 받을 수 있는 모든 방식의 도움을 필요로 하고 있다. 지적장애인과 일하는 사람들이 종사하는 상담 및 심리치료 분야에는 더욱 많은 정신건강전문가들이 필요하다. 만약 그들이 이미 그렇게 하고 있는 것이 아니라면, 나는 더 큰 규모의 구조화된 인턴 훈련 프로그램을 통해 프로그램의 자연스러운 일부로서 지적장애 공동체로부터의 의뢰를 받을 수 있게 되기를 희망한다. 이는 지적장애 사회에 유익을 끼칠 뿐 아니라 이들에게 서비스를 제공하는 것이야말로 훈련 프로그램과 인턴 및 훈련생들의 학습곡선에 도움을 줄 것이다.

참고문헌

Asay, T. P., & Lambert, M. J. (1999). The empirical case for the common factors in therapy: Quantitative findings. In M. A. Hubble, B. L. Duncan, & S. D. Miller (Eds.), *The heart and soul of change: What works in therapy* (pp. 33-56). Washington, DC: American Psychological Association.

Bernard, J. M. (1997). The discrimination model. In C. E. Watkins, Jr. (Ed.), *Handbook of psychotherapy supervision* (pp. 310-327). New York: John Wiley.

Brown, J., Dreis, S., & Nace, D. K. (1999). What really makes a difference in psychotherapy outcome? Why does managed care want to know? In M. A. Hubble, B. L. Duncan, & S. D. Miller (Eds.), *The heart and soul of change: What works in therapy* (pp. 389-406). Washington, DC: American Psychological Association.

Duncan, B. L., Miller, S. D., & Sparks, J. (2004). *The heroic client: A revolutionary way to improve effectiveness through client-directed, outcome-informed therapy*. San Francisco: Jossey-Bass.

Duncan, B. L., Miller, S. D., & Sparks, J. (2007). Common factors and the uncommon heroism of youth. *Psychotherapy in Australia, 13*, 2, 34-43.

Duncan, B. L., Miller, S. D., Wampold, B. E., & Hubble, M. A. (Eds.). (2010). *The heart and soul of change* (2nd ed.). Washington, D.C.: The American Psychological Association.

Ekstein, R., & Wallerstein, R. (1972). *The teaching and learning of psychotherapy.* New York: Basic Books.

Elkin, I., Shea, T., Watkins, J. T., Imber, S. D., Sotsky, S. M., & Collins, J. F. et al. (1989). National Institute of Mental Health Treatment of Depression Collaborative Research Program: General effectiveness of treatments. *Archives of General Psychiatry, 46,* 971-982.

Ellis, M. (1991). Critical incidents in clinical supervision and in supervisor supervision assessing supervisory issues. *Journal of Counseling Psychology, 38,* 342-349.

Frame, M. W., & Stevens-Smith, P. (1995). Out of harms way: Enhancing monitoring and dismissal processes in counselor education programs. *Counseling Education and Supervision, 35,* 118-129.

Godley, S. H., Jones, N., Funk, R., Ives, M., & Passetti, L. (2004). Comparing outcomes of best-practice and research based outpatient treatment protocols for adolescents. *Journal of Psychoactive Drugs, 36*(1), 35-48.

Horvath, A. O., & Symonds, B. D. (1991). Relation between working alliance and outcome in psychotherapy: A meta-analysis. *Journal of Counseling Psychology, 38,* 139-149.

Hubble, M. A., Duncan, B. L., & Miller, S. D. (Eds.). (1999). *The heart and soul of change: What works in therapy.* Washington, DC: American Psychological Association.

Hurley, A. D., Pfadt, A., Tomasulo, D., & Gardiner, W. I. (1996). Counseling and psychotherapy. In J. W. Jacobson & J. A. Mulick (Eds.), *Manual of diagnosis and professional practice in mental retardation* (pp. 371-378). Washington, D.C.: American Psychological Association.

Kitzrow, M. A. (2001). Application of psychological type in clinical supervision.

Clinical Supervisor, 20, 133-146.

Lazurus, A. (1989). *The practice of multimodal therapy: systematic, comprehensive-and effective psychotherapy.* Baltimore: John Hopkins University Press.

Leddick, G. R., & Dye, H. A. (1987, December). Effective supervision as portrayed by trainee expectations and preferences. *Counselor Education and Supervision,* 139-154.

Loganbill, C., Hardy, E., & Delworth, U. (1982). Supervision: A conceptual model. *The Counseling Psychologist, 10,* 3-42.

Luborsky, L., Singer, B., & Luborsky, L. (1975). Comparative studies of psychotherapies: Is it true that 'everyone has won and all must have prizes'? *Archives of General Psychiatry, 32,* 995-1008.

Martin, D. J., Garske, J. P., & Davis, M. K. (2000). Relation of the therapeutic alliance with outcome and other variables: A meta-analytic review. *Journal of Consulting and Clinical Psychology, 68,* 438-450.

Neufeldt, S. A. (1999). *Supervision strategies for the first practicum* (2nd ed.). Alexandra, VA: American Counseling Association.

Neufeldt, S. A., Beutler, L. E., & Banchero, R. (1997). Research on supervisor variables in psychotherapy supervision. In C. E. Watkins, Jr. (Ed.), *Handbook of psychotherapy supervision* (pp. 508-524). New York: John Wiley.

Norcross, J. C. (2010). The therapeutic relationship. In B. L. Duncan, S. D. Miller, B. E. Wampold, & M. A. Hubble, (Eds.), *The heart and soul of change* (2nd ed., pp. 113-141). Washington, D.C.: The American Psychological Association.

Orlinski, D. E., Ronnestad, M. H., & Wiillutzki, U. (2004). Fifty years of process-outcome research: Continuity and change. In M. J. Lambert (Ed.), Bergin and Garfield's *Handbook of psychotherapy and behavior change* (5th ed., pp. 307-390). New York: John Wiley.

Prout, H. T., & Newak-Drabik, K. M. (2003). Psychotherapy with persons who have mental retardation: An evaluation of effectiveness. *American Journal of Mental Retardation, 108*(2), 82-93.

Rogers, C. R. (1951). *Client-centered psychotherapy; Its current practice, implications and theory.* Boston: Houghton-Mifflin.

Rogers, C. R. (1959). A theory of therapy, personality and interpersonal relationships, as developed in the client-centered framework. In S. Koch (Ed.), *Psychology: A study of science* (Vol. 3, pp. 184-256). New York: McGraw Hill.

Rosenzweig, S. (1936). Some implicit common factors in diverse methods of psychotherapy. *American Journal of Orthopsychiatry, 6,* 412-415.

Ryan, R. (2001). *Handbook of mental health care for persons with developmental disabilities.* Canada: Diverse City Press.

Schore, A. N. (1994). *Affect regulation and the origin of the self.* Mahweh, NJ: Erlbaum.

Schore, A. N. (2003). *Affect regulation and the repair of the self.* New York: W. W. Norton.

Schore, A. N. (2006). Right brain attachment dynamics: An essential mechanism of psychotherapy. *California Psychologist, 39*(3), 6-8.

Shadish, W. R., & Baldwin, S. A. (2002). Meta-analysis of MFT interventions. In D. H. Sprenkle (Ed.), *Effectiveness research in marriage and family therapy* (pp. 339-370). Alexandria, VA: American Association for Marriage and Family Therapy.

Shirk, S. R., & Karver, M. (2003). Prediction of treatment outcome from relationship variables in child and adolescent therapy: A meta-analytic review. *Journal of Consulting and Clinical Psychology, 71*(3), 452-464.

Siegel, D. J. (1999). *The developing mind.* New York: The Guilford Press.

Stenack, R. J., & Dye, H. A. (1982). Behavioral descriptions of counseling supervision roles. *Counselor Education and Supervision, 22,* 295-304.

Stoltenberg, C. D., & Delworth, U. (1988). Developmental models of supervision. Its development. Response to Holloway. *Professional Psychology: Research and Practice, 19,* 134-137.

Sullivan, H. S. (1953). *The interpersonal theory of psychiatry.* New York: Norton.

Wampold, B. E. (2001). *The great psychotherapy debate: Models, methods, and findings.* Hillsdale, NJ: Lawrence Erlbaum.

Wampold, B. E. (2010). The research evidence for the common factors models: A historically situated perspective. In B. L. Duncan, S. D. Miller, B. E. Wampold, & M. A. Hubble (Eds.), *The heart and soul of change* (2nd ed., pp. 49-81). Washington, D.C.: The American Psychological Association.

Wampold, B. E., Mondin, G. W., Moody, M., Stich, F., Benson, K., & Ahn, H. (1997). A meat-analysis of outcome studies comparing bona fide psychotherapies: Empirically, 'All must have prizes.' *Psychological Bulletin, 122,* 203-215.

Watkins, C. E., Jr. (Ed.). (1997). *Handbook of psychotherapy suprvision.* New York: John Wiley.

편저자 소개

Robert J. Fletcher

지적장애와 정신장애를 동시에 아우르는 '국립이중진단협회(National Association of Dual Diagnosis: NADD)'의 설립자이자 최고경영자(CEO)이다. 그는 정신장애치료를 필요로 하는 지적장애인에 대한 서비스 제공에 있어 전문가로서 국제적 명성을 얻고 있다. Fletcher 박사는 이중진단을 받은 개인, 집단 그리고 가족 심리치료에 35년 이상의 임상적 경험이 있으며, 북미와 유럽에서 심각한 정신건강 문제를 지닌 지적장애인에 대한 강연을 해 왔다. 그는『정신지체 장애인을 위한 치료적 접근(Therapy Approaches for Persons with Mental Retardation)』을 포함한 관련 분야 서적의 저자이자 편집자이며,『진단 매뉴얼: 지적장애(Diagnostic Manual-Intellectual Disability: DM-ID)』의 편집장이다.

역자 소개

김동일(Dongil Kim, Ph.D.)

서울대학교 교육학과를 졸업하였으며, 교육부 국비유학생으로 도미하여 미네소타 대학교 교육심리학과에서 석사 및 박사 학위를 취득하였다. 현재 서울대학교 사범대학 교육학과 교육상담전공 교수 및 동 대학원 특수교육전공 주임교수, 서울대학교 교육행정연수원 원장, 학생상담센터 센터장, 장애학생지원센터 상담교수, 특수교육연구소 소장으로 재직 중이다. 또한 (사)한국교육심리학회 회장, 한국아동・청소년상담학회 회장, 한국인터넷융합학회 부회장, 여성가족부 학교밖청소년지원위원회(2기) 위원, 국무총리실 사행산업통합감독위원회(중독분과) 민간위원 등으로 봉직하고 있다.

Developmental Studies Center, Research Associate, 한국청소년상담원 상담교수, 경인교육대학교 교육학과 교수, 한국학습장애학회 회장, 서울대학교 사범대학 기획실장, 한국교육심리학회 부회장, 국가 청소년보호위원회 위원, BK21 미래교육디자인연구사업단 단장 등을 역임하였다. 국가수준의 인터넷중독 척도와 개입연구를 진행하여 정보화역기능예방사업에 대한 공로로 행정안전부 장관표창 및 연구 논문/저서의 우수성으로 한국상담학회 학술상(2014-2/2016)과 학지사 저술상(2012)을 수상하였다.

『학습상담』『학습장애아동의 이해와 교육』『지능이란 무엇인가』를 비롯한 50여 권의 저・역서 및 200여 편의 전문학술논문(SSCI/KCI)과 30여 개의 표준화 심리검사를 발표하였다.

지적장애 및 발달장애 심리치료

Psychotherapy for Individuals with Intellectual Disability

2020년 2월 10일 1판 1쇄 발행
2021년 3월 25일 1판 2쇄 발행

지은이 • Robert J. Fletcher
옮긴이 • 김 동 일
펴낸이 • 김 진 환
펴낸곳 • (주) 학지사
04031 서울특별시 마포구 양화로 15길 20 마인드윌드빌딩 5층
대표전화 • 02) 330-5114 팩스 • 02) 324-2345
등록번호 • 제313-2006-000265호
홈페이지 • http://www.hakjisa.co.kr
페이스북 • https://www.facebook.com/hakjisabook

ISBN 978-89-997-1960-8 93180

정가 23,000원

역자와의 협약으로 인지는 생략합니다.
파본은 구입처에서 교환하여 드립니다.

이 도서의 국립중앙도서관 출판시도서목록(CIP)은 서지정보유통지원시스템 홈페이지 (http://seoji.nl.go.kr)와 국가자료공동목록시스템(http://www.nl.kr/kolisnet)에서 이용하실 수 있습니다.
(CIP제어번호: CIP2019039099)